Zu der Buchreihe
«Kulturgeschichte der Naturwissenschaften und der Technik»

Naturwissenschaftliche und technische Gegenstände sind nicht eindeutig, sondern vieldeutig. Ihre humanen, sozial- und geistesgeschichtlichen Beziehungen zeigen sich nicht in Funktionsbeschreibungen. Ebenso sagt die rein fachliche Darstellung der Geschichte von Naturwissenschaft und Technik nichts aus über deren gesellschaftliche, wirtschaftliche und allgemein geistesgeschichtliche Voraussetzungen und über die sich ergebenden Konsequenzen. Demgegenüber versucht die gemeinsam vom Deutschen Museum und dem Rowohlt Taschenbuch Verlag herausgegebene neue Buchreihe ‹Kulturgeschichte der Naturwissenschaften und der Technik› auch jene Bezüge, welche die Fachgebiete übergreifen, zu beschreiben und durch Bilder zu veranschaulichen.

Die Bände richten sich an Lehrer und Ausbilder; doch sind sie so gestaltet, daß jeder interessierte Laie sie verstehen kann. Es zeigt sich, daß der Weg durch die Geschichte nicht eine zusätzliche Erschwerung des Lehr- und Lernstoffes bedeutet, sondern das Verständnis der modernen Naturwissenschaften und der Technik erleichtert.

Der Autor

Akos Paulinyi, geboren 1929 in Budapest; Studium der Geschichte und der Archivistik, Staatsexamen 1953, Promotion 1959 und Habilitation 1964; Assistent und Dozent für allgemeine Geschichte der Neuzeit an der Komensky-Universität in Bratislava (ČSSR) bis 1969. Stipendiat der Alexander von Humboldt-Stiftung 1969/70, Professor für Wirtschaftsgeschichte an der Philipps-Universität Marburg von 1970 bis 1978, Professor für Technikgeschichte und Wirtschaftsgeschichte an der TH Darmstadt seit 1978.

Monographien über die staatlichen Hüttenwerke in Rhonitz (Hronec – ČSSR) im 18. und 19. Jahrhundert (Habilitationsschrift), über soziale Auseinandersetzungen mittelslowakischer Bergleute zwischen 1790 und 1815 und über das Puddelverfahren (1987). Veröffentlichungen zur slowakischen und ungarischen Wirtschaftsgeschichte des 18. und 19. Jahrhunderts sowie zu verschiedenen Problemen der Geschichte der Technik und der Verbreitung technischer Neuerungen in der industriellen Revolution.

Akos Paulinyi
Industrielle Revolution
Vom Ursprung der modernen Technik

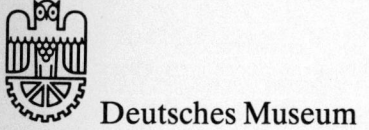
Deutsches Museum

Rowohlt

Die Buchreihe zur Kulturgeschichte der Naturwissenschaften und der Technik entstand im Rahmen zweier Projekte am Deutschen Museum, die vom Bundesminister für Bildung und Wissenschaft und der Stiftung Volkswagenwerk finanziell unterstützt wurden. Verantwortlich für die Konzeption der Reihe: Ilse Baumgarten, Bert Heinrich, Friedrich Klemm †, Otto Krätz, Michael Matthes, Jürgen Teichmann.

Die Interpretation der Fakten gibt die Meinung des Autors, nicht die des Deutschen Museums wieder.

Redaktion im Deutschen Museum: Ilse Baumgarten
Bildredaktion: Ludvik Vesely
Redaktionsassistentin: Edeltraut Hörndl

Diese Veröffentlichung wurde mit Mitteln des Bundesministers für Bildung und Wissenschaft gefördert.

Originalausgabe
Veröffentlich im Rowohlt Taschenbuch Verlag GmbH,
Reinbek bei Hamburg, November 1989
Umschlagentwurf: Werner Rebhuhn
(Großes Bild: Nasmyths Dampfhammer; kleines Bild: Werkzeugmaschinen, Zeichnung von Nasmyth)
Redaktion: Jürgen Volbeding
Layout: Edith Lackmann
Copyright © 1989 by Rowohlt Taschenbuch Verlag GmbH,
Reinbek bei Hamburg
Satz Times (Linotron 202)
Gesamtherstellung Clausen & Bosse, Leck
Printed in Germany
1680-ISBN 3 499 17735 8

Inhalt

A. Einführung 7
   Industrielle Revolution – eine neue Epoche der Technik? 7
   Industrialisierung und industrielle Revolution 8
   Technik – was ist das? 14
   Die Produktionstechnik 17
   Die Epoche der Hand-Werkzeug-Technik 29

B. Die Technik in den tragenden Sparten der Wirtschaft 39

 I. Das Textilgewerbe – Durchbruch zur neuen
   Produktionstechnik 39
   Vom Faserstoff zum Gewebe 42
   Das Spinnen – Engpaß im Textilgewerbe 44
   Auf dem Weg zur Maschinenspinnerei 45
   Die Jenny – eine Spinnmaschine auf Handantrieb 60
   Cromptons Mule – die Universalspinnmaschine 64
   Maschinen für das Krempeln und Vorspinnen 71
   Der lange Weg zur Maschinenweberei 76
   Der Außenseiter, dem zuviel einfiel 79
   Die Insider verbessern den Prototyp 82

 II. Werkzeugmaschinen –
   Alpha und Omega des modernen Maschinenbaus 90
   Die Entwicklung der modernen Drehmaschine 94
   Das Problem der planen Flächen 103
   Von der Werkstatt zur Fabrik 105
   Die Maschinisierung greift um sich 109

 III. Die Grundstoffindustrien: Eisen und Stahl – Kohle und Chemie 113
   Alles begann im Coalbrookdale 116
   Ein Gaswerkmanager belehrt die Hüttenleute 119
   Puddeln und Walzen:
   die englische Methode der Stabeisenbereitung 123
   Das Flammofenfrischen von Henry Cort 125
   Warum der Puddler unersetzbar war 128
   Walzen verdrängt das Schmieden 131
   Der größte Kohlenpott Europas 137
   Der Tiefbau und seine Gefahren 142

Der Häuer und seine Schlepper	146
Die Chemie – Von der Apotheke zur Großindustrie	150
Die Anfänge der Gasbeleuchtung	156
IV. Energieversorgung – Wasserrad und Dampfmaschine	158
Die Modernisierung des Wasserrades	158
Der Universalmotor entsteht	162
Watts Lizenzgebühren und ihre Folgen	165
V. Die Transporttechnik – Vom Zugpferd zum Dampfroß	169
Die Wasserstraßen – Flüsse und Kanäle	170
Mautstraßen und McAdam	176
Auf Schienenwegen	180
Das Dampfroß wird gezüchtet	182
Die Dampfeisenbahn	183
Die Herausforderung an die Maschinenbauer	190
Der Einzug der Dampfmaschine in die Schiffahrt	193
Schiffsschraube und Eisenschiff	195

C. Zum Entstehen des Fabriksystems — 201

Woher kam das Kapital?	208
Fabrikarbeit und Disziplinierung	209
Industrielle Lohnarbeit von Kindern und Frauen	212
Zur Debatte über den Lebensstandard der Fabrikarbeiter	214

D. Praxis und Wissenschaft – Über die Schöpfer der neuen Technik — 217

Praktiker entwickeln die neue Technik	218
Die neue Technik – Herausforderung an die Wissenschaft	221
Die Verbreitung der neuen Technik – treibende Kräfte und Widerstände	223
Wege und Hindernisse des Transfers der Technik	228

E. Technische Revolution oder viele kleine Verbesserungen? — 235

Anhang

Literaturhinweise	245
Register	253
Bildquellen	256

A. Einführung

Industrielle Revolution – eine neue Epoche der Technik?

Das vorliegende Buch handelt von der Technik in der industriellen Revolution. Ort und Zeitraum der Handlung sind Großbritannien zwischen etwa 1750 und 1850, also ein kleiner Raum und eine kurze Zeitspanne. Die zentrale Frage lautet: Was veränderte sich in der Technik während der industriellen Revolution? War diese zweifelsohne ereignisreiche Periode in der Geschichte der Technik nur eine, wenn auch bedeutende, Beschleunigung der Entwicklung, eine Häufung von Neuerungen, die die alte Technik verbesserten? Oder war diese Beschleunigung die Folge einer grundlegenden Veränderung der Technik, eine Zäsur, die als Durchbruch zu einem qualitativ neuen System der Technik zu bezeichnen wäre? Wir vertreten letztere Auffassung. Wenn aber bewiesen werden soll, daß sie zutreffend ist, dann reicht es nicht zu fragen, wie viele und welche technischen Neuerungen es gab, sondern es muß versucht werden herauszufinden, was das qualitativ Neue an der Technik der industriellen Revolution war, das sie von der Technik davor unterscheidet.

Die Behauptung, daß mit der industriellen Revolution auch in der Technik eine neue Epoche angefangen hat, stimmt mit den meisten Periodisierungsmodellen der technischen Entwicklung überein. Es wird auch kaum jemand Charles Babbage (1792–1871) widersprechen, der in den 30er Jahren des 19. Jahrhunderts als den prägendsten Unterschied zwischen Großbritannien und anderen Ländern

«den gewaltigen Umfang und die Perfektion, zu denen wir die Erfindung von Werkzeugen und Maschinen gebracht haben, um jene Genehmlichkeiten zu fertigen, die in so großen Mengen von beinahe allen Klassen der Gemeinschaft konsumiert werden» (Babbage, Ch. 1833, S. 3).

hervorgehoben hat. Mit weniger Zustimmung ist zu rechnen, wenn die mannigfaltigen Veränderungen auf allen Gebieten der Technik in diesen hundert Jahren als eine Zäsur oder gar als technische Revolution bezeichnet werden. Denn Werkzeuge und Maschinen gab es schon lange, und nur das Aufzählen ihrer Menge und das Beschreiben ihrer Qualität gibt keine Antwort darauf, ob es allein um Verbesserungen der alten Technik oder aber um eine Zäsur in der Entwicklung der Technik geht. Unsere These, daß es eine Zäsur und eben deshalb auch der Anbruch einer neuen Epoche war, soll in dem vorliegenden Buch unter Beweis gestellt werden.

In dieser Einführung soll zuerst knapp umrissen werden, was unter Industrialisierung und unter industrieller Revolution verstanden wird. An-

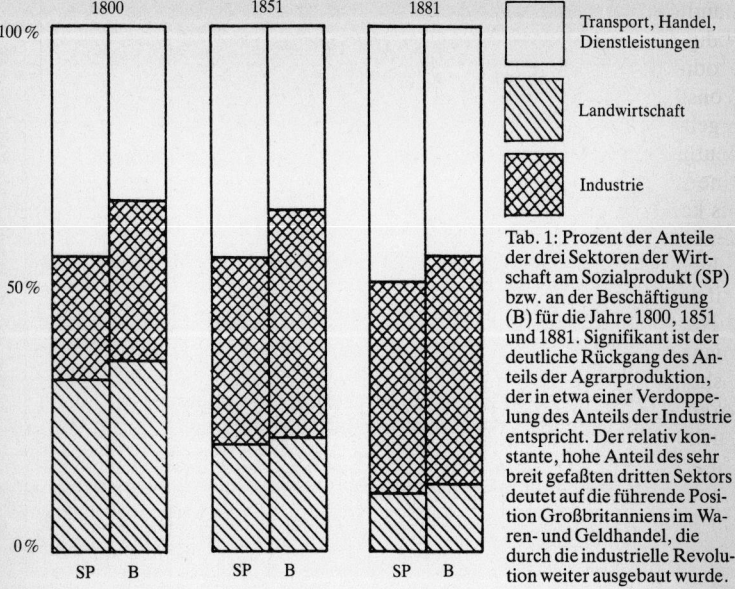

Tab. 1: Prozent der Anteile der drei Sektoren der Wirtschaft am Sozialprodukt (SP) bzw. an der Beschäftigung (B) für die Jahre 1800, 1851 und 1881. Signifikant ist der deutliche Rückgang des Anteils der Agrarproduktion, der in etwa einer Verdoppelung des Anteils der Industrie entspricht. Der relativ konstante, hohe Anteil des sehr breit gefaßten dritten Sektors deutet auf die führende Position Großbritanniens im Waren- und Geldhandel, die durch die industrielle Revolution weiter ausgebaut wurde.

schließend wollen wir uns eingehender damit beschäftigen, was wir mit *Technik* meinen und auf Grund einer vereinfachten Techniksystematik die wesentlichsten Merkmale der Technik vor und in der industriellen Revolution herausarbeiten. Auf dieser Grundlage wird in den folgenden Kapiteln dargestellt, was auf den wichtigsten Gebieten der britischen Wirtschaft mit der Technik geschehen ist, wer die neue Technik geschaffen hat und zu welchen Folgen ihr Einsatz in der Organisation der Produktion geführt hat. Im Schlußkapitel soll dann gezeigt werden, welche Rolle die Praxis und die Wissenschaft bei der Entstehung der neuen Technik gespielt haben, wie sie sich verbreitet hat. Abschließend wird versucht zu begründen, daß es zutreffend ist, diese Veränderungen als eine Zäsur in der technischen Entwicklung, als eine technische Revolution zu bezeichnen.

Industrialisierung und industrielle Revolution

In der zweiten Hälfte des 18. Jahrhunderts begann in Großbritannien der sich mit unterschiedlicher Verzögerung im 19. Jahrhundert in Europa und Nordamerika verbreitende Prozeß der Industrialisierung. Wenn wir von dem einfachen volkswirtschaftlichen Drei-Sektoren-Modell ausgehen,

Landwirtschaft, Industrie mit Bergbau und Dienstleistungen, so war die Industrialisierung ein Prozeß, in dessen Verlauf der Anteil der Industrieproduktion, das heißt die Gewinnung und Verarbeitung von Stoffen zu Konsum- oder Investitionsgütern, an der Gesamtheit aller Produktionsergebnisse einer Volkswirtschaft (Sozialprodukt, Volkseinkommen) deutlich erkennbar zunahm (Tab. 1). Industrialisierung bedeutet also eine Veränderung der Struktur der Wirtschaft. Der Verlauf dieses Prozesses kann mit den Veränderungen der Anteile der einzelnen Sektoren an dem Sozialprodukt (Volkseinkommen) oder der Anteile der in den einzelnen Sektoren Beschäftigten an der Gesamtzahl der Beschäftigten, also mit den Veränderungen der Beschäftigungsstruktur verdeutlicht werden.

Neben der strukturellen Veränderung war ein ebenso bedeutungsvolles quantitatives Merkmal des Industrialisierungsprozesses «das sämtliche bisherige Vorstellungen sprengende Wachstum der gesellschaftlichen Produktion» (Borchardt, K. 1976, S. 198). In der Industrialisierung wuchs nicht nur das gesamte Sozialprodukt ständig an, sondern auch der auf einen Beschäftigten oder auf einen Einwohner entfallende Anteil. Dabei waren die Wachstumsraten sowie die Produktivitätssteigerung in der Industrieproduktion höher als jene der gesamten Wirtschaft, mithin war die Industrieproduktion der Träger des beschleunigten Wachstums der gesamten Volkswirtschaft. Industrialisierung bedeutet demnach einen steigenden Anteil der Industrieprodukte am Sozialprodukt bei einem gleichzeitig beschleunigten gesamtwirtschaftlichen Wachstum.

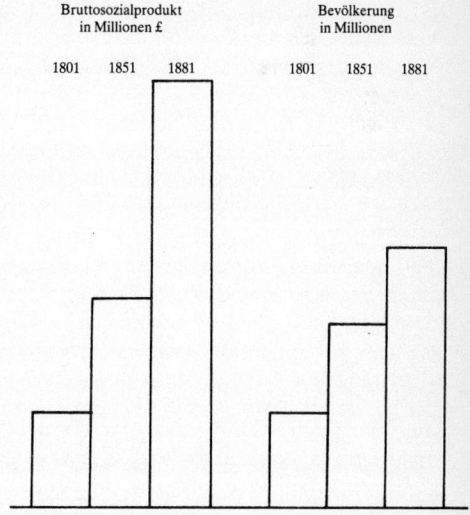

Tab. 2: Wachstum des Sozialproduktes und der Bevölkerung Großbritanniens. Ein Vergleich dieser zwei Indikatoren verdeutlicht, daß das Wachstum der volkswirtschaftlichen Leistungen das Bevölkerungswachstum um ein Vielfaches überstieg und damit sich auch das Pro-Kopf-Einkommen vervielfachte.

Zwischen 1760 und 1860 ist in Großbritannien, also in England, Wales und Schottland, bei einer Bevölkerungszunahme von 8,1 auf 21 Millionen das Bruttosozialprodukt von £93 auf 523 Millionen gestiegen (Tab. 2). Das jährliche Pro-Kopf-Einkommen erhöhte sich im gleichen Zeitraum von £9,6 auf £22,9 (Feinstein, C. H. 1981, S. 136). Kennzeichnend für die Einkommensverteilung war ein überproportionaler Anstieg der Kapitaleinkommen aus Profiten und Renten. Somit lag die Steigerung der Reallöhne zwischen 1790 und 1850 weit unter der Steigerungsrate des durchschnittlichen Pro-Kopf-Einkommens (Perkin, H. 1969, S. 134–138; O'Brien, P. K., Engermann S. L. 1981, S. 164–171). Die jährliche Wachstumsrate des Sozialproduktes betrug in der ersten Hälfte des 19. Jahrhunderts 2,9%, ein sehr hoher langfristiger Durchschnittswert, der hauptsächlich durch die zwischen 1800 und 1840 mit jährlich etwa 4,7% wachsende Industrieproduktion (einschließlich des Bergbaus und des Bauwesens) getragen war. Der Anteil der Land- und Forstwirtschaft am Sozialprodukt ging in demselben Zeitraum von 40 auf 15% zurück und jener der Industrieproduktion einschließlich des Bergbaus stieg von 21 auf 40% an (Deane, Ph.; Cole, W. A. 1969, S. 156–166).

Solche quantitativen Meßwerte zeigen nur das Wesen des gesamtökonomischen Prozesses in der Industrialisierung. Von den qualitativen Merkmalen ist hier vorerst nur zu erwähnen, daß in diesem Prozeß ein zunehmender Teil der Industrieproduktion, im Unterschied zur Verarbeitung von Stoffen vor der Industrialisierung, mit einer neuen Technik (maschinelle Fertigung) und in einer neuen Betriebsorganisation (Fabriksystem), stattfand. Das bedeutet keineswegs, daß die alte Technik (Handarbeit) und die herkömmlichen Organisationsformen der Produktion (Handwerk, Heimarbeit) verschwunden wären, sondern nur so viel, daß maschinelle Fertigung und Fabriksystem zu den bestimmenden Elementen der Industrieproduktion wurden. Strukturveränderung und Wachstum, maschinelle Fertigung und Fabriksystem sind die allgemeinsten ökonomischen Merkmale des Industrialisierungsprozesses.

Dieser Prozeß veränderte tiefgreifend die Schichtung und die Lebensformen der Gesellschaft. Einerseits wuchs die Zahl und die gesellschaftliche Bedeutung der Kapitalgeber und der Bankiers, der Unternehmer in verschiedenen Sparten der Industrie, im Handel und im Transportwesen und andererseits jene der lohnabhängigen Arbeiter. Befreit von den Beschränkungen, die die Wasserkraftnutzung und das alte Transportsystem für die Standortwahl von Industriebetrieben mit sich brachten, setzte sich in der Industrialisierung der Trend zur Ballung der Industrie an Orten mit entsprechenden Rohstoffressourcen und einer guten Infrastruktur durch. So wurde ein wesentliches Merkmal der Industrialisierung die Verstädterung, das Entstehen von Industriestädten und industriellen Ballungsräumen (Tab. 3). Demzufolge stieg in Großbritannien der Anteil der Stadt-

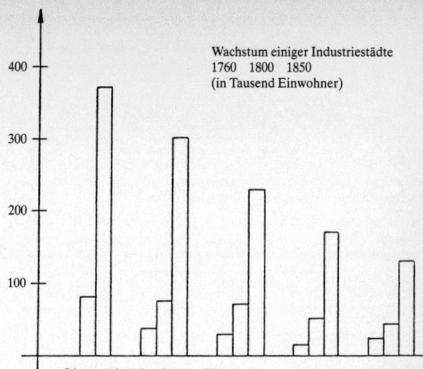

Tab. 3: Wachstum einiger Industriestädte. Der zunehmende Anteil der Bevölkerung in städtischen Siedlungen war hauptsächlich getragen von dem Herausbilden städtischer Ballungsräume der Industrie.

bewohner in der zweiten Hälfte des 18. Jahrhunderts von etwa 15 auf 25 % und in den folgenden fünfzig Jahren auf annähernd 50 bis 60 % der Gesamtbevölkerung, und die Industriezonen der Midlands, von Lancashire und des West Riding sowie die Eisen- und Kohlezentren in Südwales und um Newcastle wurden durch Binnenwanderung und durch die Zuwanderung hauptsächlich von Iren zu Regionen mit der größten Bevölkerungsdichte (Tab. 4). All dies veränderte binnen drei Generationen auch

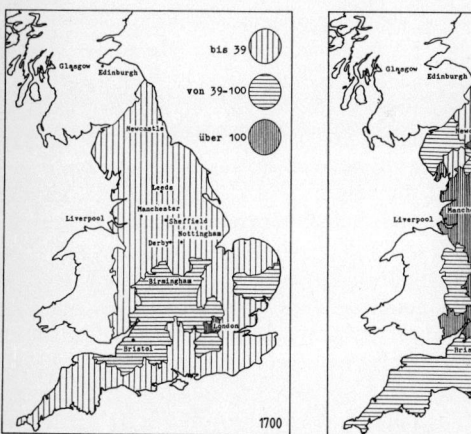

Tab. 4: Verschiebung der Bevölkerungsdichte in England zwischen 1700 und 1901. Die durch das Bevölkerungswachstum allgemein gestiegene Bevölkerungsdichte erreicht die höchsten Werte in der Region von London und in den Bergbau- und Industrieregionen der Midlands (etwa zwischen Birmingham und Nottingham), von Lancashire (Zentrum: Manchester), des West Riding von Yorkshire (etwa zwischen Leeds und Sheffield) und des Nordostens (die Region um Newcastle und südlich davon).

das über Jahrhunderte hinweg konstante Stadt- und Landschaftsbild (Hoskins, W. G. 1971, S. 211–297). Die Industrialisierung begann in einer Wirtschafts- und Gesellschaftsordnung, die im wesentlichen von der Agrarproduktion und -struktur bestimmt war, und führte hinüber zu einer Wirtschafts- und Gesellschaftsordnung, die im wesentlichen von der Industrieproduktion und von den mit ihr verbundenen sozialen Gruppen und Schichten bestimmt wurde.

Das Wortpaar «industrielle Revolution» wird zwar in allen Werken über die Industrialisierung reichlich gebraucht, eine inhaltliche Festlegung dessen, was damit gemeint ist, fällt jedoch schwerer als beim Begriff der Industrialisierung. Wegen der großen Vielfalt der Meinungen über die Stimmigkeit oder gar Brauchbarkeit des Begriffes «industrielle Revolution» beschränken wir uns hier darauf, einige Positionen aufzuzählen und festzulegen, was wir selbst darunter verstehen.

Das Wortpaar stammt aus der französischen Publizistik im ersten Drittel des 19. Jahrhunderts und diente zur Bezeichnung des Industrialisierungsprozesses in Großbritannien. Friedrich Engels (1820–1895) und Karl Marx (1818–1883) versuchten schon zwischen 1840 und 1850 eine inhaltliche Festlegung der wesentlichsten Merkmale der englischen industriellen Revolution, und bereits 1856 hat H. Bodemer die Industrialisierung in Sachsen als industrielle Revolution bezeichnet (Purs, J. 1973, S. 142). Im englischen akademischen Schrifttum wurde die ökonomische Entwicklung Großbritanniens seit 1760 zum erstenmal 1884 als industrielle Revolution von Arnold Toynbee bezeichnet. Aber erst seit dem Erscheinen des Buches des französischen Historikers Paul Mantoux im Jahr 1905 und seiner englischen Übersetzung in 1928 wurde die industrielle Revolution zum Synonym für die Industrialisierungsphase Großbritanniens ungefähr zwischen 1760 und 1850. Heute ist dieses Wortpaar aus der Fachliteratur und aus der Publizistik ebensowenig fortzudenken wie die Vielfalt seiner Auslegung.

In der überwiegenden Mehrheit der Forschungen über Großbritannien wird mit industrieller Revolution nach wie vor die Epoche der Etablierung des kapitalistischen Industriesystems in Großbritannien bezeichnet, wobei dies als ein die Gesamtheit der Ökonomie und der Gesellschaft in allen ihren Lebensformen erfassender Umwälzungsprozeß aufgefaßt wird. Der Beginn dieses Prozesses wird zwischen 1760 und 1780 und das Ende zwischen 1830 und 1850 angesiedelt. Wesentliche Unterschiede gibt es allerdings in der Einschätzung des Stellenwertes einzelner Faktoren in diesem Prozeß. In den an der Wachstumstheorie orientierten Forschungen wurden als industrielle Revolution die Phase des *take-off* in der Industrialisierung bezeichnet, mit der das ständige und beschleunigte Wachstum der Wirtschaft begann (Rostow, W. W. 1960).

Die marxistische wirtschaftshistorische Forschung, die die Marxsche

Konzeption der industriellen Revolution erst nach 1940 aufgegriffen hat (Strumilin, S. G. 1944), wendet den Begriff auf alle Industrialisierungsprozesse des 18. und 19. Jahrhunderts an, in denen der Übergang von der feudalistischen zur kapitalistischen sozialökonomischen Formation vollzogen worden ist. Ein gemeinsames Merkmal der meisten marxistischen Positionen ist die Auffassung, daß die industrielle Revolution als ein Abschnitt, als eine Periode betrachtet wird, mit der die Industrialisierung beginnt und sich durchsetzt, nicht aber beendet war. Eine Ausnahme ist der Nestor der Wirtschaftshistoriker in der DDR, Jürgen Kuczynski, der in England bzw. Großbritannien in Anlehnung an die Forschungen von J. Nef zwei industrielle Revolutionen ablaufen läßt, die erste im 17. und die zweite im 18./19. Jahrhundert. Davon ausgehend bezeichnet er dann die elektrotechnische Revolution gegen Ende des 19. Jahrhunderts als die dritte und die wissenschaftlich-technische Revolution (elektronische Steuerung von Maschinen) als die vierte industrielle Revolution (Kuszynski, J. 1975, S. 98, 117).

Kuczynski war nicht der erste, der mehrere industrielle Revolutionen entdeckt hat. Während Alfred Weber (Weber, A. 1957) noch von drei Phasen einer industriellen Revolution sprach, lassen andere Verfasser, meistens ausgehend von der allgemein vertretenen Meinung, daß die wichtigste technische Neuerung die Dampfmaschine und mithin die industrielle Revolution des 18./19. Jahrhunderts die Revolution des Dampfes gewesen sei, mehrere industrielle Revolutionen entstehen. So kamen zu der Revolution des Dampfes gegen Ende des 19. Jahrhunderts die Revolution der Elektrizität und als dritte die Revolution der Atomenergie in den 1950er Jahren. Je nach Bezugspunkt wird dann die massenhafte Einführung der elektronischen Datenverarbeitung als vierte, als dritte (Balkhausen, D. 1978) oder aber nur als zweite (Steinmüller, W. 1981) industrielle Revolution eingestuft. Außer dem Trend, technische Neuerungen des 19. und 20. Jahrhunderts fortlaufend als industrielle Revolutionen zu bezeichnen, versuchten Historiker, den Begriff, unter Einengung seines Inhaltes auf technische Neuerungen auch in das Mittelalter zurückzuprojizieren. So bezeichnete E. M. Carus-Wilson die Einführung der Tuchwalken als eine industrielle Revolution des 13. Jahrhunderts, und J. Gimpel erhob die zweifelsohne bedeutungsvollen technischen Neuerungen des 11. bis 14. Jahrhunderts zur industriellen Revolution des Mittelalters (Carus-Wilson, E. M. 1941; Gimpel, J. 1980).

Nach meiner Auffassung steht industrielle Revolution für die Epoche der Entstehung des industriekapitalistischen Systems in Großbritannien zwischen 1760 und 1850 und für alle damit verbundenen Veränderungen – nicht nur in der Wirtschaft und Technik, sondern auch in der Struktur der Gesellschaft, der Siedlungsformen (Verstädterung), der sozialen Beziehungen in der Arbeit, im Lebensstil, im politischen System usw. Folglich war die industrielle Revolution, in deren Verlauf die Grundlagen der industriekapitalistischen Wirtschafts- und Gesellschaftsordnung geschaffen worden sind, ein komplexer technischer, ökonomischer und gesellschaftlicher Umwälzungsprozeß. Industrielle Revolution ist also gleichsam Industrialisierung und Wachstum, aber nur eine Periode der Industrialisierung, des modernen ökonomischen Wachstums. Nur in einer solchen Auslegung ist meines Erachtens industrielle Revolution ein Begriff. Gleichgesetzt mit Industrialisierung überhaupt und verwendet für noch so bedeutsame technische Neuerungen im Verlaufe der weiteren Entwicklung des Industriekapitalismus wird industrielle Revolution zu einem Modewort und letzten Endes zu einer Leerformel.

Industrielle Revolution ist also nicht gleichzusetzen mit technischen Neuerungen allein, wenngleich diese im Gesamtprozeß eine bedeutungsvolle Rolle spielten. Der überwiegende Teil der in Großbritannien eingesetzten neuen Technik wurde auch dort entwickelt. Wo die neue Technik erfunden worden ist, hat jedoch nur eine sekundäre Bedeutung. Eine sekundäre deshalb, weil für die Realisierung von Aufgaben in der Produktion, Energieumwandlung, im Transportwesen usw. nicht das zählt, was an Geräten, Maschinen und Verfahren erfunden und patentiert worden ist, sondern nur das, was von diesen patentierten oder nicht patentierten Erfindungen in die Praxis umgesetzt wurde, die *Innovation*. So gesehen kann man den Begriff der industriellen Revolution auch für Industrialisierungsprozesse des 19. Jahrhunderts außerhalb Großbritanniens verwenden, in deren Verlauf vorerst durch einen Techniktransfer, durch Importe der «englischen» Technik, und anschließend durch eigene Entwicklungen die technischen Grundlagen der Industrialisierung geschaffen worden sind.

Technik – was ist das?

Blieben wir bei der Binsenwahrheit, daß das wesentliche Merkmal der technischen Entwicklung in der industriellen Revolution die Fülle von vorher nie zuvor in einem so kurzen Zeitraum und mit dieser Dichte hervorgebrachten technischen Neuerungen gewesen ist, so stießen wir wahrscheinlich auf allgemeine Zustimmung. Wir möchten jedoch das Kernstück, das diesen nie zuvor dagewesenen Technisierungsschub vorangetrieben hat, sowie das wichtigste gemeinsame Merkmal dieser technischen Neuerungen herausarbeiten. Dazu ist es unumgänglich, sich etwas eingehender mit dem Begriff Technik auseinanderzusetzen.

Das Wort Technik wird im deutschen Sprachgebrauch als Bezeichnung für jedes zweckorientierte Handhaben jeglicher Mittel und Organe sowie auch für Fertigkeit schlechthin benützt. Worum es sich hier handelt, ist Technik im engeren Sinne, in etwa darum, was einst Gottl-Ottlilienfeld mit Realtechnik als «das abgeklärte Ganze der Verfahren und Hilfsmittel des naturbeherrschenden Handelns» zu definieren versucht hat (Gottl-Ottlilienfeld, F. von 1914, S. 207). Einen von allen Wissenschaftszweigen anerkannten Technikbegriff gibt es bislang nicht. In den vergangenen 25 Jahren ist man jedoch sowohl in der Technikphilosophie wie auch in den Diskussionen um den Technikbegriff von der Einengung des Begriffes auf die Artefakte bzw. von der Gleichsetzung der Technik mit angewandter Naturwissenschaft weitgehend abgekommen. In Anlehnung an die Ergebnisse dieser Diskussionen (Füssel, M. 1978, S. 6–16) und an die Formulierungen von Kurt Tuchel und Günter Ropohl (Tuchel, K. 1967, S. 23–34; Ropohl, G. 1979, S. 30–46) betrachten wir Technik als die Gesamtheit

– aller Artefakte (künstlicher Gegenstände) und Verfahren sowie
– aller Handlungen, mit denen der Mensch zum Erreichen eines Zweckes diese Artefakte vorausdenkend entwirft, herstellt und anwendet.

Einige Merkmale in dieser Inhaltsbestimmung oder, um mit Tuchel zu sprechen, dieser Begriffsvereinbarung über Technik wollen wir, um Mißverständnissen vorzubeugen, noch besonders hervorheben. Technik in ihrer Gesamtheit wie auch in ihren konkreten, sehr unterschiedlichen Erscheinungsformen war und ist ein «Wozuding» (Tuchel, K. 1967, S. 29), ein Mittel zum Erreichen eines Zweckes. Ein weiteres grundlegendes Merkmal jeder Technik ist, daß alle Artefakte, vom Faustkeil bis zum Drehautomaten, von der Flöte bis zur elektrischen Orgel, von der Schmelzgrube bis zum Hochofen das Ergebnis eines zielbewußten und zweckorientierten Handelns des Menschen, immer die Realisierung eines einfachen oder komplizierten «vorausdenkenden Entwerfens» waren und sind. Sowohl dieses vorausdenkende Entwerfen wie auch seine Realisierung sind psychische und physische Aktivitäten des Menschen, in jeder Technik ist also immer menschliche Arbeit in diesem oder jenem Ausmaß vergegenständlicht.

«Technik ist ihrem Wesen nach eine Sache des Menschen; sie ist von ihm und durch ihn und für ihn» (Tuchel, K. 1967, S. 28).

Technik als Herstellung von Artefakten umfaßt alle Bereiche der Herstellung von Produktions- und Konsumtionsgütern, Technik als Nutzung von Artefakten zum Erreichen eines Zweckes, zur Befriedigung eines Bedürfnisses geht über den Bereich der Produktion weit hinaus und war und ist so gut wie in allen Bereichen des menschlichen Lebens gegenwärtig.

Da Technik ausschließlich durch *Handlungen von Menschen* entsteht, sind Mensch und Technik untrennbar. Nun war und ist jedoch der Mensch ein gesellschaftliches Wesen. Daraus folgt, daß ebenso wie der Mensch die von Menschen gemachte Technik von der Gesellschaft und von dem jeweils existierenden sozialökonomischen System nicht unabhängig sein kann. Im Gegenteil, Technik, ihr Entstehen und ihr Einsatz wurde und wird hauptsächlich, aber nicht nur von den ökonomischen Interessen und Zielsetzungen einer Gesellschaft bestimmt. Jene Gruppen, Schichten oder Klassen, die über diese Interessen und Zielsetzungen entscheiden, bestimmen auch über die Technik, über ihren Einsatz und, insofern Alternativen zur Verfügung stehen, über die Präferenzen, die gesetzt werden.

Eine solche Begriffsvereinbarung der Technik bewahrt uns davor, Technik als etwas vom Menschen und von Gesellschaften unabhängiges oder gar als ein Ding mit der berüchtigten Eigendynamik zu betrachten. Sie bringt uns aber noch nicht näher dazu, bestimmen zu können, welche in einer Unzahl von technischen Neuerungen die wichtigsten gewesen sind. Es bleibt die Möglichkeit offen, womöglich alles aufzulisten und jenes Artefakt, das häufig und unverkennbar bei vielen technischen Handlungen in Erscheinung tritt, als die wichtigste Innovation zu bezeichnen. So kommen wir im Falle der industriellen Revolution sehr leicht zur Dampfmaschine. Wollen wir die Frage nach dem Kernstück, nach den wichtigsten technischen Innovationen beantworten, können wir nicht an einzelnen Artefakten hängenbleiben. Wir müssen etwas tiefer schürfen und unter Abstraktion von den spezialen Funktionen einzelner Artefakte gewisse technische Prinzipien suchen, die in diesem oder jenem Ausmaß für eine ganze Reihe technischer Artefakte und Handlungen zutreffen. Für eine solche Fragestellung und ihre Beantwortung ist es jedoch zweckdienlicher, technische Artefakte nicht nur aufzulisten, sondern sie zu systematisieren und Technik als eine Gesamtheit, als ein System – und nicht als eine Loseblattsammlung – aufzufassen. Als ein System, in dem es Elemente unterschiedlicher Qualität und Quantität gibt, die zueinander und der Gesamtheit zugeordnet sind und so das System strukturieren. Dabei setzen wir voraus, daß gewisse qualitativ technisch definierbare Elemente in einer solchen Quantität in dem System vorhanden sind, daß sie trotz des Vorhandenseins von Elementen anderer Qualität den Charakter des Systems prägen, d. h. systembestimmend sind. Wenn wir beim nächsten Schritt als Prämisse annehmen, daß in der industriellen Revolution eine ganz neue, die «moderne» Technik entstanden ist, daß eine neue Epoche angebrochen ist, oder in unserer Formulierung, ein neues technisches System etabliert wurde, dann können wir die Frage nach den wichtigsten technischen Neuerungen nur beantworten, wenn wir zuerst versuchen, die systembestimmenden Elemente des alten und dann jene des neuen Systems festzustellen. Konkreter gefragt: Welche technischen Merkmale der Mehrzahl der technischen Handlungen waren vor und welche waren in und nach der industriellen Revolution die wichtigsten?

Um endlich von den vielen Fragen auch zu Antworten zu kommen, ist es wohl notwendig, Technik, also alle Artefakte und technischen Handlungen, als ein strukturiertes Ganzes, als ein System unter die Lupe zu nehmen. Da es um Veränderungen in der gewerblichen bzw. industriellen Produktion geht, wollen wir uns, unter Vernachlässigung der spezifischen Merkmale der Agrartechnik, auf ein stark vereinfachtes Modell der Produktionstechnik und in diesem auf das Subsystem der Formveränderung von Stoffen (Stoffgestaltung) konzentrieren.

Die Produktionstechnik

Die Produktionstechnik umfaßt alle Handlungen, die zwecks Gewinnung von Stoffen und ihrer Verarbeitung mit technischen Artefakten und Verfahren durchgeführt werden (Tab. 5). Das Ergebnis dieser Handlungen des Menschen sind Stoffe und Artefakte, die entweder weiteren technischen Handlungen (zum Beispiel Werkzeuge) oder dem Konsum (zum Beispiel Kleidung) dienen. Für alle diese Handlungen sind jedoch außer dem Stoff auch Energie und Information in welcher Form auch immer

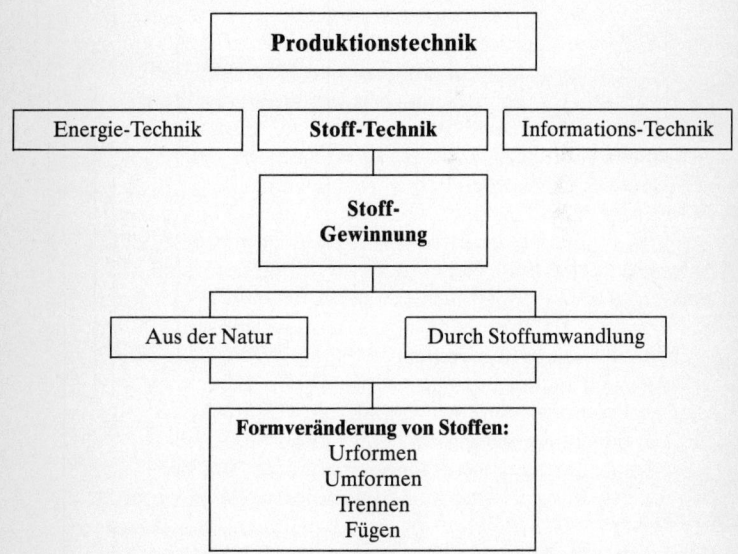

Tab. 5: Schema der Produktionstechnik. Stoff, Energie und Information sind für jede technische Handlung unabdingbar. Das zentrale Element der Produktionstechnik ist jedoch die Stofftechnik und hier die Formveränderung von Stoffen.

unabdingbar. Als allgemeine Funktion der Handlungen in der Produktionstechnik können wir also die Gewinnung und Verarbeitung von Stoff, Energie und Information betrachten (Ropohl, G. 1979, S. 176ff). Im weiteren Sinne umfaßt jedoch die Produktionstechnik auch die Funktionen der Ortsveränderung (Transport) von Stoff, Energie und Information ebenso wie ihre Speicherung (Lagerung).

Unter *Stoffgewinnung* verstehen wir nur jene Handlungen, mit denen der Mensch verschiedene Naturstoffe wie Tonerde, Gestein, Erze, Holz, Knochen usw. aus der «Natur», d. h. aus dem Erd-, Pflanzen- und Tierreich, gewinnt. Diese Stoffe dienen im rohen oder aufbereiteten, d. h. schon einem Verarbeitungsverfahren unterworfenen Zustand der *Stoffverarbeitung* als Rohstoff. Hier sind nach dem technischen Prinzip zwei Gruppen zu unterscheiden:

– Die *Stoffumwandlung*, auch Verfahrenstechnik genannt, die eine Veränderung der physikalisch-chemischen Eigenschaften der Stoffe herbeiführt, und
– die *Stofformung* (Stoffgestaltung, Formveränderung von Stoffen), die aus der Ausgangsform eines Stoffes eine im wesentlichen geometrisch definierbare andere Endform herbeiführt.

In der *Stoffumwandlung* haben wir es mit chemischen bzw. biochemischen technischen Verfahren zu tun, durch die Stoffe bestimmter physikalisch-chemischer Eigenschaften mittels chemischer Reaktionen in einen oder mehrere Stoffe anderer physikalisch-chemischer Eigenschaften umgewandelt werden. Im wesentlichen produziert die Stoffumwandlung Stoffe wie Kupfer, Eisen, Glas, die entweder überhaupt nicht oder nur sehr selten unmittelbar in der Natur vorzufinden sind. So entsteht beispielsweise im thermochemischen Verfahren der Verhüttung von Erzen aus Eisenerz, Kalk, Kohlen- und Sauerstoff als Hauptprodukt technisches Eisen, d. h. eine Eisen-Kohlenstoff-Legierung und gasförmige Stoffe und Schlacke als Nebenprodukte. In diese Gruppe der Stoffumwandlung gehören jedoch auch weniger auffallende Verfahren, bei denen der Mensch die Natur arbeiten läßt, so das Trocknen des Holzes, die Verwitterung des schon abgebauten Erzes auf Halden, das «Gehenlassen» des Teiges und anderes.

Die Stofformung oder Formveränderung von Stoffen hat zum Ziel, aus einer gegebenen Ausgangsform eines Stoffes oder mehrerer Stoffe eine letzten Endes geometrisch definierbare andere, von der Ausgangsform sich unterscheidende Endform herbeizuführen. Wenn wir uns im weiteren eingehender mit der Stofformung beschäftigen, dann deshalb, weil sie in den meisten technischen Handlungen des Menschen zur Befriedigung seiner Bedürfnisse gegenwärtig war und ist. Die Stofformung stellte und stellt bis heute nicht nur den größten quantitativen Anteil an der Gesamt-

1: Urformen: Das Gießen von Metallen ist die älteste Technik des Urformens. Die Endform des Gußprodukts ist mit den Hohlräumen der Form vorgegeben, in die die Gießer das erhitzte flüssige Metall mit der Gießkelle einfüllen. Die flüssige formlose Masse erstarrt in den Hohlräumen durch Abkühlung zur vorgegebenen Form.

heit aller Handlungen der Produktionstechnik dar, sondern ist auch bestimmend für den jeweiligen Stand und für die Qualität der Technik. Es geht nicht nur darum, daß mit den verschiedensten Techniken der Stoffformung die Mehrzahl technischer Artefakte hergestellt wird. Die tragende Funktion der Stoffformung wird auch darin deutlich, daß konstruktive Ideen, «Erfindungen» in allen anderen Gebieten der Technik, zum Beispiel in der Stoffumwandlung, der Energie-, Informations- und Transporttechnik nur durch technische Handlungen der Stoffformung zum Gerät, Gefäß, zur Verfahrensapparatur, zum Wasserrad oder Atomreaktor, zur Dampflokomotive oder zum Automobil, zur mechanischen oder elektronischen Steuerung gemacht werden können.

Für den hier behandelten Zeitraum können wir in Anlehnung an die Systematik der Fertigungstechnik, aber unter Vernachlässigung von Details die Techniken der Stoffformung in vier Gruppen technischer Handlungen zusammenfassen:

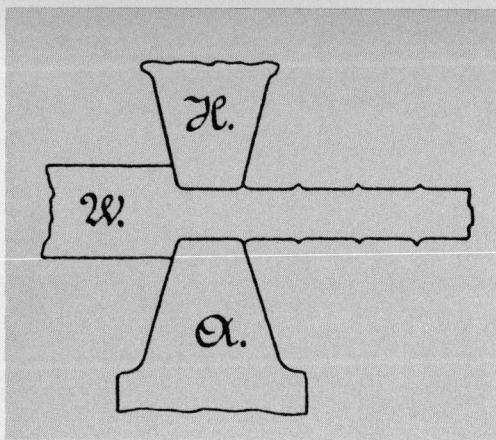

2: Umformen durch Schmieden. Das Schmieden ist eine sehr vielseitige Technik des Druckumformens plastisch bildsamer Stoffe. Das Strekken eines Eisenstabes erfolgt durch Schläge des Hammers (H) auf das auf dem Amboß (A) aufliegende auf Schmiedetemperatur erhitzte Werkstück (W). Die Unebenheiten werden in einem zweiten Arbeitsgang geglättet. Der Stoffzusammenhalt bleibt bei diesem Verfahren erhalten. Andere Arten des Umformens sind z. B. das Walzen, das Drahtziehen oder das Biegen.

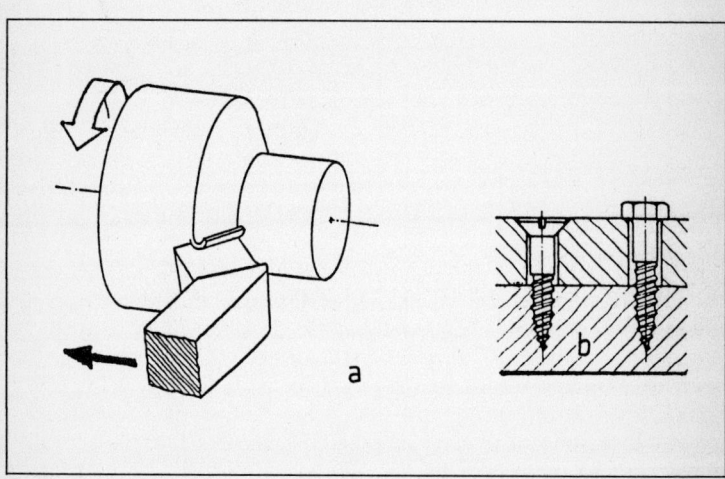

3: Formveränderung durch Trennen und Fügen. (a) Das Drehen besteht aus dem Abtrennen von Stoffteilchen (Spänen) auf der Drehbank. Das in das Metall eingreifende einschneidige Werkzeug, der Drehstahl, wird an dem rotierenden Werkstück längs der Drehachse geführt (Vorschub). Dadurch wird eine vorausbestimmte zylindrische Form hergestellt. Der Stoffzusammenhalt wird durch das Abtrennen von Teilen vermindert. Andere Techniken des Trennens sind z. B. das Hobeln, Sägen, Fräsen, Feilen usw. Eine spezielle Art des Trennens ist das Zerkleinern von Stoffen, bei denen der Stoffzusammenhalt aufgehoben wird. (b) Ein Holzbrett wird durch Schrauben mit einem Holzbalken verbunden und dadurch der Stoffzusammenhalt vermehrt. Zu den Techniken des Fügens gehören z. B. Verbinden durch Nut und Feder, Leimen, Nageln, Kleben, Nieten, Schweißen, aber auch das Spinnen, Zwirnen, Weben oder Nähen.

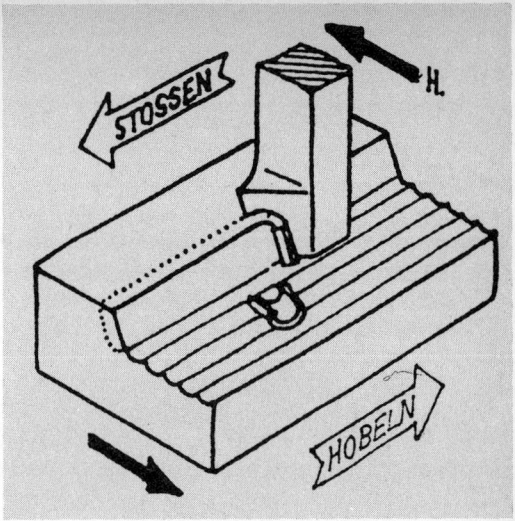

4: Das Wirkprinzip. Die Relativbewegung zwischen den Bestandteilen des Wirkpaares, also zwischen dem Werkstück (beispielsweise einer Gußeisenplatte) und dem Werkzeug (einem Meißel), kann in diesem Fall durch die Bewegung des Werkstückes zum feststehenden Meißel (in der Metallbearbeitung Hobeln) oder des Meißels zum feststehenden Werkstück (Stoßen) ausgeführt werden. Durch die Relativbewegung wird das Wirkprinzip realisiert.

- das *Urformen*, zum Beispiel Formguß von Metallen;
- das *Umformen*, zum Beispiel Schmieden, Walzen, Ziehen, Biegen;
- das *Trennen*, zum Beispiel Spanen, Zerkleinern, Mahlen und
- das *Fügen* oder *Verbinden*, zum Beispiel Verkeilen, Nageln, Kleben, Schrauben, Klemmen, Zwirnen, Spinnen, Flechten, Weben.

Ein wichtiges Hilfskriterium für die einzelnen Gruppen und ihre Unterteilung ist die Veränderung des Stoffzusammenhaltes, des stofflichen Aggregatzustandes. Beim Urformen entstehen Stoffe mit festem Körper aus formlosen, beispielsweise flüssigen oder breiartigen Stoffen, d. h., der Stoffzusammenhalt wird geschaffen (Abb. 1). Beim Umformen geht es um die Formveränderung plastisch bildsamer Stoffe bei Beibehaltung des Stoffzusammenhaltes (Abb. 2). In den zwei Gruppen des Trennens und Fügens (Abb. 3a, 3b), zu denen eine große Vielfalt von Stoffformungstechniken gehört, wird im Verlauf der Formveränderung beim Trennen der Stoffzusammenhalt im Regelfall vermindert (Spanen durch Drehen) oder auch aufgehoben (Mahlen) und beim Fügen der Stoffzusammenhalt vermehrt (Anschrauben eines Holzbrettes auf einen Holzbalken).

Trotz der Vielfalt ihrer konkreten Erscheinungsformen beruhen alle Stoffformungstechniken auf einem gemeinsamen technischen Prinzip, dem *Wirkprinzip*. In jeder Handlung der Stoffformung haben wir ein *Wirkpaar*: (a) einen zu gestaltenden Stoff, den *Werkstoff* (das Werkstück oder den Arbeitsgegenstand) und (b) das gestaltende *Werkzeug* (das Arbeitsmittel). Die formverändernde technische Handlung kann nur dann ausgeführt werden, wenn es zwischen beiden zur Berührung, zum Kontakt kommt. Dies wird erreicht mittels vorausgeplanter und bestimmter *Relativbewegungen* zwischen dem Werkstoff und dem Werkzeug (Abb. 4). Die Ausführung der Relativbewegungen bedeutet im wesentlichen eine *vorausgeplante* und *bestimmte* Änderung der gegenseitigen Position von Werkstück und Werkzeug. Dafür ist die Bereitstellung von Energie und von Informationen sowie ihre Übertragung auf das Wirkpaar und eventuell eine Ortsveränderung des Werkstoffes innerhalb des Bearbeitungsprozesses notwendig.

Um feststellen zu können, ob die Techniken der Formveränderung trotz der für alle Varianten zutreffenden Gültigkeit des Wirkprinzips einen wesentlichen, technisch definierbaren Unterschied aufweisen, ist es unumgänglich, nach den Funktionen zu fragen, die für die Durchführung der Relativbewegung – und somit für die Ausführung der technischen Handlung der Formveränderung – erfüllt werden müssen. Folgende Funktionen sind zu unterscheiden: Halten und Führen des Werkzeuges; Halten und Führen des Werkstückes; Energieversorgung (Umwandlung oder Umformung und Übertragung); Bereitstellung und Transport von Informationen für den Handlungsvorgang (Steuerung); Kontrolle des Handlungsvorganges (Messen); Transport (Positionierung) des Werkstückes innerhalb des Handlungsvorganges. Diese Funktionen müssen bei allen technischen Handlungen der Formveränderung von Stoffen erfüllt werden. Sie können wahrgenommen werden: (a) nur vom Menschen; (b) zum Teil vom Menschen und zum Teil von technischen Vorrichtungen; (c) ausschließlich von technischen Vorrichtungen.

Der Trend der technischen Entwicklung besteht aus diesem Blickwinkel in der Übertragung einzelner Funktionen vom Menschen auf technische Vorrichtungen. In diesem Jahrtausende währenden Prozeß der *Technisierung* – ein Begriff, dem ich in Anlehnung an Ropohl (Ropohl, G. 1979, S. 181) vor dem eingefleischten, dennoch aber nicht alle Prozesse der Technisierung umfassenden Begriff der Mechanisierung den Vorzug geben möchte – gibt es zwei Funktionsübertragungen vom Menschen auf technische Vorrichtungen, die sehr deutlich zwei technisch prinzipiell unterschiedliche Handlungen der Formveränderung markieren: *die Übertragung der Funktionen des Haltens und Führens sowohl des Werkstückes als auch des Werkzeuges vom Menschen auf eine technische Vorrichtung* (Abb. 5). Dadurch verändert sich die Technik der Formveränderung aus einer *Hand-Werkzeug-Technik* in eine *Maschinen-Werkzeug-Technik*.

Die technisch bestimmbare Trennungslinie zwischen der Hand-Werkzeug-Technik und der Maschinen-Werkzeug-Technik ist in der Antwort auf die Frage zu finden: *Wer* oder *was bestimmt die Relativbewegung*?

5: Hand-Werkzeug-Technik und Maschinen-Werkzeug-Technik (Ausschnitt). In beiden Drehbänken wird die Rotationsbewegung des eingespannten Werkstückes über technische Vorrichtungen von einer Kraftmaschine eingeleitet. Links ist eine Hand-Werkzeug-Technik dargestellt, bei der die Relativbewegung vom Dreher, der den Drehstahl hält und gegen das Werkstück führt, bestimmt wird. Rechts ist eine Maschinen-Werkzeug-Technik abgebildet: hier bestimmt die technische Einrichtung die Relativbewegung. Der Drehstahl ist in dem Kreuzsupport befestigt und kann vom Dreher mit der Handkurbel nur über die von der Konstruktion der Drehbank vorgegebenen Bahnen geführt werden.

Wenn bei der Formveränderung von Stoffen der Mensch das Werkzeug und das Werkstück oder nur das eine oder nur das andere hält und führt, ist die Relativbewegung zwischen Werkzeug und Werkstück und damit auch das Ergebnis der technischen Handlung direkt vom Menschen bestimmt. Es handelt sich also auch dann um eine Hand-Werkzeug-Technik, wenn entweder für das Halten und/oder Führen des Werkstückes oder für das Halten und Führen des Werkzeuges eine technische Vorrichtung vorhanden ist. Wenn beide Funktionen, das Halten und Führen des Werkzeuges und des Werkstückes, an eine technische Vorrichtung übertragen werden, so wird die Relativbewegung zwischen Werkzeug und Werkstück, also auch das Ergebnis der technischen Handlung, durch die vom Menschen geschaffene und von ihm bediente technische Vorrichtung bestimmt. In diesen Fällen handelt es sich um eine Maschinen-Werkzeug-Technik auch dann, wenn die für das Funktionieren der technischen Einrichtungen notwendige Energie vom Menschen zur Verfügung gestellt wird. Wir wollen dieses grundlegende technische Unterscheidungsmerkmal mit einigen Beispielen verdeutlichen.

Der Mensch will aus einem Stück Holz ein Heft für ein Werkzeug fertigen. Hier geht es um die Formveränderung des Stoffes. Dabei kann die vorausgeplante und bestimmte geometrische Form des Heftes mit verschiedenen Techniken des Trennens mit einem oder mit mehreren Werkzeugen (Beil, Hobel, Schaber, Feile usw.) hergestellt werden. Die einfachste Stufe der Fertigung ist das Festhalten des Werkstückes mit einer Hand und das Halten und Führen des Werkzeuges mit der anderen. Auf einer anderen Technisierungsstufe kann das Werkstück mittels einer technischen Vorrichtung fixiert werden (Verkeilen auf der Werkbank, Einspannen in einen Schraubstock) und der Mensch kann das Werkzeug mit beiden Händen festhalten und führen. Es besteht kein Zweifel, daß in beiden Fällen die Relativbewegung vom Menschen bestimmt wird. Etwas weniger durchschaubar wird die Geschichte, wenn der Mensch auch eine Drechselbank zur Verfügung hat und mit dieser einige Arbeitsschritte der Formveränderung durchführt. Die Drechselbank ist zweifelsohne eine technische Vorrichtung, ein Gerät. Der Mensch spannt das Werkstück zwischen zwei Spitzen der Drechselbank ein und versetzt es – mit welcher Antriebstechnik auch immer – in eine Rotationsbewegung. Die Formveränderung durch Spanen wird jedoch dadurch ausgeführt, daß der Mensch das Werkzeug mit beiden Händen festhält und abgestützt auf eine Auflage dieses gegen das rotierende Werkstück führt. Auch hier bleibt also die angestrebte Endform des Fertigungsvorganges direkt vom Menschen bestimmt, selbst wenn er in diesem Fall «nur» den Stichel hält und führt. Es ist zwar eine höhere Stufe der Technisierung, aber auch diese Art der Formveränderung bleibt im Bereich der Hand-Werkzeug-Technik, und zwar ohne Rücksicht darauf, ob es sich bei der Drechselbank um eine Wippenbank aus dem 15. Jahrhundert oder um eine Drechselbank des 20. Jahrhunderts mit Elektromotor, automatischem Schaltgetriebe oder gar mit elektronischer Steuerung der Umdrehungszahlen handelt. Zur Maschinen-Werkzeug-Technik wird das Drechseln erst dann, wenn auch das Festhalten und Führen des Werkzeuges dem Menschen abgenommen und auf eine technische Vorrichtung an der Drehbank, auf den Werkzeugschlitten, übertragen wird. Auch hier ist es für die Zuordnung dieser Drehmaschine zur Maschinen-Werkzeug-Technik irrelevant, mit welcher Technik die notwendige mechanische Energie für die Bewegung des Werkstückes und des Werkzeugschlittens bereitgestellt wird.

Ein gutes Beispiel für die Probleme der Zuordnung einer technischen Handlung entweder zur Hand-Werkzeug- oder zur Maschinen-Werkzeug-Technik ist das Schmieden, eine als Druckumformen bezeichnete Technik der Formveränderung plastisch bildsamer Stoffe. Für das Schmieden des Eisens braucht man außer dem Ausheizfeuer mit einem Blasebalg mindestens einen Hammer, einen Amboß und eine Zange, dazu kommen noch Schneidewerkzeuge wie Meißel bzw. Hilfswerkzeuge, die das Formgeben erleichtern, Gesenke. Die Stofformung findet durch den wiederholten Druck der Schlagfläche des Hammers entweder direkt auf den am Amboß aufliegenden Teil des Eisens oder indirekt durch den Druck auf das Obergesenk statt. Welches sind nun die Arbeitsinhalte des Schmiedes beim Freihandschmieden? Außer der visuellen Kontrolle des Hitzegrades und der mechanischen Kontrolle der Qualität bestehen sie im Festhalten des Werkstückes mit einer Zange oder mit einem angeschweißten Eisenstab und in dessen Positionierung und Führung auf dem Amboß. Zum anderen muß der Hammer festgehalten, bewegt und geführt werden, es müssen also Schläge auf das Werkstück erfolgen. Diese Funktionen kann entweder der Schmied allein oder mit Hilfe eines Zuschlägers ausüben (Abb. 6). Die Zuordnung dieser Technik ist soweit unproblematisch, es ist eine Hand-Werkzeug-Technik, bei der das Ergebnis des Umformungsprozesses eindeutig direkt vom Menschen bestimmt wird. Seit dem Verbreiten des Wasserradantriebes im 14. Jahrhundert bekamen jedoch die Hammerschmiede in Hüttenwerken und allmählich auch in der Eisenverarbeitung, zum Beispiel die Sensen-

6: Freihandschmieden mit Zuschläger, 16. Jahrhundert. Der Meister hält und führt mit der linken Hand das Werkstück in einer Zange auf dem Amboß. Mit dem Einhandhammer in der rechten Hand schmiedet er und gibt dem Zuschläger mit dem Zweihandhammer den Rhythmus vor.

Ich Huffschmidt kā die pferd beschlagn/
Darzu die Räder/ Karn vnd Wagn/
Schwäntzen vnd Lassen ich wol kan/
Den Pferden/ die auch Schäden han/
Ich kan heyln/ Retzen vnd Reiden/
Den Feyfel vnd die Angstel schneidn/
Zu den Ciclopen trag ich Gunst/
Die erfunden deß Schmidwercks Kunst.

7: Schmieden mit dem Hammerwerk, 16. Jahrhundert. Der Schmied hält das Werkstück in einer Zange mit beiden Händen und führt es auf dem Amboß. Das Hammerwerk, hier ein Aufwerfhammer, führt die Schläge aus. Die Relativbewegung wird auch hier vom Schmied bestimmt.

schmiede, einen kräftigen Gehilfen: das mit einem Wasserrad angetriebene Hammerwerk. Dieses soll nach J. Gimpel «den Schmied nach und nach von der Arbeit am Amboß» befreit haben (Gimpel, J. 1980, S. 43). Was aber ist ein Hammerwerk? Einer der angesehensten Experten des Eisenhüttenwesens schrieb darüber im 19. Jahrhundert:

«Unter Hammer oder besser unter Hammerschlag... versteht man eine Vorrichtung, die, durch Wasser- oder Dampfkraft betrieben, einen mehr oder weniger schweren Hammer periodisch aufhebt und stets in derselben Richtung auf den darunter befestigten Amboß fallen läßt» (Tunner, P. 1858, Bd. 1, 63).

Dies ist aber auch alles, was dieses Monstrum kann, und es ersetzte somit nur den Zuschläger bzw. es befreite den Schmied vom Schwingen des Hammers. Das Festhalten und Führen des Werkstückes auf dem Amboß bleibt jedoch auch weiterhin Aufgabe des Schmiedes (Abb. 7); die Relativbewegung zwischen Werkzeug und Werkstück wird von ihm bestimmt. Mithin bleibt das Schmieden mit dem Hammerwerk im Bereich der Hand-Werkzeug-Technik. Dabei spielt es auch hier keine Rolle, ob das Hammerwerk von einem Wasserrad, einer Dampfmaschine oder einem

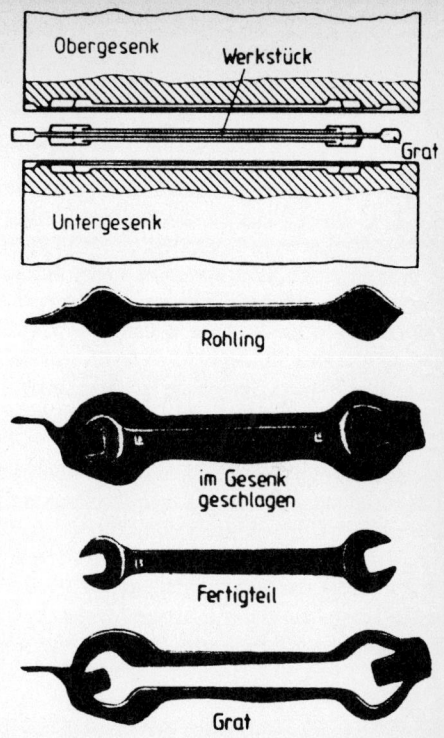

8: Schmiedegesenk. Beim maschinellen Umformen durch Schmieden werden Gesenke verwendet, in die die Endform des Werkstückes eingegeben ist. Die Gesenke können ihre Lage nur in der von der Konstruktion der Schmiedemaschine vorgegebenen Bahn ändern. Der Mensch hat keinen direkten Einfluß auf die Relativbewegung zwischen den Werkzeugen (Gesenke, Hammer) und dem Werkstück (hier Rohling eines Schraubenschlüssels).

Elektromotor angetrieben wird. Zur Maschinen-Werkzeug-Technik wird das Schmieden erst dann, wenn der Werkstoff in Gesenken, die durch eine technische Vorrichtung in festen Bahnen geführt werden, mit Schmiedemaschinen umgeformt wird (Abb. 8).

Aus dem Gesagten geht hervor, daß die Art der Energietechnik für die Bestimmung der Trennungslinie zwischen den beiden Techniken keine Bedeutung hat. Ohne die Bereitstellung und Übertragung von mechanischer Energie kann man weder einen Handhobel noch eine Hobelmaschine in Bewegung setzen. Der vom Schmied geschwungene Vorschlaghammer oder vom Mäher bewegte Wetzstein braucht ebenso mechanische Energie wie das Hammerwerk oder eine Schleifmaschine. Die Unterschiede in den dabei verwendeten Energieträgern, -umwandlern und -umformern sowie Energiemengen dürfen darüber nicht hinwegtäuschen, daß ein Hammerwerk mit Wasserradantrieb ebenso nur ein «mechanisiertes» Werkzeug ist wie der elektrische Handbohrer und daß das Ergebnis der Formveränderung durch Druckformen bzw. Spanen in beiden Fällen von der Fähigkeit des Menschen bei der Führung des Werkstückes bzw. des Werkzeuges abhängig ist.

Bei der Energieversorgung technischer Handlungen der Formveränderung besteht zwischen der Hand-Werkzeug-Technik und der Maschinen-Werkzeug-Technik ein prinzipieller Unterschied. In der Hand-Werkzeug-Technik, bei der der Mensch das Werkzeug und/oder den Werkstoff bewegt, ist er als Energieträger und -umformer *unverzichtbar*: Auf ein in der menschlichen Hand gehaltenes Hand-Werkzeug oder Werkstück kann man von einer Kraftmaschine keine Energie übertragen. Die Energieversorgung mit einer Kraftmaschine wird erst dann möglich, wenn das Werkzeug (oder der zu bewegende Werkstoff) von einer technischen Vorrichtung mindestens gehalten wird. Auf der anderen Seite kann bei der Maschinen-Werkzeug-Technik die Funktion der Energieversorgung sowohl der Mensch wie auch eine «leblose Kraftmaschine» übernehmen. Für die praktischen Maschinenbauer in der industriellen Revolution war dies eine Selbstverständlichkeit. So betonte 1802 Joseph Bramah in dem Patentantrag auf seine Hobelmaschine, daß diese den Handhobel ersetzende Maschine «durch tierische, elementare oder Handkraft bewegt werden kann» (GB, Patent Nr. 2652, 1802). Eine Drehmaschine mit einem Werkzeugschlitten ist eine Arbeitsmaschine der Formveränderung ohne Rücksicht darauf, ob die für die Ausführung der Relativbewegung erforderliche Energie vom Menschen über ein Trittbrett, Kurbel und Seilzug oder von einer Dampfmaschine bzw. einem Elektromotor bereitgestellt wird. Bis zu einer bestimmten Größenordnung des Energiebedarfs kann diese Funktion noch der Mensch ausüben. Mit steigendem Energiebedarf wird es jedoch zwingend, die Energieversorgung mit einem vom Menschen unabhängigen technischen System (Kraftmaschine und Transmission) zu lösen.

Fassen wir zusammen: Auf jeder Stufe der sozialökonomischen Entwicklung war und ist in der Gesamtheit technischer Handlungen das quantitativ und qualitativ vorherrschende Subsystem die Produktionstechnik. In dieser bestimmt die Formveränderung von Stoffen mit ihren vielen Techniken den Charakter des gesamten technischen Systems. Auf Grund der Beantwortung der Frage: wer oder was bestimmt die Relativbewegung zwischen Werkstück und Werkzeug, können wir zwei technisch prinzipiell unterschiedliche Techniken der Formveränderung von Stoffen unterscheiden – die Hand-Werkzeug-Technik und die Maschinen-Werkzeug-Technik. Seitdem es sie gibt, sind sie beide in dem System der Produktionstechnik vertreten, und beide veränderten sich sowohl in quantitativer wie auch in qualitativer Hinsicht. Eine von diesen Techniken ist jedoch in der Produktionstechnik in solcher Quantität vorhanden, daß sie dadurch den Gesamtcharakter des Systems prägt. Je nachdem, welche Technik in der Stoffformung vorherrscht, können wir zwei große Epochen in der Geschichte der Technik feststellen: *die Epoche der Hand-Werkzeug-Technik und die Epoche der Maschinen-Werkzeug-Technik.* Die britische industrielle Revolution markiert aus dieser Sicht nicht mehr, aber auch nicht weniger als den Übergang von der einen zu der anderen Epoche, also den Durchbruch vom System der Hand-Werkzeug-Technik zum System der Maschinen-Werkzeug-Technik.

Die Epoche der Hand-Werkzeug-Technik

Bevor wir nun diesen Prozeß des Überganges und die ihn tragenden technischen Neuerungen in den folgenden Kapiteln behandeln werden, ist es noch notwendig, den in der Epoche der Hand-Werkzeug-Technik erreichten Stand der Produktionstechnik knapp zu umreißen. Dabei beschränken wir uns auf den Zeitraum des europäischen Mittelalters und der Neuzeit, eines Zeitalters, das in manchen Periodisierungsversuchen der Technikgeschichte als die Epoche der «Handwerkertechnik» bezeichnet wird (Gottl-Ottlilienfeld, F. von 1914, S. 332; Ortega y Gasset, J. 1949, S. 34; Rapp, F. 1978, S. 33f, 89f).

Die Formveränderung von Stoffen steht noch im 18. Jahrhundert im Zeichen der Vorherrschaft der Hand-Werkzeug-Technik. In der formverändernden Bearbeitung von Holz, des wichtigsten Werkstoffes dieser Epoche, von Metallen und Eisen (Stahl), von tierischen und pflanzlichen Faserstoffen, von Leder, Glas, Tonerde usw. zu Artefakten, die für die Produktion oder für den Konsum bestimmt waren, die dem Transport oder der Energieumformung dienten, ist das Ergebnis der technischen Handlungen von der Virtuosität der Handhabung des Werkzeuges durch den Menschen abhängig. Oder, um es technisch präziser auszudrücken: In der überwiegenden Mehrzahl der stoffformenden technischen Handlungen war die Realisierung der Relativbewegung zwischen Werkstück und Werkzeug direkt vom Menschen bestimmt.

Das bedeutet nicht, daß sich in der Produktionstechnik von der Steinzeit über das Mittelalter bis hin ins 18. Jahrhundert nichts geändert hätte. Mit der Lösung der Verarbeitung von Stoffen von der Landwirtschaft, mit der Spezialisierung von Handwerkern, die sich seit den Städtegründungen des Hochmittelalters in Zünften organisierten, ging nicht nur eine größere Vielfalt von Produkten einher, sondern auch eine Spezialisierung von Werkzeugen und deren Anpassung an bestimmte technische Handlungen. Dies war ein wichtiges Merkmal der technischen Entwicklung: die Optimierung der Hand-Werkzeug-Technik bis hin zu einer Mechanisierung der Werkzeuge, wie Hammerwerk, Spinnrad, Trittwebstuhl mit horizontaler Kette bzw. einer Mechanisierung der Bewegung des Werkstückes wie bei der Drehbank.

9: Erzpochwerk, 16. Jahrhundert. Die Welle (F) wird von einem oberschlächtigen Wasserrad bewegt; mit ihrer Drehung heben die auf ihr angebrachten Däumlinge (H) die Stempel (D) mit den Pochschuhen (E) durch Eingriff in die Heblinge (G). Nach dem Ausklinken des Däumlings fällt der Pochschuh auf die Erzstücke im Pochtrog (A) und zerkleinert sie.

Parallel dazu verlief auf dem Gebiet der Formveränderung von Stoffen ein anderer Entwicklungsstrang: die Entstehung und Vermehrung von Arbeitsmaschinen der Formveränderung, von technischen Vorrichtungen, die die Relativbewegung zwischen Werkzeug und Werkstück ohne direkte Einwirkung des Menschen ausführten. Am frühesten und am häufigsten finden wir diese Maschinen-Werkzeug-Technik auf einem Spezialgebiet des Trennens: beim Zerkleinern bzw. Auspressen von Stoffen. Das sind technische Handlungen, in denen bei Aufhebung des Stoffzusammenhaltes eine große Menge von kleineren Stoffteilen produziert bzw. die flüssigen von den festen Teilen getrennt werden. Für das Zerkleinern von festen Stoffen ist kennzeichnend, daß die Endformen des Stoffes nicht präzise geometrisch definiert sind (Abb. 9). Dies ist evident beispielsweise beim Erzpochen, gilt aber auch für das Mahlen. Das Endpro-

---

10: Verschiedene Mühlentypen mit Schemazeichnung. Die drei Getreidemühlen, (a) eine Handmühle (ca. 1. Jahrhundert), (b) eine von Pferden oder Eseln angetriebene Mühle (belegt im alten Rom seit dem 2. Jahrhundert v. Chr.) und (c) eine durch Wind- oder Wasserrad angetriebene Mühle (18. Jahrhundert), dokumentieren die Maschinen-Werkzeug-Technik des Mahlens in Europa. Ohne Rücksicht auf die Antriebstechnik ist das Ergebnis des Mahlvorganges von der Konstruktion des Mahlwerkes bestimmt, d. h. von der Flächengestaltung des feststehenden unteren und des rotierenden oberen Mahlsteines sowie der lichten Höhe zwischen ihnen.

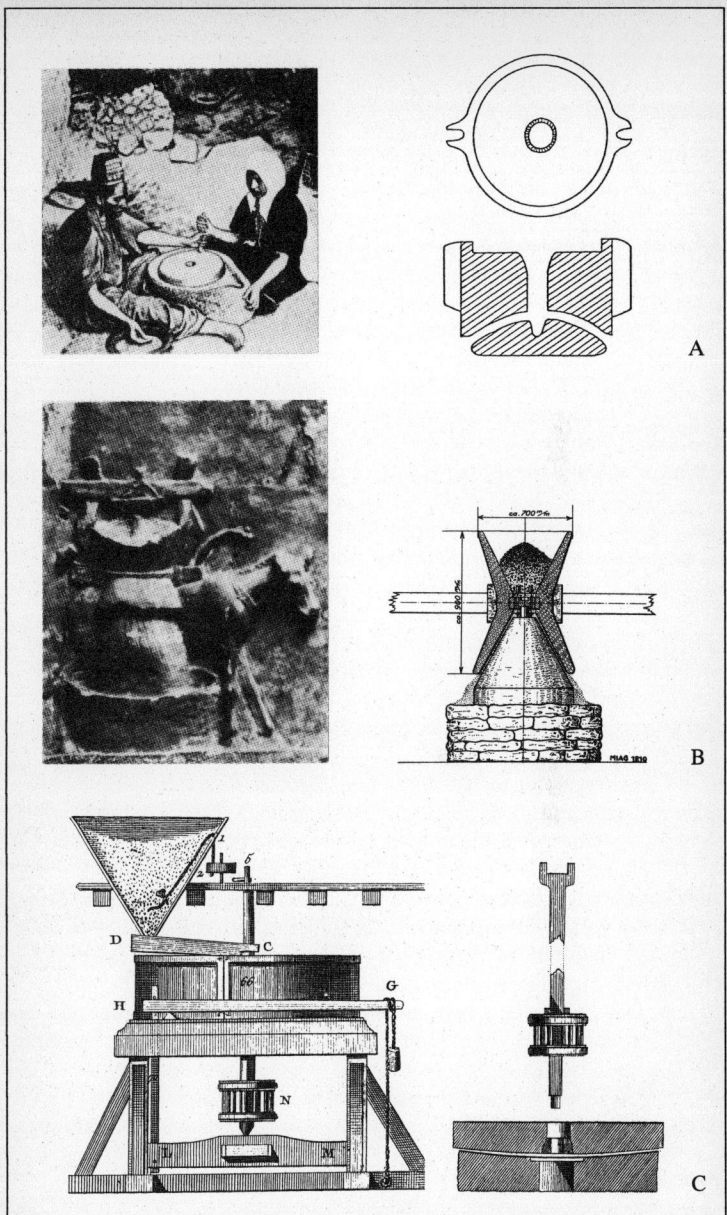

dukt kann grob bis feinkörnig sein, besteht aber immer aus einer endlosen Menge von in ihrer geometrischen Form unterschiedlichen Partikeln.

Die Hand-Werkzeug-Technik des Zerkleinerns von Körnern auf einer festen Unterlage mit einem Hand-Werkzeug (Stein, Stößel etc.), des Zerkleinerns von Erz mit dem Handhammer oder des Auspressens der Flüssigkeit aus Früchten mit bloßen Händen oder mit Hilfe eines Tuches wurde teilweise schon seit der Antike und überwiegend seit dem Mittelalter durch eine Maschinen-Werkzeug-Technik ergänzt. Mahlwerke (Mühlen) für Getreide (Abb. 10) oder für Pulverisierung von Erzen, Kollergänge in der Olivenölgewinnung, Pochwerke oder Stampfen zum Zerkleinern von Erzen, von Lumpen in der Papiermacherei, zum Brechen des Hanfes, zum Zerkleinern und Auspressen ölhaltiger pflanzlicher Stoffe oder Schraubenpressen zur Gewinnung von Traubensaft, zum Glätten von Geweben oder Papier oder zum Drucken, alle diese technischen Vorrichtungen sind Arbeitsmaschinen und haben eines gemeinsam: Die Relativbewegung zwischen Werkstoff und Werkzeug wird durch eine vom Menschen geschaffene Konstruktion der Vorrichtung bestimmt. Im Unterschied zum Zerkleinern mit dem Handstößel kann eine bestimmte Qualität des Endproduktes (grobes oder feines Mehl) beim Mahlen zwischen zwei übereinander positionierten Mahlsteinen nur durch die Anpassung der technischen Vorrichtung, also des Mahlwerkes erreicht werden. Diese Maschinen-Werkzeug-Technik ist längst vor dem Einsatz des Wind- oder Wasserrades entstanden. Das mit einer Handkurbel vom Menschen angetriebene Mahlwerk ist ebenso eine Arbeitsmaschine für die Formveränderung von Stoffen wie die von Tieren, Wind- oder Wasserrädern, Dampfmaschinen oder Elektromotoren bewegten Mahlwerke.

Bei formverändernden technischen Handlungen, die eine vorausbestimmte, geometrisch definierbare Endform anstrebten, kündigte sich die Maschinen-Werkzeug-Technik bereits zwischen dem 13. und 17. Jahrhundert an. Für das Umformen von Metallen wurde neben dem weiterhin vorherrschenden Schmieden das Walzen eingeführt (Abb. 11). Dieses Verfahren verändert die Dimension (Querschnitt und Länge) plastisch bildsamer Stoffe durch den Druck zweier gegenläufig rotierender Zylinder, die gleichzeitig den einmal erfaßten Werkstoff befördern, ihn durchziehen. Dem Menschen blieb jedenfalls die Funktion der Einführung des Werkstoffes und der Abnahme des Walzproduktes und gegebenenfalls die Funktion der Energieversorgung. Eingesetzt wurden zuerst handgetriebene Walzwerke für das Fertigen von dünnen Stäben bzw. Platinen aus Blei, Gold, Silber oder Kupfer sowie für das Prägen von Münzen. In der Umformung des Eisens sind sogenannte Schneidewerke seit dem 16. Jahrhundert für Nürnberg, Lothringen und Belgien belegt, es handelt sich dabei um Walzwerke, mit denen Eisenstäbe zwischen glatten Walzen zu Flacheisen umgeformt und dieses dann zwischen Walzen mit Schneideflächen zu schmalen Eisenstäben für die Nagelerzeugung zerschnitten wurde. Für die erste Hälfte des 18. Jahrhunderts berichtete Christopher Polhem (1661–1751) aus Schweden über Walzwerke für die Stabeisenfertigung.

In der Formveränderung von Stoffen durch Spanen waren die ersten Arbeitsmaschinen Sägegatter, Bohrwerke für Holzröhren und später zum Aufbohren von Kanonenrohren. Die wohl wichtigsten Schritte auf diesem Gebiet wurden jedoch in den Werkstätten der «Feinmechaniker», der Uhrmacher, Gerätebauer und Kunstdreher vollzogen. Hier entstanden seit dem 17. Jahrhundert spanende Werkzeugmaschinen für das Zahnradschneiden, für das Plandrehen der Platinen für das Uhrwerk und für das sogenannte Guillochieren. Aufbauend auf diesen Erfahrungen baute der Instrumentenmacher Jessie Ramsden (1735–1800) um 1770 eine Leitspindel-Schraubenschneidmaschine (Abb. 12). Hinsichtlich sowohl der konstruktiven Lösungen für die vom Menschen unabhängige Ausführung der Relativbewegungen zwischen Werkstück und Werkzeug wie auch der Präzision waren diese spanenden Werkzeugmaschinen der Metallbearbeitung zukunftsweisend: Obwohl sie außerhalb der mit hoher Maßgenauigkeit, aber nur in kleinen Größenordnungen arbeitenden Feinmechanik keine Verbreitung fanden, sind die in der Feinmechanik gesammelten Erfahrungen dennoch für die technische Entwicklung in der industriellen Revolution nicht hoch genug einzuschätzen.

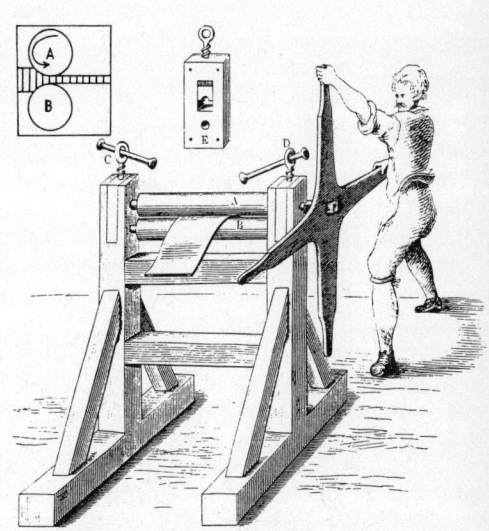

11: Walzwerk für Bleiplatten, um 1600. Die Veränderung der Dimensionen des Werkstückes ist durch den Spalt zwischen den Walzen (A) und (B) vorgegeben. Die Entfernung zwischen beiden kann über die Stellschrauben (C) und (D) geändert werden.

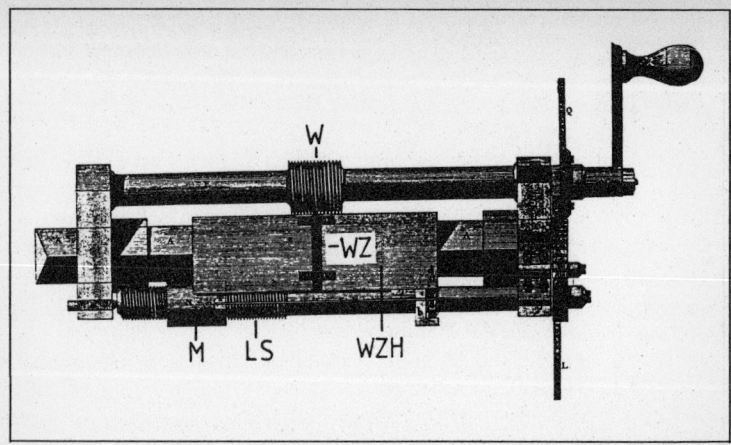

12: Schraubenschneidemaschine von Jessie Ramsden, um 1770. Die Umlaufgeschwindigkeit des Werkstückes (W) ist an die Vorschubgeschwindigkeit des Werkzeuges (WZ) im Werkzeughalter (WZH) gekoppelt, der über die Mutter (M) mit der Leitspindel (LS) bewegt wird. Der Antrieb erfolgt über eine Handkurbel und Zahnradgetriebe. Ramsden fertigte damit Spindeln für seine Kreisteilmaschine.

Im Textilgewerbe, einem der wichtigsten Gebiete technischer Handlungen, waren neben den schon erwähnten Flachsbrechen und den Tuchwalken für die Reinigung und Verdichtung von Geweben die ersten Arbeitsmaschinen der Fadenverarbeitung die in Lucca und Bologna schon Ende des 13. Jahrhunderts belegten Seidenzwirnmaschinen. Trotz vieler Verbesserungen blieben mit drei Ausnahmen alle anderen Bereiche der Herstellung von Fäden aus Faserstoffen (Kardieren, Kämmen, Spinnen) und ihre Verarbeitung zu Geweben bis ins 18. Jahrhundert die Domäne der Hand-Werkzeug-Technik. Eine Ausnahme ist der 1589 von William Lee in England entwickelte Wirkstuhl, die zweite der Bandwebstuhl, die sogenannte Bandmühle, in ihrer um die Mitte des 18. Jahrhunderts belegten Konstruktionsweise. Die dritte Ausnahme ist die in der Tuchveredelung spätestens seit dem 15. Jahrhundert bekannte Rauhmaschine (Abb. 13, 14).

Auf dem Gebiet der Transport- und der Energietechnik haben die Menschen im Mittelalter und in der Neuzeit ebenfalls eine Reihe technischer Neuerungen vollzogen. Neben der Lastenbeförderung direkt durch den Menschen oder durch Tiere verbreitete sich der Einsatz von Transportvorrichtungen auf Rädern. Die Palette reicht vom Schubkarren bis zu von Tieren gezogenen Lastwagen und Kutschen für den Bodentransport von Stoffen und Menschen. Der Transport auf Wasserwegen stand im

13: Rauhen von Hand, um 1760. Das Tuch wird von zwei Arbeitern mit durch Disteln bestückten Werkzeugen aufgerauht.

14: Rauhmaschine, Anfang 17. Jahrhundert. Mit der Rauhmaschine wird das Aufrauhen durch die mit Disteln bestückten und von Hand über das Antriebsrad F angetriebenen Walzen (B) und (G) ausgeführt. Den Tuchbaum (T), auf den das geraühte Tuch aufgewunden wird, bewegt der Junge (D) über ein Tretrad. (S), (V) und (Y) sind Zahnräder für das abgebildete Antriebssystem (A).

Zeichen unzählbarer Verbesserungen im Bau von Wasserfahrzeugen und der Perfektionierung von Segelvorrichtungen, diesen wichtigsten Energieumformern der Seeschiffahrt. Beim Heben von festen und flüssigen Stoffen, dem nicht nur im Bauwesen und im Bergbau eine große Bedeutung zukam, reichten die Arbeitsmaschinen der Ortsveränderung von der Seilrolle über die Kurbelwinde bis zum Drehkran und vom Schöpfrad bis zu den verschiedenen technischen Vorrichtungen der Wasserhaltung des im Tiefbau betriebenen Erz- und Kohlebergbaus.

In der Energietechnik blieb die Rolle des universalen Energieträgers und -umwandlers weitgehend dem Menschen vorbehalten, eine fortschreitende Technisierung ist jedoch auch auf diesem Gebiet unverkennbar. Neben dem Tretrad und dem Göpel, beide noch auf der Muskelkraft von Menschen und Tieren basierende Energieumformer, markieren das Windrad und das Wasserrad eine höhere Stufe der Energietechnik, bei der die Energieressourcen des Windes und des Wassers in mechanische Energie für den Antrieb technischer Vorrichtungen umgeformt werden. Seit der Wende vom 17. zum 18. Jahrhundert erreichte die Energietechnik ihren vorläufigen Höhepunkt mit dem Einsatz der ersten Wärmekraftmaschinen: der kolbenlosen Dampfpumpe von Thomas Savery (1650–1713) und der atmosphärischen Kolbendampfmaschine von Thomas Newcomen (1663–1723). Die seit dem 13. Jahrhundert zunehmende Verbreitung von Göpeln, Wind- und Wasserrädern war zuerst durch das Bemühen des Menschen angeregt, beim Antrieb schon vorhandener Arbeitsmaschinen (Mahlwerke, Hebegeräte) die Muskelkraft des Menschen zu ersetzen. Andererseits muß die Existenz von Kraftmaschinen ein Anreiz gewesen sein, sowohl schon vorhandene Arbeitsmaschinen in größerer Zahl einzusetzen als auch neue zu entwickeln. Für den Antrieb von Arbeitsmaschinen durch Kraftmaschinen mußten jedoch auch die Funktionen des Energietransportes, der Transmission, mit einem unabhängig vom Menschen funktionierenden Getriebesystem realisiert werden. Die Lösung dieser Probleme der Übertragung, Richtungs- und Geschwindigkeitsänderung wie auch der Abstufung der von den Kraftmaschinen gelieferten mechanischen Energie für die Arbeitsmaschine war eine Voraussetzung für den Einsatz der Kraftmaschinen. Diese «industrielle» Energieübertragung mit Getriebesystemen aus Kamm- und Zahnrädern, Kurbel- und Nockenwellen hat neben der Uhrmacherei einen wichtigen Beitrag zu der Entwicklung der angewandten Mechanik geliefert.

Die Stoffumwandlungstechniken, mit denen der Mensch Werkstoffe wie Buntmetalle, Eisen, Glas usw. für die Stoffformung erzeugte, sind in diesem Zeitraum ebenfalls um wichtige Neuerungen bereichert worden. Ohne hier auf Einzelheiten eingehen zu können, soll stellvertretend mindestens das Entdecken der indirekten Methode (Hochofenprozeß und Frischverfahren) in der Eisenerzeugung und der Seigerprozeß bei der Silber- und Kupfergewinnung erwähnt und die Tatsache erneut unterstrichen werden, daß hauptsächlich die verbesserten Techniken der Aufbereitung sowie der Einsatz von Kraftmaschinen (Wasserradantrieb für Stampfen und Gebläse) einen wesentlichen Anteil sowohl an der Weiterentwicklung der Stoffumwandlungstechnik wie auch an der Gewinnung ihrer Rohstoffe gehabt haben.

Betrachten wir nun die Produktionstechnik des Mittelalters und der Neuzeit bis ins 18. Jahrhundert in ihrer Gesamtheit, so ist ihr bestimmendes Element die Hand-Werkzeug-Technik geblieben. Trotz der Einführung von Arbeitsmaschinen der Stoffformung und des Stofftransportes, trotz der für ihren Antrieb eingesetzten Kraftmaschinen blieb die Hand-Werkzeug-Technik die quantitativ vorherrschende Technik in der Gesamtheit der technischen Handlungen der Formveränderung von Stoffen. Mit ihr wurden fast alle Produkte des täglichen Bedarfs hergestellt, nur mit ihr konnten die einfachsten Werkzeuge ebenso wie Bestandteile der kompliziertesten Arbeitsmaschinen und Kraftmaschinen produziert werden. Die Maschinen-Werkzeug-Technik blieb ein Produkt der Hand-Werkzeug-Technik und kam in der Formveränderung von Stoffen, diesem wichtigsten Subsystem des gesamten technischen Systems, nur punktuell zum Einsatz. Sie verdrängte die alte Technik nur in der Seidenzwirnerei und hatte eine führende Position auf dem Gebiet des Zerkleinerns von Stoffen. Sie war jahrhundertelang neben der Hand-Werkzeug-Technik vorhanden, ohne jedoch dieser die vorherrschende Position bei der formverändernden Bearbeitung von Holz, Metallen, pflanzlichen Faserstoffen, Leder usw. streitig machen zu können.

Diese führende, systembestimmende Rolle hat die Hand-Werkzeug-Technik zum erstenmal in Großbritannien in dem kurzen Zeitraum zwischen 1760 und 1850 verloren und an die Maschinen-Werkzeug-Technik abgegeben. Deshalb bezeichnen wir diese Epoche der industriellen Revolution als den Übergang von der Hand-Werkzeug-Technik zur Maschinen-Werkzeug-Technik. Damit soll auch zum Ausdruck gebracht werden, daß die *wichtigste Szene dieses technischen Wandlungsprozesses die Formveränderung von Stoffen war und das tragende Element des Wandlungsprozesses die Einführung von Arbeitsmaschinen der Formveränderung gewesen ist*. Im Unterschied zum punktuellen Einsatz solcher Maschinen vor der industriellen Revolution wurde die Einführung der Maschinen-Werkzeug-Technik deshalb zum Ausgangspunkt und vorantreibenden Element einer Veränderung des technischen Systems, weil sie in einem ökonomisch gewichtigen Subsystem der Stoffgestaltung (Verarbeitung von Faserstoffen) stattfand – nicht vereinzelt, sondern *massenhaft*. Der massenhafte Einsatz von Arbeitsmaschinen in der Baumwollspinnerei konnte jedoch nur deshalb zum Anfang eines nicht umkehrbaren Umwandlungsprozesses werden, weil es gleichzeitig bzw. schon vorher oder mit kleiner Verzögerung zu grundlegenden technischen Neuerungen, zu Basisinnovationen, auch auf anderen Gebieten der Formveränderung von Stoffen, in der Stoffumwandlung, in der Energie- und Transporttechnik gekommen war. Das bedeutet nicht, daß die Maschinenspinnerei die Umstellung der Eisenerzeugung auf Steinkohle oder die Weiterentwicklung der Dampfmaschine durch James Watt herausgefordert hätte. Die durch ihre Existenz hervorgerufene Nachfrage hat jedoch die inventorischen und innovatorischen Aktivitäten in anderen Sparten maßgeblich vorangetrieben.

Zum einen geht es um die Einführung der Maschinen-Werkzeug-Technik in der spanenden Formveränderung von Eisen, Metall und Holz (Werkzeugmaschinen) und in der Umformung (Walzwerke); zum anderen um die Massenerzeugung von Eisen und Stahl auf der Basis der Nutzung von Steinkohle in allen Stoffumwandlungsprozessen sowie um die Massenherstellung von Schwerchemikalien; zum dritten um die Deckung des durch die ständig wachsende Zahl von Arbeitsmaschinen steigenden Energiebedarfes mit dem Energieträger Kohle und mit der Wattschen doppeltwirkenden Dampfmaschine mit Drehbewegung als Kraftmaschine; zum vierten um die Schaffung einer leistungsfähigeren Verkehrstechnik durch Optimierung alter Techniken des Wasser- und Überlandverkehrs und schließlich durch den Einsatz der Dampfmaschine beim Transport von Menschen und Gütern. In den folgenden Kapiteln wollen wir uns der Entstehung dieser neuen Technik zuwenden.

B. Die Technik in den tragenden Sparten der Wirtschaft

I. Das Textilgewerbe – Durchbruch zur neuen Produktionstechnik

Wie schon erwähnt, fand der erste massenhafte Einsatz der Maschinen-Werkzeug-Technik im britischen Textilgewerbe statt, dem wichtigsten Sektor aller Konsumgüterindustrien. Seine führende Sparte war auch im 18. Jahrhundert das traditionsreiche, binnen- und außenmarktorientierte englische Wollgewerbe, die Verarbeitung von Schafwolle zu Garnen und Geweben.

Die drei auf verschiedene Produkte spezialisierten Zentren der Wollverarbeitung waren Westengland (hochwertiges Tuch), der West Riding in Yorkshire (billigere Massenware) und Ostengland mit dem Zentrum um Norwich (hochwertige Kammgarnprodukte aus Wolle bzw. Wolle und Seide). Im Verlauf des 18. Jahrhunderts änderte sich die Gewichtung dieser drei Regionen, indem das Wollgewerbe im West Riding sowohl auf Grund seiner Orientierung auf Massenprodukte wie auch auf Grund seiner flexibleren Unternehmensstruktur die höchsten Wachstumsraten erzielte. Außer einem mäßigen Rückgang zwischen 1750 und 1765 stieg hier die Produktion seit 1720 kontinuierlich; gemessen an der Produktionsmenge verlor Westengland um 1780 seine traditionelle Führungsposition (Jenkins-Ponting 1982, S. 3; Wilson 1973). Die gesamtwirtschaftliche Bedeutung des Wollgewerbes ist quantitativ am deutlichsten an seinem Exportanteil abzulesen. Etwa ein Drittel der Wollprodukte wurde exportiert; der Wert dieser Exporte stieg in dem Zeitraum von 1700 bis 1774 von £ 3,045 auf 4,186 Millionen jährlich. Der Anteil der Wollerzeugnisse an allen Industrieexporten betrug 79 % im Jahr 1700 und 1774 trotz des überproportional gestiegenen Exportes anderer Industrieprodukte noch immer 49 % (Davis, R. 1962/63, S. 285–303; Clarkson, L. A. 1971, S. 127, 130). Und noch eine «Hochrechnung» soll den Stellenwert des Wollgewerbes verdeutlichen. Großbritannien produzierte um 1775 etwa 82 Millionen britische Pfund Schafwolle. Bei einer Tagesproduktion von 0,5 Pfund Garn pro Spinnrad und bei 250 Arbeitstagen pro Jahr brauchte man für das Verspinnen der obigen Menge von Schafwolle ca. 656 000 Spinnräder und ebenso viele Spinnerinnen. Da nun die Spinnerei etwa 50 bis 80 % aller Arbeitskräfte in der Wollverarbeitung beanspruchte, dürften direkt im Wollgewerbe ungefähr 80- bis 900 000 Menschen, also etwa 10% der Gesamtbevölkerung beschäftigt gewesen sein (Seward, D. 1972, S. 34; Hills, R. L. 1970, S. 13; Guest, R. 1823, S. 10; James, J. 1857, S. 324) (Abb. 15).

Die im europäischen Vergleich eher unterentwickelte Leinenerzeugung stand im britischen Textilgewerbe um 1770 an zweiter Stelle. Sie expandierte im 18. Jahrhundert unter dem Schutz protektionistischer Maßnahmen vor allem in Irland und in Schottland und seit den 1740er Jahren auch in England (Harte, N. B. 1973, S. 93ff). Zu dem Wachstum der Leinengarnproduktion hat auch die vor der industriellen Revolution nicht besonders ins Gewicht fallende Verarbeitung von Baumwolle in Lancashire und in Schottland beigetragen. Hier wurden Mischgewebe aus Leinenkette und Baumwollschuß produziert, die man schlicht cottons oder fustians (Barchent) nannte. Ein gleichfalls wichtiger Sektor des Textilgewerbes war die seit dem 18. Jahrhundert überwiegend in den Midlands Nottinghamshire, Leicestershire und Derbyshire angesiedelte Strumpfwirkerei, die neben wollenem Streich- und Kammgarn sowie Seidenzwirn auch Baumwollgarne verarbeitete. An der Zahl der Wirkstühle

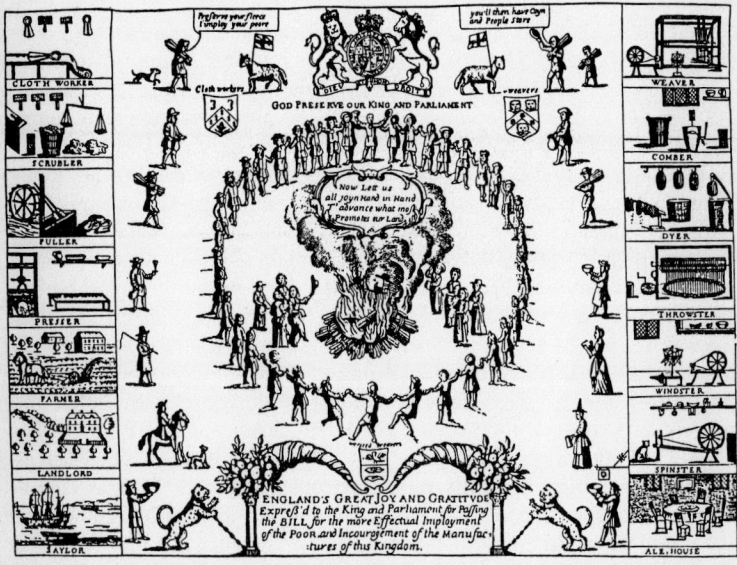

15: Die Berufe der Tuchmacherei. Die Abbildung aus einem englischen Pamphlet des 17. Jahrhunderts verdeutlicht die gesamtwirtschaftliche Bedeutung der an der Wollverarbeitung beteiligten Berufe. Von oben nach unten, links: Tuchscherer, Krempler, Walker, Presser, Farmer, Grundherr, Seeleute; rechts: Weber, Kämmer, Färber, Zwirner, Spulerin, Spinnerin, Bierhaus.

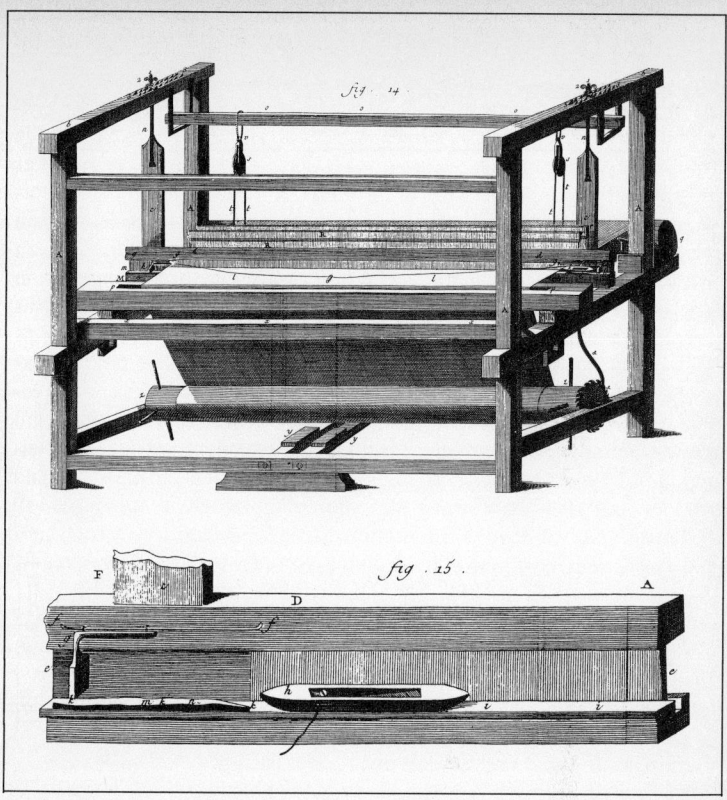

16: Die Schnellade von John Kay, um 1760. Die erste Abbildung eines Webstuhls mit Kays Schnellade, erschienen 1763 in Frankreich. Das Detail zeigt den in der Lade eingebauten linken Schützenkasten mit dem Treiber (g), der mit zwei Ösen auf dem Draht (f) hängt. (i) die Schützenbahn, (k) hölzerne Führungsleiste, (h) Schützen (mit Schleifspule und zwei Laufrädern). Die Treiberschnur (l) mit dem Handgriff in der Mitte ist auf dem Gesamtbild erkennbar.

gemessen war die Produktionskapazität der Strumpfwirkerei zwischen 1720 und 1780 in etwa auf das Zweieinhalbfache gestiegen, und 1780 standen von den ca. 20000 Wirkstühlen etwa 85 % in den Midlands (Chambers, J. D. 1966, S. 99). Die hauptsächlich in Spitalfield in London und in Coventry angesiedelte Seidenverarbeitung rangierte gesamtwirtschaftlich hinter allen anderen Sparten des Textilgewerbes, woran die Tatsache auch nichts änderte, daß die in Derby um 1718 von Thomas Lombe nach italienischen Vorbildern gegründete Maschinenzwirnerei als erste Textilfabrik Großbritanniens gilt.

Die verfügbaren Daten über die britische Wollproduktion und Tuchexporte, die Dichte und Spezialisierung der Wollverarbeitung zeugen davon, daß Großbritannien schon vor der industriellen Revolution der Spitzenreiter des europäischen Textilgewerbes war. Schon seit dem 15. Jahrhundert wurde die Verarbeitung der einheimischen Schafwolle durch hohe Ausfuhrzölle, denen im 17. Jahrhundert ein Ausfuhrverbot roher Wolle folgte, zielbewußt gefördert. Die Technik des Spinnens und Webens war in Großbritannien im wesentlichen dieselbe wie auf dem europäischen Kontinent: Seit der Verbreitung der Spinnräder und des Trittwebstuhls im ausgehenden Mittelalter waren die Werkzeuge für die Verarbeitung von Faserstoffen zu Garnen und Geweben nicht wesentlich verändert worden. Abgesehen von John Kays 1733 patentierter Schnelllade (Paulinyi, A. 1985, S. 99 ff) (Abb. 16) war die einzige bedeutungsvolle englische Erfindung auf dem Gebiet der Textiltechnik der 1589 von William Lee entwickelte Strumpfwirkstuhl, der die Produktivität gegenüber der Handwirkerei um das Zehn- bis Fünfzehnfache erhöhte (Chambers, J. D. 1966, S. 91 f). Das englische Wollgewerbe profitierte jedoch von der auf die Verwüstung der niederländischen Textilzentren im 16. Jahrhundert folgenden Emigration dortiger Fachleute ebenso wie von dem nach dem Aufheben des Ediktes von Nantes 1685 einsetzenden Strom hugenottischer Exulanten. Diese Immigranten hatten einen wesentlichen Anteil an der Verarbeitung und Verbesserung der Kammgarnprodukte in England, wodurch die Palette der Wollprodukte bereichert wurde und damit auch die Wettbewerbsfähigkeit der englischen Wollindustrie gestiegen ist. Der Vorsprung der englischen Wollverarbeitung lag neben der breiten Rohstoffbasis (Schafzucht) sowie der regionalen Spezialisierung und der Vielfalt der Produkte in der Dichte des Gewerbes, d. h. in der großen Zahl der haupt- und nebenberuflich, der ganzjährig oder nur saisonal Beschäftigten. Wenn wir die oben kalkulierte Zahl der Beschäftigten mit einer angenommenen Quote der Erwerbsfähigen umrechnen, so verdiente fast jeder vierte Erwerbstätige mindestens einen Teil seines Lebensunterhaltes im Textilgewerbe.

Vom Faserstoff zum Gewebe

Wenn wir die chemischen Veredelungsvorgänge des Bleichens und Färbens und die Unterschiede in der Streich- und Kammgarnproduktion ausklammern, dann können wir die wichtigsten Arbeitsvorgänge in der Verarbeitung von Faserstoffen zu Geweben in folgende Produktionsbereiche, d. h. auch technische Handlungen, zusammenfassen:
- das Öffnen, Sortieren, Mischen, Reinigen und Auflockern des in Ballen angelieferten Rohstoffes (Wolle oder Baumwolle): das Produkt sind ungeordnete Knäuel von Fasern (Flocken);

- das Aufbereiten des Faserstoffes für das Spinnen durch Krempeln (Kardieren, Schrobeln, Streichen) oder Kämmen: das Produkt sind parallelisierte Faserbänder (Vlies);
- das Spinnen: das Produkt ist Garn;
- das Weben: das Produkt ist ein rohes Gewebe;
- das Walken (Reinigen und Verdichten) des Gewebes und seine Appretur (Zurichtung) zum verkaufsfertigen Produkt, dem Tuch.

Jeder der genannten Produktionsbereiche bestand und besteht auch noch heute aus verschiedenen Arbeitsschritten, die auf der vorindustriellen Stufe in den ersten vier Bereichen mit verschiedenen Hand-Werkzeugen und Geräten und in dem fünften Bereich zum Teil mit Arbeitsmaschinen (Tuchwalke, Rauhmaschine, Presse) durchgeführt wurden.

Die Wolltuchproduktion in Westengland bzw. die Kammgarnproduktion in Yorkshire beherrschten kapitalistische Unternehmer, meistens Tuchhändler, die man *gentleman clothier* oder *big clothier* nannte. Sie besorgten den Kauf der Rohstoffe, ließen die Wolle durch Lohnarbeiter in eigenen Werkstätten reinigen oder auch krempeln bzw. kämmen. Das Spinnen und Weben wurde von Heimarbeitern im Verlagssystem (putting-out system) durchgeführt. Die anschließenden Arbeitsschritte bis zum Fertigprodukt wurden dann wieder durch Lohnarbeiter in eigenen oder als Auftragsarbeit in nicht unternehmenseigenen Werkstätten ausgeführt. In der Tuchproduktion in Yorkshire dominierte der selbständige, das Handwerk gelernte Tuchmacher. Hier handelte es sich meistens um Familienunternehmen, um Handwerksbetriebe, die im Regelfall mit einem landwirtschaftlichen Betrieb gekoppelt waren. Die Wolle wurde auf den Märkten oder von Zwischenhändlern gekauft, in der eigenen Werkstatt für das Spinnen aufbereitet und, in Abhängigkeit von der Betriebsgröße, entweder nur im eigenen Betrieb oder auch direkt bzw. über Vermittler verlegte Heimspinnerinnen zu Garn versponnen. Das Weben erfolgte in der eigenen Werkstatt, meistens durch den Tuchmacher selbst oder durch lohnabhängige Gesellen, und das Walken der rohen Tuche entweder als Auftragsarbeit oder in gemieteten Walken, die entweder von Grundherren oder von Vereinen örtlicher Tuchmacher errichtet worden waren. Das gewalkte, aber nicht appretierte Tuch war im Regelfall das Endprodukt des Tuchmachers, das er in Tuchhallen zum Verkauf anbot (Lipson, E. 1956, Bd. 2, S. 10–85). Ohne Rücksicht auf diese zwei Grundtypen von Unternehmen war das prägende Merkmal der gesamten Tucherzeugung das Verlagssystem: Das Spinnen wurde ausschließlich und das Krempeln, Kämmen und Weben überwiegend von Heimarbeitern ausgeführt. Diese waren meistens Eigentümer ihrer Werkzeuge, mit denen sie den dem Verleger, also dem Unternehmer-Auftraggeber gehörenden Rohstoff gegen Entlohnung verarbeiteten. Für eine Zentralisierung *aller* Produktionsvorgänge vom Auspacken der Wollballen bis zum appretierten Tuch in unternehmenseigenen Werkstätten gibt es in Großbritannien keinen Beleg. Die vielen «Wollmanufakturen» des 18. Jahrhunderts in deutschen Texten (Dobb, M. 1970; Landes, D. S. 1973) sind ein Produkt der Übersetzung des englischen *manufacture* (Fertigung, Herstellung, Produktion) mit Manufaktur – einem Begriff also, mit dem im deutschen wirtschaftshistorischen Schrifttum eine zentralisierte Produktion bezeichnet wird.

Das Spinnen – Engpaß im Textilgewerbe

Von allen Produktionsbereichen war das Spinnen der arbeitsintensivste. Sowohl beim vorgeordneten Krempeln, aber noch viel mehr beim Kämmen und beim Weben lag der Tagesausstoß einer Arbeitskraft infolge des einfacheren und schnelleren Arbeitsvorganges und der benutzten Geräte wesentlich höher. Um einen Webstuhl mit Handschützen mit Garn zu versorgen, bedurfte es in der westenglischen Tuchmacherei je nach Feinheit des Garnes und Art des Gewebes der Produktion von fünf, acht, aber auch sechzehn Handspinnrädern, und in der Kammgarnweberei in East Anglia und in Yorkshire bewegte sich die Relation von 1:4 bis 1:10. Die wichtigste Ursache dieser Unterschiede in der Produktivität waren die vorhandenen Werkzeuge und Geräte. In derselben Zeiteinheit konnte auch die beste Spinnerin auf einem Handspinnrad immer nur einen Bruchteil jener Fadenmenge produzieren, die für das Weben auf einem Trittwebstuhl vom Weber benötigt wurde. Dieses Ungleichgewicht bestand schon seit Jahrhunderten; jedoch wurde es mit der steigenden Wollverarbeitung im 18. Jahrhundert zu einem Engpaß für die nachfragegerechte Erhöhung der Produktion. Schon um 1720 klagte man in England über Garnmangel, der sich mit der insgesamt steigenden Verarbeitung von Wollgarnen zu Geweben und Wirkwaren und durch die seit den 1750er Jahren sprunghaft ansteigende Baumwollverarbeitung ständig verschärfte. Da eine Erhöhung der Produktivität mit der vorhandenen Spinntechnik nicht zu erwarten war und für eine Steigerung der Arbeitsintensität oder Verlängerung der Arbeitszeit bei dem bestehenden Verlagssystem und Überhang der Nachfrage nach Spinnerinnen den Unternehmern keine Druckmittel zur Verfügung standen, blieb für die Steigerung der Garnproduktion nur ein einziger Ausweg, nämlich die Beschäftigung weiterer Spinnerinnen. Bei der vorhandenen Dichte des Textilgewerbes in den traditionellen Regionen mußten dabei die Unternehmer bzw. ihre Mittelsmänner auf entferntere Gebiete ausweichen, dies aber war mit höheren Kosten und eventuell auch mit schlechterer Garnqualität, jedenfalls also mit Kostennachteilen verbunden.

Ein anderer Ausweg wäre die Veränderung der Spinntechnik gewesen, nämlich das gleichzeitige Spinnen von mehreren Fäden durch eine Spinnerin oder wie es die Society of Arts 1761 in einem Preisausschreiben formulierte, die Erfindung einer Maschine, welche

«sechs Fäden aus Wolle, Flachs, Hanf oder Baumwolle auf einmal spinnen und nur eine Person brauchen würde, um mit ihr zu arbeiten und sie zu bedienen» (English, W. 1969, S. 45).

Als dieses Preisausschreiben erschien, hatte die Spinnmaschine ihre ersten Gehversuche schon hinter sich. Ihre Entwicklung wurde zweifelsohne von dem Bedarf des Wollgewerbes vorangetrieben, die Lösung des Problems fand man jedoch im ersten Schritt nicht für Wollfasern, sondern für das Spinnen der Baumwolle. Alle wesentlichen technischen Neuerungen auf dem Gebiet des Spinnens und der Spinnereivorbereitung, die zwischen 1730 und dem ersten Jahrzehnt des 19. Jahrhunderts, mit einer wesentlichen Beschleunigung ab 1770, den Übergang zur Maschinen-Werkzeug-Technik einleiteten, wurden zuerst in der Baumwollverarbeitung eingesetzt. Dadurch verschob sich die Gewichtung innerhalb der Textilindustrie zugunsten der Baumwollbranche, die sowohl technisch wie auch ökonomisch zum führenden Sektor der Textilindustrie und auch der gesamten Industrialisierung in Großbritannien wurde.

Auf dem Weg zur Maschinenspinnerei

Das Spinnen ist eine sehr komplexe technische Handlung, durch die aus einer Unmenge kurzer, etwa 30 bis 300 mm langer und hauchdünner Fasern des Vlieses, also des Produktes des Krempelns oder Kämmens, ein «endloser» Faden, das Garn, produziert wird. Die zwei wesentlichsten technischen Vorgänge sind laut DIN 60305 das Verziehen (oder Verstrekken) der Faser und das gleichzeitige Drehen (oder Zusammendrehen) der verzogenen Faser zu einem Faden, dem Garn. Das Verziehen der Faser ist die technische Voraussetzung des Drehens; ohne Verziehen gibt es kein Drehen, nur beides macht das Spinnen aus. Bei allen Handspinngeräten, der Spindel mit Wirtel, dem Spinnrad und dem Flügelspinnrad, war das Verziehen die Aufgabe der Spinnerin. Das Drehen der verzogenen Fasern wurde zwar durch die rotierende Spindel bzw. den Flügel bewirkt, aber auch bei diesem Vorgang war die Tätigkeit der Spinnerin mitentscheidend für die Qualität des Garnes. Der dritte technische Vorgang ist das Aufwinden des schon versponnenen Garnes auf die Spindel. Um dies durchzuführen, muß beim Spinnen mit der Handspindel bzw. mit dem Handspinnrad das Spinnen unterbrochen werden, weshalb diese Garnfertigung abgesetztes oder periodisches Spinnen genannt wird (Abb. 17). Beim Flügelspinnrad wird das Aufwinden dank der Konstruk-

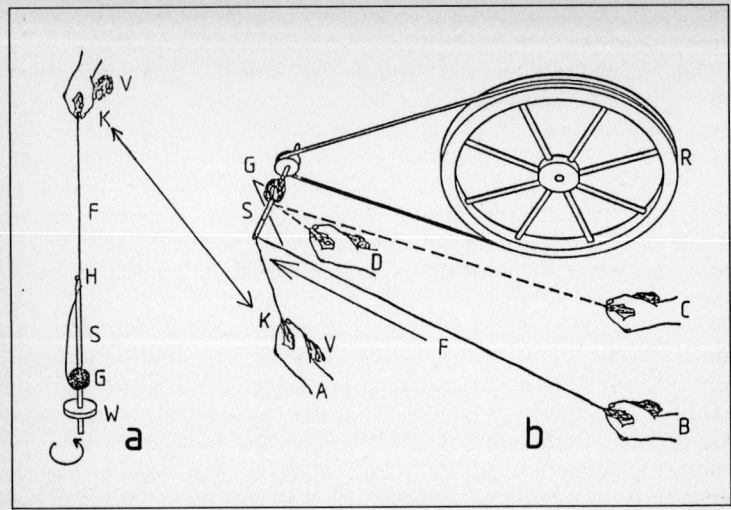

17: Handspinnen mit der Handspindel (a) und mit dem Handspinnrad (b). H Häkchen, S Spindel, W Wirtel, V Vlies, K Klemme, gebildet aus Daumen und Zeigefinger. Die Funktionen der linken Hand der Spinnerin beim Spinnen mit der Handspindel sind: erstens das Halten des Vlieses in der Hand; zweitens das Verziehen (Herauszupfen) der Fasern mit dem Daumen und dem Zeigefinger und drittens das abwechselnde Festhalten und Gleitenlassen des verzogenen Faserbündels, womit das Drehen zum Faden mit der Hilfe der rotierenden Spindel ermöglicht und die Stärke des Drahtes, der Drehung, dosiert wird. Die rechte Hand leitet die Rotation der Spindel ein. Das Drehen des Faserbandes zum Garn bewirkt die Rotation der Spindel, die auf das Faserband zwischen H und K übertragen wird. Für die Spannung des Faserbündels zwischen H und K sorgt das Gewicht der Spindel. Da die Rotation dank des Wirtels länger andauert, kann die Spinnerin gelegentlich auch die rechte Hand als Klemme benützen. Dies ermöglicht sowohl ein besseres Verziehen wie auch ein optimales Dosieren des Drahtes beim Spinnen von feinem Garn. (b) A und B markieren die Positionen des Anfangs und Endes eines Auszuges, C und D Anfang und Ende des Aufwindens, F Faserbündel, G Garn, R Antriebsrad mit Schnurentrieb und Antriebsspule der Spindel, V Vlies. Die Spinnerin bedient mit der rechten Hand das Antriebsrad. Mit der linken Hand bzw. mit dem linken Arm muß sie außer den unter (a) erwähnten Funktionen sowohl den Winkel des Faserbündels (des Fadens) zur Spindel halten wie auch die Spannung des zu drehenden Faserbündels zwischen Spindelspitze und «Klemme» regulieren. Im Unterschied zur Handspindel überträgt sich nämlich die Rotation der Spindel auf das Faserband durch sein ständiges Abgleiten über die Spindelspitze, und dies ist nur durch den stumpfen Winkel (Position A) zwischen Spindelspitze und Faserband gewährleistet.

18: Handspinnen auf dem Tretspinnrad mit Flügelspindel. Faserband bzw. Garn, FL Flügel mit Öse und H Häkchen zur gleichmäßigen Verteilung des aufzuwindenden Garnes; K Klemme, gebildet aus Daumen und Zeigefinger, S Spindel, SA Antriebsspule der Spindel, SPA Antriebsspule der Spule. Das durch die Spinnerin mit der Klemme K regulierte Verziehen und Drehen des Faserbandes zum Garn findet zwischen der Öse des Flügels und der Hand der Spinnerin statt. Bei den Flügelspinnrädern mit Fußantrieb konnte dazu die Spinnerin beide Hände benützen. Das fertige Garn windet sich kontinuierlich auf die Spule SP auf.

tion der Flügelspindel ohne Unterbrechung des Spinnvorganges durchgeführt, und dies nennt man kontinuierliches Spinnen (Abb. 18).

Für die Vorgänge des Drehens und Aufwindens im Spinnprozeß gab es also schon auf der Stufe der Hand-Werkzeug-Technik technische Vorrichtungen (Spindel bzw. Flügelspindel), die die Spinnerin sachgerecht bedienen mußte (Drehzahl, Dosierung des Drahtes). Anders verhielt es sich mit dem Verziehen, bei dem das im wahrsten Sinne des Wortes «Fingerspitzengefühl» der Spinnerin die ausschlaggebende Rolle spielte. Diese Funktionen der Spinnerin durch technische Vorrichtungen zu ersetzen, war das zentrale Problem für die Entwicklung funktionsfähiger Spinnmaschinen.

Dank der ständigen, sensitiven und optischen Kontrolle des Zustandes des Faserbündels und der Steuerung des Verziehens sowie des Drehens durch die Spinnerin war es möglich, mit den Handtechniken des Spinnens direkt aus dem Vlies Garn zu spinnen. Für das Spinnen von feineren Garnarten war es jedoch auch in der Handspinnerei üblich, aus dem Vlies mit dem Spinnrad zuerst ein verzogenes (verstrecktes) Faserband zu erzeugen, das dann als Ausgangsmaterial für das eigentliche Spinnen diente. Mit diesem aufbereiteten Faserstoff, dem Vorgarn, begannen alle Versuche, Spinnmaschinen zu konstruieren. Was in der Handspinnerei eine Möglichkeit der Arbeitszerlegung und -teilung war, erwies sich für die Maschinenspinnerei als technische Notwendigkeit.

Das weitere Verziehen (Verstrecken) des Faserbandes und sein Zusammendrehen zum Faden mit Hilfe der Spindel hat man auf zwei prinzipiell unterschiedlichen Arten auf technische Vorrichtungen zu übertragen versucht. Erstens durch eine im Spinnprozeß durchaus neue Lösung (Spinnmaschine von Lewis Paul und John Wyatt in den 1730er und von Richard

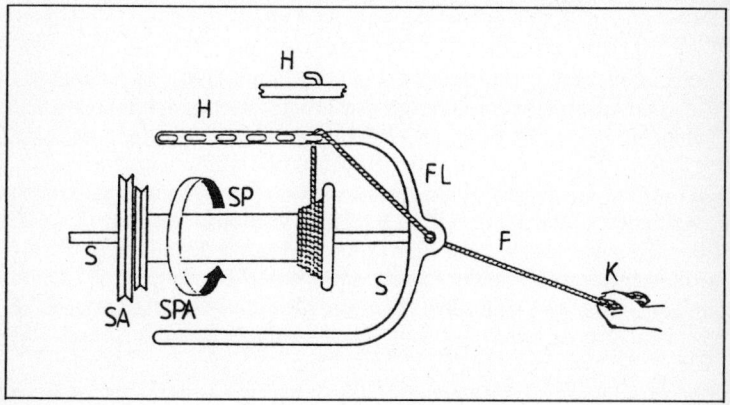

Arkwright in den 1760er Jahren), zweitens durch eine Nachahmung der Funktionen der Spinnerin mit technischen Mitteln (James Hargreaves' *Jenny*, um 1764). Keine dieser Lösungen vermochte die «Universalspinnerin», die mit der Handspindel oder mit dem Handspinnrad fähig war, jede Art von Garn zu erzeugen, zu ersetzen: Erst die Kombination beider Lösungen in Cromptons *Mule*, um 1779, führte zur Universalspinnmaschine.

Die wichtigsten Erfinder und Erfindungen von Spinnmaschinen

Lewis Paul:	GB, Patent Nr. 562, 24. 6. 1738, GB, Patent Nr. 724, 29. 6. 1758
Richard Arkwright:	GB, Patent Nr. 931, 3. 7. 1769
James Hargreaves:	GB, Patent Nr. 962, 12. 6. 1770
Samuel Crompton:	1779.

Den Durchbruch zum maschinellen Spinnen markiert erst die Arkwrightsche Spinnmaschine. Die wichtigste konstruktive Lösung für das Verstrecken der Faser, die Streckwalzen (Abb. 19), war jedoch die Idee von Lewis Paul (?–1759), der sie mit seinem Partner John Wyatt (1700–1766) in eine funktionierende Spinnmaschine umgesetzt hat. Wir wollen aus diesem, in deutschen Technikgeschichten (Kuby, Th. 1980, S. 75 ff; Bohnsack, A. 1981, S. 194 ff) noch immer auf Grund eines überholten Schrifttums dargestellten Kapitel der Entwicklung der Maschinenspinnerei nur das Wesentlichste zusammenfassen.

Paul, ein permanent verschuldeter Glücksritter französischer Herkunft, der seinen Lebensunterhalt mit dem Appretieren und Verkauf von Leichentüchern bestritt, traf 1732 in Birmingham auf Wyatt, einen Zimmermannmeister, der sich bis 1734 mit der Entwicklung irgendeiner Maschine für die Metallverarbeitung beschäftigte. Nach dem Bankrott seines damaligen Partners ging er um 1734 auf Pauls Vorschlag ein, eine Spinnmaschine zu bauen. Die Idee der Konstruktion wurde seit dem 19. Jahrhundert auf Grund der Aussagen von Wyatts Nachkommen diesem zugeschrieben (Baines, E. 1835, S. 121 ff; Mantoux, P. 1928, S. 214 ff; Bohnsack, A. 1981, S. 194). Eine kritische Analyse des nur mehr in Fragmenten erhaltenen Schriftwechsels von Wyatt (Wadsworth, A. P., Mann, J. de L. 1931, S. 419 f) hat jedoch ältere Meinungen bekräftigt, nach denen Paul der Konstrukteur und Wyatt hauptsächlich der ausführende Handwerker gewesen ist. Geld hatte keiner von beiden, und ohne die Finanzierung der Entwicklungsarbeit durch den Birminghamer Buch-

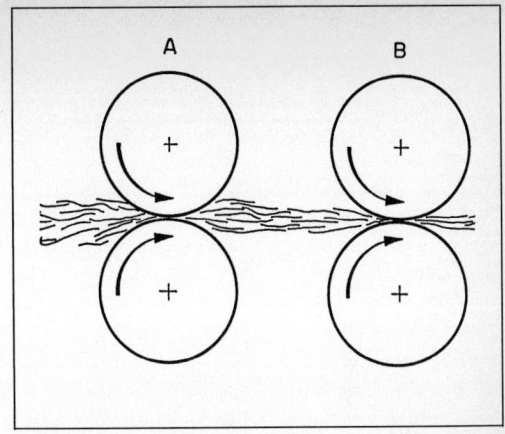

19: Das Wirkprinzip der Streckwalzen. Das Verziehen (Strecken) des Faserbandes erfolgt zwischen den Walzenpaaren (A) und (B) infolge der höheren Umlaufgeschwindigkeit des Walzenpaares (B). Die von Lewis Paul stammende Idee wurde erst in der Spinnmaschine von Richard Arkwright verwirklicht.

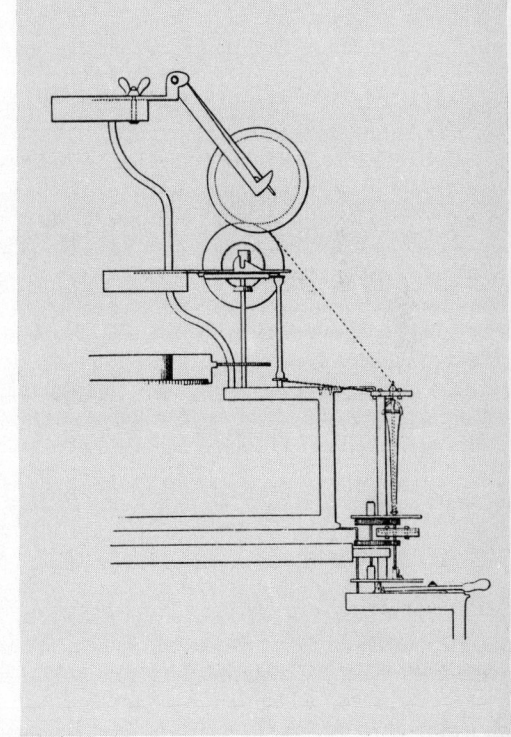

20: Walzenpaar und Flügelspindel in der Spinnmaschine von Lewis Paul, 1758. Im Gegensatz zu der Patentbeschreibung aus dem Jahr 1738 zeigt die Zeichnung der Spinnmaschine im Patent von 1758 nur ein Walzenpaar je Flügelspindel. Demzufolge konnte das Verziehen (Strecken) des Faserbündels nur gleichzeitig mit dem Drehen zwischen den Walzen und der Flügelspindel stattfinden.

händler Warren hätte Paul das schon 1736 beantragte Patent nicht einmal 1738 bekommen.

Laut der Patentbeschreibung, der keine Zeichnung beigefügt war, und eines Manuskriptes im Nachlaß von Wyatt (Hills, R. L. 1970, S. 36–39; GB, Patent Nr. 562, 1738) war die Maschine ursprünglich für das Spinnen sowohl von Wolle wie auch von Baumwolle vorgesehen. Die Versuche, Wolle zu spinnen, haben die Erfinder jedoch schon 1739 wieder aufgegeben (Wadsworth, A. P., Mann, J. de L. 1931, S. 425). Bei den mit Baumwolle fortgeführten Versuchen dienten sorgfältig gekrempelte, gleichmäßig dicke Vliesbänder (sliver) als Ausgangsmaterial für das Spinnen. Das Verziehen der Faser sollte mit zwei Walzenpaaren realisiert werden, von denen das zweite eine höhere Umdrehungszahl als das erste hatte. Das Zusammendrehen zum Garn und das Aufwinden besorgten die vom Flügelspinnrad bekannten Flügelspindeln. Ob Paul und Wyatt die Idee der Streckvorrichtung mit mindestens zwei Walzenpaaren umgesetzt haben, ist nicht belegt. Die Tatsache, daß Paul in seiner 1758 patentierten Spinnmaschine für jede Flügelspindel nur ein Walzenpaar benutzte, d. h. das Verziehen zwischen dem Walzenpaar und dem Flügel stattfinden mußte, spricht dafür, daß es Paul und Wyatt nicht gelungen war, das Verziehen mit mehreren Streckwalzen zu lösen (Abb. 20). Höchstwahrscheinlich sind sie an der Berechnung der Abstände zwischen den Walzenpaaren und der Abstufung der Drehzahlen gescheitert.

Dennoch haben Paul und Wyatt ihre Erfindung für das Spinnen von Baumwolle in die Praxis umgesetzt. An Interessenten fehlte es nicht: Schon 1739, als sie noch keine einsatzreife Maschine hatten, verkauften sie die ersten Lizenzen an einen Weber in Spitalfield (London), und bis 1747 soll Paul hauptsächlich in London und in den Midlands sowie an verschiedene Gläubiger eine Menge Lizenzen verkauft haben (Wadsworth, A. P., Mann, J. de L. 1931, S. 427–31). In den 1740er Jahren wurden in Spitalfield, Birmingham, Northampton, Leominster und nochmals in Birmingham insgesamt fünf «Maschinenspinnereien» gegründet. Die größte davon von E. Cave in Northampton 1742, ausgestattet mit fünf Spinnmaschinen mit je fünfzig Spindeln und mit Wasserradantrieb; sie war wahrscheinlich bis 1756 in Betrieb. Um 1743 beschäftigte Cave außer einem Manager und drei Aufseherinnen fünfzig Krempler, Spinnerinnen (?) und «unzählige Mädchen» (Wadsworth, A. P., Mann, J. de L. 1931, S. 430–45; Hills, R. L. 1970, S. 47–49).

Auch wenn die immerhin über zehn Jahre hinweg betriebenen Spinnereien in Northampton und Leominster der Beweis eines mindestens partiellen Erfolges der Paul/Wyattschen Spinnmaschine sind, so blieb sie doch nur ein wichtiger Vorläufer auf dem Weg zur Maschinenspinnerei. Die an Hand des bruchstückhaften Quellenmaterials ausgesprochene Vermutung, daß Paul und Wyatt nicht am Kapitalmangel oder an mangelnder

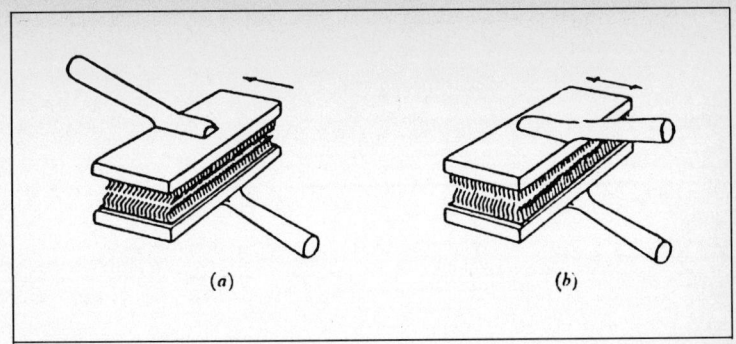

21: Kardieren von Hand. Schemazeichnung. Die Handkarden sind mit in Leder befestigten dichten Reihen von Drahthäkchen besetzte Werkzeuge. Die untere Karde wird mit Wolle gefüllt, die obere mit mäßigem Druck in Richtung des Pfeiles (a) darübergezogen. Durch mehrmaliges Wiederholen dieser Bewegung werden die Fasern parallelisiert und mäßig gestreckt; es entsteht ein Vlies. Nach Änderung der Lage der Karden (b) wird durch Hin- und Herbewegung der Karden das Vlies abgenommen. Dieses Vlies oder aus mehreren Stücken zusammengelegte Vliesbänder waren das Ausgangsmaterial des Handspinnens.

Nachfrage nach dem von ihnen produzierten Garn, sondern an technischen Mängeln ihrer Spinnmaschine scheiterten, ist nicht von der Hand zu weisen. Sollten sie die im zweiten Paulschen Patent 1758 dokumentierte Spinnmaschine mit den kreisförmig angeordneten Spindeln und nur einem Walzenpaar gebaut haben, so handelte es sich dabei um eine sehr komplizierte, den Seidenzwirnmaschinen ähnliche Konstruktion mit einem pannenanfälligen Antriebssystem. Gepaart mit fertigungstechnischen und unternehmerischen Unzulänglichkeiten dürfte dies dazu geführt haben, daß das Maschinengarn teurer als das durch Handspinnen gefertigte war. Dennoch darf nicht übersehen werden, daß Paul die Möglichkeit des Verziehens der Faser mittels Walzenpaaren erkannt hat und damit zumindest die Idee der Streckwalzen, des wichtigsten Bestandteils künftiger Spinnmaschinen, in die Welt setzte.

Der zweite wichtige Beitrag der Paul/Wyattschen Periode für die künftige Maschinenspinnerei war die Entwicklung der Grundlagen für das Maschinenkrempeln. Das Ziel des Krempelns (Kardierens, Schrobelns, Streichens) ist die Auflösung der Faserknäuel sowie eine Parallelisierung der Faser und ihre mäßige Streckung zu einem Vlies (Flor). Für die ersten Versuche des Maschinenspinnens wurden die von Hand kardierten Vliesstücke ebenfalls von Hand zu einem Band vereinigt und dieses auf dem Handspinnrad zum Vorgarn mäßig verzogen und verdreht. Paul und Wyatt tüftelten schon seit 1739 an der Erhöhung der Produktivität des Krempelns, das erste Patent auf eine Krempelmaschine mit vier Zylindern nahm jedoch 1748 der Eigentümer der Maschinenspinnerei in

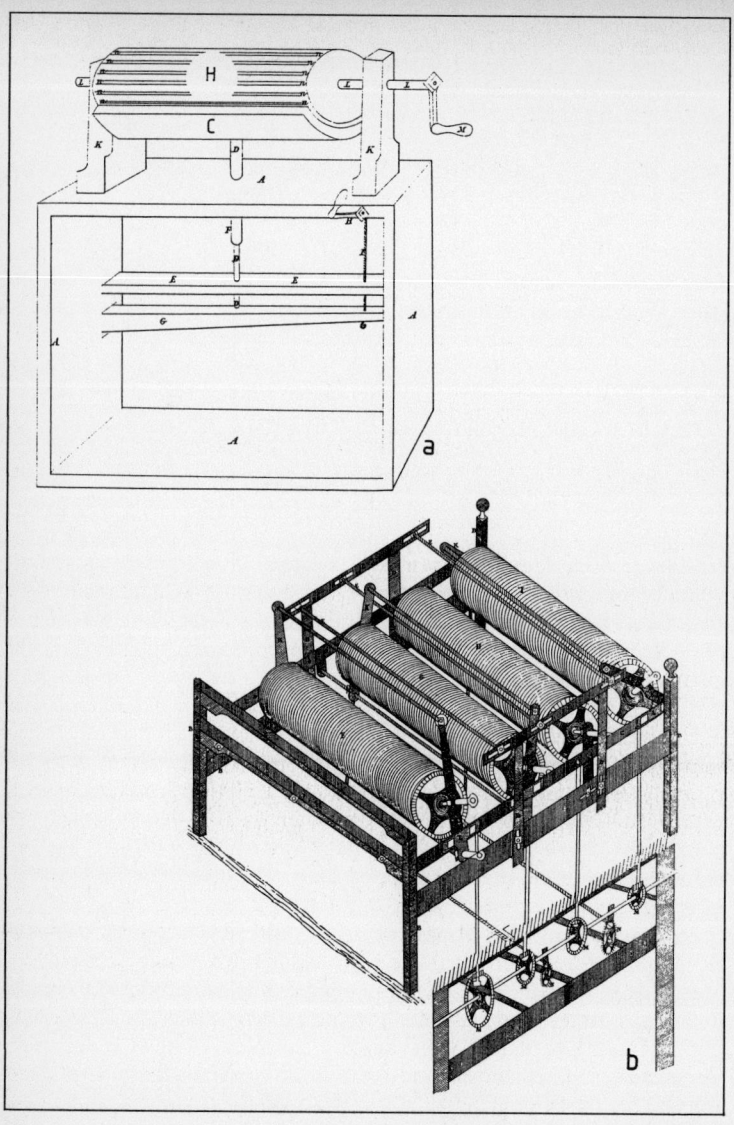

22: Kardiermaschinen. Die beiden im Jahre 1748 patentierten Kardiermaschinen von Daniel Bourn (a) und Lewis Paul (b) ersetzten die Geradebewegung der Handkarden durch die Kreisbewegung von Walzen, die mit Drahthäkchen besetzt waren. Bei der nur auf Handantrieb ausgelegten Kardiermaschine von Paul wurde das Vlies nach Absenken der feststehenden Unterkarde (C) von der Walze mit einer Kammleiste abgenommen.

Leominster, Daniel Bourn. Kurz danach ließ sich Paul zusammen mit einer Stockkarde eine Zylinderkarde (Walzenkrempel) auf Handantrieb patentieren (Wadsworth, A. P.; Mann, J. de L. 1931, S. 427; English, W. 1969, S. 79ff; Hills, R. L. 1970, S. 73–77; Johannsen, O. 1902, Bd. 1; 372f). Diese ersten Versuche waren in zweierlei Hinsicht richtungsweisend. Zum einen haben beide die Geradebewegung des Handkrempelns (Abb. 21) durch die Rotationsbewegung der Werkzeuge, der mit Häkchen besetzten Walzen, ersetzt. Zum anderen wurden in diesen ersten Kardiermaschinen die beiden technischen Lösungen angewendet, deren Kombination zu einem allgemeinen Konstruktionsmerkmal von zukünftigen Krempelmaschinen wurde: bei Paul die feststehende Karde (als Variante der späteren Deckelkarde) und in Bourns Maschine das Prinzip des Krempelns mit zwei in Gegenrichtung rotierenden Walzen (Abb. 22).

Insgesamt sind also in dieser Vorlaufphase die wichtigsten technischen Lösungen für die Aufbereitung des Fasermaterials, für das Verziehen des Vliesbandes sowie für das Zusammendrehen zum Faden beim Spinnen mit Maschinen angedeutet und zum Teil auch realisiert worden: der Walzenkrempel, die Streckwalzenpaare und die aus der Handspinnerei übernommene Flügelspindel.

Diese Elemente bzw. konstruktiven Ideen in technisch funktionierende und ökonomisch profitable Spinnmaschinen sowie verschiedene andere Maschinen der Faserstoffaufbereitung umgesetzt und damit den defini-

23: Der in Preston in Lancashire als letztes Kind einer sehr armen Familie geborene Richard Arkwright richtete sich nach 1761 mit Hilfe der Mitgift seiner zweiten Ehefrau in Bolton einen Perückenmacher- und Haarschneideladen ein. Nachdem es ihm 1768/69 gelungen war, die Idee einer Spinnmaschine in eine funktionstüchtige Spinnmaschine umzusetzen, erwies er sich als ein tüchtiger Geschäftsmann und schwang sich binnen zwei Jahrzehnten zum größten Unternehmer der Baumwollindustrie mit Fabriken in Derbyshire, Lancashire, im West Riding und in Schottland auf.

tiven Durchbruch der Maschinen-Werkzeug-Technik eingeleitet zu haben, war das Verdienst von Richard Arkwright (1732–1792; Abb. 23). Es spricht wenig dafür, daß Arkwright, wie er in der Patentspezifikation 1769 behauptete, seine Spinnmaschine selbst erfunden hat. Ob Arkwright über die Paulschen Patente bzw. Spinnmaschinen etwas direkt in Erfahrung gebracht hat, wissen wir nicht. Einige im Prozeß gegen Arkwrights Patentrechte im Jahre 1785 abgegebenen Zeugenaussagen stellten Arkwrights Ansprüche auf Originalität in zweierlei Hinsicht in Frage. Thomas Highs behauptete, er habe schon 1767 an einer Spinnmaschine mit Streckwalzen und Flügelspindeln gearbeitet und für die Ausführung seiner Idee den Uhrmacher John Kay aus Warrington beschäftigt. Dieser Kay, der im selben Jahr auch Arkwright kennenlernte und für ihn arbeitete, gab wiederum zu Protokoll, daß er Arkwright von Highs Spinnmaschine erzählt und auf Arkwrights Drängen hin ein Modell dieser Maschine gebaut habe (Hills, R. L. 1970, S. 63; Baines, E. 1835, S. 148f). Obwohl über die praktische Anwendung von Highs Spinnmaschine nichts bekannt und ihre Zeichnung erst 1823 veröffentlicht worden ist, ist es höchst wahrscheinlich, daß der in Lancashire lebende, gelernte Barbier Arkwright, der in den 1760er Jahren als Einkäufer von Haaren für Perükken viel herumreiste, eine fremde Idee aufgegriffen hat. Es ist aber kaum anzunehmen, daß er die fertige Konstruktion einer betriebsfähigen Spinnmaschine vorgefunden hat. Von wem er die Idee auch übernommen haben mag, Arkwright mußte mit seinen Mitarbeitern eine Reihe von konstruktiven Problemen lösen und die Lösung fertigungstechnisch umsetzen. Es ging vorrangig um Probleme, an denen Paul und Wyatt offensichtlich gescheitert waren: den der Länge der Fasern entsprechenden Abstand der Streckwalzenpaare zu finden; die Abstufung der Umdrehungszahlen der einzelnen Walzenpaare festzustellen und ein diese Funktion erfüllendes Antriebssystem zu berechnen; eine Einrichtung für den der Faserstärke und den Umdrehungszahlen entsprechenden Andruck der oberen mitgeschleppten glatten Druckwalzen auf die unteren angetriebenen Riffelwalzen zu finden; und schließlich alle Geschwindigkeiten, das heißt die Umdrehungszahlen der Walzenpaare untereinander und jene der Streckwalzen und der Flügelspindeln, aufeinander abzustimmen.

Das Produkt dieser Konstruktionstätigkeit, bei der die Berechnung und Fertigung des Antriebssystems sicherlich der Uhrmacher John Kay durchgeführt hat, war die vorerst namenlose, 1768 in Preston ausgestellte Spinnmaschine, die sich Arkwright 1769 patentieren ließ (Abb. 24, 25). Laut der Beschreibung und Zeichnung in der Patentschrift sollte die Spinnmaschine durch ein Pferd über einen Göpel angetrieben werden. Eine technische Notwendigkeit war allerdings der Antrieb durch eine Kraftmaschine nicht: Praktische Versuche mit einem auf Grund der Pa-

24: Funktionsschema der Spinnmaschine von Arkwright. Das Vorgarn läuft durch das Streckwerk (A) mit vier Walzenpaaren, bestehend aus einer mitgeschleppten glatten Druckwalze und einer unteren angetriebenen Riffelwalze je Paar. Für den Andruck der Druckwalzen sorgen mit Gewichten belastete Seilrollen (B). Aus dem Streckwerk wird das verstreckte Vorgarn durch eine Öse und über ein Häkchen des Flügels auf die Spule geführt. Das Drehen des verstreckten Vorgarnes erfolgt zwischen dem letzten Walzenpaar und dem rotierenden Flügel (C), das Garn wird kontinuierlich auf die mitgeschleppte Spule aufgewunden.

25: Gesamtansicht des Originals der Spinnmaschine von Arkwright. Zeichnung aus der Patentschrift von 1769.

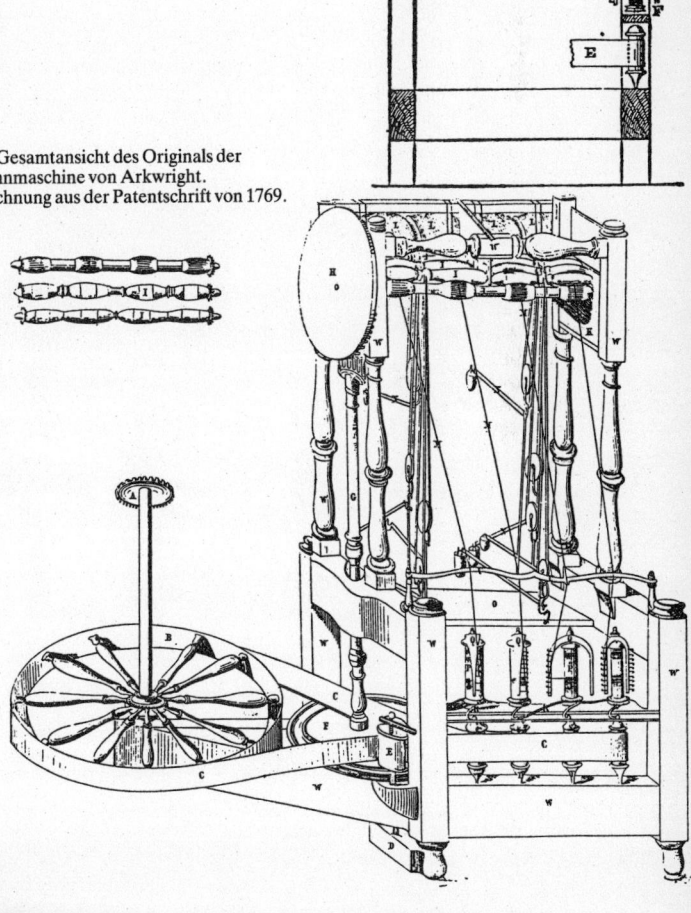

tentschrift nachgebauten Modell haben bewiesen, daß sie in der ursprünglichen Bauweise auch mit Handantrieb problemlos und einwandfrei funktioniert (Hills, R. L. 1979, S. 123). Infolge der hohen Belastung des Garnes zwischen der angetriebenen Flügelspindel und der nachgeschleppten Spule eignete sich die Spinnmaschine – bei gegebener Qualität der Baumwolle – nur für das Spinnen festgedrehter Kettgarne, weshalb sie in der deutschen Sprache auch als Kettstuhl bezeichnet wurde.

Die Einführung dieser Spinnmaschine in die Praxis fand allerdings nicht in Lancashire, sondern in Nottingham statt. Der Umzug Arkwrights nach Nottingham wird – ähnlich wie im Fall von James Hargreaves – mit der Furcht vor Unruhen wegen der Einführung von Maschinen begrün-

26: Nachbau einer Arkwrightschen *Waterframe* mit acht Spindeln, um 1775. Die Spindelzahl ist zwar verdoppelt, aber das getrennte Antriebssystem für jeden Viererblock der Streckwerke und Flügelspindeln beibehalten worden. Die horizontalen Vorgarnspulen sind durch einen Aufsteckrahmen ersetzt, Streckwerke aus drei Walzenpaaren, die Flügel aus Draht und ohne Häkchen, weil das regelmäßige Aufwinden durch eine Auf- und Abbewegung der Spulen gelöst wurde. Der Baustoff ist nach wie vor überwiegend Holz.

det. Dies war im besten Fall ein Beweggrund, Preston zu verlassen; nach Nottingham ging Arkwright wie vor ihm auch Hargreaves hauptsächlich deshalb, weil in der dortigen Strumpfwirkerei großer Garnmangel herrschte. Der damals noch mittellose Arkwright schloß 1769 für die Finanzierung der Patentnahme und für die Einführung der Maschine in die Praxis eine Partnerschaft mit zwei Händlern aus Preston. Deren Geld reichte jedoch nicht aus. 1770 traten der Partnerschaft Samuel Need aus Nottingham und Jeremiah Strutt aus Derby bei, beide kapitalkräftige Unternehmer in der Strumpfwirkerei (Hills, R. L. 1970, S. 66ff; Chapman, St. D. 1967, S. 62ff). Über die Maschinenausstattung der in Nottingham 1770/71 errichteten Spinnerei ist nichts bekannt; sicher ist nur, daß sie über einen Göpel angetrieben wurde und im Jahr 1772 etwa dreihundert «junge Leute und Erwachsene» beschäftigte. 1781 brannte sie ab. Arkwright verlegte den Schwerpunkt seiner Unternehmen schon 1771 nach Cromford. Die hier mit denselben Partnern gegründete Spinnerei, die «Upper Mill», wurde mit Wasserkraft angetrieben, und seitdem nannte man die Arkwrightsche Spinnmaschine *Waterframe*, was wörtlich Wassergestell, Wasserrahmen bedeutet.

Es ist kaum anzunehmen, daß Arkwright längere Zeit die in der Patentschrift abgebildete Maschine mit nur vier Spindeln in seinen auf Wasserradantrieb eingerichteten Spinnereien eingesetzt hat. Dagegen spricht der unverhältnismäßig große Aufwand für das Antriebssystem, die arbeitsaufwendige Regulierung der Verteilung des Garnes beim Aufwinden durch das Umhängen in den Häkchen an der Flügelspindel und die eher zierliche Ausführung des Gestells. Diese Mängel mußten in der Praxis sehr bald aufgetreten sein, weshalb anzunehmen ist, daß eine verbesserte Version nicht lange auf sich warten ließ (Abb. 26). Die wichtigste Neuerung war die gleichmäßige Verteilung des Garnes auf die Spulen durch eine über einen Exzenter bewegte Schiene, die die Spulen regelmäßig auf und ab bewegte. Damit wurde das umständliche Umhängen der Fäden in den Häkchen überflüssig. Auch bei dieser Innovation bediente sich Arkwright einer fremden Idee: Dieselbe, allerdings handgesteuerte Vorrichtung war Bestandteil einer 1772 patentierten Spinnmaschine des Tischlers Coniah Wood, der in Nottingham zeitweilig für Arkwright gearbeitet hatte. Diese auch durch andere Vorrichtungen verbesserte Spinnmaschine wurde nach 1775 alsbald auch doppelseitig gebaut, mit 12 bis 24 Spindeln auf jeder Seite und einer gemeinsamen Antriebsscheibe. Die Maschine hatte nicht vier, sondern nur drei Streckwalzenpaare und jeder Viererblock von Spindeln und Streckwalzen – also die Spindelzahl des Prototyps – auch weiterhin ein eigenständiges Getriebesystem. Die Vermutung, daß diese umständliche Lösung deshalb beibehalten wurde, weil die Zahnräder aus Messing und die aus Eisendraht und Holz gefertigten Riffelwalzen eine höhere Belastung nicht zuließen, scheint glaubwürdig.

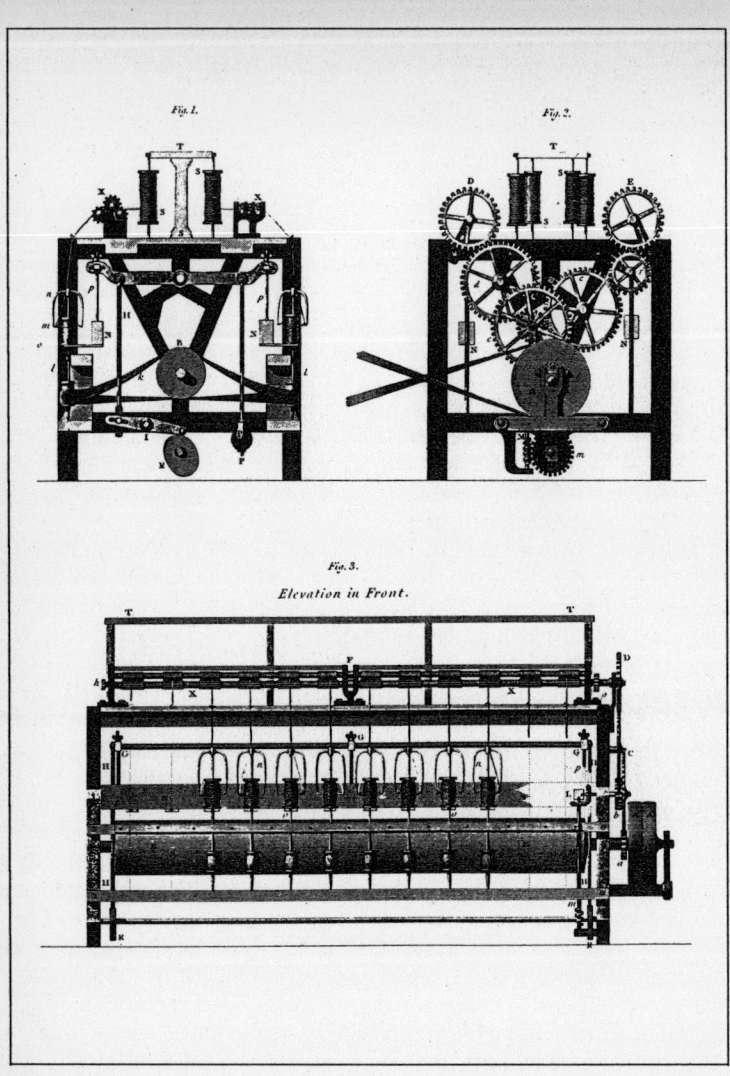

27: Die *Throstle* (Drosselmaschine), um 1810. Das wesentlichste an dieser Weiterentwicklung der *Waterframe* ist das neue Antriebssystem sowohl der Streckwerke wie auch der Spindeln. Alle Spindeln werden durch Riementriebe (k) von einem Blechzylinder (B) angetrieben. Der dabei entstehende summende Laut soll der Maschine den Namen gegeben haben. Alle Riffelwalzen der Streckwerke (x) sind gekuppelt und werden zentral von dem Zahnradgetriebe (a, b, C und D) bewegt. An der Fig. 1 und 3 ist der Mechanismus für die Auf- und Abbewegung der Spulen deutlich abzulesen: Exzenter (R), Hebel (I), Gestänge (H, p und N) und die Schiene, über die die Spule vertikal bewegt wird (o).

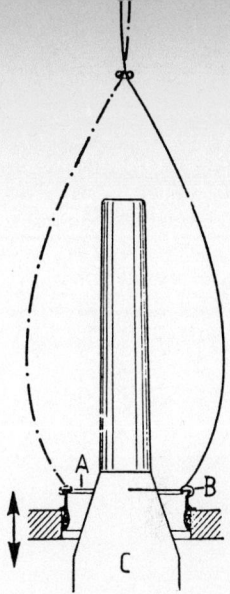

28: Funktionsschema der Ringspinnmaschine mit Ring und Läufer anstatt Flügel. Bei dem Ringspinner wird die Spule (C) angetrieben. Das durch Streckwerke verzogene Vorgarn wird durch den Läufer (B), eine Öse (auch Reiter oder Fliege genannt), auf die Spule geführt. Der Läufer bewegt sich frei auf einem die Spule umgebenden Ring (A). Dadurch ist der Faden nur durch den Luftwiderstand und durch die Reibung des nachgeschleppten Läufers belastet.

Erst die Fortschritte in der Eisenerzeugung und -bearbeitung ermöglichten eine breitere Anwendung der Baustoffe Eisen und Stahl, mit denen andere konstruktive Lösungen realisiert werden konnten als aus Holz und Buntmetall. So kam es gegen Ende des 18. Jahrhunderts zu einer Vereinfachung des Antriebssystems (Abb. 27). Dieser Typ der *Waterframe* wurde *throstle* (Drossel oder Drosselmaschine) genannt (Müller, E. 1898, S. 153; Rees, A. 1808, Bd. 22). Mit dem neuen Antriebssystem öffnete sich auch der Weg zum Bau größerer Spinnmaschinen, und im ersten Jahrzehnt des 19. Jahrhunderts waren Drosselmaschinen mit 60 oder auch 96 Spindeln keine Seltenheit mehr.

Es soll nicht unerwähnt bleiben, daß die Weiterentwicklung der Drosselmaschine in den USA stattfand und dort schon 1828 die erste Version der Ringspinnmaschine von Daniel Thorp hervorbrachte (U. S. Patent vom 20. 11. 1828). Mit der Ersetzung des Flügels durch eine leichte Metallöse hat die Ringspinnmaschine den größten Nachteil der Konstruktion von Arkwright, nämlich die Belastung des Fadens, wesentlich verringert (Abb. 28). Neben anderen Vorteilen der Drosselmaschinen (einfache Konstruktion, kompakte Bauweise, Bedienung durch angelernte Arbeiter) ermöglichte sie damit auch das Spinnen von weichgedrehten und mittelfeinen Garnen sowie höhere Spindeldrehzahlen. In den USA war die Ringspinnmaschine alsbald die am häufigsten eingesetzte Spinnmaschine, während sie in Großbritannien, wo zur Zeit ihrer Erfindung die

Mule schon die Universalspinnmaschine gewesen war, bis in die 1880er Jahre so gut wie keine Rolle spielte.

Trotz der Lizenzpolitik Arkwrights, der für hohe Gebühren die Mindestabnahme von tausend Spindeln verlangte, und trotz der erst 1774 aufgehobenen hohen Besteuerung der mit Baumwollkette und -schuß erzeugten Gewebe verbreitete sich Arkwrights Spinnmaschine sehr schnell. Um 1787 gab es in Großbritannien schätzungsweise über 140 als «Baumwollmühlen» bezeichnete Maschinenspinnereien (Baines, E. 1835, S. 219). Diese Entwicklung läßt sich auch an der Steigerung der Baumwollimporte ablesen (vgl. auch Tab. 6):

Jahr	Baumwollverbrauch in Millionen Pfund	£-Preise für ein Pfund Baumwolle	80er Garn
1780	5,2	0,11	2,10
1785	18,4	0,10	1,42
1790	31,4	0,09	1,07
1795	26,4	0,11	0,57
1800	56,0	0,14	0,49
1810	132,0	0,11	0,21
1830	263,9	0,05	0,13

Zu dieser explosiven Entfaltung der Baumwollverarbeitung konnte es seit den 1780er Jahren nur deshalb kommen, weil gleichzeitig mit der Entwicklung und Perfektionierung der Spinnmaschine Arkwright selbst und andere Baumwollspinner sowohl für die Faserstoffaufbereitung, hauptsächlich für das Krempeln und Vorspinnen, wie auch für das Absetzspinnen Maschinen entwickelt haben.

Die Jenny – eine Spinnmaschine auf Handantrieb

Auf die Idee, das Absetzspinnen anstatt mit dem Handspinnrad mit einem Gerät auszuführen, das mehrere Fäden auf einmal spinnen würde, ist der Handweber James Hargreaves (1720[?]–1778) aus Stanhill bei Blackburn schon um 1764 gekommen. Diese als *Jenny*, eine Verballhornung des Wortes *engine*, bekannt gewordene Spinnmaschine war eine echte Nachahmung der Tätigkeit der Spinnerin mit technischen Mitteln. Die 1770 patentierte Version mit dem horizontalen Antriebsrad der Spindeln spricht dafür, daß der mit dem Handspinnen vertraute Hargreaves auf diese konstruktive Lösung tatsächlich beim Umkippen eines Handspinnrades gekommen ist (Abb. 29). Die beim Verziehen der Fasern aus

Daumen und Zeigefinger der Spinnerin gebildete Klemme wurde durch eine Vorrichtung aus zwei Brettern geschaffen, ihr Ein- und Ausfahren erfüllte dieselbe Funktion wie die Armbewegung beim Handradspinnen. Jede Spinnperiode begann mit dem Einfahren der Klemme und dem Einklemmen des Faserstoffes. Beim Ausfahren der Klemme wurde ein Stück der Vliesbänder zwischen den rotierenden Spindelspitzen und der Klemme verzogen und gedreht. Zum Aufwinden des Garnes wurden zuerst die Spindeln angehalten, ein Abschlagdraht brachte die Fäden in einen rechten Winkel zu den Spindeln, durch deren Rotation sie aufgewickelt wurden. Obwohl auch diese erste Version der *Jenny* funktionierte, muß die Einleitung und Steuerung der Bewegungsabläufe sehr mühsam gewesen sein: Die rechte Hand bewegte das horizontale Antriebsrad der Spindeln, die linke Hand führte die auf dem Holzrahmen aufliegende Klemme, und der Abschlagdraht wurde mit dem Fuß bedient. Erst in den 1770er Jahren tauchte dann jene Konstruktion auf, die später in Zeichnungen festgehalten wurde und den Bau von größeren *Jennies* mit bis zu 130 Spindeln ermöglichte (Abb. 30).

29: Nachbau der ursprünglichen *Jenny* auf Grund der Zeichnung in der Patentschrift von 1770. Der Antrieb der Spindeln über die Treibstange des Antriebsrades mit Schnürentrieben hat sich bei Versuchen als äußerst kraftraubend erwiesen.

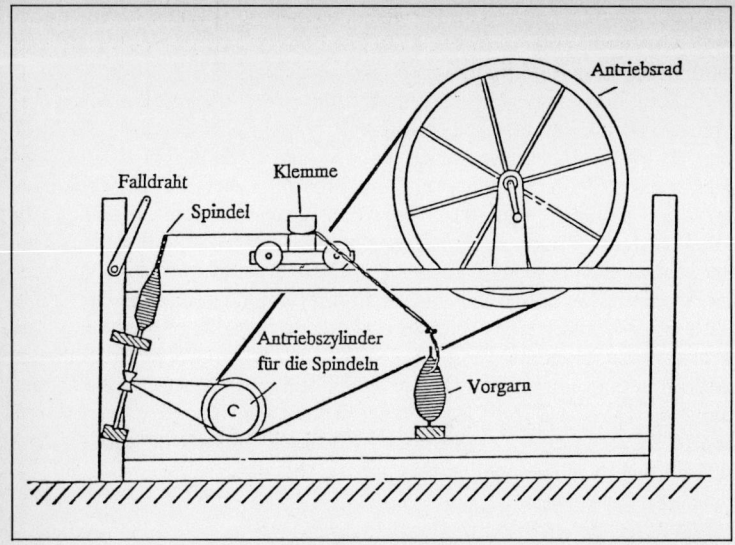

30: Schema der verbesserten, bedienungsfreundlicheren Version der *Jenny*. Die wesentlichen Neuerungen sind das Antriebsrad mit horizontaler Achse und Kurbel, der Antriebszylinder (C), von dem die einzelnen Spindeln mit Schnürentrieben angetrieben werden, und die in Nuten geführten Laufräder der Klemme.

An dem ursprünglichen Funktionsprinzip der *Jenny* änderte sich jedoch nichts. Ihr Antrieb ebenso wie die Einleitung und Koordination der Bewegungsabläufe, von denen die Qualität des Garnes abhing, blieben vom Menschen ausgeübte Funktionen (Abb. 31). Insofern ist es zutreffend, daß sie die Fertigkeit des Menschen nicht ersetzt hat (Hills, R. L. 1970, S. 58), weniger stichhaltig scheint jedoch die Behauptung, daß die *Jenny* «in Wirklichkeit ein Handwerksinstrument und überhaupt keine Maschine» war (Kuby, T. 1980, S. 45). Im Unterschied zu dem Handwerksinstrument Spinnrad fand bei ihr die Relativbewegung zwischen den Werkzeugen (Spindeln, Klemme, Abschlagdraht) und dem Werkstoff ausschließlich über die technische Vorrichtung statt – und nur dies ermöglichte das gleichzeitige Spinnen von 8, 20 oder 130 Garnen durch eine Spinnerin. Für die funktionsgerechte Steuerung der technischen Vorrichtung waren allerdings die Fachkenntnisse der Spinnerin über den Ablauf des Spinnvorganges ebenso unabdingbar wie die Fachkenntnisse des Drehers über das Spanen bei Dreharbeiten auf einer Drehmaschine mit Kreuzsupport. Im Unterschied zum Handspinnrad war bei der *Jenny* der Entscheidungsspielraum der Spinnerin verringert. Die Qualität des

Garnes war nicht mehr von ihrem Fingerspitzengefühl beim Verziehen der Faser abhängig, sondern von der Konstruktion der Maschine und von der Fertigkeit der Spinnerin im Umgang mit ihr.

Hargreaves' *Jenny* soll sich in Lancashires Heimspinnerei schnell verbreitet haben. Das Garn war ähnlicher Qualität wie das handgesponnene, und vor 1770, also vor der Einführung der Arkwrightschen Spinnmaschine, versuchte man aus diesem Grund, sowohl Kett- wie auch Schußgarne mit ihr zu produzieren. Hargreaves hatte sich eine Werkstatt für die Produktion der *Jenny* eingerichtet, aber nachdem es zu ersten Unruhen und Feindseligkeiten von Handspinnern gegen ihn gekommen war, verließ er 1768 Lancashire und gründete in Nottingham mit Thomas James eine Spinnerei, die Baumwollgarne für die dortigen Strumpfwirker produzierte. Die Existenz dieses Unternehmens ist noch 1779 belegt, einen nennenswerten finanziellen Erfolg brachte es jedoch hauptsächlich deshalb nicht, weil sich die *Jenny* für die in der Strumpfwirkerei notwendigen fest gedrehten Garne weniger eignete als die Arkwrightsche Maschine. Die Patentierung der *Jenny* 1770 brachte dem Erfinder auch keine Einnahmen: Weil Hargreaves schon vor der Patentnahme Spinnmaschinen verkauft hatte, konnte er im Sinne des englischen Patentrechtes gegenüber den Benützern keinen Rechtsanspruch auf Patentgebühren geltend machen.

31: Spinnerin an einer *Jenny*.

Obwohl die *Jenny* nach den schon genannten Verbesserungen nicht mehr weiterentwickelt wurde – die ersten Belege für ihre Umstellung auf den Antrieb mit einer Kraftmaschine gibt es erst in den 1820er Jahren –, ist ihre Bedeutung für die Anfänge der industriellen Revolution im Textilgewerbe dennoch nicht zu unterschätzen. Im Unterschied zu Arkwrights Spinnmaschine, die von Anfang an zur Konzentration der Produktion führte, blieb die Domäne der *Jenny* die marktorientierte Heimspinnerei bzw. kleinere Werkstätten, in denen die Faseraufbereitung (Krempeln) und das Spinnen zusammengefaßt waren. Bis zur Verbreitung von Cromptons *Mule* beherrschte sie die Erzeugung von weichgedrehten Schußgarnen. Eine vage als «größer» bezeichnete *Jenny* konnte zwei Webstühle mit Schußgarn versorgen. Der enorme Aufschwung der Baumwollweberei wäre also ohne diese Spinnmaschine nicht möglich gewesen. Um 1788 sollen in englischen und schottischen Baumwollspinnereien etwa 20 000 *Jennies*, d. h. mindestens 400 000 Spindeln, in Betrieb gewesen sein. Um 1811, als die inzwischen entwickelte *Mule* längst zur vorherrschenden Spinnmaschine geworden war, schätzte man die Zahl der *Jenny*-Spindeln in den Baumwolldistrikten um Manchester noch immer auf ca. 156 000 (Hills, R. L. 1970. S. 59).

Cromptons Mule – die Universalspinnmaschine

Wenn trotz des zunehmenden Bedarfs an Schußgarnen die *Jenny* nicht mehr weiterentwickelt wurde, dann deshalb, weil es in den 1770er Jahren gelungen war, eine Spinnmaschine für das Absetzspinnen zu entwickeln, mit der – nach Überwindung der Kinderkrankheiten – alle Garnfeinheiten und -sorten gesponnen werden konnten. Es geht um die schon erwähnte *Mule* des Webers Samuel Crompton (1753–1827; Abb. 32), der sich aus Ärger über die schlechte Qualität des *Jenny*-Garnes sieben Jahre mit der Konstruktion herumgeschlagen haben soll, bevor es 1779 dann soweit war. Cromptons *Mule* war eine Absetzspinnmaschine, für deren Konstruktion er auf eine sehr originelle Weise zwei Grundprinzipien der schon vorhandenen Spinnmaschinen kombinierte (Abb. 33): Aus der Arkwrightschen *Waterframe* übernahm er zum Verziehen der Faser das feststehende Streckwerk, d. h. die Walzenpaare. Damit ersetzte er die fahrbare Klemme der *Jenny*, von der er die Absetzspindeln, den Abschlagdraht und den Handantrieb übernahm. Im Unterschied zur *Jenny* war jedoch bei der *Mule* das Spindelgestell nicht feststehend, sondern mit dem Spindelwagen fahrbar. Im Vergleich mit der *Jenny* war der große Vorteil der *Mule* das Streckwerk mit zwei und später mit drei Walzenpaaren je Spindel. Das Vorgarn wurde durch die Streckwalzen verzogen, ein weiteres Verziehen und Zusammendrehen des Faserbandes zum Garn erfolgte zwischen dem Streckwerk und den rotierenden und gleichzeitig sich

32: Als Sohn eines Farmers unweit von Bolton in Lancashire geboren, war Samuel Crompton mit dem Weben und auch mit dem Spinnen auf der *Jenny* vertraut. 1774 bis 1779 bastelte er an einer neuen Spinnmaschine, die wegen der «Kreuzung» von Konstruktionsmerkmalen der *Jenny* und der *Waterframe* später den Namen *Mule* (Maulesel) bekam und alsbald zur Universalspinnmaschine für alle Garnarten und -feinheiten wurde. Crompton nahm kein Patent; eine Subskription bei Unternehmern in Bolton, die seine *Mule* sofort übernahmen, brachte ihm lächerliche £ 60 ein, und der verschuldete Crompton verdiente sein Geld als Handweber. 1800 sammelten die größten Unternehmer in Manchester etwa £ 500 für ihn. Crompton gründete in Bolton eine kleine Mulespinnerei und beschäftigte etwa fünfzig Handweber. 1812 bewilligte ihm schließlich das Parlament eine einmalige Abfindung von £ 5000. Nachdem sein Unternehmen gescheitert war, fristete Crompton die letzten Jahre seines Lebens von einer Jahresrente von £ 63.

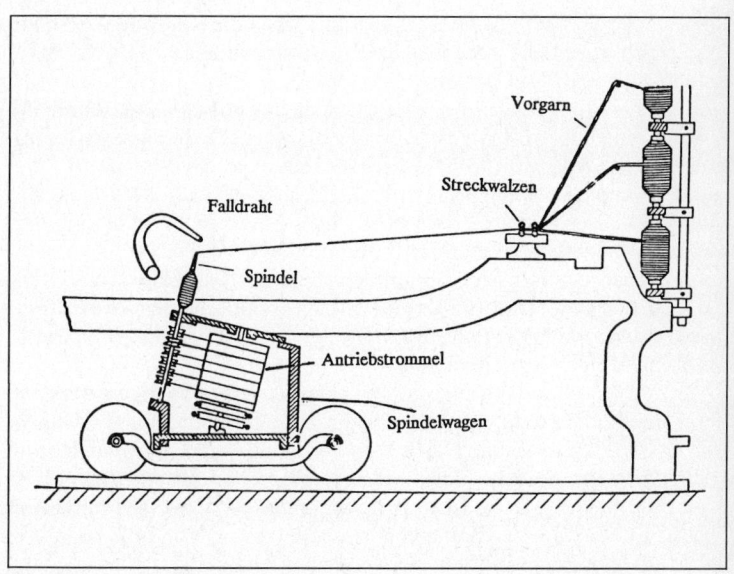

33: Schemazeichnung einer *Mule* mit der Anordnung der wichtigsten Funktionsteile.

Spinnleistung der Mulemaschinen und die Spinnkosten 1780–1830

Jahr	Spinnkosten für 100 Pfund Baumwolle in £	Index	Meter pro Spindel und Stunde m	Index	Arbeitsstunden für Verspinnen von 100 Pfund Baumwolle	Gramm Baumwolle versponnen pro Stunde Gramm	Index
	Alle Daten für englische Garnnummer 80 = 134 metrisch						
1780	2,10	100	122	100	100	45	100
1785	1,42	66			50		
1790	1,07	49					
1795	0,57	23	170	139	15	151	333
1800	0,49	18					
1810	0,21	5					
1830	0,13	4	228	187	7	336	741

Tab. 6: Spinnleistung und -kosten an *Mul*-Maschinen, 1780–1830. Die Garnnummer drückt die Feinheit des Garnes im Verhältnis der Länge zum Gewicht aus. Die Grundlage der englischen Garnnummer ist der Schneller (hank) mit einer Garnlänge von 840 Yard = 768 Meter. Die Garnnummer gibt die Zahl der Schneller an, deren Gewicht 1 engl. Pfund, d. h. 453 g ausmacht. Zum Beispiel bedeutet die Garnnummer 60, daß 60 × 768 Meter Garn 453 g wiegen. Je höher die Garnnummer, desto feiner das Garn. Die metrische Garnnummer gibt an, wieviel Meter Garn ein Gramm wiegen. Der Umrechnungsfaktor von englischer auf metrische Garnnummer ist 1,67: 60er engl. = metrisch.

durch das Ausfahren des Spindelwagens vom Streckwerk entfernenden Spindeln. Nach dem Auszug wurden die Spindeln angehalten, und der Spinner brachte mit dem Abschlagdraht die Garnfäden in die für das Aufwinden erforderliche Position. Dann fuhr er mit dem Knie und von Hand den Spindelwagen ein, trieb gleichzeitig mit der anderen Hand die Spindeln an und wand das Garn auf.

Ähnlich wie bei der *Jenny* stellte das Arbeiten mit der *Mule* sehr hohe Anforderungen sowohl an die Körperkraft wie auch an die Fachkenntnisse des Menschen. Alle beweglichen Teile, wie das Streckwerk, die Spindeln und der Spindelwagen sowie der Abschlagdraht, waren auf Hand- bzw. Körperantrieb ausgelegt. Die sachgerechte Steuerung der Abläufe verlangte gleichzeitig gute Kenntnisse sowohl des Spinnvorganges wie auch der Funktionszusammenhänge der Maschine. Im Unterschied zu den anderen zwei Spinnmaschinen ermöglichte jedoch die Konstruktion eine minimale Belastung der Fäden beim Aufwinden und damit das Spinnen aller Garnfeinheiten.

Obwohl die erste von Crompton für den eigenen Bedarf gebaute *Mule* weit hinter dem damaligen technischen Standard der Spinnmaschinen von Arkwright zurückblieb, hatte sie immerhin schon 48 Spindeln und ermöglichte das Spinnen von 40er und 60er Garnen. Alsbald soll es Crompton gelungen sein, die in Großbritannien bis dahin überhaupt nicht gefertigten 80er Garne zu spinnen (Tab. 6).

Das Interesse an der *Mule*, die Crompton nicht patentieren ließ, war sowohl bei Anwendern wie auch bei Konstrukteuren sehr groß. Verschiedene Techniker verbesserten schon in den 1780er Jahren das Streckwerk und das Antriebssystem: Anstatt der ursprünglichen zwei aus Holz gebauten Streckwalzenpaare wurden drei aus Metall gefertigte benützt, und das schwerfällige Antriebssystem, das aus hölzernen Scheiben und aus Schnürentrieben bestand, wurde durch ein Zahnradgetriebe ersetzt. Dadurch wurde es möglich, Mulemaschinen mit bis zu hundert Spindeln zu bauen und die Spindeldrehzahlen zu erhöhen. In den 1790er Jahren wurde die *Mule* partiell für den Antrieb durch Kraftmaschinen eingerichtet. Bei diesen halbautomatischen Mulemaschinen erfolgte der Antrieb des Streckwerkes und der Spindeln beim Spinnen sowie das Ausfahren des Spindelwagens über Transmissionen von einer Kraftmaschine. Nach vollendetem Ausfahren wurde der Antrieb automatisch abgeschaltet. Die restlichen Bewegungsabläufe, also das Abschlagen, Aufwinden und das Einfahren des Spindelwagens, mußten auch weiterhin vom Spinner eingeleitet und gesteuert werden. Dies verlangte viel Erfahrung, Beurteilungsvermögen und Kenntnisse des Spinnvorganges. Jede Abweichung von der optimalen Koordinierung der Einfahrgeschwindigkeit des Wagens und der Umdrehungszahl der Spindeln hatte beim Aufwinden entweder Fadenbrüche oder zu weich gewickelte Kötzer zur Folge.

Der partielle Antrieb durch Kraftmaschinen, Verbesserungen in der Fertigungstechnik und das Ersetzen von Holz durch Eisen ebneten den Weg zum Bau größerer Maschinen. So bot die Spinnmaschinenfabrik Connel & Kennedy in Manchester beispielsweise schon 1795 Mulemaschinen mit 180, 216 oder auch 288 Spindeln an (Lee, C. H. 1972, S. 19; Catling, H. 1970, S. 43). Die Erhöhung der Spindelzahl und Streckwerke bedeutete, daß die *Mule* immer länger, die Spindelwagen schwerer, die benötigte Antriebskraft größer und die konstruktive Lösung der Kraftübertragung auf die einzelnen Maschinenelemente schwieriger wurden. Bei einer *Mule* mit 200 bzw. 250 Spindeln betrug die Länge des Spindelwagens schon sieben bis acht Meter. Die damals übliche Bauweise mit dem Triebwerk und damit auch mit dem Arbeitsplatz des Spinners auf der rechten Seite erschwerte nicht nur die visuelle Kontrolle des Spinnvorganges, sondern auch den manuellen Antrieb. Bei der nach 1795 aufkommenden halbautomatischen *Mule* mit 372 bis 404 Spindeln und einer Spindelwagenbreite von dreizehn bis vierzehn Metern (Lee, C. H. 1972, S. 19; Crompton 1927, S. 59, 61) wurde deshalb das Triebwerk ungefähr in die Mitte gesetzt (Mittelbetrieb) – eine Konstruktion, die schon seit 1790 auch bei kleineren Maschinen angewendet wurde. Diese Verbesserungen kamen jedoch dem Spinner kaum zugute. Beim Kraftmaschinenantrieb des eigentlichen Spinnvorganges (Streckwerke, Spindeln und Spindelwagen) mußte er nämlich nicht eine, sondern abwechselnd und pausenlos gleich zwei sich gegenüberstehende halbautomatische Maschinen bedienen (Abb. 34). Während auf der einen *Mule* der automatische Spinnvor-

34: Spinnsaal mit halbautomatischen *Mule*-Maschinen, um 1830. (a) Der Mulespinner (rechts) hat beide Maschinen zu bedienen. Die Maschine rechts ist am Ende des Auszuges, und der Spinner bereitet sich zum manuellen Einfahren und Aufwinden vor. Auf der Maschine links ist das Aufwinden beendet, die Knüpferin behebt die Fadenbrüche, im Vordergrund der Feger. Hinter dem Mulespinner ein Aufseher; an den Seitenwänden Gasbeleuchtung. (b) Die Schemazeichnung zeigt die maximale Raumausnutzung bei versetzter Anordnung der Antriebe.

gang lief, mußte der Spinner auf der zweiten das Einfahren und Aufwinden ausführen, dann eine Kehrtwendung machen und dieselbe Tätigkeit auf der ersten Maschine ausführen. Je nach Dauer eines Auszuges, also des Spinnens und Aufwindens – bei groben Garnen, wofür die großen Maschinen vorrangig eingesetzt worden sind, etwa zwanzig Sekunden –, bedeutete dies bei zwölf Stunden Arbeitszeit ca. 4300- bis 4800mal den etwa 800 kg schweren Spindelwagen einschieben, mit der linken Hand den Abschlagdraht bedienen und mit der rechten die Spindeln antreiben.

So ist man mit der Wende vom 18. zum 19. Jahrhundert allmählich an die Grenzen der Leistungsfähigkeit des Menschen gestoßen. Als um 1800 – trotz der Erhöhung der Spindelzahl auf dreihundert und bis zu vierhundert – wegen der Ermüdung des Spinners beim kräfteraubenden Einfahren und Aufwinden eine wesentliche Leistungssteigerung nicht mehr erreicht werden konnte, war das Spinnen mit der *Mule* schon zur vorherrschenden Technik in der Maschinenspinnerei geworden. Von den um 1811 im Baumwollzentrum um Manchester installierten ca. 4,66 Millionen Maschinenspindeln entfielen etwa 90% (4,2 Millionen) auf die *Mule* und 7% bzw. 3% auf die *Waterframe* bzw. die *Jenny* (Hills, R. L. 1970, S. 129). Die Spinnkosten für die englische Garnfeinheit Nr. 80 halbierten sich von 1780 bis 1790 von £ 1,99 auf 0,98 pro Pfund. Durch den Bau größerer Spinnmaschinen mit höheren Umdrehungszahlen und der Bedienung von zwei Maschinen durch einen Spinner sanken sie bis 1810 auf £ 0,10. Das weitere Absinken der Spinnkosten bis 1830 auf £ 0,08 ist mehr auf das Senken der Akkordlohnsätze als auf die Erhöhung der Produktivität durch technische Neuerungen zurückzuführen (Umgerechnet aus Catling, H. 1970, S. 55).

Die Versuche, die Produktivität durch die Automatisierung aller Abläufe zu erhöhen, begannen schon in den 1790er Jahren, erfolgreich waren sie jedoch erst um 1830. Das erste Patent auf einen *selfactor*, vermutlich mit 144 Spindeln, nahm 1792 William Kelly. Durch das Einfahren und Aufwinden mittels der Kraftmaschine sollte es möglich werden, ähnlich wie bei der *Waterframe*, mit «jungen Leuten» zu spinnen. Ob Kellys *selfactor* tatsächlich «selbsttätig» funktionierte, ist nicht belegt; nach eigener Aussage gab er die Versuche deshalb auf, weil inzwischen die parallel angeordnete *Mule* mit jeweils über dreihundert Spindeln entwickelt worden war, «wodurch die Idee der Einsparung durch das Spinnen mit Jungen und Mädchen überwunden war» (Catling, H. 1970, S. 56). In den folgenden drei Jahrzehnten wurden mehrere technische Lösungen für die Automatisierung oder, wie es damals hieß, für die Selbsttätigkeit des Einfahrens und Aufwindens entwickelt und in der Praxis erprobt. Die Zielsetzung, den erwachsenen *Mule*-Spinner zu ersetzen, hat jedoch erst der professionelle Maschinenbauer Richard Roberts zwischen 1825 und 1830 durch seine *selfacting mule* erreicht. Es war eine Auftragsarbeit von den Baumwollfabrikanten, und der Zeitpunkt der Vergabe war kein Zufall.

Es ging nicht darum, dem *Mule*-Spinner die Arbeit zu erleichtern, sondern ihn durch die technische Neuerung loszuwerden. Diese Spinner waren die höchstqualifizierten und -bezahlten Arbeiter in den Spinnereien, und sie waren sich ihrer Schlüsselposition für die gesamte Baumwollindustrie wohl bewußt. Sie brauchten keine Statistiken der Fabrikinspektoren vorgelegt zu bekommen, um zu wissen, daß Spitzenlöhne im Akkordsystem infolge der kräfteraubenden Arbeit nur ungefähr bis zum 35. Lebensjahr zu verdienen waren (Baines, E. 1835, S. 437). Sie verstanden es sehr wohl, ihre Lohnforderungen der Konjunktur anzupassen und, wenn es anders nicht ging, zu «coalisiren, und muthwillig die Arbeit unterbrechen» (Ure, A. 1837, S. 162). Als die gut organisierten *Mule*-Spinner zwischen 1823 und 1825 in Lancashire, hauptsächlich in Bolton, Preston und in und um Manchester für höhere Löhne streikten, besuchte eine Delegation von führenden Baumwollfabrikanten mehrere Maschinenbauer und drängte sie, eine selbsttätige *Mule* zu bauen. Nach einer Reihe von Absagen kamen sie zu Roberts in Manchester, damals Miteigentümer der Firma Roberts, Hill & Co. Diese Fabrikanten machten ebenso wie zehn Jahre später ihr Sprachrohr Andrew Ure kein Hehl daraus, daß der *iron man*, wie die Arbeiter den Selfaktor nannten, endlich wieder «Ordnung» in den Baumwollspinnereien schaffen, die Fabrikanten von den hohen Löhnen befreien und ihre «Unabhängigkeit» wahren sollte (Ure, A. 1837, S. 368–372; Ure, A. 1835, S. 366ff).

Roberts, der sich bis dahin mit Spinnmaschinen überhaupt nicht befaßt hatte, dafür aber von Konstruktion und Metallbearbeitung um so mehr verstand, brauchte etwa sechs Jahre, um einen Aufwindemechanismus zu konstruieren, der ohne die Steuerung und Antriebskraft des Spinners das Wickeln von regelmäßigen und festen Kötzern ermöglichte. Das Unternehmen, inzwischen Sharp, Roberts & Co., soll in den fünf Jahren zwischen 1825 (GB, Patent Nr. 5138) und 1830 (GB, Patent Nr. 5949) etwa £ 12000 in die Entwicklung der durch die Patente abgedeckten Konstruktion investiert haben – eine Summe, die 1818 noch ausreichte, eine Feinspinnerei mit fünftausend Spindeln und sechzig Arbeitern aufzubauen und zu betreiben. Obwohl in der Folge andere Techniker verschiedene Verbesserungen des Selfactors hervorbrachten, blieben die von Roberts entwickelten Grundprinzipien des Antriebes und der Steuerung des Aufwindens erhalten. Zum großen finanziellen Erfolg wurde der Selfactor für Sharp, Roberts & Co. offensichtlich nicht: Bis 1837 hätte der Verkauf von Selfactors nur £ 7000 an Gewinn abgeworfen, und bis zum Auslaufen des bis 1846 verlängerten Patentes sollen kaum die Entwicklungskosten eingespielt worden sein (Catling, H. 1970, S. 64). Diese von Roberts stammenden Aussagen scheinen deshalb glaubwürdig, weil sich der Selfactor trotz seiner 15 bis 20 % höheren Produktionskapazität und trotz der bei niedrigen Garnnummern erreichten besseren Qualität nicht so schnell wie erwartet durchgesetzt hat. Zum einen waren sowohl die Preise wie auch der Energiebedarf der Selfactors höher als für die halbautomatische *Mule*, zum anderen war das Aufwinden fehleranfällig. Durchgesetzt hat sich der Selfactor für das Spinnen grober und mittelfeiner Garne auf breiter Basis erst in den 1850er Jahren und dann insbesondere infolge der Baumwollkrise (1861–1865), die auch eine starke Preisreduktion für Spinnmaschinen herbeiführte. Das Spinnen von feinen Garnen blieb jedoch bis in die 1880er Jahre die Domäne der halbautomatischen *Mule* (Chapman, S. J. 1904, S. 69f; Farnie, D. A. 1979, S. 159).

Maschinen für das Krempeln und Vorspinnen

Sollte der in den 1770er Jahren mit der Entwicklung der Spinnmaschinen eingeschlagene Weg zur Maschinenspinnerei nicht zur Sackgasse werden, mußten in kurzer Folge auch für die Aufbereitung des Faserstoffes zum Spinnen (Auflockern und Reinigen der Baumwolle; Krempeln; Strecken und Vorspinnen) neue, produktivere Verfahren gefunden werden. Die Spinnmaschinen konnten nur ein gleichförmiges Vorgarn verarbeiten, das vorerst mit Handkrempeln und mit dem Handspinnrad gefertigt wurde. Die Entwicklung von Arbeitsmaschinen für diese Vorgänge begann beim Krempeln und knüpfte an dem schon in den 1740er Jahren erprobten Funktionsprinzip der Rotationsbewegung an. Die Erfindergeschichte der Krempel- oder Kardiermaschine wird wohl kaum noch geklärt werden können: Verschiedene Versuche, so auch von Robert Peel und James Hargreaves, die Idee von Lewis Paul bzw. Bourn besser umzusetzen, fanden schon in den 1760er Jahren statt; das emsige Suchen verdichtete sich jedoch ein Jahrzehnt später, als das Kardieren infolge der Verbreitung der Spinnmaschinen zum Engpaß wurde. Wie mit Walzenkarden kardiert werden konnte, hatten Paul und Bourn schon bewiesen, das Prinzip der Deckelkarde bzw. der Walzenkarde stand fest. Worüber sich viele den Kopf zerbrochen haben, waren technische Mittel für die Ausführung folgender, bei Paul und Bourn per Hand-Werkzeug ausgeführter Funktionen: erstens die Einspeisung des Faserstoffes, zweitens die kontinuierliche Abnahme des schon kardierten Faserstoffes, des Vlieses (Flors) von der Trommel und damit drittens die Bildung eines «endlosen» Vliesbandes. Die Lösung dieser Probleme ist in den drei wichtigsten, in den 1770er Jahren genommenen Patenten für Kardiermaschinen von Arkwright (GB, Patent Nr. 1111, 16.12.1775), von Thomas Wood (GB, Patent Nr. 1130, 15.7.1776) und von Robert Peel (GB, Patent Nr. 1212, 18.2.1779) enthalten. Über die Urheberschaft der einzelnen technischen Lösungen sagen diese Patente wenig aus; wie die Prozesse um die Arkwrightschen Patentrechte gezeigt haben, beschäftigten sich damals sehr viele «Textiltechniker» mit dem Problem des Kardierens und der weiteren Aufbereitung des Vlieses für die Spinnmaschinen.

Die Zuführung des Faserstoffes mit Hilfe eines Förderbandes, dem Zuführtuch, das mit zwei Rollen bewegt wurde, soll schon 1772 ein gewisser John Lees aus Manchester benützt haben. Die später allgemein verbreitete Lösung eines Zuführtisches, von dem eine Stachelwalze, genannt Speisewalze, die Watte an die Kardiertrommel abgab, ist im Patent von Wood belegt. Die Abnahme des kardierten Vlieses nur durch eine mit einer Kurbel auf und ab bewegten Kammleiste, die sich Arkwright hat patentieren lassen und die angeblich schon Hargreaves benützt haben soll, erwies sich als eine Übergangslösung. Schon in dem Patent von Tho-

35: Kardieren um 1800. Aufbauend auf den Konstruktionsprinzipien von Bourn und Paul (vgl. Abb. 22) sind zwei Grundtypen von Kardiermaschinen entwickelt worden: die Walzenkarde (a) und die Deckelkarde (b). (a) Die Kardierbeschläge (Häkchen) sind auf der Trommel (T) sowie auf mehreren Sätzen von Wendewalzen (W) und Arbeitswalzen (A); die höchste Umdrehungszahl hat die Trommel, die niedrigste die Arbeitswalzen. Der Faserstoff wird auf dem Kardierbeschlag der Trommel zugeführt, von diesem in den Beschlag der Arbeitswalzen abgesetzt, dann durch die Wendewalzen abgenommen, an die Trommel zurückgeführt und anschließend nochmals von derselben Arbeitswalze kardiert. (b) Das Kardieren findet zwischen den Beschlägen der rotierenden Trommel (T) und des feststehenden Deckels (D) statt. (c) Walzenkarde für Baumwolle, um 1800. Die Abbildung stammt etwa aus dem Jahre 1810, die Ausführung der meisten tragenden Teile, der Trommel und der Walzen aus Holz belegt jedoch eine ältere Herkunft. Konstruktiv geht es um eine voll ausgereifte Kardiermaschine. Links der Zuführtisch und die Speisewalze; Trommel (C), Arbeits- und Wendewalzen (2 und 2 a); Abnehmerwalze (4) und Aufroller (die Vliestrommel) (D), auf den der hier nicht sichtbare Kamm (Hacker) das vom Abnehmer abgenommene Vlies ablegt. Von dem Aufroller fällt das Vlies auf das Fördertuch (a a), das über die Kreuzspindel (16) von der Kurbel (15) bewegt wird. Die Antriebsscheibe der Hauptwelle der Trommel, von der alle Umsetzungen abgeleitet sind, liegt an der Rückseite.

mas Wood wurde diese Funktion durch eine sogenannte Abnehmerwalze ausgeführt, eine konstruktive Lösung, die alsbald fester Bestandteil aller Kardiermaschinen geworden ist. Von dieser Abnehmerwalze wurde dann der lockere Vlies mit der Kammleiste abgenommen, mit Förderwalzen durch einen flachen Trichter gezogen, dadurch zu einem etwa vierzig Millimeter breiten Band zusammengedrängt und schließlich in einem zylindrischen Gefäß gelagert.

Mit diesen technischen Neuerungen waren die Funktionsprinzipien der Kardier- oder Krempelmaschinen schon in den 1770er Jahren festgelegt: das Kardieren (Krempeln) fand zwischen zwei Systemen von Kardierbeschlägen statt, zwischen den Häkchen auf dem rotierenden großen Zylinder, der Trommel, und den Häkchen in den feststehenden Deckeln oder den Häkchen der ebenfalls rotierenden kleinen Arbeitswalzen (Abb. 35). Das zentrale Problem aus der Sicht des konstruktiven Denkens war bei beiden Typen die Bestimmung des Verhältnisses zwischen dem Durchmesser und der Umlaufgeschwindigkeit der rotierenden Walzen (Speisewalze, Trommel, Arbeitswalzen und Wender sowie Abnehmer). Eine nicht minder anspruchsvolle Aufgabe war es, die gefundenen Lösungen fertigungstechnisch umzusetzen. Wem auch immer die konstruktiven Lösungen zuerst eingefallen sind – die Umsetzung in die Praxis erfolgte im breiten Maßstab wiederum in den Spinnereien von Arkwright.

Mit der Entwicklung der Kardiermaschinen in den 1770er Jahren und mit den darauf folgenden konstruktiven und fertigungstechnischen Verbesserungen war ein Engpaß für den massenhaften Einsatz von Spinnmaschinen beseitigt. Schon die mit einer Handkurbel angetriebene Dekkelkardiermaschine in Arkwrights Fabrik soll das 18- bzw. 9fache von normalen Hand- bzw. Stockkarden geleistet haben. Was noch fehlte, waren Maschinen, um aus dem Vlies das bis dahin in mehreren Arbeitsgängen mit dem Handspinnrad bereitete Vorgarn erzeugen zu können. Dazu war es notwendig, die einzelnen Fertigungsschritte auf verschiedene Maschinen zu verteilen.

Die mit den Kardiermaschinen gefertigten Vliesbänder, in denen die Stoffaserverteilung noch nicht genügend gleichmäßig und parallel war, wurden mit Streckmaschinen (drawing frame) zuerst mäßig gestreckt und die nach mehrmaligem Strecken entstandenen Bänder schließlich verdoppelt (doubliert). Die gestreckten und doublierten Bänder waren das Ausgangsmaterial für das Vorspinnen, dessen Zweck eine weitere Ausdehnung des Faserstoffes sowie die Schaffung eines festeren Stoffzusammenhalts durch eine mäßige Drehung war. Dies geschah auf Vorspinnmaschinen, deren Produkt (Lunte, Draht, Vorgespinst oder Vorgarn, engl. slub oder roving) schließlich mit den Spinnmaschinen versponnen werden konnte. Die Konstruktion dieser Maschinen, die wiederum bei Arkwright zuerst eingesetzt worden sind, war insofern kein großes Problem, als sie überwiegend eine Anpassung bzw. neue Kombination der in Spinnmaschinen vorhandenen Funktionsmechanismen (Streckwalzen, Flügel- oder Absetzspindel, Klemme) erforderten. Die Streckmaschinen bestanden aus Streckwalzen, aus denen die Bänder in Blechzylinder geleitet wurden. Für das Vorspinnen dieser Bänder benutzte Arkwright den sogenannten Laternenstuhl (Abb. 36). Ein Problem blieb allerdings bei dieser sehr einfachen und funktionstüchtigen Konstruktion ungelöst: Das Vorgarn mußte aus den «Laternen» per Hand herausgenommen und auf Vorgarnspulen umgewunden werden. Die zukunftsträchtigere Idee einer Adaptierung der *Waterframe* für das Vorspinnen konnten Arkwright und seine Techniker nicht umsetzen. Die

Spindelbank, die später auch im deutschen Sprachgebrauch einfach als *Flyer* bezeichnet wurde, hat sich erst Anfang des 19. Jahrhunderts verbreitet. Zur universalen Vorspinnmaschine wurde sie in den 1830er Jahren, nachdem es gelungen war, das zentrale technische Problem veränderbarer Umlaufgeschwindigkeiten der Spulen im Verhältnis zu dem Umfang des aufgewickelten Garnes mit einem Differentialgetriebe zu lösen

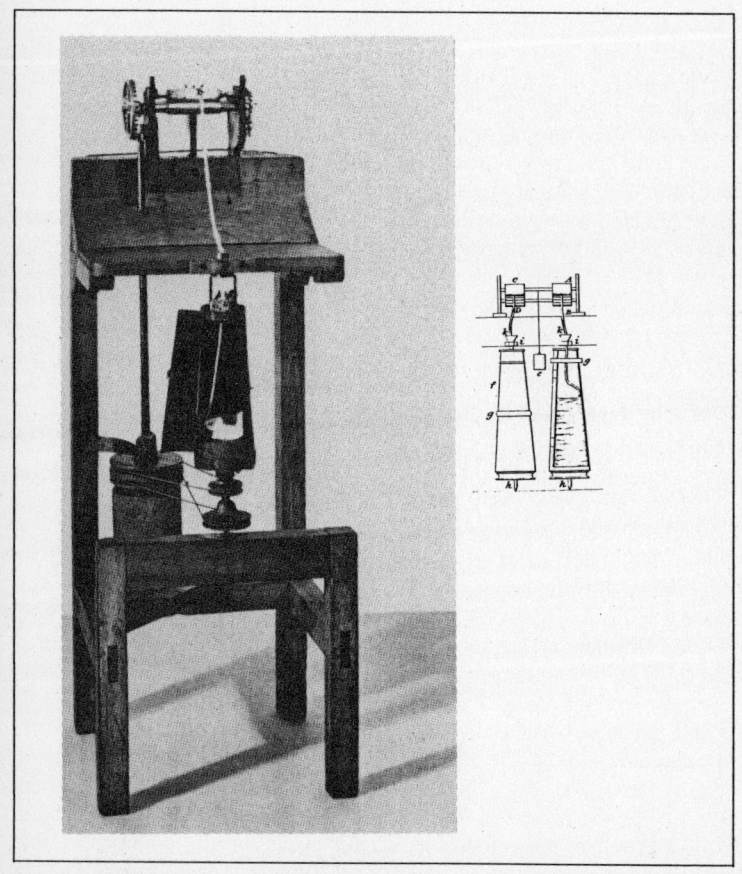

36: Laternenstuhl von Arkwright, gebaut seit ca. 1775. Das Vliesband (k) wurde im Streckwerk (A, B) verzogen, über (k) in die auch Laterne genannte, rotierende Kanne (f) geführt und hier mäßig gedreht.

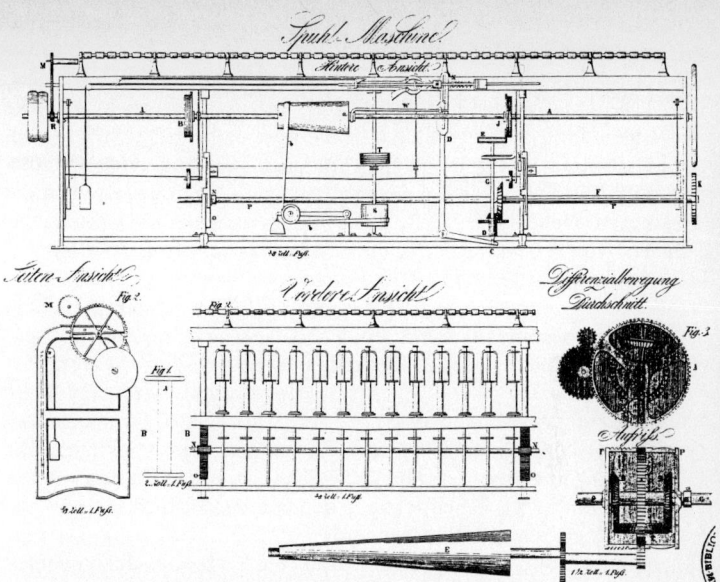

37: *Flyer* mit Differentialgetriebe, um 1830. Der *Flyer* (Spindelbank) ist eine Vorspinnmaschine, die die vorgestreckten Vliesbänder (s. Abb. 36) mit Streckwalzen und Flügelspindeln zum Vorgarn verarbeitet. Seinen größten Mangel, die unregelmäßige Aufwindung des Vorgarnes auf die Spule der Flügelspindel, hat A. Arnold zuerst in den USA 1821 und dann H. Houldsworth in Großbritannien 1826 mit einem Differentialgetriebe beseitigt. Dies ist der erste Beleg für die Anwendung eines Differentialgetriebes in der Industrie.

(Abb. 37; U. S., Patent 21.1.1823, für A. Arnold; GB, Patent Nr. 5316, 1826, für H. Houldsworth).

Maschinen für die weiterhin in Handarbeit verrichteten Tätigkeiten der Öffnung, der mechanischen Reinigung und Auflockerung der Baumwolle bis zur Watte folgten kurz nach der Jahrhundertwende, und um 1810 konnten alle Arbeitsgänge der Verarbeitung der Baumwolle zum Garn maschinell ausgeführt werden. In derselben Zeitspanne, in den dreißig Jahren zwischen 1780 und 1810, wurden die in der Baumwollspinnerei eingesetzten Maschinen auch für die Wollverarbeitung adaptiert. Besonders wichtig war hier die Anpassung der Kardiermaschinen für die Streichgarnproduktion, in der die Faseraufbereitung von Anfang an auf zwei Maschinen, auf der Schrubbel- und auf der Kardiermaschine durchgeführt wurde. Was noch länger auf sich warten ließ, war die Entwicklung einer Maschine für das Kämmen der Wolle. Obwohl Edmund Cartwright schon in den Jahren zwischen 1790 und 1792 als erster eine Kämmaschine entwickelt und patentiert hatte, blieb das Kämmen eine Domäne der Handarbeit bis in die 1830er Jahre.

Zum Abschluß dieses knappen, punktuell bis in die 1830er Jahre reichenden Überblickes der Entstehung und Entwicklung von Maschinen für die Baumwollspinnerei muß betont werden, daß der Durchbruch zur neuen Maschinen-Werkzeug-Technik in den 1770er und 1780er Jahren mit dem Einsatz der Maschinen für das Spinnen, Kardieren und Vorspinnen erfolgt ist. Die entscheidende Rolle für diesen Durchbruch spielte die *Waterframe* von Arkwright; denn ihr Einsatz war der stärkste Anreiz für die Entwicklung von Maschinen der Faserstoffaufbereitung und der Konzentration der Garnerzeugung in Fabriken. Bis 1789 waren etwa 2,4 Millionen Maschinenspindeln in Betrieb, bis 1810 hat sich ihre Zahl fast verdoppelt (4,7 Millionen). Das in Gebäude und Betriebseinrichtungen der Baumwollspinnereien bis 1795 investierte Kapital wird auf über £ 2 000 000 berechnet (Chapman, S. D. 1971, S. 70, 92–107), wobei in dieser ersten Aufschwungphase, die noch überwiegend von Arkwrights *Waterframe* getragen wurde, der räumliche Schwerpunkt in England neben Lancashire mindestens gleichwertig in den von der Strumpfwirkerei beherrschten Regionen von Nottinghamshire und Derbyshire lag. Die eindeutige Führung übernahm Lancashire mit dem Verbreiten der halbautomatischen *Mule*. Das zweitgrößte Zentrum der Baumwollspinnerei in Großbritannien war Schottland mit ca. 22% der britischen Produktion (1812).

Der lange Weg zur Maschinenweberei

Durch diese Entwicklung wurde Großbritannien zum größten Exporteur von Baumwollprodukten, hauptsächlich von Geweben. Gegen Ende des 18. Jahrhunderts ist jedoch der Export an Baumwollgarn und -zwirn (1798 im Wert von £ 30 000; 1799 etwa £ 205 000; 1800 etwa £ 448 000; 1805 etwa £ 914 000) explosiv angestiegen (Baines, E. 1935, S. 350). Diese Verlagerung auf Garnexporte ist auch dadurch verursacht gewesen, daß in der zweiten großen Branche der Textilindustrie, in der Weberei, noch immer die alte Technik vorherrschte. Obwohl die Zahl der Handweber von 108 000 im Jahr 1788 auf 184 000 achtzehn Jahre später, 1806, stieg, produzierte die Maschinenspinnerei weit mehr Garn, als die Weberei verarbeiten konnte. Die Überwindung der alten Webereitechnik dauerte nämlich viel länger, als dies die Daten der ersten Patente für Maschinenwebstühle vermuten lassen.

Das Weben auf dem Schaftwebstuhl, «das rechtwinklige Verkreuzen von Fäden der Fadensysteme Kette und Schuß nach einer bestimmten Ordnung... zu einem Gewebe» (DIN 61040, 1962, 1982) folgt erst nach der Webereivorbereitung (Vorbereitung der Fadensysteme und Aufrüsten des Webstuhles). Während das Schußgarn nur auf die Spulen des Weberschiffchens umgespult wurde, war die Vorbereitung der Kette eine anspruchsvolle Aufgabe, die vom Handweber einen Einblick in die gesamte Webereitechnik und die Kenntnis des zu fertigenden Gewebes verlangte: Bei gewissen Garnarten mußten die Kettfäden noch mit einer Lösung aus Leim oder Mehl getränkt werden. Nachdem das Kettgarn in der notwendigen Länge und mit der dem Gewebetyp entsprechenden Fadenzahl auf dem Scherrahmen vorbereitet worden war (das Scheren), mußte es auf den Kettbaum gebracht (das Aufbäumen) und dieser in den Webstuhl eingesetzt werden. Danach folgte die zeitaufwendigste Arbeit, die der Weber nur mit einem Gehilfen durchführen konnte: das Durchziehen (Einfädeln) der einzelnen Kettfäden durch die Litzen der Schäfte und das Rietblatt und schließlich ihre Befestigung auf dem Brustbaum. Nach dem

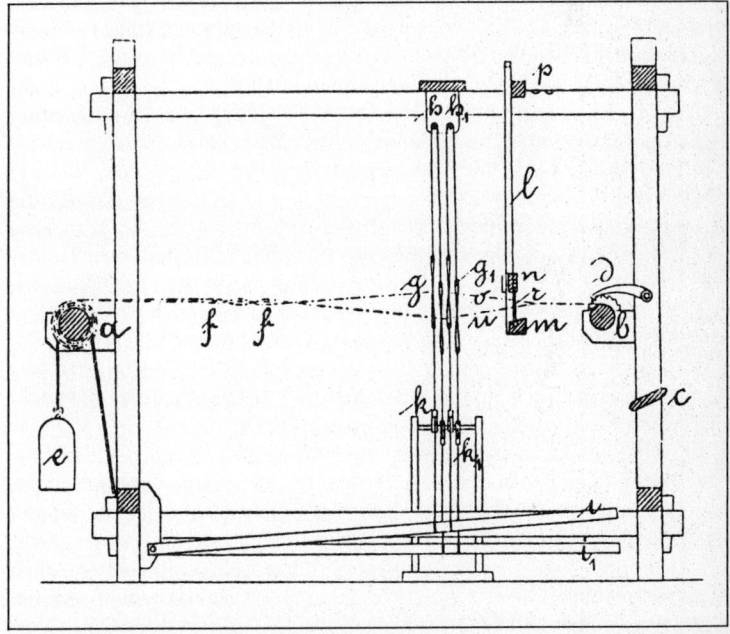

38: Schema der wichtigsten Funktionsteile eines Handwebstuhls mit Schnellade. Das Gestell des Webstuhls ist aus verkeilten Holzbalken gebildet. Von links nach rechts: Kettenbaum (a) mit Gewicht (e) zur Regelung der Spannung der Kettfäden, Breithalter der Kettfäden (f); Schäfte (k, k1), bestehend aus Latten sowie Schnüren und Litzen (g, g1); durch diese und das Rietblatt (r) werden die Kettfäden durchgezogen; Tritte (i, i1) oder Schemel; schwingbare Lade (l), Ladenklotz (m), Ladendeckel (n), dazwischen das Rietblatt, Ladenstock (p), Brustbaum (b) und «Sitz» des Webers (c).

Setzen der Breithalter konnte das Weben beginnen, das im wesentlichen aus dem ständigen Wiederholen von drei Arbeitsschritten besteht: erstens die Fachbildung durch Betätigung der Schäfte, zweitens das Eintragen des Schußgarnes durch das Fach der Kette mit dem Handschützen (Weberschiffchen) oder mit dem Schnellschützen und drittens das Anschlagen des eingetragenen Schußfadens mit dem über die Lade bewegten Rietblatt. Nach dem mehrmaligen Wiederholen dieser drei Vorgänge mußte der Weber das fertiggewebte Stück auf den Brustbaum aufwinden – was gleichzeitig ein Abwinden der Kettfäden vom Kettbaum bedeutet – und die Breithalter versetzen.

Abgesehen vom Eintragen des Schusses mit dem Hand-Schützen und vom Versetzen des Breithalters führt der Weber diese Arbeitsschritte durch die Bewegung der entsprechenden Bestandteile des Handwebstuhles aus, also mit Hilfe einer mechanischen Vorrichtung (Abb. 38). Ausgestattet mit der von John Kay in den 1730er Jahren erfundenen Schnellade fand auch das Eintragen des Schußgarnes mittels einer mechanischen Vorrichtung statt. Deshalb ist die in der deutschen Sprache übliche Unterscheidung zwischen Handwebstuhl und mechanischem Webstuhl irreführend. Für die grobe Unterscheidung der Techniken des Webens ist es zutreffender, im Einklang mit der DIN 61040 (1962) vom Handwebstuhl und von der Webmaschine oder vom Maschinenwebstuhl zu sprechen. Der Handweber leitet mit seinen Füßen bzw. Händen über die Vorrichtungen des Webstuhles die Bewegungen ein, er steuert sie, dosiert die Kraft und kontrolliert die Vorgänge. Durch Niedertreten des Trittes bildet er das Fach, mit der Hand bewegt er bei der Schnellade den Treiber und schickt den Schützen auf die andere Seite, wo er ihn ebenfalls durch eine Bewegung des Treibers abbremst, den eingetragenen Faden schlägt er mit dem Rietblatt durch die Bewegung der Lade an usw. Er reagiert auf produktionstechnisch bedingte Situationen mit Unterbrechung des Webens, windet das Tuch ab, schlichtet die Kette, behebt Pannen wie Fadenbrüche oder den Rückprall des Schützen ins Fach.

Im Unterschied zu den Spinnmaschinen ging es bei der Entwicklung eines Maschinenwebstuhles nicht darum, die Vorrichtungen für das Führen der Fadensysteme Kette und Schuß und die einzelnen Mechanismen, die für das rechtwinklige Verkreuzen dieser Fadensysteme in einer gewissen Ordnung sorgten, neu zu entwerfen. Diese konnten im wesentlichen vom Handwebstuhl mit Schnellade unverändert übernommen werden. Das zentrale Problem bestand in der Konstruktion von technischen Vorrichtungen: für die Übertragung und Abstufung der Energie von einer Kraftmaschine auf die einzelnen beweglichen Funktionsmechanismen des Webstuhles; für die Koordinierung und Steuerung der Bewegungsabläufe und für die Kontrolle von Pannen. Für die Lösung dieser Probleme gab es zwar Vorbilder, wie zum Beispiel eine Webmaschine für

39: Der Erfinder des Maschinenwebstuhls stammte aus einer wohlhabenden Familie aus Nottinghamshire. Nach dem Abschluß seines Studiums in Oxford 1766 lebte Cartwright als Geistlicher an verschiedenen Orten und war literarisch tätig. Die Beschäftigung mit dem Maschinenwebstuhl und mit einer Kämmaschine stand nur neun Jahre, zwischen 1784 und 1793, im Mittelpunkt seines Lebens. Er nahm insgesamt sieben Patente auf diese Maschinen, und als er 1793 total verschuldet aufgab, hatte er in ihre Entwicklung und in sein Unternehmen in Doncaster etwa £ 30 000 investiert. 1809 bewilligte ihm das Parlament auf Antrag führender Textilindustrieller aus Manchester eine einmalige Abfindung von £ 10 000.

schmale Bänder, die Bandmühle mit Treibstange, nur konnten sie nicht übernommen werden. Denn konstruktive Lösungen, die in den Größenordnungen eines Bandwebstuhles funktionierten, versagten bei den Maßen eines Trittwebstuhles. Da die einzelnen Funktionsmechanismen (Schäfte, Lade, Schnellade) koordiniert, aber mit unterschiedlicher Kraft und mit verschiedenen Geschwindigkeiten bewegt werden mußten, war das zentrale Problem die Abstufung der von einer gemeinsamen Antriebswelle abgenommenen, mehr oder weniger konstanten mechanischen Energie. So mußte der durch das Fach geschleuderte Schütze auf der anderen Seite ankommen, durfte jedoch nicht zurückprallen. Die Stärke des Anschlages mußte immer gleichmäßig bleiben, ansonsten wurden «Treppen» gewebt. Bei den Kontrollfunktionen lag das wesentliche Problem in der Konstruktion von selbsttätigen Vorrichtungen, die im Falle von Pannen, wie bei Fadenbrüchen oder beim Rückprall des Schützen in das Fach, den Webstuhl sofort zum Stillstand brachten. Alle diese Probleme konnten beispielsweise mit Kombinationen aus verschiedenen bekannten Getriebeelementen (Nocken, Exzenter, Kurbeln, Zahnräder, Schnecken, Federn) für die Einleitung oder Abbremsung einer Bewegung gelöst werden.

Der Außenseiter, dem zuviel einfiel

Der erste, der in Großbritannien versuchte, diese Probleme mit einer Webmaschine, einem *powerloom*, zu lösen, war Dr. Edmund Cartwright (1743–1823), Geistlicher und Absolvent der Universität in Oxford (Abb. 39). Ähnlich wie der Erfinder des Wirkstuhles, William Lee, war er ein absoluter Außenseiter in dem Textilgewerbe. Herausgefordert durch die Behauptung eines Gesprächspartners aus Manchester, daß der Bau einer Webmaschine unmöglich sei, begann er 1784, sich mit der Konstruktion eines Maschinenwebstuhles zu beschäftigen. Unbelastet von Kenntnissen über die Praxis der Weberei und ausgehend von der Tatsache, daß das Weben einfacher Gewebe nichts anderes sei als ein ständiges Wiederholen dreier Bewegungsabläufe, entwarf er seine erste Konstruktion, eine von Hand angetriebene Webmaschine mit horizontaler Kette, die er 1785 patentieren ließ. Erst danach befaßte er sich eingehender mit der Praxis der Handweberei und versuchte, einen normalen Handwebstuhl mit horizontaler Kette in einen Maschinenwebstuhl umzubauen. Diesen ließ er sich 1786 patentieren, weitere Verbesserungen hat er in den folgenden zwei Jahren mit zwei neuen Patenten abgesichert. Beginnend mit seinem zweiten Patent (1786) beinhalten die Patentspezifikationen konstruktive Lösungen nicht nur für alle angesprochenen Probleme des Antriebes und der Abschaltvorrichtungen bei Pannen (Schützenwächter, Schuß- und Kettgarnwächter). Darüber hinaus sollten die Kettfäden direkt vom Scherrahmen auf den Kettbaum im Webstuhl gewunden werden, das Aufwinden des Tuches auf den Tuchbaum bzw. das Nachlassen der Kette sollte selbsttätig nach einer gewissen Zahl von Anschlägen ausgeführt und die Breithalter selbsttätig versetzt werden. Um die in der Handweberei unumgänglichen Unterbrechungen bei dem Schlichten der Kette abzuschaffen, konstruierte Cartwright eine Schlichtmaschine.

Die Patente von Cartwright, der das Problem nicht von der Praxis, sondern von der Theorie her anging, «beinhalteten eine solche Fülle an merkwürdigen Details, die er meinte ausführen zu können, daß sein Scheitern bei dem Umsetzen nicht verwunderlich ist» (Barlow, A. 1878, S. 237, Übers. d. A.). Dennoch ist es Cartwright in vier Jahren gelungen, einen technisch funktionierenden Maschinenwebstuhl für grobe Gewebe zu bauen. Die Webmaschine mußte jedoch von einem qualifizierten Weber bedient werden und produzierte nicht mehr als ein Weber auf dem Handwebstuhl mit Schnellschützen. Wenn wir noch die Kosten für eine Kraftmaschine in Betracht ziehen, so konnte diese Webmaschine für den Unternehmer keine betriebsökonomischen Vorteile bringen. Für diese Vermutung spricht auch die Tatsache, daß die zwei Maschinenwebereien, die eine 1786 von Cartwright selbst in Doncaster und die Revolution Mill 1788 von seinem Bruder John Cartwright in Retford gegründet, spätestens 1793 eingegangen sind – in Doncaster mit einem Verlust von £ 30 000. Die große Hoffnung Cartwrights, durch den 1791 geschlossenen Vertrag mit den Gebrüdern Grimshaw aus Manchester über eine Maschinenweberei mit vierhundert Webstühlen zum großen finanziellen Erfolg zu kommen, ging in Flammen auf: Die 1792 mit 24 Webstühlen gestartete Weberei wurde nach einem Monat in Brand gesteckt, die Eigentümer

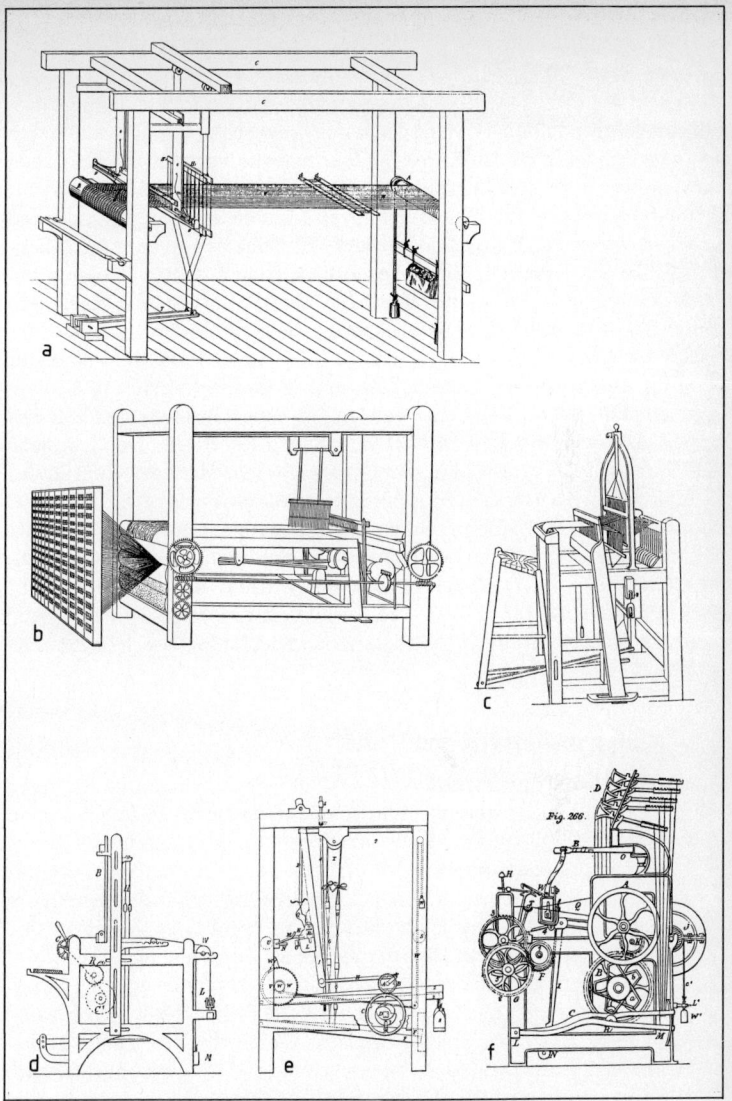

40: Stationen auf dem Weg vom Hand- zum Maschinenwebstuhl. (a) Englischer Handwebstuhl, wie in Abb. 38. (b) Cartwrights Maschinenwebstuhl nach dem Patent von 1786. (c) Handwebstuhl von Almand, 1771. (d) Handwebstuhl von Radcliffe, der sogenannte *Dandyloom*, um 1810. (e) Maschinenwebstuhl von Horrock, 1813. (f) Maschinenwebstuhl von Roberts, 1822.

kassierten die Versicherungssummen, und Cartwright ging leer aus (Hills, R. L. 1970, S. 215–219; Chaloner, W. H., Marshall, J. D. 1973, S. 281 ff). Das Ausbleiben der dauerhaften Umsetzung des Cartwrightschen Webstuhles in die Praxis dürfte hauptsächlich an fertigungstechnischen Problemen gelegen haben. Aus der Sicht des praktischen Erfolges kann man also von einem Scheitern Cartwrights sprechen. Nur muß unterstrichen werden, daß er nicht als Erfinder und Konstrukteur, sondern als Maschinenbauer gescheitert ist. Die Quellenlage erlaubt nur die Vermutung, daß sich Cartwright, der bis zu £ 40 000 in die Entwicklung seiner Maschinenwebstühle und Kämmaschine investiert haben soll, dieser Situation bewußt geworden ist. Denn im Jahre 1793, zehn Jahre vor dem Auslaufen seiner Patentrechte, hat er alle diesbezüglichen Aktivitäten eingestellt.

Dennoch war es Cartwright, der geniale Außenseiter, der als erster die Idee einer Webmaschine gehabt und in Großbritannien in Umlauf gebracht hat. Seine Versuche wurden für viele «Insider» der Weberei zum Anreiz, den Gedanken weiterzuspinnen (Abb. 40). Der erst nach gut zwanzig Jahren produktionsreife, sprich dem Handwebstuhl in der Produktivität überlegene Maschinenewebstuhl wurde etwa bis 1799 hauptsächlich in Schottland und dann in Lancashire entwickelt. Die Einzelheiten sind durch Patentschriften und Sekundärliteratur sehr gut dokumentiert (Rees, A. 1819; White, G. 1846; Barlow, A. 1878; Hills, R. L. 1970; Paulinyi, A. 1984, S. 93–98), weshalb wir hier nur die wichtigsten Beiträge dieser «postcartwrightschen» Entwicklungsphase hervorheben wollen.

Die Insider verbessern den Prototyp

Erstens wurde die durch Cartwright gewählte, auf einem weitverbreiteten Handwebstuhl-Typ basierende Bauweise aufgegeben. Die in Schottland und Lancashire gebauten Maschinenwebstühle zeichneten sich durch eine kompakte Gestaltung aus, die letztlich auch Richard Roberts für seine Webmaschine übernommen hat. Zweitens haben die Konstrukteure funktionsgerechte Lösungen für einzelne Elemente des Antriebs- und Kontrollsystems gefunden. Hervorzuheben ist die Ersetzung der Federn, und zwar für den Antrieb des Schützen durch Exzenter und für die Bewegung der Lade durch eine Kurbel. Dies wird Robert Miller (1796) und William Horrocks (1803) zugeschrieben. Durch die Ersetzung der Federn, dieser vom zentralen Antriebssystem unabhängigen und deshalb von ihm auch nicht abstufbaren Antriebselemente, wurde es möglich, alle Bewegungen von der Antriebswelle einzuleiten und abzustufen. Nicht minder wichtig war die Lösung des Problems einer fehlerfreien automatischen Aufwindung des Gewebes und schließlich die Konstruktion einer Schlichtmaschine durch William Radcliffe, die die großen Verlustzeiten durch das Handschlichten verminderte. Diese Verbesserungen wurden nicht auf einmal und nicht von einem genialen Amateur durchgeführt, sondern schrittweise von vielen, vielleicht weniger genialen, dafür aber technisch und handwerklich äußerst versierten professionellen Webereifachleuten. Die erste Synthese dieser punktuellen Verbesserungen verkörperte der von Horrocks aus Stockport 1803 patentierte, noch überwiegend aus Holz gebaute Maschinenwebstuhl. Den Abschluß dieser Entwicklungsarbeit setzte erst 1822 Roberts, der schon im Zusammenhang mit den Spinnmaschinen genannte professionelle Maschinenbauer. Seine im wesentlichen auf die Konstruktion von Horrock aufbauende, aber aus Eisen und Metall gebaute Webmaschine führte dann binnen kurzer Zeit zum definitiven Durchbruch der Maschinenweberei, vorerst bei groben Geweben. Mit der technischen Optimierung der Webmaschinen durch verschiedene Maschinenbauer in den 1830er und 1840er Jahren verdrängte die Maschinenweberei Schritt für Schritt die Handweber innerhalb der nächsten dreißig Jahre aus allen ihren angestammten Tätigkeitsbereichen: zuerst aus der Baumwollbranche bei den groben und allmählich auch bei den feineren Geweben und etwas später auch in der

Textilfabriken in Großbritannien um 1850

	Fabriken	in %	Spindeln	in %	Maschinenwebstühle	in %
Baumwolle	1932	42,0	20977017	82	249627	83,6
Wolle/Streichgarn	1497	32,5	1595278	6	9439	3
Wolle/Kammgarn	501	11,0	875830	3	32617	11
Leinen	393	8,5	965031	4	1141	0,4
Seide	277	6,0	1225560	5	6092	2,0
Insgesamt	4600	100	25638716	100	298916	100

	PS Dampf	in %	PS Wasser	in %	Fabrikarbeiter	in %
Baumwolle	71005	66	11550	44,2	330924	55,5
Wolle/Streichgarn	13455	12	8689	33,3	74443	12,5
Wolle/Kammgarn	9890	9	1625	6,2	79737	13,4
Leinen	10905	10	3387	13,0	68434	11,5
Seide	2858	3	853	3,3	42544	7,1
Insgesamt	108113	100	26104	100	596082	100

nach: Musson, A. E. (1978), S. 93.

Wollweberei. Die Verdrängung der Handweberei ist sowohl an der Zahl der Webmaschinen wie auch der Handweber abzulesen: In dem Zeitraum zwischen 1810–1830–1850 ist die Zahl der in der Baumwollweberei eingesetzten Maschinenwebstühle in England, Wales und Schottland von 2400 über 108 000 auf 247 000 gestiegen. Die Zahl der Baumwoll-Handweber stieg in den genannten Ländern bis in die 1830er Jahre auf etwa 240 000, halbierte sich in den folgenden zehn Jahren, bis dann 1850 nur noch etwa 43 000 und 1860 nur mehr 10 000 übrig waren.

In der Musterweberei vollzog sich der Übergang zur Maschinenweberei in zwei Schritten. Die in Frankreich 1805 von Joseph Maria Jacquard (1752–1834) erfundene «Jacquard-Maschine» automatisierte mit einer Lochkartensteuerung die Funktionen des Harnisches. Dies war ein kompliziertes Schnüren- und Platinensystem für die variable Wahl der Kettfäden, deren bei jeder Fachbildung unterschiedliche Kombination das Weben von Mustern ermöglichte. Mit der Jacquard-Maschine, die keine Webmaschine, sondern eine Zusatzeinrichtung für den Handwebstuhl war, konnte der Handweber die Fachbildung mit einem einzigen Fußtritt ausführen, womit sich die Webgeschwindigkeit in der Musterweberei wesentlich erhöhte. Sie verbreitete sich in Großbritannien allmählich nach 1815. Erst im zweiten Schritt wurden dann die inzwischen verbesserten Webmaschinen mit Jacquard-Maschinen ausgestattet.

Berücksichtigt man den Zeitraum von der ersten Patentnahme im Jahr 1785 bis etwa 1810 (2400 Webmaschinen), war dies eine, im Vergleich mit den Spinnmaschinen, sehr lange Umsetzungsphase. Die sehr zaghafte, auch durch soziale Widerstände gebremste Verbreitung des Maschinenwebstuhls war primär durch konstruktive Mängel und fertigungstechnische Probleme bedingt. Insgesamt brachte der Maschinenwebstuhl bei einem pannenfreien Betrieb bis etwa 1820 ungefähr das Dreifache des Tagesausstoßes eines Handwebers. Der Maschinenwebstuhl war also nach den Verbesserungen von Horrocks und Radcliffe dem Handwebstuhl überlegen – vorausgesetzt, daß er einwandfrei funktionierte. Das war jedoch nicht die Regel.

Im betrieblichen Alltag blieben die Webmaschinen auch nach den Verbesserungen der 1820er und 1830er Jahre wegen häufiger Fadenrisse und anderer Pannen weit unter jener Leistung, die an Hand rein technischer Parameter, Schuß pro Minute mal Arbeitszeit, ausgerechnet wurden. So belief sich in den 1840er Jahren die aus der Tagesproduktion errechnete tatsächliche Schußfrequenz auf nur 41 bis 65% der optimalen Schußfrequenz von 155 Schuß pro Minute (Karmarsch, K. 1855, S. 566). Ein weiteres Hindernis für die Verbreitung der Webmaschinen bestand darin, daß sie nur für grobe Gewebe einsetzbar waren. 1819 betonte John Kennedy, ein führender Unternehmer in Manchester, daß es angesichts der unterschiedlich schwankenden Nachfrage bei verschiedenen Geweben sehr

Technische Kapazität und reale Leistung der Webmaschinen um 1850

Tuch/Stunde (in Meter)	Schußfäden in 1 cm	Tuchbreite cm	Schußfrequenz A Kapaz.	B Real	Realleistung B in % von A
1,95	20–32	88	155	64–72	46
1,95	21–23	74	155	69–74	48
1,95	19–20	117	155	62–64	41
1,95	22–23	74	155	72–74	48
1,28	44	81	155	94	61
0,63	95	74	155	100	65
1,25	39	103	130	81	62
1,04	33	88	110	57	52

nach: Karmarsch, K. 1855, S. 566 (umgerechnet auf Meter v. A.)

fragwürdig sei, ob der höhere Ausstoß und die geringen Einsparungen an Arbeitskräften die hohen Investitionen in Maschinenwebstühle, Kraftmaschinen und Gebäude zu einer gewinnbringenden Kapitalanlage machen würden. Im Unterschied zu den Handwebstühlen war es nicht möglich, mit den nur für grobe Gewebe geeigneten Webmaschinen die Produktion auf andere, mehr nachgefragte Produkte umzustellen (Kennedy, J. 1819, S. 131). Die Webmaschinen waren also vorerst aus technischen Gründen unflexibel und boten keine Kostenvorteile.

Ein weiterer Grund für das langsame Vordringen der Maschinenweberei war die Tatsache, daß nach 1800 die Wettbewerbsfähigkeit der Handweberei – abgesehen von der erhöhten Arbeitsintensität und von der Verlängerung der Arbeitszeit – auch durch leistungsfähigere Handwebstühle erhöht wurde. Einige für den Maschinenwebstuhl gesuchte technische Neuerungen, wie z. B. das automatische Aufwinden des Tuches und Nachrücken der Kette sowie der Einsatz von Bestandteilen aus Eisen, wurden auch für Handwebstühle eingesetzt. Mit dem von Radcliffe entwickelten *Dandy-loom* (vgl. Abb. 40), einem Handwebstuhl mit der optimalen Webgeschwindigkeit von angeblich achtzig Schuß pro Minute, wurden in den 1820er Jahren in Manchester mehrere Großwebereien eingerichtet (Barlow, A. 1878, S. 245; Bulletin, 1830, Nr. 29, S. 7ff). Gegen die Einführung dieser Webstühle haben die Handweber nicht protestiert. Dies war ein zusätzlicher Grund dafür, daß viele Unternehmer vorerst eine Zentralisierung von lohnabhängigen Handwebern bei gleichzeitiger Trennung der Webereivorbereitung und ihrer Zuordnung an spezialisierte Arbeitskräfte bevorzugten.

Übersieht man die technischen Mängel der Webmaschine und setzt ihre Produktionsreife zeitlich mit den Cartwrightschen Patenten gleich, so ist man versucht, die spät einsetzende Diffusion der Webmaschine ausschließlich mit dem sozialen Widerstand der Handweber zu begründen. Diesen gab es, und seine verzögernde Wirkung, die von Unternehmern gern betont wurde (Strickland, M. 1843, S. 215–29), soll auch nicht bezweifelt werden. Hätten jedoch schon die Maschinenwebstühle der 1790er Jahre den Unternehmern entscheidende Vorteile mit einer günstigeren Kosten-Nutzen-Relation gegenüber der Handweberei mindestens rechnerisch versprochen, so hätten sie sich durch den Widerstand der Weber von der Einführung der Maschinenweberei ebensowenig abschrecken lassen wie dreißig Jahre später.

Die technischen Neuerungen auf dem Gebiet des Spinnens und der Faseraufbereitung sowie des Webens – vorerst für die Baumwolle und ihre anschließende Adaption für die Wolle – sowie die Entwicklung entsprechender Maschinen für die Flachsverarbeitung waren entscheidend für den Übergang zur Maschinen-Werkzeug-Technik in der Textilindustrie. Von den technischen Neuerungen auf Gebieten, die dem Spinnen und Weben vor- oder nachgelagert waren, seien mindestens einige erwähnt. Die von Eli Whitney in den USA 1793 erfundene *cotton gin*, eine Maschine zum Entkernen der Baumwollflocken, beseitigte einen sehr zeitaufwendigen Handarbeitsprozeß, der bei der stetig steigenden Nachfrage zu einem Hindernis in der Baumwollversorgung hätte werden können. Am anderen Ende der Textilindustrie, in der Appretur der Gewebe, war das Tuchscheren eine der höchstqualifizierten Tätigkeiten. Die schon Ende des 18. Jahrhunderts einsetzenden Versuche, durch Nachahmung der Bewegungsabläufe beim Handscheren mechanische Schertische zu konstruieren, brachten noch keinen durchschlagenden Erfolg (Abb. 41). Dieser stellte sich erst ein, als eine andere konstruktive Lösung verfolgt wurde: die Ersetzung der Geradebewegung der Scherblätter durch eine Rotationsbewegung. Der erste Beleg für diese Idee ist das U. S.-Patent für S. Dorr von 1792: Demnach sollte das Scheren mit Scherblättern durchgeführt werden, die in ein Rad mit vertikaler Achse eingebaut waren. In der Praxis haben sich schließlich Schermaschinen mit in Walzen eingebauten Scherblättern durchgesetzt (Abb. 42). Die Idee und ersten Patente hierzu stammen ebenfalls aus den USA. In Großbritannien begann die definitive Verdrängung der Handschererei erst mit der 1815 von J. Lewis patentierten Walzenschermaschine (Jeremy, D. J. 1981, S. 241f) Die Anwendung des Rotationsprinzips ebnete auch den Weg zur maschinellen Kattundruckerei, dem Bedrucken von Baumwollstoffen mit mehrfarbigen Mustern. Schon 1783 hatte der Schotte T. Bell den Rotationsdruck mit Kupferwalzen an Stelle des Druckes mit hölzernen Platten eingeführt. Seitdem wurde dieses Verfahren zu immer größerer Perfektion

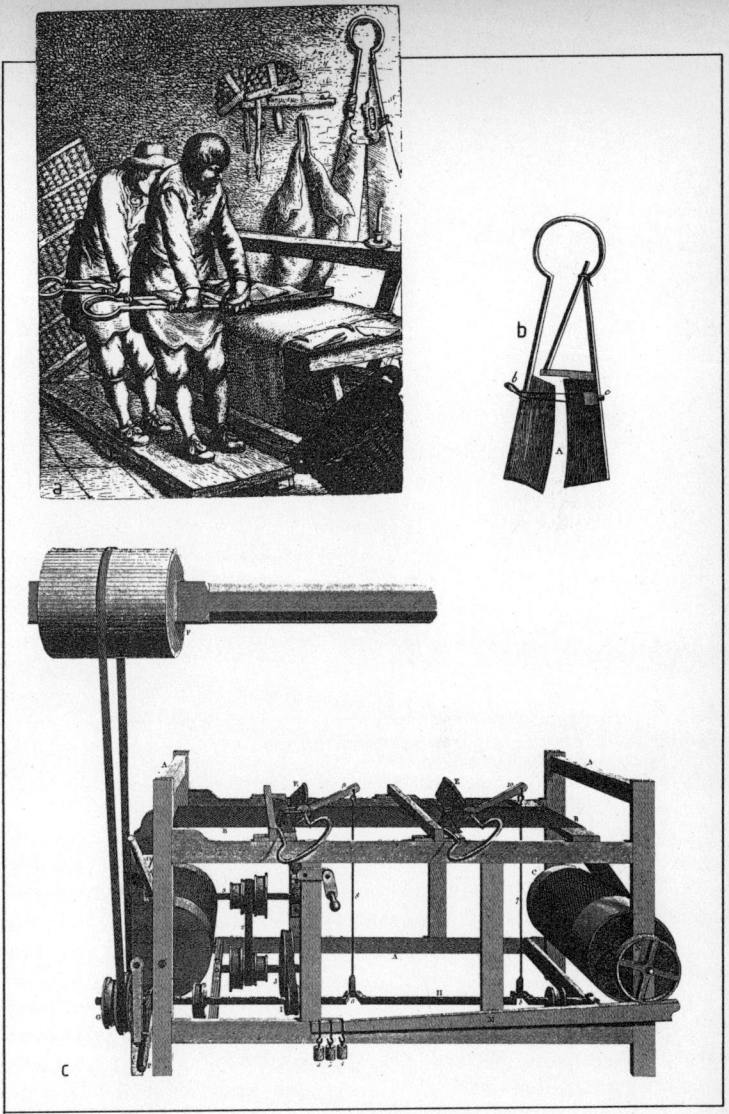

41: Tuchscheren von Hand. (a) Der Tuchscherer, um 1720. Das auf dem Schertisch aufgespannte und schon aufgerauhte Tuch (vgl. Abb. 13, 14) wird der Breite nach von zwei Scherern mit den Stahlklingen der Handscheren (b) geschoren. (c) Mechanischer Schertisch mit Kraftmaschinenantrieb, um 1810. Patentiert von J. Harmar aus Sheffield 1787 und 1794: ein Beispiel für den Versuch, die Handarbeit mit einer Maschine nachzuvollziehen. Weil die präzise Geradebewegung der Scherklinge nicht zu gewährleisten war, wurde das Tuch bewegt und die Klingen der feststehenden Scheren über Kurbeln auf- und abbewegt.

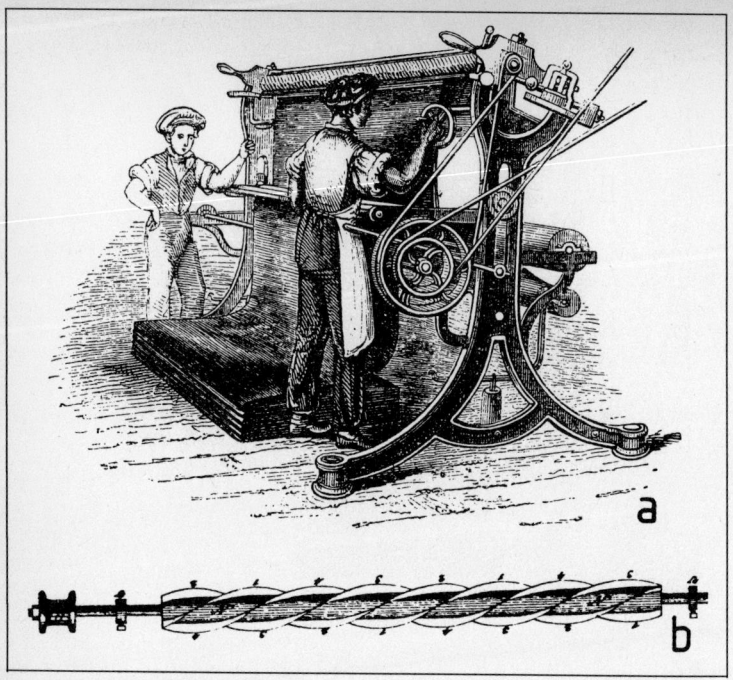

42: Rotationsschermaschine, um 1840. (a) Arbeiter an einer Längs-Schermaschine, durch die das mit Walzen gespannte und bewegte Tuch der Länge nach durch ein feststehendes Messer, dem Lieger, und durch eine rotierende Scherwalze geschoren wird. (b) Scherwalze, in die Scherklingen schraubengewindeförmig eingebaut sind.

gebracht. Ergänzt wurde diese Drucktechnik von der erst 1832 erfundenen Plattendruckmaschine des Franzosen L. J. Perrot, der *Perrotine*, die jedoch im Vergleich mit dem Walzendruck eine wesentlich niedrigere Leistung hatte.

Abschließend sei noch hervorgehoben, daß in der industriellen Revolution die Textilindustrie durch die Umwälzung der Produktionstechnik auch ökonomisch der führende Sektor unter allen Industriezweigen blieb. Den höchsten Anteil am Bruttosozialprodukt erreichte sie um 1820 mit etwa 14%, und trotz des enormen Wachstums anderer Sektoren der Wirtschaft (Kohle, Stahl, Metallverarbeitung, Eisenbahnbau) sank er bis 1860 nicht unter 10%. Mit etwa 1,3 Millionen Beschäftigten, davon über 50% in Fabriken, arbeiteten um 1851 allein in der Textilbranche (ohne die Bekleidungsindustrie!) etwa 14% der annähernd 9,5 Millionen Berufstätigen Großbritanniens. Die nächstgrößere Sparte der modernen Industrien, die Metallerzeugung und -bearbeitung, beschäftigte zum selben Zeitpunkt etwa 0,57 Millionen Menschen. Durch den Übergang zur maschinellen Produktion wurde die Baumwollindustrie die dynamischste Sparte und gleichsam tragende Säule der Textilindustrie. Nach der ersten explosiven Entwicklung zwischen 1780 und 1815 wies sie auch in den folgenden 25 Jahren eine durchschnittliche jährliche Wachstumsrate von 5% auf. Auf die Baumwollbranche entfielen gegen Ende der industriellen Revolution um 1850 an die 42% aller Textilfabriken mit 82% der Spindeln, 84% der Webmaschinen, 66% der nominellen PS-Zahl von Dampfmaschinen und 56% der Arbeitskräfte. Auch am Gesamtwert der Produktion gemessen hatte sie die Wollverarbeitung seit dem zweiten Jahrzehnt des 19. Jahrhunderts überholt, nicht jedoch in dem Maße, wie dies aus den Anteilen an den Fabriken und ihren Einrichtungen zu folgern wäre. So wurde der Wert der Baumwollproduktion um 1850 auf jährlich etwa £ 45,7 Millionen geschätzt, und der Exportanteil bewegte sich ab 1815 zwischen 50 und 60%, während sich der Wert der Wollerzeugnisse bei einem Exportanteil um 20% auf £ 34,5 Millionen belief (alle Daten für England, Wales und Schottland; übernommen bzw. berechnet aus: Deane, Ph., Cole, W. A. 1969 und Mitchell, B. R. 1971).

Diese trockenen Zahlen belegen scheinbar nur den Stellenwert der Textilindustrie und ihrer führenden Sparte, der Baumwollspinnerei und -weberei in der britischen Wirtschaft. Es genügt jedoch, hinter diesen Zahlen von Fabrikarbeiterinnen und -arbeitern, von Fabriken, von Spindeln bzw. Webstühlen und hinter den PS-Zahlen sich die von Menschen mit Maschinen produzierten Maschinen vorzustellen, hinter den Maschinen die Werkstoffe, aus denen sie gefertigt wurden, hinter den PS-Leistungen die dazu notwendigen Energieträger usw., um zu begreifen, welche Herausforderung diese Entwicklung der Textilindustrie für andere Zweige der britischen Wirtschaft bedeutete. Gleichsam bezeugen diese Zahlen über die Textilindustrie, daß die einschlägigen Zweige der Wirtschaft und der Industrie diese Herausforderung angenommen haben und die von der Textilindustrie hervorgerufene Nachfrage befriedigen konnten. Von grundlegender Bedeutung für die durch die Umstellung auf maschinelle Produktion getragene Entfaltung der Textilindustrie war, selbstverständlich, die Bereitstellung von Maschinen. Bevor wir uns im nächsten Kapitel dieser Problematik zuwenden, sei vorerst nur kurz erwähnt, daß dies zwar einer der wichtigsten, aber nicht der einzige direkte Rückkopplungseffekt der Textilindustrie war. Ein anderer war die Deckung des Bedarfes an Farbstoffen und an Chemikalien. Die von der Textilindustrie und von der Glaserzeugung ausgehende steigende Nachfrage nach Säuren und Alkalien rief die moderne Großchemie ins Leben, die auf der Grundlage neuer Verfahren zur Verwertung anorganischer Rohstoffe in der Lage war, den Bedarf an Schwefelsäure, Soda und Chlor abzudecken.

II. Werkzeugmaschinen –
Alpha und Omega des modernen Maschinenbaus

Angesichts der allgemein verbreiteten Meinung, daß der Auslöser der industriellen Revolution die Dampfmaschine gewesen ist, mag der Leser etwas mißtrauisch werden, wenn wir die Behauptung in den Raum stellen, die Baumwollspinnerei sei «zur Wegbereiterin der Maschinentechnik, zum Treibhaus ureigener Erfindungen und zur Schule des Maschinenbaus» geworden (Farnie, D. A. 1979, S. 35f). Es besteht jedoch kein Zweifel, daß die explosive Entwicklung der Maschinenspinnerei mit ihrem massenhaften Einsatz von Kardier-, Vorspinn- und Spinnmaschinen gegen Ende des 18. Jahrhunderts einer der wichtigsten Anreize für die Entstehung des Maschinenbaus gewesen ist. Wenn wir nicht nur die Konstruktion und den Baustoff, sondern auch die Anzahl dieser Maschinen und die für die verwendeten Kraftmaschinen notwendigen Transmissionssysteme in Betracht ziehen, so ging von der Textilindustrie sicherlich die quantitativ größte Nachfrage nach Produkten des Maschinenbaus aus. Zu diesen Produkten gehörten in zunehmendem Maß auch die Dampfmaschinen, deren Produktion ein weiterer wichtiger Anreiz für die Entstehung einer Maschinenbauindustrie war.

Es ist bekannt, daß die ersten Textilmaschinen überwiegend aus Holz gebaut worden waren. Für die «Maschinenbauer» der vorindustriellen Zeit, die Mühlenbauer und andere Zimmerleute, galt der Grundsatz: «Benütze nie Eisen, wenn es auch Holz tut» (Rolt, L. T. C. 1986, S. 45). Auch bei Arkwrights *Waterframe* wurden nicht nur das Gestell, sondern auch viele Funktionselemente des Antriebsystems und die Walzen des Streckwerkes aus Holz gefertigt. Nur das Getriebe der Streckwerke, die Spindeln und einige feststehende Teile wie Ösen, Häkchen usw. bestanden aus Metall. Die ersten Exemplare der anderen zwei Spinnmaschinen waren fertigungstechnisch noch weniger anspruchsvoll. Für die Holzbearbeitung reichten die Werkzeuge und Fertigkeiten des Zimmermannes und Drechslers, für die Berechnung des Räderwerkes bei der *Waterframe* jene des (Turm-)Uhrmachers. Die Wasserkraft- und Transmissionsanlagen sowie die wenigen Eisenteile stellten den Mühlenbauer bzw. den Schmied oder Schlosser vor keine unlösbaren Aufgaben. Diese alte technische Basis reichte für den Anfang. Sie wurde aber unzulänglich, als sich die Maschinenbauer bemühten, die Textilmaschinen und die Kraftübertragung von den Kraftmaschinen zu verbessern, Holz durch Metall, hauptsächlich durch Eisenteile zu ersetzen, die Drehzahlen der Spindeln zu erhöhen und gleichzeitig eine immer größere Anzahl von Maschinen zu bauen. Zum einen mußten große Mengen von «genormten» Teilen aus Eisen bzw. Holz für Spinnmaschinen, wie Spindeln, Streckwalzen bzw. Spulen, und für Kardiermaschinen (z. B. Drahthäkchen für die Kardierbeschläge) gefertigt werden; zum anderen ging es um eine höchstmögliche Präzision bei Getriebe- und Kraftübertragungselementen wie Zahnräder, Wellen, Zapfen etc. Damit rückte beim Textilmaschinenbau das Problem der Metallbearbeitung in den Mittelpunkt, und genau hier drückte der Schuh auch die Produktion der Dampfmaschinen. In beiden Sparten mußten für die Realisierung der Konstruktion Maschinenelemente aus Eisen und anderen Metallen mit einer Präzision gefertigt werden, die bis dahin nur Sache der Uhren- und Instrumentenmacher war. Auf der anderen Seite wurden aber in zunehmender Menge Bestandteile in solchen Ausmaßen verlangt, für die die Werkzeuge und Drehmaschinen der Uhrmacher nicht geeignet waren.

Von den drei Grundtypen der Formveränderung von Metallen, dem Urformen (z. B. Gießen), Umformen (z. B. Schmieden, Walzen) und Spanen (z. B. Drehen, Feilen), war die spanende Metallbearbeitung jene Methode, mit der – auch auf der Stufe der Hand-Werkzeug-Technik – durch Abtrennen von Werkstoffteilchen die höchste Annäherung an die gewünschte Präzision eines Werkstückes möglich war. Dieses Spanen wurde sowohl bei der Bearbeitung von Holz wie auch von Metallen überwiegend mit von Hand bewegten und geführten Werkzeugen am feststehenden Werkstück durch Schaben, Meißeln, Hobeln, Feilen und Bohren ausgeführt. Eine technisch höhere Art des Spanens war das Drehen oder Drechseln auf der Drehbank. Der Dreher führte die Schneidfläche des mit Händen festgehaltenen und auf eine Auflage gestützten Werkzeuges, des Drehstahles, gegen das Werkstück, das mittels der Drehbank in Rotation gesetzt wurde. Auch dies ist eine Hand-Werkzeug-Technik, und – einen von der Konstruktion der Drehbank abhängigen Rundlauf des Drehlings vorausgesetzt – die Präzision der Fertigung hing von den Fähigkeiten des Drehers ab. Je härter der zu bearbeitende Werkstoff war, desto geringer wurde die Wahrscheinlichkeit, die angestrebte Genauigkeit zu erreichen bzw. mehrere Werkstücke mit einer annähernd gleichen Präzision abzudrehen. Für die meisten Produkte des Drechselns in der Holzbearbeitung reichte jedoch diese Technik, und in der Formveränderung des Eisens begnügte man sich in der vorindustriellen Zeit meistens mit jener Genauigkeit, die mit Gießen bzw. Schmieden zu erreichen war. Wenn eine höhere Präzision erforderlich war, blieb nur der Weg des Schrubbens auf der Hand-Drehbank sowie des arbeitsintensiven und viel Geschick, Erfahrung und Geduld verlangenden Nacharbeitens mit Hand-Werkzeugen.

Bevor das in der Uhrmacherei und im Instrumentenbau schon bekannte Konstruktionsprinzip einer Drehmaschine aus den Maßstäben der Feinmechanik in jene des Maschinenbaus umgesetzt werden konnte, wurde das Prinzip der Zwangsführung von Werkstück und Werkzeug bei der Bearbeitung größerer Werkstücke in einer anderen Sparte der spanenden Formveränderung, nämlich beim Bohren, realisiert. Aufbauend auf Erfahrungen beim Ausbohren von Wasserleitungsrohren aus Holz und beim Aufbohren von gegossenen oder geschmiedeten Kanonenrohren, wurden im 18. Jahrhundert vorerst vertikale (Maritz in Straßburg, später in Haag) und dann ab 1758 horizontale (Verbruggen-Ziegler in Haag) Bohrwerke für das Bohren von Kanonenrohren aus dem vollen entwickelt. Diese Technik brachte der in Haag wegen Veruntreuung entlassene Verbruggen 1770 ins Arsenal von Woolwich (London). Neben der Kanonenbohrerei wurden in England horizontale Bohrwerke für die spanende Bearbeitung von gegossenen Zylindern für Dampfmaschinen eingesetzt; so in Coalbrookdale von Abraham Darby, dem Hauptlieferanten von Zylindern für Newcomen-Dampfmaschinen seit 1725 und später, in den 1760er Jahren, in der neugegründeten Gießerei Carron in Schottland. Diese durch Pferdegöpel oder Wasserräder angetriebenen Bohrwerke folgten zweierlei Konstruktionsprinzipien: Beim Aufbohren mit einer rotierenden Bohrstange, die mit Reibahlen ähnlichen Schneidewerkzeugen bestückt war, erfolgte der Vorschub entweder über das Werkstück oder über das Werkzeug. Beim Bohren in das volle rotierte das Werkstück, und das nicht rotierende Werkzeug, die mit Bohrköpfen bestückte Bohrstange, wurde vorgeschoben. Beim Aufbohren von Dampfzylindern mit einem Durchmesser von 710 Millimetern und Längen zwischen zwei bis drei Metern erreichte man – das Maß spricht für die Meßmethoden – eine Abweichung von nicht mehr als einer «Kleinfingerbreite». Letzteres mit zehn bis fünfzehn Millimetern gerechnet, entspricht dies einer Abweichung von 1,4 bis 2,1%, die teils durch die schnelle Abnutzung der Schneideflächen, teils durch die unvermeidlichen Schwingungen der Bohrstange konstruktiv bedingt war. John Smeaton (1724–1792) versuchte diese Fehlerquelle dadurch auszuschalten, daß er die Bohrstange auf einem in den Zylinder gestellten Wagen abstützte (Abb. 43). Der Wagen holperte über die Unebenheiten des Rohgusses und verursachte damit wiederum Schwingungen des Bohrkopfes. Eine sehr einfache und bessere Lösung fand schließlich 1775/76 einer der größten Hüttenbesitzer jener Zeit, John Wilkinson (1728–1808). In seinem auf Wasserradantrieb eingerichteten Zylinderbohrwerk führte er die rotierende hohle Bohrstange durch den feststehenden Zylinder und gab ihr eine feste Führung durch je ein Lager vor und hinter dem Zylinder. Mit diesem Bohrwerk wurden die Abweichungen auf ca. 0,1% des Zylinderdurchmessers reduziert oder wie es James Watt in Meßwerten der damaligen Zeit ausdrückte: «auf die Dicke einer dünnen Sixpence-Münze» (Rolt, L.T.C. 1986, S. 47–62; Mommertz, K.H. 1981, S. 40–44, S. 60–62).

Diese, dem Prinzip von Werkzeugmaschinen entsprechende Realisierung der Relativbewegung zwischen Werkstück und Werkzeug war für die

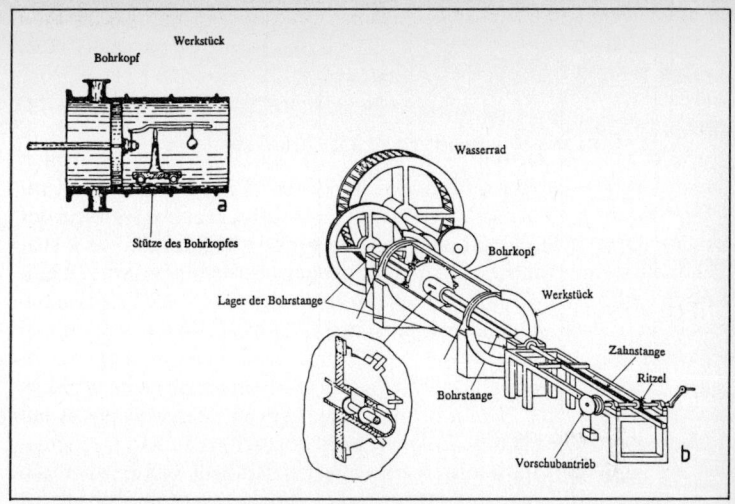

43: Zylinderbohrwerke. (a) Das für die schottische Gießerei Carron von John Smeaton 1769 gebaute Zylinderbohrwerk. Der im Zylinder auf Rädern rollende Stützwagen sollte die Schwingungen der Bohrstange mit dem Bohrkopf vermindern. In Carron wurden auch einige Zylinder für die Versuche von James Watt gegossen. (b) Zylinderbohrwerk von John Wilkinson, 1776. Der Vorschub des Bohrkopfes erfolgt durch die mit Handkurbel und Ritzel vorangetriebene, nicht rotierende Stahlstange, die im Inneren der hohlen, gußeisernen Bohrstange gelagert ist. Der Ausschnitt zeigt die Verbindung zwischen Vorschubstange und Bohrkopf. Wilkinson lieferte bis 1795 die meisten Zylinder für Wattsche Dampfmaschinen.

Produktion von Dampfmaschinen von großer Bedeutung: sie ließ sich jedoch weder auf das Bohren ins volle noch auf das Spanen mit Drehen übertragen. Beim Drehen von Eisen blieb offensichtlich noch alles beim alten. Auch in der Dreherei der berühmten Soho Foundry von Boulton & Watt gab es um 1800 nur Drehbänke mit Handauflage. Deshalb versuchte man, eine höhere Qualität und Präzision in der spanenden Formveränderung «manufakturmäßig» zu erreichen. Die Dreher wurden auf bestimmte Dreharbeiten spezialisiert, und junge Dreher wurden von ihren auf Teilbereiche spezialisierten Vätern ausgebildet (Roll, E. 1968, S. 178ff, Appendix 10 und 11). Dies bezeugt indirekt, daß über die Versuche, eine Drehmaschine mit Werkzeughalter zu bauen (Polhem in Schweden um 1710; J. Vaucanson in Frankreich zwischen 1750 und 1760) nach Großbritannien nichts durchgedrungen war. Ebensowenig dürfte bekannt gewesen sein, daß in dem von der Öffentlichkeit streng abgeschirmten Arsenal in Woolwich schon in den 1770er Jahren für die Bearbeitung der Außenfläche von Kanonenrohren ein über Handkurbel und Spindel bewegter Werkzeughalter benützt wurde. Obwohl das Prinzip der

Zwangsführung des Drehstahles längst bekannt war und in der Feinmechanik angewendet wurde, mußte die Konstruktion einer Drehmaschine für den Maschinenbau, so scheint es, neu entwickelt werden.

Die Entwicklung der modernen Drehmaschine

Diese Aufgabe hat Henry Maudslay (1771–1831) gelöst. Er arbeitete seit seinem zwölften Lebensjahr im Arsenal in Woolwich, zuerst als Pulverfüller, dann in der Schreinerei und schließlich in der Schmiede, wo er im Ruf stand, ein wahrer Meister in der Handhabung des Hammers und der Feile zu sein (Abb. 44). 1789 holte Joseph Bramah (1748–1814) den jungen Maudslay zu sich. Bramah zählte zu den hervorragendsten «Maschinenschlossern» in London, zwischen 1778 und 1814 nahm er achtzehn Patente, u. a. auf ein Wasserklosett, ein Sicherheitsschloß, eine hydraulische Presse und eine Holzhobelmaschine. Obwohl Maudslay die damals noch übliche siebenjährige Lehrzeit nicht abgeschlossen hatte, rückte er alsbald zum Werkstattmeister auf. Die bei Bramah verbrachten acht Jahre waren entscheidend für den weiteren Werdegang von Maudslay als Maschinenbauer: Er war maßgebend beteiligt an der Entwicklung und der Fertigung von Spezialmaschinen sowie -werkzeugen für die Serienproduktion der 1790 verbesserten Sicherheitsschlösser Bramahs und an der Produktion eines 1794 gebauten Werkzeugschlittens, der als Zusatzeinrichtung für eine Handdrehbank konzipiert war. Es ist sehr wahrscheinlich, daß Maudslay in diesen Jahren nicht nur seine Fähigkeiten in der exakten Bearbeitung von Eisen und Stahl perfektioniert hat. Aus eigener Erfahrung wußte er, wie arbeitsaufwendig und schwierig es war,

44: Henry Maudslay wurde in Woolwich geboren, wo sein Vater als Invalide im Arsenal beschäftigt war. Der junge Maudslay arbeitete dort von 1783 bis 1789. Nach seiner Tätigkeit bei Bramah gründete er 1797 seine eigene Werkstatt und 1802 ein größeres Unternehmen, aus dem sich durch Erweiterungen und Partnerschaften 1812 die später weltberühmte Firma Maudslay, Son & Field konstituiert hat. Ab 1815 spezialisierte sie sich zunehmend auf den Bau von Schiffsdampfmaschinen. Maudslay war ein schweigsamer Autodidakt, der sein Leben lang keine Zeile veröffentlicht hat. Die in seinem Betrieb entwickelten Werkzeugmaschinen, die innerbetriebliche Normung und die Arbeitsorganisation setzten für den jungen Maschinenbau Maßstäbe.

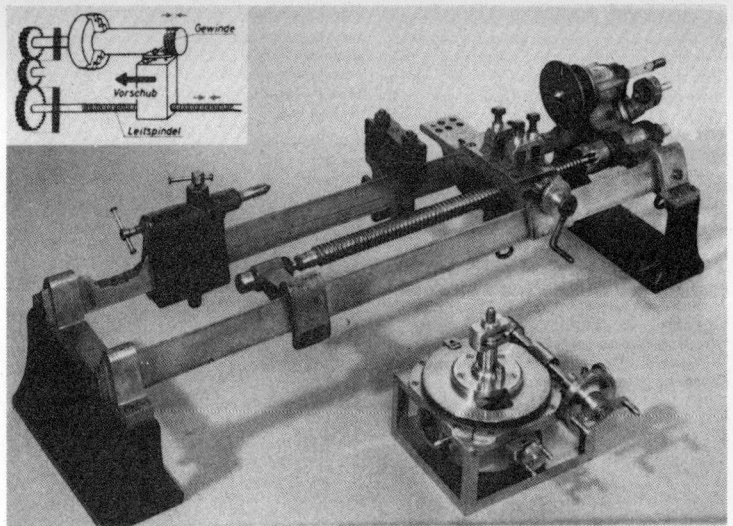

45: Schraubenschneidemaschine von Maudslay, um 1797. Alle Teile sind aus Buntmetall oder Eisen gefertigt, die Bettlänge ca. 0,9 Meter, die prismenförmige Gestaltung des Bettes, das gleichzeitig auch die Führungen für den Werkzeughalter, den Setzstock, den Reitstock und das hintere Lager der leicht austauschbaren Leitspindel bildete, war für Maudslays Bauweise typisch. Die Wechselräder, die von der angetriebenen Hauptspindel die Bewegung auf die Leitspindel übertrugen, fehlen. Im Vordergrund Maudslays sogenannter *screw-generator*, mit dem er die Steigungen der Urspindeln fertigte. Im Ausschnitt das Wirkprinzip der Leitspindel: bei unveränderter Zahnradübersetzung und Steigung der Leitspindel gewährleistet sie eine wiederholbare Vorschubgeschwindigkeit des Werkzeuges. Damit wird es möglich, Schrauben mit genau demselben Gewinde zu schneiden.

allein mit Hand-Werkzeugen und mit wiederholbarer Genauigkeit Eisen exakt rund zu drehen, Schrauben zu schneiden oder plane Flächen mit Meißel, Feile und Schaber herzustellen. Er hat auch erkannt, wie das Problem zu lösen war: durch die Ausführung der notwendigen Funktionen mit einer Maschine. Es konnte dem jungen Maudslay nicht verborgen geblieben sein, was sein Lehrmeister Bramah einige Jahre später, 1802 in der Spezifikation seines Patentes auf eine Hobelmaschine, umschrieb: Das Ziel der Maschine sei «Handarbeit sowie die daraus folgenden Kosten dadurch zu vermindern, daß die in meinem Patent dargelegten Effekte [die Erzeugung ebener, genauer, glatter und paralleler Flächen – d. A.] durch die Anwendung einer Maschine erbracht werden, die durch tierische, elementare oder Handkraft bewegt werden kann». Nach Beschreibung der möglichen Werkzeuge betonte Bramah: «...aber anstatt die Werkzeuge, wie üblich, mit der Hand anzuwenden... befestige ich sie an Einrichtungen, die durch die Maschine betrieben werden» (GB, Patent Nr. 2652, 30. 10. 1802).

Nachdem Maudslay 1797 seine eigene Werkstatt gegründet hatte, fing er vermutlich sofort an, die bei Bramah gesammelten Erkenntnisse umzusetzen. Kurz nach der Firmengründung baute er seine ersten Schraubendrehbank – eine Drehmaschine, auf der mit dem Drehstahl in ein zylindrisches Eisen ein Gewinde geschnitten werden konnte. Sie war nur aus Metall (Eisen und Buntmetall) gefertigt (Abb. 45). Der Drehstahl wurde in einem *slide-rest*, einem beweglichen Werkzeugschlitten, eingespannt. Die Zustellung des Drehstahles erfolgte durch Bewegung des Oberschlittens über eine Spindel mit Handkurbel, der Vorschub des Drehstahles durch die Rotation der von der Hauptspindel mittels einer Zahnradübersetzung angetriebenen Leitspindel. Diese Konstruktion gewährleistete erstens eine Zwangsführung des Drehstahls durch den Werkzeugschlitten und zweitens eine vom Dreher völlig unabhängige und für das Gewindeschneiden mit wiederholbarer Präzision der Steigung unbedingt notwendige, automatische Steuerung des Vorschubes mittels der Koppelung der Umlaufgeschwindigkeit des Werkstückes (des Drehlings) und der Leitspindel. Dieses selbstverständlich in mühsamer Handarbeit hergestellte Spezialdrehmaschine ermöglichte es Maudslay, Gewindespindeln von beliebiger Steigung in solchen Größen zu erzeugen, für die die Gewindeschneidemaschinen der Feinmechaniker nicht geeignet waren.

Maudslay hat beim Einrichten seiner Werkstatt ausgerechnet mit der konstruktiv und fertigungstechnisch anspruchsvollen Schraubendrehmaschine angefangen, weil Schrauben (Gewindespindeln) mit der genau dazu passenden Mutter die wichtigsten Bauelemente jeder Drehmaschine sind. Es handelt sich nicht um Befestigungsschrauben, sondern um Bewegungsschrauben, die zusammen mit der entsprechenden Mutter sowohl eine präzise axiale Einstellung beweglicher Teile (zum Beispiel der Pinole des Reitstockes) wie auch die Umsetzung der kreisförmigen in eine geradlinige Bewegung (zum Beispiel den Vorschub des Werkzeugschlittens durch die rotierende Leitspindel) ermöglichten. Die Schraubenschneidemaschine war somit für Maudslay nur ein Mittel, Bestandteile von Maschinen mit wiederholbarer Präzision schneller und, bei entsprechender Stückzahl, auch billiger zu fertigen. Sie war eine Spezialdrehmaschine, die jedoch mit einigen Änderungen zur Universaldrehmaschine für alle Dreharbeiten umgebaut werden konnte. Ihre allgemeine Bedeutung für die Entwicklung von weiteren Werkzeugmaschinen bestand darin, daß mit ihr zum erstenmal die Übertragung des Werkzeuges aus der Hand des Drehers an eine technische Vorrichtung, an den Werkzeugschlitten, realisiert worden ist, und zwar in einem für den Maschinenbau erforderlichen Maßstab und Baustoff.

Das wichtigste Element für den Übergang von der Drehbank zur Drehmaschine war also der Werkzeugschlitten oder, wie es später James Nasmyth (1808–1890) formulierte, die Realisierung des *slide-rest principle*.

Der Werkzeugschlitten bzw. andere Formen des Werkzeughalters ermöglichten auch dann die Zwangsführung des Werkzeuges in einer von der Konstruktion der Maschine vorgegebenen Bahn, wenn der Vorschub nicht über eine Leitspindel, sondern von Hand des Arbeiters durch das Drehen der Spindel mit einer Handkurbel eingeleitet wurde (Abb. 46). Auch so gewährleistete der Werkzeugschlitten eine Schnittkraft und Präzision, die jene der Handdreherei weit übertrafen. Gewindespindeln waren jedoch nur eine Voraussetzung für die Konstruktion und den Einsatz des Werkzeugschlittens in der Dreherei. Wenn er gleiten und nicht holpern sollte, mußten ebene Flächen sowohl auf den Führungsbahnen des Maschinenbettes wie auch auf dem Werkzeugschlitten vorhanden sein und die gesamte konstruktive Auslegung der einzelnen Maschinenteile den höheren Belastungen angepaßt werden.

Maudslay mußte diese Aufgaben vorerst mit den zur Verfügung stehenden Mitteln der Hand-Werkzeug-Technik lösen. Mit Hand-Schneide-

46: Drehen von Hand und maschinell. Mit dieser Zeichnung demonstrierte 1841 James Nasmyth, Schüler und großer Verehrer von Maudslay, die epochale Bedeutung der Übertragung des Drehstahles aus der Hand des Drehers auf einen Werkzeughalter. Beide Drehbänke sind von einer Kraftmaschine angetrieben. An der aus Holz gebauten Drehbank, links, schruppt der Dreher mit großer Mühe das Werkstück mit einem auf der Stütze aufliegenden Handdrehstahl. An der Drehmaschine, rechts, führt der Dreher den Vorschub über das Drehen der Kurbel mit dem im Kreuzsupport befestigten Drehstahl aus. Um den Blick auf die Handkurbel und auf den keck und unbekümmert dastehenden Dreher zu ermöglichen, hat Nasmyth in der Zeichnung die Handkurbel des Werkzeugschlittens auf die linke Hand ausgelegt – eine Bauweise, die nie praktiziert worden ist.

werkzeugen, mit Meißel, Feile und Schaber, produzierte er seine «Urspindeln», die planen Flächen des Drehbankbettes, Richtplatten usw. Nichts von dieser Technik war neu oder gar von Maudslay erfunden. Ob die konstruktiven Lösungen seine Idee waren oder nicht, ist nicht von Bedeutung. Es ist aber anzunehmen, daß Maudslay in Woolwich den Werkzeughalter gesehen hat, es ist wahrscheinlich, daß er mindestens von Ramsdens Schraubenschneidemaschine wußte (vgl. Abb. 12), und bei Bramah war er an der Fertigung des Kreuzsupportes beteiligt gewesen. Es kam jedoch darauf an,

«...neue Wirkungen zu erreichen durch eine neue Anwendung schon bekannter Prinzipien und von Maschinen, die für andere Zwecke in verschiedenen Branchen der Produktion in Großbritannien schon verwendet werden» (Bramah, GB, Patent 2652, 1802).

Jedes Element seiner Drehmaschine war bekannt, neu war die Kombination, die Qualität seiner Fertigung und das Ergebnis: Der Prototyp der modernen Produktionsdrehmaschine war geboren.

«So wie Watt, Jacquard, Otto und eine Reihe anderer großer Erfinder... ist Maudslay der Mann, der die große Synthese geschaffen hat, die alle früheren Elemente in eine Bauart einverleibte, welche die die Drehmaschine bis heute kennzeichnende fundamentale Form festgelegt hat: die Form, welche die Drehbank zu einer Werkzeugmaschine grundlegender Bedeutung, zu einem der wichtigsten technischen Elemente der Industriewirtschaft gemacht hat, in der wir heute leben» (Woodbury, R. S. 1972, S. 99).

Maudslays Werkstatt, die sich binnen fünf Jahren zur Maschinenbauanstalt Maudslay H. Machinist entwickelte, beeinflußte die Entstehung des modernen Maschinenbaus bzw. die Verbreitung der Maschinentechnik in Großbritannien und in anderen Ländern in zweierlei Hinsicht. Zum einen als Hersteller von Maschinen und zum anderen als Lehrstätte bzw. Informationsquelle für die neue Fertigungstechnik des Maschinenbaus. Den Ruf eines exzellenten Maschinenbauers erlangte Maudslay durch seinen ersten Großauftrag von der Marine für die Herstellung von insgesamt 45 Holzbearbeitungsmaschinen in den Jahren 1802 bis 1809. Die Entwürfe stammten von Samuel Bentham (1757–1831) und Marc Isambard Brunel (1768–1849), und dieser erste, in den Schiffswerften von Portsmouth aufgestellte Maschinensatz diente der Massenfertigung von Flaschenzugblöcken für Segelschiffe (Abb. 47). Dieser Erfolg brachte ihm weitere Großaufträge ein, u. a. für die Königliche Münze in London und für eine Kanonenbohrwerkstatt in Brasilien. Zu den Bestsellern zählte die sog. Tischdampfmaschine. Nach 1815 spezialisierte sich die inzwischen weltberühmte Firma H. Maudslay & Co., später Maudslay, Son & Field zunehmend auf Schiffsdampfmaschinen. Über den Verkauf von spanenden Werkzeugmaschinen an andere Maschinenbauer gibt es keine Belege. Es

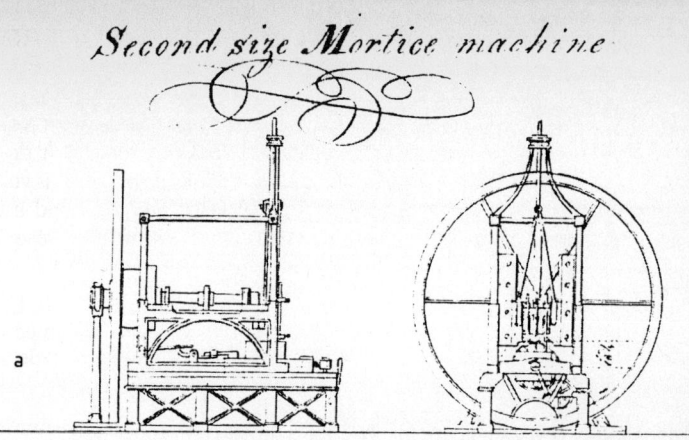

47: Stemmaschine für Segelblöcke, um 1807. (a) Konstruktionsskizze von Marc Isambard Brunel und (b) die von Maudslay zwischen 1803 und 1807 für die Schiffswerften in Portsmouth gebaute Stemmaschine. Der komplette Satz der Segelblockmaschinen kostete ca. £ 18 000, mit ihnen produzierten zehn angelernte Arbeiter dieselbe Menge wie 110 Handwerker.

ist jedoch wahrscheinlich, daß Maudslay für Großanlagen wie eine Kanonenbohrwerkstatt Drehmaschinen für die Instandhaltung mitgeliefert hat und seine Werkzeugmaschinen nachgebaut worden sind. Zum Verkauf angeboten wurde nur die *bench-lathe*, eine kleine Universaldrehbank auf Fußantrieb mit Handauflage, mit einem Kreuzsupport und anderen Zusatzeinrichtungen, u. a. für das Schraubenschneiden (Abb. 48). Eine solche kaufte, allerdings nicht von Maudslay, sondern von Rich in London, auch das Gewerbeinstitut in Berlin 1821 (Paulinyi, A. 1982, S. 102f). In

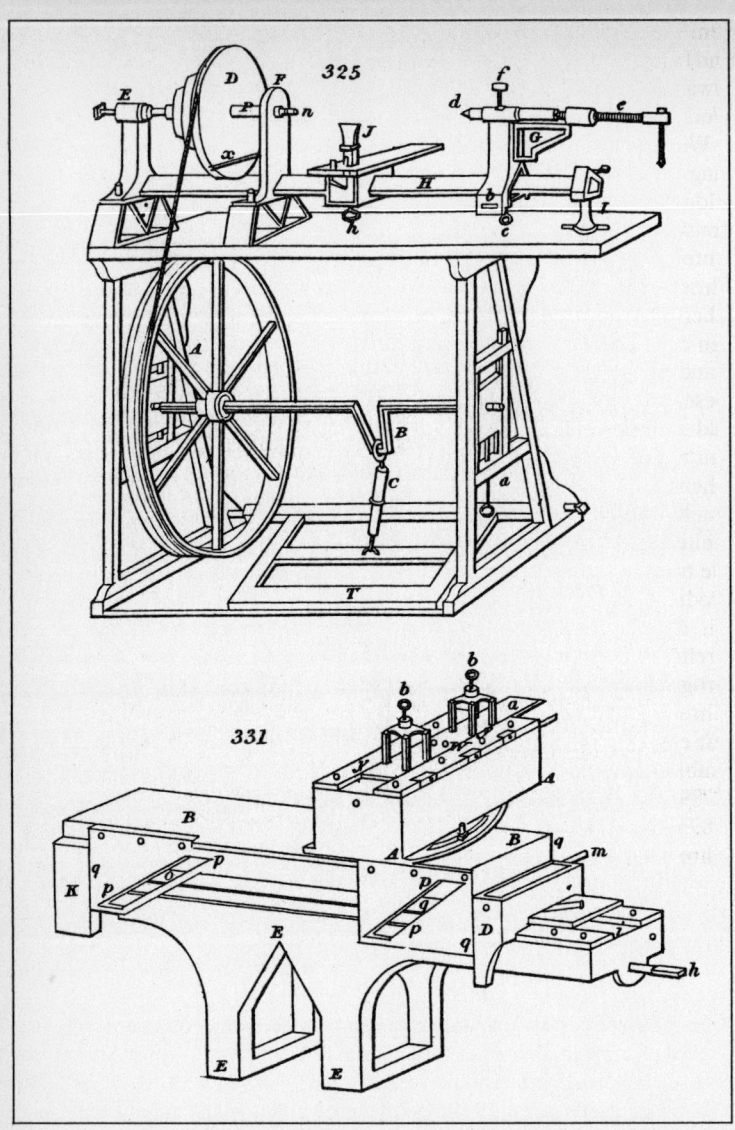

48: Tischdrehbank von Maudslay, um 1806. Drehbank mit Handauflage und Fußantrieb, Bettlänge ca. 100 cm; Kreuzsupport als Zusatzeinrichtung. Außer dieser 1806 veröffentlichten Zeichnung gab es bis in die 1820er Jahre im Druck überhaupt keine Belege für Werkzeugmaschinen der Metallbearbeitung von Maudslay.

dem über den britischen Maschinenbau bestens informierten deutschen und französischen Schrifttum wurde bis 1825 keine andere Drehmaschine erwähnt, woraus man schließen kann, daß Maudslay selbst keine andere Werkzeugmaschine zum Verkauf angeboten hat.

Wichtiger als der Verkauf von Werkzeugmaschinen war für die Verbreitung der neuen Technik die Rolle, die Maudslays Unternehmen als Ausbildungsstätte und Informationsquelle gespielt hat. Ein Weg der Informationsvermittlung waren Besuche von Englandreisenden, von Technikern, Unternehmern oder «Gewerbeförderern» wie zum Beispiel von Peter Christian Wilhelm Beuth (1781–1853), Direktor der Königlichen Technischen Deputation für Handel und Gewerbe zu Berlin. Viele dieser Kunden oder Kundschafter besuchten Maudslays Unternehmen, ließen sich manches vorführen, um einiges zu kaufen oder auch nur, um sich das Gesehene einzuprägen. Angesichts der Tatsache, daß die berufliche Ausbildung ausschließlich in der Praxis stattgefunden hat und im Maschinenbau trotz der zunehmenden Zahl von Werkzeugmaschinen das Beherrschen der Hand-Werkzeug-Technik ein unabdingbarer Bestandteil der Qualifikation blieb, war das Arbeiten in seinen Werkstätten für die Verbreitung des technischen Standards viel wichtiger. Zwar wissen wir so gut wie nichts über die technischen Einrichtungen bei Maudslay, aber seine Produkte lassen keinen Zweifel daran, daß sein Betrieb schon um 1810 mit den drei wichtigsten Typen spanender Werkzeugmaschinen, mit Dreh-, Bohr- und Hobel- oder Stoßmaschinen ausgestattet war. In einem fertigungstechnisch so hervorragenden Betrieb konnte man in einigen Jahren mehr dazulernen als anderswo ein ganzes Leben lang. Deshalb war es kein Zufall, wenn von den vier prominentesten Werkzeugmaschinenbauern der ersten Stunde, Richard Roberts (1789–1864), James Fox (1789–1858), James Nasmyth (1808–1890) und Joseph Whitworth (1803–1887), außer Fox alle vor der Gründung ihrer Unternehmen einige Jahre bei Maudslay gearbeitet haben. Dort lernten sie die Konstruktionsprinzipien und das Arbeiten mit den Werkzeugmaschinen kennen und bekamen Einblick in die Werkstattpraxis, in der Maudslay großen Wert auf Maßgenauigkeit, auf das perfekte Beherrschen der damals zur Verfügung stehenden Meßinstrumente und Meßmethoden und auf eine innerbetriebliche Normung hauptsächlich von Gewinden legte.

Es ist anzunehmen, daß sich die Kenntnis über die bei Maudslay eingesetzten Werkzeugmaschinen unter Praktikern sehr schnell verbreitet hat und andere Maschinenbauer spätestens nach der ersten Veröffentlichung einer Beschreibung und Zeichnung von Maudslays Drehbank im Jahre 1806 (Gregory, O. 1806, Bd. 2, S. 471–476, Tafel 36) angefangen haben, Drehmaschinen mit einer Zwangsführung des Werkzeuges zu bauen. Schon 1813 erschien in einer Enzyklopädie (Pantologia, London 1813, Bd. 11, Artikel Lathe und Tafel 172) die Beschreibung und Zeichnung

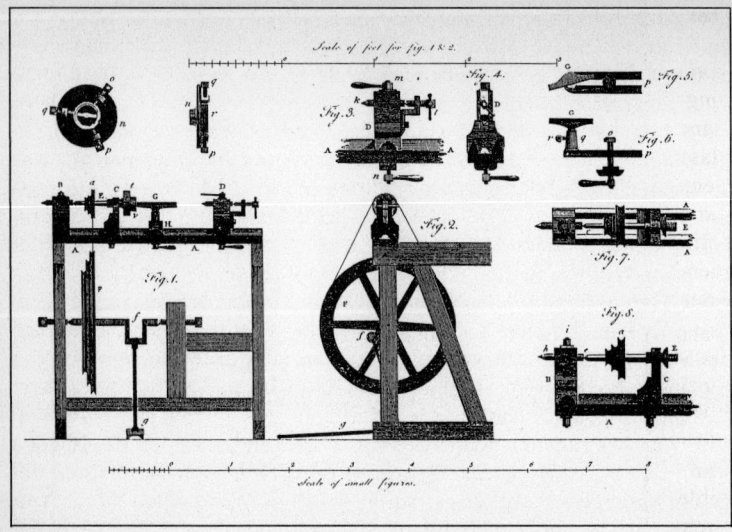

49: Drehbank von James Fox. Diese 1813 veröffentlichte Zeichnung einer Drehbank mit Handauflage und Fußantrieb, Bettlänge ca. 70 cm, ist der erste Beleg für die Produktion von Werkzeugmaschinen bei Fox in Derby. Die prismatischen Führungen erinnern an die Bauweise von Maudslay (vgl. Abb. 45). Zwei Jahrzehnte später gehörte Fox zu den größten Exporteuren.

einer von Fox in Derby gebauten «sehr guten Drehbank aus Eisen» (Abb. 49). Weil die meisten Konstrukteure von Werkzeugmaschinen bis in die 1830er Jahre auf Patente ebenso verzichteten wie auf Veröffentlichungen – Maudslay, Roberts und Fox haben nicht eine Zeile veröffentlicht –, wissen wir über die ersten Jahrzehnte das meiste auf Grund der wenigen aus dieser Frühzeit erhaltenen Werkzeugmaschinen bzw. aus Berichten in der französischen und deutschen Fachpresse. Jedenfalls kann mit Sicherheit behauptet werden, daß britische Maschinenbauer zwischen etwa 1810 und 1830 durch konstruktive und fertigungstechnische Verbesserungen Universaldrehmaschinen entwickelt haben, die hinsichtlich Größe, Präzision und Vielseitigkeit den ständig wachsenden Anforderungen der Metallbearbeitung gewachsen waren. Gleichzeitig haben sie auf Grund des Prinzips der Zwangsführung von Werkzeug und Werkstück spanende Werkzeugmaschinen für das Bohren, Hobeln bzw. Stoßen und Fräsen entwickelt. Die Perfektionierung der englischen Werkzeugmaschinen gipfelte während der 1840er Jahre in den Produkten des Joseph Whitworth.

Das Problem der planen Flächen

Von grundlegender Bedeutung für die Weiterentwicklung und Vermehrung der Werkzeugmaschinen war die maschinelle Fertigung von ebenen, planen Flächen aus Eisen und Stahl. Mit diesem Problem mußten sich alle Maschinenbauer auseinandersetzen, weil plane Flächen bei vielen Bauelementen von Werkzeugmaschinen und Dampfmaschinen unverzichtbar waren. Die Fertigung von Hand verlangte nach exzellenten Handwerkern, sie war enorm zeitaufwendig und teuer. Wann, wo und von wem zuerst Hobelmaschinen gebaut worden sind, ist unbekannt. Wie sich einer der besten Fachleute 1852 ausdrückte,

«bahnte sich die Hobelmaschine des Maschinenbauers ihren Weg in die Welt des Maschinenbaus leise und unbemerkt; und einige Jahre später, als ihre Nützlichkeit erkannt worden ist und man begann, ihre Geschichte zu erforschen, kamen mehrere Anwärter auf die Ehre ihrer Erfindung zum Vorschein» (Willis, R. 1852, Bd. 2, S. 145, Übers. d. A.).

Nun, es ist bis heute nicht gelungen, den Erfinder der Hobelmaschine zu entdecken, und dasselbe gilt auch für die Bohrmaschinen. Wie bei den Drehmaschinen gibt es bis in die 1830er Jahre keine Patente, vielleicht deshalb nicht, weil Bramah in sein Patent von 1802 alle Konstruktionsmöglichkeiten einer Hobel- oder Stoßmaschine einbezogen hat. Spätestens im zweiten Jahrzehnt des 19. Jahrhunderts scheint jedoch das Problem gelöst gewesen zu sein. Fox in Derby sowie der berühmte Dampfmaschinenbauer und von der Firma Boulton & Watt am meisten gefürchtete Konkurrent, Matthew Murray (1765–1826) in Leeds, sollen schon 1814 eine Hobelmaschine gebaut haben; eine mit 1817 datierte Metallhobelmaschine von Roberts sowie eine von Fox aus dem Jahre 1820 sind sogar noch erhalten. Schließlich soll in London Joseph Clement (1779–1844) schon Anfang der 1820er Jahre große Gewinne durch die Auftragsfertigung von Führungsflächen für Drehmaschinen mit seiner Hobelmaschine eingestrichen haben. Die folgenden zwanzig Jahre standen dann im Zeichen konstruktiver Verbesserungen durch Clement, Nasmyth, durch Whitworth und den in England wirkenden Schweizer J. G. Bodmer (1786–1864), die den Bau größerer Hobel- und Stoßmaschinen mit höheren Schnittgeschwindigkeiten ermöglichten. Ausgestattet mit Dreh-, Bohr- und Hobelmaschinen hat die Generation der Maschinenbauer nach Maudslay die Aufgabe bewältigt, die Werkzeugmaschinen und vor allem die Drehmaschine so zu verbessern, daß immer größere und schwerere Werkstücke aus Eisen und Stahl mit zunehmender Präzision und im Endeffekt billiger bearbeitet werden konnten. Im Unterschied zu Maudslay bauten jedoch Fox, Roberts, Nasmyth, Whitworth und andere Maschinenbauer ihre Werkzeugmaschinen vorwiegend für den Verkauf im In- und Ausland.

Die bei der Weiterentwicklung der Werkzeugmaschinen auftretenden Probleme ließen sich jedoch nicht durch simple Vergrößerung der Teile, sondern nur durch neue Konstruktionen und Funktionselemente sowie bessere Werkstoffe lösen. So wurden die gußeisernen Maschinenbetten mit Querrippen stabilisiert, getrennte Führungen für den Werkzeughalter und für den Reitstock und die auch heute noch übliche Kombination von Flach- und Prismenführungen eingeführt. Teilweise sind diese neuen Lösungen schon bei Richard Roberts' Drehmaschine von 1817 belegt, voll ausgereift sind sie jedoch erst bei den Drehmaschinen von James Fox aus den 1820er Jahren überliefert. Bei den beweglichen Teilen war ein zentrales Problem die optimale Lagerung der Hauptspindel und der Pinole des Reitstockes – eine Grundbedingung für den Rundlauf der zunehmend größeren Werkstücke. Da verschiedene Werkstoffe nach unterschiedlichen Schnittgeschwindigkeiten verlangten, mußte die Kraftübertragung von der Antriebswelle auf Antriebe mit unterschiedlichen Drehzahlen fertigungstechnisch umgesetzt werden. Roberts' Drehmaschine von 1817 verfügte schon über eine lose Vierstufenscheibe und ein einfaches Vorgelege, womit bereits acht Geschwindigkeiten möglich waren. Die stufenlose Drehzahlveränderung, die hauptsächlich beim Plandrehen von außerordentlicher Bedeutung war, wurde 1827 von Clement gelöst und zehn Jahre später von Whitworth verbessert. Für die Perfektionierung des Werkzeugschlittens war die von Fox entwickelte doppelte T-Form mit einem zusätzlichen Oberschieber ebenso richtungsweisend wie die auch bei großen Industriedrehbänken anwendbare Lösung des selbsttätigen und/oder handgesteuerten Vorschubes mittels einer Zugspindel mit Gleitschnecke oder mittels einer Zahnstange mit Ritzel. Als Whitworth den automatischen Planschub und Nasmyth 1837 das Wendeherz zur Drehrichtungsänderung der Leitspindel hinzufügten, waren alle Elemente vorhanden, die eine moderne Produktionsdrehmaschine ausmachen.

Gleichzeitig mit diesen Verbesserungen der Drehmaschine wurden auch die Bohrmaschinen den Anforderungen des Maschinenbaus entsprechend perfektioniert. Dagegen steckte die Entwicklung der Fräsmaschine noch in den Kinderschuhen. Obwohl sich die Erfindung der ersten Fräsmaschine durch Eli Whitney im Jahre 1818 als eine der vielen Legenden in der Technikgeschichte erwiesen hat (Woodbury, R. S. 1960; Battison, E. A. 1966), steht dennoch fest, daß die ersten Fräsmaschinen für die Bearbeitung von kleinen Werkstücken für Handfeuerwaffen in den USA eingesetzt wurden. In Großbritannien entwickelte Nasmyth um 1830 eine Art Fräskopf als eine Zusatzeinrichtung für Drehmaschinen, mit der Sechskant-Schraubenköpfe bearbeitet wurden. Für die Deckung des Massenbedarfes an Zahnrädern haben u. a. Maudslay, Roberts und Bodmer Zahnradschneidemaschinen entworfen, mit denen die Bearbeitung der gegossenen Rohlinge präziser und schneller ausgeführt werden konnte. Das Grundproblem von Zahnradgetrieben, die Ersetzung der traditionellen zykloiden Formen der Zahnung durch evolvente, blieb jedoch in der Praxis bis in die 1840er Jahre ungelöst. Dies war eines der wenigen Gebiete, auf denen die ansonsten der Theorie vorauseilende Praxis weit hinter den wissenschaftlichen Erkenntnissen von Mathematikern wie Charles Etienne Louis Camus (1699–1768) und Leonhard Euler (1707–1783) zurückgeblieben ist.

Von der Werkstatt zur Fabrik

Hand in Hand mit der kurz geschilderten Entwicklung von Werkzeugmaschinen ist in Großbritannien eine Maschinenbauindustrie entstanden. Ihre wichtigsten Zentren waren London, Lancashire (Manchester), der West Riding (Leeds), die Midlands (Birmingham) und Glasgow in Schottland. Eine quantitative Erfassung des Stellenwertes des Maschinenbaus in der industriellen Revolution, ihr Anteil am Sozialprodukt Großbritanniens ist leider nicht möglich. Die sehr lückenhafte Industriestatistik von 1851, die insgesamt nur 76500 Maschinenbauer, Werkzeugmacher, Kesselbauer und Mechaniker ausweist, bestätigt, daß von diesen 55% in Lancashire, im West Riding und in London angesiedelt waren. Das größte Zentrum war Lancashire mit 29% der Beschäftigten und dort wiederum die benachbarten und allmählich zusammenwachsenden Städte Manchester und Salford. Die Zahl der Beschäftigten war jedoch offensichtlich viel höher. Laut Aussagen vor dem parlamentarischen Ausschuß für Fragen des Maschinenexportes zählte man schon 1841 allein in elf Städten Lancashires 115 Maschinenbaufirmen mit über 17000 Arbeitern und einem Kapitalstock von über £ 1,5 Millionen. Die durchschnittliche Arbeiterzahl lag hier je Unternehmen bei 151, in Manchester jedoch bei 209 und in Salford sogar bei 280. Neben einigen Großbetrieben, wie zum Beispiel jene von Roberts, Nasmyth und Fairbairn, von denen jeder an die vierhundert Arbeiter beschäftigte, überwog jedoch eine Vielzahl von kleineren Betrieben, deren Beschäftigtenzahl weit unter dem Durchschnitt lag. Zur gleichen Zeit sollen im West Riding im Raum Leeds, Bradford, Bingley und Keighley mindestens fünftausend Arbeiter im Maschinenbau beschäftigt gewesen sein, davon fast dreitausend in Leeds (Parlamentary Papers, 1841, Vol. 7, Exportation of Machinery, 1st and 2nd Report; Musson, A. E., Robinson, E. 1969, S. 479f). Die Zeit des ersten großen Aufschwunges waren die 1820er und 1830er Jahre, in denen viele der ursprünglichen kleinen Werkstätten, der *machine-shops*, zu Fabriken des allgemeinen Maschinenbaus expandierten (Abb. 50). Das Beherrschen der alten Hand-Werkzeug-Techniken der Metallbearbeitung vorausgesetzt, war die Schwelle des notwendigen Investitionskapi-

50: Zwei der größten Maschinenbaufabriken, um 1820. (a) Soho Foundry bei Birmingham von Boulton & Watt. Der Gebäudekomplex links oben ist die ursprüngliche Anlage, errichtet zwischen 1795 und 1800. (b) Maschinenbauanstalt von Matthew Murray in Leeds, errichtet etwa zwischen 1797 und 1802. Rechts erkennbar das Dampfmaschinengebäude, die Gießerei und Schmiede, in der Mitte wahrscheinlich die ursprünglichen Anlagen für die Metallbearbeitung und Montage. Links im Bild die Round Foundry, eine der berühmtesten Fabrikbauten der ersten Stunde (vgl. Abb. 102), abgebrannt 1872.

tals noch niedrig: es genügten ein Schuppen oder nur gemietete Räume, ein paar Fach- und Hilfsarbeiter, die notwendigen Werkzeuge und einige selbst gebaute Werkzeugmaschinen mit Handantrieb als Grundausstattung. Reparaturen von Maschinen und Fertigung von Ersatzteilen als Erstaufträge gab es genügend, während Maschinenbauer noch Mangelware waren. Wenn bei der Erweiterung des Betriebes das Eigenkapital nicht reichte, fanden sich Bankiers oder andere Geschäftsleute, die zwar mit einer Feile nichts anzufangen wußten, aber erkannt hatten, daß dem Maschinenbau eine große Zukunft bevorstand.

Es war ein charakteristisches Merkmal so gut wie aller Maschinenbaubetriebe, daß sie eine Vielfalt an Maschinen und Typen produzierten. Dies entsprach der Größe des Marktes und der Nachfrage: Wer bei Schwankungen der Nachfrage nicht untergehen wollte, mußte – wie es schon damals hieß – auf vielen Beinen stehen. Allmählich setzten jedoch die größeren Maschinenfabriken ihre Schwerpunkte, zum Beispiel auf die Produktion von Textilmaschinen, auf Dampfschiffmotoren und später auf den Lokomotivbau. Von einer Spezialisierung überwiegend auf Werkzeugmaschinen kann man wohl aber nur bei Fox in Derby und später bei Whitworth in Manchester sprechen. Aber nicht einmal in diesen Fällen handelte es sich um eine Massenproduktion von genormten Einheitstypen, sondern im Regelfall um eine Stückfertigung.

Der Maschinenbau war sicherlich so etwas wie eine Maßschneiderei in Metall, erreichte jedoch alsbald, im Textilmaschinenbau schon um 1800 und im Werkzeugmaschinenbau in den 1840er Jahren, die Stufe der Maßkonfektion. Spätestens auf dieser Stufe gab es in den führenden Unternehmen, wie zum Beispiel bei Maudslay, Fox, Roberts oder Nasmyth, eine innerbetriebliche Normung sowie Lagerhaltung von häufig wiederkehrenden Maschinenteilen und Gewinden und eine Fertigung von Kleinserien. Auch wenn man den Maschinenbau nicht mit der Meßlatte der Baumwollspinnerei messen kann, so war er doch eine Fabrikindustrie.

Im Unterschied zur Baumwollspinnerei, die genormte Massenprodukte herstellte, wurden im Maschinenbau mit verschiedenen Techniken der Formveränderung Teile gefertigt und diese zu Maschinen zusammengesetzt. Bei den drei Grundtypen der Formveränderung von Metallen durch Gießen, Schmieden und Spanen herrschte nur im Bereich des Spanens (beim Drehen, Stoßen, Hobeln, Bohren) die neue Maschinen-Werkzeug-Technik vor. Für das Gießen, Schmieden und insbesondere die Montage der Teile blieb die Hand-Werkzeug-Technik und der insgesamt große Anteil hochqualifizierter Arbeitskräfte an der Belegschaft prägend. Trotzdem ist es irreführend, die Maschinenbaubetriebe des 19. Jahrhunderts als Manufakturen zu bezeichnen. Im Unterschied zur Manufaktur war die ausschlaggebende technische Grundlage des Maschinenbaus die Maschinen-Werkzeug-Technik: Die Produktionskapazität, die Produktivität, die Fertigungskosten und mithin die Verkaufspreise und die Wettbewerbsfähigkeit einzelner Unternehmen hing maßgeblich von der Ausstattung mit Werkzeugmaschinen ab.

Die Entstehung, Vermehrung und Verbreitung von Werkzeugmaschinen, dieser, wie es in der deutschen Fachsprache jener Zeit hieß, «Hilfsmaschinen der Produktion», bildete also die technische Grundlage des Maschinenbaus und jeglicher maschinellen Produktion. Der Sammelbegriff Werkzeugmaschine ließ auch im Englischen lange auf sich warten. Der Maschinencharakter wurde mit dem Zusatz *machine* bei allen hervorgehoben, nur bei den Drehmaschinen nicht. Sie hießen auch weiterhin nur *lathe*, der Sammelbegriff war schlicht *tools* und später dann *self-acting tool*, und erst im Bericht über die Weltausstellung im Crystal Palace 1851 in London tauchte der Begriff *machine tool* auf. Kurz danach begann man auch in der deutschen Sprache die verschiedenen Maschinen der spanenden Formveränderung als Werkzeugmaschinen zu bezeichnen (Willis, R. 1852; Hartmann, K. 1851).

Die Maschinenbauer selbst waren sich der Bedeutung der Werkzeugmaschinen für den Aufschwung des Maschinenbaus, für die Umsetzung verschiedener, eigener und fremder konstruktiver Ideen in funktionierende Maschinen aller Art voll bewußt. Sie bauten Werkzeugmaschinen, benützten sie selbst und boten sie zum Verkauf an. Die meisten von ihnen beanspruchten aber in dieser sonst so patentsüchtigen Zeit kein Patent. Zum einen scheuten sie die hohen Patentgebühren von über £ 100, wofür sie drei bis vier Werkzeugmaschinen bauen konnten, und zum anderen waren sie so nicht gezwungen, die neue, Kosten- oder Marktvorteile versprechende Lösung jedem zugänglich zu machen.

Außerhalb des engen Kreises von Eingeweihten wurde die Existenz der Werkzeugmaschinen kaum wahrgenommen, in der Öffentlichkeit waren das Synonym des Maschinenzeitalters Dampfmaschinen, Dampfschiffe und -lokomotiven, Spinn- und Webmaschinen. Die Produkte des Maschinenbaus faszinierten – wie und womit sie hergestellt wurden, interessierte außer den Maschinenbauer kaum jemanden. Dieses in Großbritannien vorherrschende Schweigen über die Werkzeugmaschinen wurde erst in den 1840er Jahren beendet. Zuerst hatte 1841 John Rennie (1791–1866) einer Neuauflage von Aufsätzen R. Buchanans über den Mühlen- und Maschinenbau einen Tafelband mit Abbildungen und Beschreibungen der besten Werkzeugmaschinen hinzugefügt, und in demselben Werk erschien ein brillanter Artikel von Nasmyth («Remarks on the Introduction of the Slide Principle in Tools and Machines Employed in the Production of Machinery», in: Buchanan, R. 1841, S. 396ff), in dem er seinen Technikerkollegen vor Augen führte, daß die Vielzahl und die Qualität der Maschinen, die Großbritannien berühmt gemacht haben, ohne die Einführung des Werkzeugschlittens durch Maudslay und der darauf aufbauenden Entwicklung von Werkzeugmaschinen nicht hätte hervorgebracht werden können. 1847 folgte dann ein Handbuch des Maschinenbaus von David Scott «The Engineer and Machinist's Assistant», in dessen Tafelband vorrangig das Niveau des schottischen Maschinenbaus präsentiert wurde. Von den Ökonomen und Sozialwissenschaftlern jener Zeit war es erst Karl Marx, der auf Grund eines tiefschürfenden Studiums der technischen Entwicklung und ihres auf der Weltausstellung 1851 präsentierten Standes nicht nur die Bedeutung von Maudslays Werkzeugschlitten, sondern auch die strategisch zentrale Rolle der Werkzeugmaschinen der Metallbearbeitung für die Industrialisierung herausgestrichen hat:

«Die große Industrie mußte sich also ihres charakteristischen Produktionsmittels, der Maschine selbst, bemächtigen und Maschinen durch Maschinen produzieren. So erst schuf sie ihre adäquate technische Unterlage und stellte sich auf ihre eigenen Füße» (Marx, K. Kapital; MEW Bd. 23, S. 405).

Die Maschinisierung greift um sich

Die von John Rennie und David Scott herausgegebenen Werke faßten nur das Repräsentativste dessen zusammen, was damals an Werkzeugmaschinen und mit Hilfe von Werkzeugmaschinen an Maschinen produziert worden ist. Dampfmaschinen, Lokomotiven, Spinnerei- und Webereimaschinen sowie die Grundtypen von Werkzeugmaschinen der Metall- und Holzbearbeitung sind nur ein Bruchteil von dem, was in einem halben

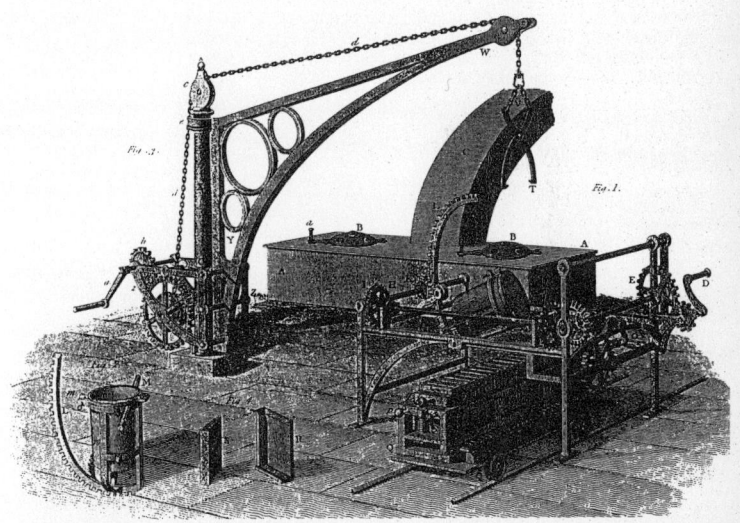

51: Gießmaschine der Londoner Münze, um 1820. Die Gießpfanne mit dem flüssigen Metall wird aus dem Schmelzofen mit dem Handkran in die auf einem Gestell montierte feststehende Kippvorrichtung gesetzt. Unter dem Gestell befindet sich ein auf Schienen laufender Wagen mit den Formkästen für die Münzbarren. Das über eine Handkurbel bewegte Getriebe (Zahnräder und -stangen) koordiniert die Kippbewegung der Gießpfanne und das Vorrücken des Formkastenwagens.

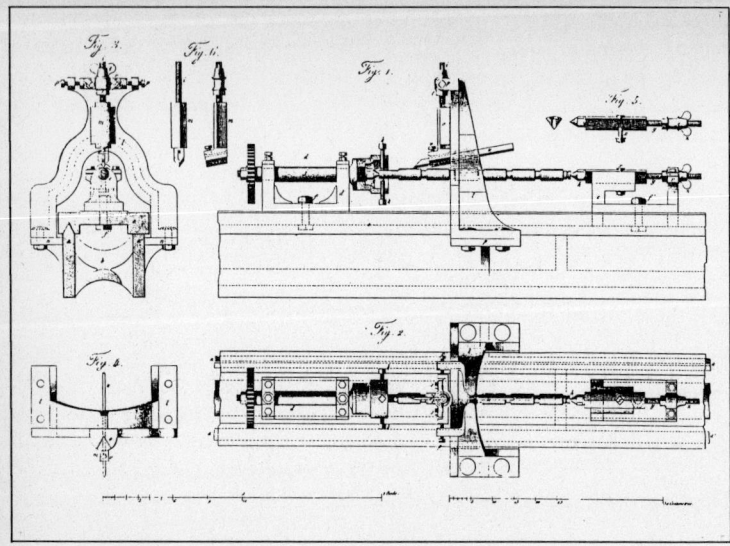

52: Riffelmaschine, um 1820. Mit diesen Spezialstoßmaschinen wurden die gegossenen und abgedrehten Riffelwalzen für Spinnmaschinen bearbeitet. In das Werkstück, einen Satz von sechs Walzen, wurde mit dem in einem Portalschlitten eingespannten Hobel die notwendige Zahl von Rillen gestoßen. Riffelmaschinen dieser Bauart sind schon um 1825 auch in Sachsen, zum Beispiel in Haubolds Textilmaschinen-Fabrik, belegt.

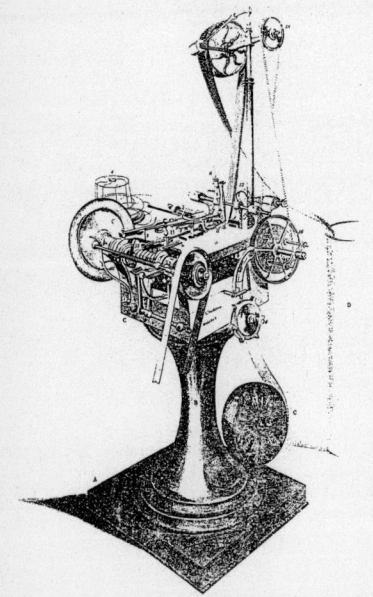

53: Kardensetzmaschine, um 1850. Patente in den USA und in Großbritannien schon seit den 1790er Jahren, in der Praxis in England belegt nach 1815. Die Maschine fertigte aus Draht und Leder Kardierbeschläge. Sie schnitt den Draht zu, bog ihn zu Häkchen, lochte das Lederband und setzte in dieses die Häkchen ein.

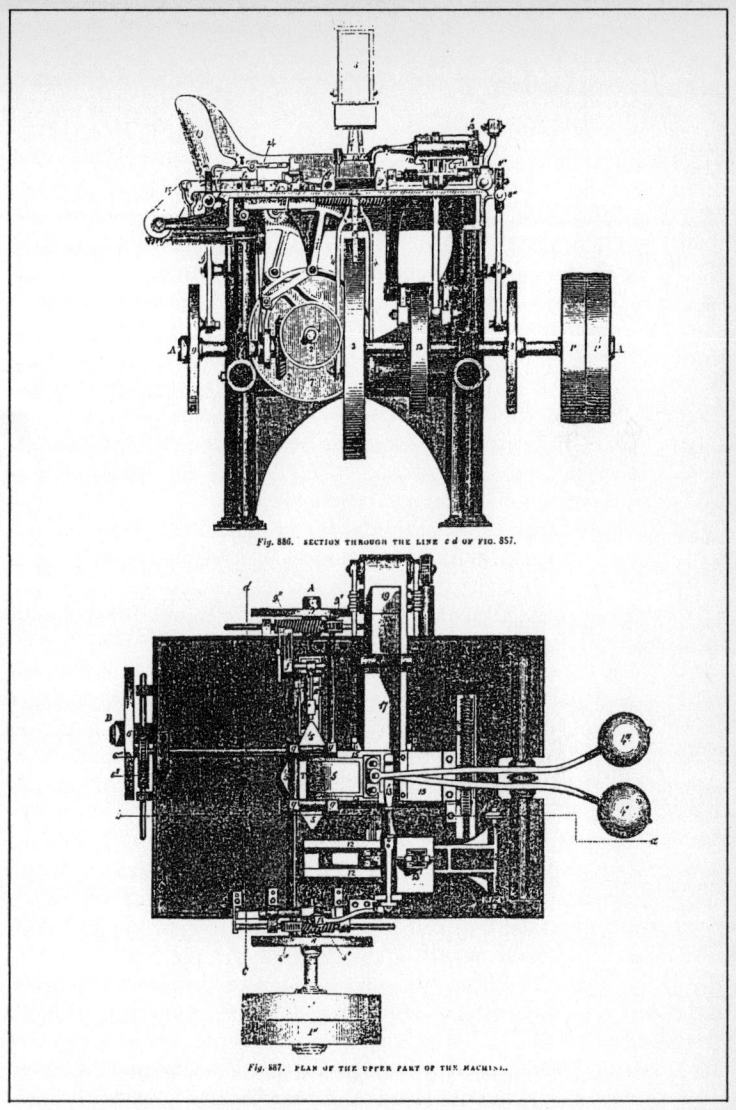

Fig. 886. SECTION THROUGH THE LINE *c d* OF FIG. 857.

Fig. 887. PLAN OF THE UPPER PART OF THE MACHINE.

54: Couvert-Maschine, 1851. Als in Großbritannien infolge der Senkung des Briefportos die Briefsendungen zwischen 1839 und 1850 von 76 auf 347 Millionen stiegen, haben Papierwaren-Fabrikanten Maschinen zur Fertigung von Briefumschlägen entwickeln lassen. Das maschinell zugeschnittene, von Hand gummierte und der Maschine von einem Kind zugeführte Papier wurde von der Maschine selbsttätig gefalzt und zum Umschlag gefaltet.

Jahrhundert an Kraft- und Arbeitsmaschinen hervorgebracht worden war. Keine von diesen Maschinen wurde in großen Stückzahlen hergestellt, wohl aber viele ihrer Bestandteile, wie die Streckwalzen, Spindeln und Lagerschalen für Spinnmaschinen, Rietblätter für Webmaschinen, Gewindespindeln für Werkzeugmaschinen, Schrauben, Bolzen, Transmissionswellen und viele andere Teile. Für die Herstellung genormter Produkte wurden schon sehr früh entweder Spezialmaschinen konstruiert oder aber Universalmaschinen als Einzweckmaschinen eingerichtet.

Das berühmteste Beispiel von Spezialmaschinen war der Maschinensatz für die Produktion von Segelblöcken, der seit 1808 in den Schiffswerften der Marine in Portsmouth in Betrieb war. Auf einem anderen Gebiet der Massenfertigung von genormten Produkten, in der Münzprägung, wurden ab etwa 1810 Walzwerke, Ziehmaschinen, teilautomatische Pressen und Prägemaschinen verwendet. Hier, in der Londoner Münze, kam auch eine Gießmaschine für das Gießen der Münzzaine, -schienen oder -barren zum Einsatz (Abb. 51) – der erste Beleg für den Maschineneinsatz in der Gießereitechnik, die ansonsten bis ins späte 19. Jahrhundert hinein die Domäne der Hand-Werkzeug-Technik blieb.

Viele «Einzweckmaschinen» wurden für die Metallbearbeitung im Textilmaschinenbau entwickelt. So verwendete man spätestens im zweiten Jahrzehnt des 19. Jahrhunderts Riffelmaschinen für die Fertigung von Streckwalzen (Abb. 52) und richtete Drehmaschinen mit Kreuzsupport für das genaue Runddrehen von Spindeln ein (Hill, R. L. 1970, S. 242, 244). Die Kardierbeschläge für Kardiermaschinen wurden nicht mehr von Hand, sondern mit Kardensetzmaschinen (Abb. 53) gefertigt und mit Spezialmaschinen geschliffen. Seit den 1830er Jahren gab es dann Maschinen für die Produktion von Rietblättern, die für jeden Webstuhl in mehrfacher Ausführung und mit verschiedener Dichte der Zähne notwendig waren. Die Rotationsdruckmaschinen, Maschinen für die Endlospapier-Erzeugung und für Briefumschläge (Abb. 54), Maschinensätze zur Erzeugung von Tauen und Seilen für die Marine, Baggermaschinen für Flußregulierungen oder auch die Straßenkehrmaschine von Whitworth sind nur weitere Beispiele, die den Trend zur Ersetzung der Handarbeit durch Maschinenarbeit dokumentieren. Ob die Idee einer Maschine technisch umsetzbar war oder nicht, hing weitgehend von dem Stand der Metallbearbeitung und somit von der Vielfalt und Qualität der Werkzeugmaschinen ab. Aber auch von dem Machbaren haben sich in der Praxis nur jene Maschinen durchgesetzt, die dem Unternehmer einen Kostenvorteil gegenüber der Hand-Werkzeug-Technik brachten.

«Hat die Gesellschaft ein technisches Bedürfnis...

...so hilft das der Wissenschaft mehr voran als zehn Universitäten», hat Friedrich Engels einmal treffend bemerkt.

Und was für die Industrie gilt, macht auch im Privaten Sinn: Schon mancher hat für sich das Sparen entdeckt, damit es bei der Bedarfsdeckung schneller vorangeht.

Pfandbrief und Kommunalobligation

Meistgekaufte deutsche Wertpapiere - hoher Zinsertrag - bei allen Banken und Sparkassen

Verbriefte  Sicherheit

III. Die Grundstoffindustrien: Eisen und Stahl – Kohle und Chemie

Die massenhafte Einführung von Maschinen für die Formveränderung von Stoffen, der Einsatz der Dampfmaschine, der Bau neuer Verkehrswege und Transportmittel, die Expansion des Maschinenbaus, dies alles verlangte nach Eisen. Der Wechsel von Holz zu Eisen konnte jedoch nur stattfinden, wenn der Baustoff Eisen zu Preisen angeboten werden konnte, die seinen Einsatz nicht nur für den Konstrukteur, sondern auch für den Unternehmer attraktiv machten.

England war um 1750 alles andere als ein Massenproduzent von Eisen. Zwar gab es Eisenerze und Steinkohle in Hülle und Fülle. Um diese Vorräte jedoch verwenden zu können, mußte das Problem der Nutzung der Steinkohle für die Erzeugung von Roheisen aus den Erzen und für die Umwandlung des Roheisens in schmiedbares Eisen gelöst werden. Beides wurde bis dahin ausschließlich mit Holzkohle durchgeführt. Es dauerte bis in die 1760er bzw. 1780er Jahre, bevor sich der Kokshochofen durchgesetzt hatte und die Technik des Roheisenfrischens mit Steinkohle gegenüber dem alten Herdfrischen mit Holzkohle wettbewerbsfähig geworden war. Der darauf folgende Aufschwung der Eisenerzeugung war wiederum einer der wichtigsten Anreize für die Steigerung der Steinkohlengewinnung, die in Großbritannien – im Unterschied zu den meisten europäischen Ländern – schon seit dem 16. Jahrhundert mit zunehmender Intensität betrieben wurde. Weder Eisen noch Kohle waren also neue Grundstoffe, allerdings wurden sie im Verlauf der industriellen Revolution durch die technischen Neuerungen auf verschiedenen Gebieten, zum Beispiel der Energieumwandlung oder der chemischen Verfahrenstechnik, zu den zwei wichtigsten Grundstoffen.

Obwohl die Eisenerzeugung in Großbritannien eine lange Tradition hatte, waren die Briten vor dem 18. Jahrhundert keine Vorreiter der Eisenhüttentechnik. Die wichtigsten technischen Neuerungen der vorindustriellen Zeit, wie der Hochofen, verschiedene Frischmethoden sowie die Schneidewerke in der Umformung kamen aus den Hüttenzentren des europäischen Kontinents nach Großbritannien. Die Eisenerzeugung war zwar vor 1700 nicht stagnativ, aber wenig elastischer und reagierte auf Nachfragesteigerungen nur langsam und verzögert. Eine Steigerung der Produktion in den bestehenden Werken, die Erweiterung der Betriebsanlagen und die Verlängerung der Jahresbetriebszeit waren durch drei Faktoren begrenzt: durch die regional bzw. saisonal zur Verfügung stehende Wasserkraft, durch den Mangel an Fachkräften und durch die regionalen Preise für Holz bzw. Holzkohle. Es ging nicht darum, wie im älteren Schrifttum gern behauptet wurde, daß England abgeholzt gewesen wäre oder gar der Schiffbau, der ja ganz andere Holzarten und

-qualitäten brauchte als die Köhler, dem Hüttenwesen das Holz entzogen hätte. Dennoch trifft es zu, daß seit dem 17. Jahrhundert die Holzkohlepreise stiegen. Dies war jedoch nicht immer und nicht nur durch steigende Holzpreise verursacht, sondern auch durch steigende Lohnkosten für die Holzfällerei, Köhlerei und für den Transport (Thomas, B. 1986). Insgesamt konnte die britische Hüttenindustrie im 18. Jahrhundert den Eisenbedarf für die steigende Nachfrage nach Eisenprodukten in der Landwirtschaft, im Außenhandel, im Bergbau und im Schiffbau weder quantitativ noch qualitativ abdecken. Das Problem wurde durch Importe, überwiegend aus Schweden, dann aus Rußland und Spanien, gelöst; Großbritannien war in der zweiten Hälfte des 18. Jahrhunderts der größte Eisenimporteur der Welt.

Roheisenproduktion und Eisenimporte in Großbritannien 1720–1791

Jahr	Roheisenproduktion	Eisenimporte gesamt	Anteil Stahl	Verhältnis Roheisenproduktion zu Eisenimport
1720	27 000 t	23 600 t	94 %	100 : 87
1750	28 000 t	40 300 t	87 %	100 : 143
1775	44 000 t	47 100 t	88 %	100 : 107
1788	70 000 t	51 400 t	91 %	100 : 73
1791	90 000 t	57 300 t	90 %	100 : 63

nach: Mitchell, B. R.; Deane, Ph. 1971, S. 140.

Im Eisenhüttenwesen, dessen Ziel die Erzeugung von technischem Eisen ist, haben wir es mit den zwei folgenden technischen Handlungen zu tun: mit Stoffumwandlungsprozessen, dem Urformen (Gießen) und Umformen. Die wichtigsten Grundstoffe sind Eisenerze (Eisenoxyde bzw. -karbonate, mit einem gewissen Anteil von Schwefel, Phosphor, Silizium, Mangan), Kohlenstoffträger (Holzkohle, Steinkohle) sowie Zuschlagmittel (hauptsächlich Kalk bzw. Eisenschlacken). Die wichtigsten Produktionseinrichtungen waren der Hochofen, Frischfeuer und Ausheizfeuer, Gebläse für ihre Luftversorgung, Umschmelzöfen wie Flamm- oder Kupolöfen für das Urformen, Hammer- oder Walzwerke für die Umformung sowie eine Reihe von verschiedenen Hand-Werkzeugen und Gefäßen. Der eine Stoffumwandlungsprozeß ist das Schmelzen von Eisenerzen im Hochofen mit dem Endprodukt Roheisen (mit einem Kohlenstoffgehalt bis zu ca. 4,5 %) und den Nebenprodukten Schlacke und Gase. Das Roheisen ist nicht schmiedbar, eine Veränderung seiner Form konnte nur im flüssigen Zustand durch Gießen, eine Methode des Urformens, erreicht werden; die Gußprodukte waren ebenfalls nicht schmiedbar. Ein schmiedbares Eisen (Frischeisen, Schmiedeeisen, heute Stahl) wurde aus dem Roheisen erst durch ein zweites Stoffumwandlungsverfahren, durch das sogenannte Frischen erzeugt, dessen wesentliches Ziel die Herabsetzung des Kohlenstoffgehaltes auf ca. 0,1 % war. Das Frischeisen war kalt und warm umformbar durch Schmieden, Walzen oder Pressen, und die durch wiederholtes Ausheizen und Umformen erzeugten Stabeisen, Flacheisen oder Bleche waren die Endprodukte der Eisenhütten.

Ein hochwertiges Spezialprodukt der Eisenhütten war der härtbare Stahl, der überwiegend durch verschiedene Techniken des Aufkohlens aus Frischeisen erzeugt wurde. Der einzige Kohlenstoffträger, der in Europa bis ins 18. Jahrhundert für Stoffumwandlungsprozesse verwendet wurde, war die Holzkohle, die außer dem Kohlenstoff keine Substanzen in solchen Mengen enthielt, daß sie die technischen Eigenschaften des Eisens beeinträchtigt hätten. Der Kohlenstoff diente nämlich nicht nur dazu, die für die Stoffumwandlung notwendigen Prozeßtemperaturen von etwa 1150 bis 1600 °C durch Verbrennung zu erreichen, sondern war auch die Substanz, die in einer Reihe chemischer Reaktionen die Umwandlung der Eisenerze in Roheisen oder des Roheisens in Stahl bewirkte. Das Problem der Verwendung von Steinkohle bzw. ihrer veredelten Form, des Kokses, lag eben darin, daß sie außer dem Kohlenstoff auch Schwefel enthielt, von dem ein Teil bei dem Hochofenprozeß und auch nach dem Frischen im Eisen gebunden blieb und die Eigenschaften des Eisens negativ beeinflußte.

Das Wissen der Hüttenleute war ein Erfahrungswissen, das über Jahrhunderte hinweg gesammelt und von Generation zu Generation weitergegeben wurde. Von chemischen Formeln wußten sie nichts, aber sie konnten auf Grund der Farbe und Konsistenz die Qualität der in ihrer Region vorkommenden Erze beurteilen, auf Grund der Färbung der Flamme sowie der Schlacke den Vorgang im Hochofen oder im Frischherd einschätzen, Korrekturen des Prozesses vornehmen, beim ersten Hammerschlag die Qualität des Eisens feststellen und aus dem Ergebnis Rückschlüsse auf Fehlerquellen ziehen. Dies alles funktionierte recht und schlecht unter der Voraussetzung, daß am traditionellen Verfahren und an den gewohnten Erzen nichts geändert wurde. Seit Generationen im Beruf des Schmelzers, Frischmeisters oder Hammermeisters herangewachsene Hüttenleute standen Experimenten und Neuerungen mißtrauisch bis ablehnend gegenüber. Was der Vater erprobt hatte, war dem Sohn gut genug. Deshalb scheint es kein Zufall zu sein, daß die wichtigsten technischen Neuerungen im Eisenhüttenwesen vor und in der Epoche der industriellen Revolution von «Nichthüttenleuten» ausgetüftelt wurden, also von solchen Personen, die nicht in der Tradition des Eisenhüttenwesens erzogen worden waren. Zu ihnen zählen Abraham Darby (1677–1717), Henry Cort (1740–1800), Jean Beaumont Neilson

(1792–1865) und Henry Bessemer (1813–1898), die das Eisenschmelzen mit Koks, das Frischen mit Kohle im Flammofen, das Heißluftblasen im Hochofenprozeß und das Windfrischen im Konverter eingeführt haben.

Alles begann im Coalbrookdale

Abraham Darby stammte aus der Umgebung von Dudley. Sein Vater, ein Quaker, war von Beruf Farmer und betrieb außerdem eine Nagelschmiede. Darby absolvierte eine Lehre bei einem Malzmühlenbauer, eröffnete 1699 ein eigenes Geschäft in Bristol und war ab 1702 Teilhaber an einer Messinggießerei. Auf einer Studienreise in den Niederlanden sammelte er Kenntnisse über das Gießen von Messinggeschirr, danach experimentierte er mit dem Gießen von Eisentöpfen und erwarb 1707 ein Patent auf den Sandguß. 1708 pachtete er ein altes Hüttenwerk in Coalbrookdale, in einer traditionsreichen Hüttengegend in Shropshire mit großen Lagerstätten von Eisenerz und Steinkohle. Seine Absicht war es, Gießereiprodukte aus selbst erschmolzenem Roheisen herzustellen. Darby begann den Schmelzbetrieb mit Holzkohle, aber schon 1709 verschwand aus seinen sorgfältig geführten Rechnungsbüchern der Posten für Holzkohle. Daraus wird gefolgert, daß er 1709 den Schmelzbetrieb auf Koks umgestellt hat (Raistrick, A. 1953, S. 35f).

Es ist sicher, daß für Darby der Steinkohlen-Koks keine unbekannte Sache war. Ob er von den angeblich erfolgreichen Versuchen des Dud Dudley, Eisen mit Koks zu schmelzen, gehört oder gelesen hat, wissen wir nicht. Koks wurde jedoch in Großbritannien sowohl in der Malzerei wie auch in der Kupfererzeugung verwendet. Deshalb ist anzunehmen, daß Darby mehr Erfahrung und weniger Vorurteile gegenüber dem Koks hatte als ein klassischer Eisenhüttenmann. Wie er das Problem mit dem Schwefel gelöst hat, der sich im Hochofenprozeß in Abhängigkeit von der chemischen Zusammensetzung des Kokses und Eisenerzes unter Zugabe von Kalk bei längerer Prozeßführung und hohen Temperaturen am erfolgreichsten ausscheiden läßt, ist nicht überliefert. Es muß auch eine Portion Glück dabeigewesen sein, zum Beispiel der im Vergleich mit anderen Steinkohlelagern niedrige Schwefelgehalt von 0,5 % der örtlichen Kohle. Jedenfalls war Darby der erste, der im Dauerbetrieb Erze mit Koks im Hochofen geschmolzen hat.

Eine schlagartige Verbreitung des neuen Verfahrens ist jedoch mit dem Jahr 1709 nicht zu verbinden. Die Darbys produzierten nur Eisengußwaren, vorerst hauptsächlich Küchengeschirr wie dreibeinige Kessel und Töpfe, später dann Zylinder für Newcomensche Dampfmaschinen. Das Frischen des Koksroheisens, das in der Regel einen viel höheren Siliziumgehalt als das Holzkoheroheisen hat, führte vorerst zu keinen befriedigenden Ergebnissen und wurde von den Darbys nicht vorangetrieben. Bis

1750 beschränkte sich das neue Verfahren auf einige Hochöfen befreundeter oder verwandter Unternehmer in Shropshire, der Wiege der modernen Eisenhüttenindustrie. Erst 1750 wurde es in Dowlais in Südwales und 1760 in den Carron-Hütten in Schottland eingeführt. Von einem Durchbruch des Kokshochofens kann man erst ab den 1760er Jahren sprechen.

Holzkohle- und Kokshochöfen in Großbritannien 1750–1791

Jahr	Hochöfen gesamt	mit Holzkohle	mit Koks	Kokshochöfen, Anteil
1750	74	71	3	4%
1760	88	64	14	16%
1775	74	44	30	40%
1780	77	34	43	56%
1785	81	28	53	65%
1788	86	26	60	70%
1791	107	22	85	79%

nach: Hyde, Ch. 1977, S. 67.

Diese zunächst langsame Verbreitung ebenso wie die schließlich einsetzende Beschleunigung lag sicherlich daran, daß die Produktionskosten des Koksroheisens erst in den 1760er Jahren deutlich und dauerhaft jene des Holzkohleroheisens unterboten haben. Angesichts der Tatsache, daß erstens die Produktionskosten des Roheisens entscheidend von den Materialkosten, also von dem Kohle- bzw. Erzverbrauch pro Tonne Produkt abhingen und zweitens bei etwa gleichen Erzpreisen die Steinkohle wesentlich billiger war als die Holzkohle, mußten die hohen Kosten des Koksroheisens die Folge eines sehr hohen Verbrauches von Kohle gewesen sein. Dies lag an der unausgereiften Technik des Kokshochofens und der Kokerei. Darby hat zuerst mit einer Hochofenanlage angefangen, die für Holzkohle gebaut war. Koks hat jedoch andere Eigenschaften als Holzkohle: er ist fester, backt dichter zusammen, entwickelt mehr Gase usw. Diesen Eigenschaften muß sowohl bei der Gestaltung des Raumes im Hochofen, bei der Luftversorgung und bei der Steuerung des Schmelzganges Rechnung getragen werden; der Kokshochofen braucht ein anderes Profil und ein kräftigeres Gebläse, nur dann wirken sich einige seiner Vorteile auch aus.

So ermöglicht das feste Zusammenbacken der Koksschicht, die ja ebenso wie die Holzkohlenschicht die ganze Masse der darüberliegenden Schichten von Erz und Koks trägt, eine höhere Belastbarkeit, mithin auch den Bau von viel größeren Hochöfen als bei der Holzkohle. Um dies rentabel umzusetzen, muß aber auch das Gebläse eine größere Menge Luft unter höherem Druck liefern; dazu wiederum brauchte man mehr Antriebsenergie usw. Nun, Abraham Darby und seine Nachfolger mußten dies alles erst austüfteln, die aus der Praxis gewonnenen Erkenntnisse in Lösungen umsetzen, und das brauchte seine Zeit. Die Darbys selbst waren vorerst auch so zufrieden: spezialisiert auf Gußwaren, für die das Koksroheisen besser geeignet war als das Holzkohleroheisen, und ausgestattet mit einem Wissensvorsprung in der Gießereitechnik, kamen sie auch mit dem noch unzulänglichen Kokshochofen auf ihre Rechnung.

Für die in den 1770er Jahren einsetzende beschleunigte Verbreitung des Kokshochofens in Großbritannien, der den Holzkohlehochofen bis zur Jahrhundertwende so gut wie aus dem Feld geschlagen hatte, war die steigende Inlandsnachfrage nach schmiedbarem Eisen der ausschlaggebende ökonomische Anreiz. Um diese sättigen zu können, mußte aber auch das zweite Problem gelöst werden, das Frischen des Koksroheisens mit Steinkohle. Darüber später mehr, vorerst wollen wir die wichtigsten technischen Neuerungen für die Steigerung der Roheisenproduktion in Kokshochöfen schildern.

Die erste wichtige Neuerung war ein leistungsfähigeres Gebläse. Zuerst wurden die Spitzbälge durch hölzerne Kastengebläse ersetzt, eine zukunftsträchtige Lösung war jedoch erst das aus Metall gebaute Zylindergebläse. Das erste soll John Smeaton um 1768 für die Carron-Werke in Schottland gebaut haben. Das Zylindergebläse (Abb. 55) gewährleistete die für den Kokshochofen notwendige Luftmenge, und das – in Kärnten schon in den 1780er Jahren bekannte – Einblasen der Luft durch mehrere Formen sicherte eine gleichmäßigere Verteilung des Luftstromes im Hochofen. Die besseren Gebläse ermöglichten den Bau von Hochöfen mit einem größeren Fassungsvermögen. Damit konnte der durchschnittliche Tagesausstoß der Kokshochöfen von kaum zwei bis drei Tonnen innerhalb von 24 Stunden in der Zeit von 1740 bis 1790 immerhin auf fünf bis sieben Tonnen innerhalb von 24 Stunden in den folgenden vierzig Jahren gesteigert werden. Der spezifische Kohleverbrauch (Kohle pro Tonne Roheisen) war in der Frühzeit des Kokshochofens enorm hoch: Die einzigen zuverlässigen Daten aus dem Hüttenwerk Horsehay in Shropshire ergeben für den Zeitraum zwischen 1755 und 1806 einen Durchschnitt von 5,5 bis 6,6 Tonnen Koks für eine Tonne Roheisen. Da damals für eine Tonne Koks mehr als die dreifache Menge Kohle gebraucht wurde, ergibt das insgesamt etwa siebzehn Tonnen Kohle pro Tonne Roheisen (Tylecote, R. F. 1976, S. 107). In den ersten drei Jahrzehnten des 19. Jahrhunderts ist es dann durch die verbesserte Hochofen- und Verkokungstechniken gelungen, den Verbrauch auf etwa sieben Tonnen Kohle pro Tonne Roheisen zu senken. Mit diesem spezifischen Kohleverbrauch lagen die Kokshochöfen noch weiter hinter den besten Holzkohlehochöfen, die

55: Zylindergebläse der Eisenhütte von Walker in Rotherham, um 1810. Das oberschlächtige Wasserrad betreibt über zwei Kurbeln die Kolben des doppeltwirkenden Zwillingsgebläses. Beide Zylinder liefern Luft sowohl bei der Aufwärts- wie auch bei der Abwärtsbewegung der Kolben.

zum Beispiel in der Steiermark kaum mehr als 1,4 Tonnen Holzkohle pro Tonne Roheisen verbrauchten. Dennoch produzierten die britischen Kokshochöfen dank der billigeren Steinkohle viel kostengünstiger als die Holzkohlehochöfen.

Ein Gaswerkmanager belehrt die Hüttenleute

Eine einschneidende Senkung des spezifischen Kohleverbrauches ermöglichte dann in den 1830er Jahren die Verbreitung des Heißluftblasens, der wohl wichtigsten technischen Neuerung für die Wärmeökonomie im Hochofenprozeß des 19. Jahrhunderts. Die Idee, in den Hochofen nicht kalte, sondern erwärmte Luft einzublasen, stammte von James Beaumont Neilson (1792–1865), dem Werkmeister eines Gaswerkes in Glasgow, der nach der Ausbildung zum Mechaniker in einem Hüttenwerk und in einer Gießerei seine in der Praxis gewonnenen Kenntnisse durch das

Studium von Mathematik, Physik und Chemie in Abendkursen vertieft hatte. Auf die Idee des Heißluftblasens kam Neilson aus einem etwas kuriosen Anlaß. Bei der Erweiterung eines Hochofenwerkes blieb für das Gebläse kein Raum. Daraufhin wurde es in einer Entfernung von etwa achthundert Meter installiert. Infolge der langen Leitung entstand selbstverständlich ein Druckverlust, den der um Rat gebetene Neilson durch Erhitzen der Luft kompensieren wollte. In diesem Zusammenhang experimentierte er in der Schmiede seines Gaswerkes mit der Zuführung erwärmter Luft für den Verbrennungsprozeß. Nachdem er festgestellt hatte, daß mit erhitzter Luft ein bestimmter Hitzegrad schneller und also auch mit weniger Kohleaufwand erreicht wurde, war er fest davon überzeugt, daß dieses Ergebnis auch beim Schmelzprozeß im Hochofen eintreten müßte. Von Versuchen im Hüttenwerk wollten jedoch die Hüttenleute nichts wissen, weil sie die Erfahrung gemacht hatten, daß im Winter die Betriebsergebnisse besser als im Sommer waren. Was die Hüttenpraktiker auf die Kälte zurückführten, war allerdings durch den höheren Luftdruck und die niedrigere Luftfeuchtigkeit verursacht. Jedenfalls mußte Neilson, der schon 1828 ein Patent nahm, gut zwei Jahre warten, bis ihm die Besitzer der Eisenhütte Clyde die Gunst erwiesen, seine Entdeckung auch am Hochofen auszuprobieren (Abb. 56). Die beim Probebetrieb 1830 erzielten Erfolge ließen die Hüttenleute ihre alte Faustregel «je kälter, desto besser» bald vergessen. Tagesausstoß und Erzertrag waren höher, und der Kohleverbrauch pro Tonne Roheisen sank bei nur 150° Celsius von über acht Tonnen auf annähernd fünf Tonnen. Bei einer mit verbesserten Lufterhitzern erreichten Temperatur von 312° Celsius sank der Kohleverbrauch im Dauerbetrieb 1833 auf 2,8 Tonnen bei gleichzeitiger Erhöhung der 24-Stunden-Produktion von sechs auf neun Tonnen. Die Senkung des Kohleverbrauches in diesem Maß war durch den überdurchschnittlich hohen Kohleverbrauch der schottischen Hochöfen begründet; aber niedrigere Fertigungskosten als Folge des gesenkten Koksverbrauches, der höheren Produktion und damit der niedrigeren Kapitalkosten stellten sich mit dem Heißluftblasen überall ein. Außerdem ermöglichte es, hauptsächlich in Schottland und in den USA, den Einsatz roher Steinkohle sowie von Anthrazit im Hochofenprozeß, was ebenfalls eine kostengünstigere Nutzung der Kohleressourcen für die Eisenerzeugung bedeutete.

56: Lufterhitzer für Hochöfen, Fig. 6 und 7. Die dritte Variante des Lufterhitzers von Neilson in der Hütte Clyde, 1832. Für jede der drei Formen des Hochofens ist ein selbständig gefeuerter Röhrenapparat vorhanden, der die durchströmende Luft auf ca. 300 °Celsius erhitzt. Fig. 8 und 9 zeigt den sogenannten Hosenröhrenapparat, der zuerst auf der Hütte Calder in Schottland gebaut wurde. Die eine größere Heizfläche gewährleistende Konstruktion befreite die Anwender nicht von der Zahlung der Lizenzgebühren von £ 0,05 pro Tonne Roheisen an Neilson.

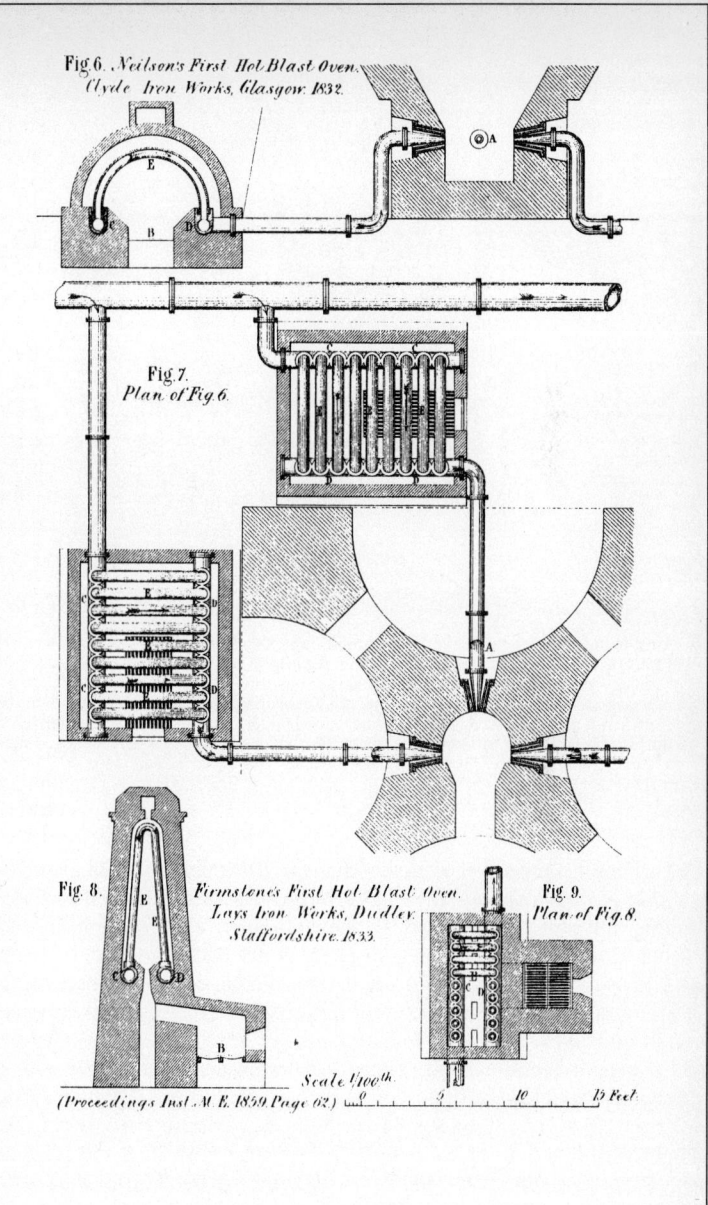

57: Hochofenwerk Parkfield bei Wolverhampton, um 1850. Batterie von fünf Hochöfen mit Lufterhitzern und Schrägaufzug für den Materialtransport auf die gemeinsame Gichtplattform. Links von den Hochöfen das Abstichfeld für das Roheisen. Hinter den Hochöfen das Dampfmaschinenhaus mit den Gebläsen und die Kesselanlage, offensichtlich über unterirdische Kanäle mit dem dominierenden Schornstein verbunden. Rechts Erzhalden, unten in der rechten Ecke Koksöfen. Die Dampfeisenbahn führt zu den Kohlefeldern rechts im Hintergrund. Der Gebäudekomplex hinter der Hochofenanlage dürfte die Gießerei sein. Die Dimensionen sind verzerrt.

Das Heißluftblasen verbreitete sich in Großbritannien in Abhängigkeit von den Kostenvorteilen, die man in verschiedenen Regionen erwarten konnte, mit unterschiedlicher Geschwindigkeit, aber im ganzen sehr schnell. Ende der 1830er Jahre wurden 55 % der Roheisenproduktion mit Heißluftblasen erzeugt; am schnellsten vollzog sich der Übergang in Schottland, wo 1836 alle Hochöfen umgestellt waren, und am langsamsten in Südwales. Hier erzielte man dank der hervorragenden Rohstoffe und günstiger Standortbedingungen die besten technischen und ökonomischen Parameter. Deshalb ließ man sich mit lästigen Umbauten viel Zeit: um 1839, als Südwales 34 bis 40 % des britischen Roheisens erzeugte, wurden von den ca. 454 000 Tonnen nur etwa 10 % mit Heißluft erblasen. Die größten Vorteile hatten die schottischen Hüttenwerke, die mit dem neuen Verfahren die Wettbewerbsfähigkeit ihrer Produkte und ihren Anteil an der britischen Produktion erhöhten. Der Hauptgewinner war jedoch Neilson: sein genial allgemein gehaltenes Patent von 1828, in dem er nur das Prinzip der Lufterhitzung, nicht aber die dazu dienenden Einrichtungen patentieren ließ, brachte ihm bei einer Lizenzgebühr von £ 0,05 pro Tonne Roheisen ein Vermögen ein. Zwar versuchte eine mächtige Allianz schottischer Hüttenbesitzer sein Patent zu unterlaufen, aber nach dem Prozeß 1843 mußten auch sie sehr tief in die Tasche greifen und an Neilson und seine Teilhaber für unterlassene Zahlungen eine einmalige Abfindung von £ 106000 auszahlen (Paulinyi, A. 1983, S. 1–33).

Ein weiterer Schritt zur Verbesserung des Wärmehaushaltes in Hüttenwerken war die Nutzung der Abwärme des Hochofens, der Gichtgase, für die Lufterhitzung. Dieses Verfahren wurde nicht in dem modernen Kokshochofenbetrieb entwickelt, sondern in Hüttenwerken in Baden und Württemberg, die auf Holzkohle angewiesen waren. Nachdem sich 1831/ 32 der vom Hüttenverwalter Faber du Faur in Wasseralfingen konstruierte Erhitzungsapparat im Dauerbetrieb bewährt hatte, verbreitete sich die Gichtgasnutzung schnell in allen Holzkohle-Regionen. In Großbritannien, wo man bei jeder Eisenerzgrube auch auf Steinkohle stieß und die minderwertige Heizkohle nutzlos herumlag, dauerte es allerdings bis in die 1840er Jahre, bevor man diese mit einigen Investitionen und Umbauten verbundene Neuerung allmählich übernahm.

Durch die Technik der Lufterhitzung beschleunigte sich die Steigerung der Gesamtproduktion in Großbritannien seit den 1830er Jahren. Neue Konstruktionen des Hochofens, zusätzliche Verbesserungen der Windführung, wassergekühlte Formen und eine weitere Optimierung der Gebläse und Lufterhitzer ermöglichten eine Erhöhung der Produktivität. So ist bis etwa 1850 die Tagesproduktion von Hochöfen auf durchschnittlich 20 bis 25 Tonnen gestiegen, während sich gleichzeitig der Kohleverbrauch mit zwei bis drei Tonnen stabilisierte (Abb. 57).

Puddeln und Walzen: die englische Methode der Stabeisenbereitung

Auch wenn im 19. Jahrhundert der Exportanteil von Roheisen zunahm und ein weiterer Teil zu Gußprodukten verarbeitet wurde, hätten die britischen Hochöfen schon seit etwa 1800 «auf Lager» produziert, wenn der zweite Stoffumwandlungsprozeß, die Herstellung von Schmiedeeisen aus Roheisen, auf Holzkohle angewiesen geblieben wäre. Um 1750 wurden von der britischen Roheisenproduktion noch etwa 90% zu Schmiedeeisen verarbeitet. 1788 waren es nur noch ca. 60% und ein Teil des Bedarfes mußte, wie schon erwähnt, durch Importe gedeckt werden. In diesem Zeitraum zerbrachen sich mehrere britische Hüttentechniker den Kopf darüber, wie man mit Steinkohle das Roheisen frischen könnte.

Beim Schmieden von Produkten minderer Qualität wurde Steinkohle zum Ausheizen des Frischeisens schon seit dem 17. Jahrhundert verwendet. Für das Frischen war aber ein Verfahren, bei dem das eingeschmolzene, teigige Roheisen mit der schwefelhaltigen Steinkohle direkt in Berührung kam, nicht praktikabel. Bei den wesentlich höheren Prozeßtemperaturen des Frischens wurde das Eisen dermaßen mit Schwefel angereichert, daß es unbrauchbar wurde. Wie intensiv das Problem britische Hüttenleute beschäftigte, belegt die Tatsache, daß zwischen 1761 und 1783 neun Hüttenleuten acht Patente auf verschiedene Verfahren erteilt worden sind, mit denen beim Frischen die kostentreibende Holzkohle durch Steinkohle oder Koks ersetzt werden sollte. Die Berührung des eingeschmolzenen Roheisens mit der Steinkohle versuchten sie auf zweierlei Art zu verhindern: Im ersten Fall wurde der traditionelle Frischherd durch einen Flammofen ersetzt, wie er für die Kupfererzeugung und Eisengießerei längst bekannt war; in diesem Fall waren der Verbrennungsherd der Steinkohle und der Arbeitsherd, auf dem das Roheisen gefrischt werden sollte, voneinander getrennt. Die zweite Möglichkeit bestand darin, das zu frischende Roheisen in Tiegel einzusetzen, die in einem mit Steinkohle beheizten Flammofen auf die notwendige Prozeßtemperatur gebracht wurden. Dieses Tiegelfrischen erinnert an die von B. Huntsmann in Sheffield um 1740 eingeführte Tiegelstahlerzeugung, bei der Schmiedeeisen in hochwertigen, härtbaren Stahl umgewandelt wurde.

Die ersten Dauererfolge erreichte man mit der Tiegelmethode. Nach zehnjährigem Experimentieren ließen sich 1761 und 1763 die Hüttenbesitzer Ch. und J. Wood aus Staffordshire und 1773 J. Wright und J. Jesson aus West Bromwich bei Birmingham ein im wesentlichen identisches Verfahren patentieren, mit dem 1788 schon ungefähr 50% des britischen Stabeisens hergestellt wurden. Es war als *potting, stamping and potting* oder als *Shropshirer Frischmethode* bekannt und bestand aus drei Arbeitsschritten: Erstens wurde das siliziumreiche Koksroheisen in einem gewöhnlichen Frischherd mit Steinkohle oder Koks «geweißt», ein Verfahren, das auch beim Holzkohle-Frischen des sogenannten grauen Roheisens bekannt war. Durch das Weißen wurde der Siliziumgehalt wesentlich und der Kohlenstoffgehalt geringfügig herabgesetzt. Zweitens wurde das geweißte Roheisen mit verschiedenen Methoden wie Gießen, Granulieren oder Stampfen (stamping) zerkleinert und unter Zusetzen von Schlacke und/oder Kalk für die Förderung der Entschwefelung und Schlackenbildung in Tiegel gesetzt (potting). Drittens wurde das Eisen in den verschlossenen Tiegeln in einem mit Steinkohle beheizten Flammofen entschwefelt und entkohlt, d. h. gefrischt. Anschließend wurden die aus den zerborstenen Tiegeln herausgenommenen Frischeisenklumpen zu Luppen ausgeschmiedet. Trotz des hohen Arbeits- und Materialaufwandes für das Zerkleinern, das Fertigen von Tiegeln und eines Abbrandes von 38 bis 44 % (100 kg Roheisen ergaben nur 62 bis 56 kg Frischeisen) gewährleisteten die niedrigen Preise des Koksroheisens und die billige Steinkohle niedrigere Fertigungskosten als das Herdfrischen mit Holzkohle.

Das Flammofenfrischen von Henry Cort

Die andere, einfachere Lösung, das Frischen des Roheisens direkt auf dem Arbeitsherd eines Flammofens, verfolgte man seit den 1760er Jahren im Zentrum der Koksroheisenproduktion in Shropshire und danach in Südwales. Das erste Patent nahmen schon 1766 die Gebrüder G. und Th. Cranage, das zweite 1783 P. Onions. Beide haben ihr Verfahren in der Praxis erprobt, von einer größeren Verbreitung ist jedoch nichts bekannt. Es scheint, als ob Henry Cort mit seinem 1784 patentierten Flammofenfrischen, das später als Puddeln bekannt wurde, dem Verfahren von Onions das Wasser abgegraben hat.

Im Unterschied zu den genannten Patentnehmern war Henry Cort (1740–1800) kein Hüttenmann. Er war *navy agent*, also Ausstatter der Kriegsmarine, und übernahm 1775 die Leitung einer kleinen Eisenhütte in Fontley bei Portsmouth von einem Geschäftspartner, der ihm viel Geld schuldete. Frühestens seit diesem Zeitpunkt beschäftigte sich Cort neben dem Eisenhandel auch mit Problemen der Eisenerzeugung. Als Marineausstatter wußte er von der unzureichenden Qualität des englischen Stabeisens, das deshalb von der Marine für den Schiffbau nicht zugelassen war. 1780 erhielt Cort von der Marine einen Großauftrag auf Eisenreifen für Schiffsmasten und erweiterte daraufhin sein Hammerwerk um ein Walz- und Schneidwerk. Statt des ansonsten vorgeschriebenen schwedischen Stabeisens kaufte Cort von der Marine preiswerten Reifenschrott, den er später auch als Zahlung für seine Lieferungen nahm. Die Aufarbeitung des Schrottes durch Paketieren und Schweißen zum Ausgangsmaterial für die Reifenfertigung verursachte jedoch hohe Arbeitskosten. Diesen Nachteil versuchte Cort durch eine technische Neuerung auszugleichen, die er sich 1783 patentieren ließ (GB, Patent Nr. 1351): Zum Schweißen der Pakete benützte er anstatt der üblichen, mit Gebläsen betriebenen Herde einen mit Steinkohle beheizten Flammofen ohne Gebläse und für das Umformen der Knüppel zu Stabeisen gefurchte, d. h. kalibrierte Walzen. Beides erbrachte eine höhere Produktivität. Denn sowohl das Schweißen im Flammofen, der mehrere Schweißfeuer ersetzte, wie auch das Umformen der vorgewalzten oder vorgeschmiedeten Knüppel im Kaliberwalzwerk verliefen schneller.

Das Problem des Frischens von Roheisen stellte sich für Cort wiederum, als er durch seine Beziehungen zur Marine um 1783 die Gelegenheit bekam, sehr preisgünstig Roheisenschrott, überwiegend Ballasteisen, zu kaufen. Es ist anzunehmen, daß Cort zu diesem Zeitpunkt über die Versuche, Roheisen im Flammofen mit Steinkohle zu frischen, informiert war. Er löste das Problem auf die denkbar einfachste Art, etwa so, wie es die Gebrüder Cranage 1766 in ihrem Patent angedeutet haben: ohne Weißen, ohne Tiegel und, im Unterschied zu Onions, ohne Gebläse (Abb. 58). Auf dem Herd eines mit Steinkohle befeuerten und ohne Gebläse gefahrenen Flammofens wurde der Roheiseneinsatz zuerst eingeschmolzen. Bei entsprechender Regulierung der Hitze wurde die mit Schlacke bedeckte, mit einer Eisenstange vom Arbeiter ständig gerührte, zähflüssige bzw. teigige Eisenmasse entkohlt, aus den infolge des Kohlenstoffverlustes erstarrenden Klumpen wurden von schon gefrischtem Eisen auf dem Herd einige Luppen geformt, diese in Schweißhitze aus dem Ofen genommen und unter dem Hammer gezängt. Die gezängten Luppen wurden dann in demselben (oder einem anderen) Flammofen bis zur Schweißglut erhitzt und im Walzwerk auf die erwünschten Querschnitte und Längen umgeformt. Aus Corts Patent von 1784 (GB, Patent Nr. 1420) ist zu entnehmen, daß er das Frischen im Flammofen und das Umformen mit dem Walzwerk als zwei Arbeitsschritte eines Prozesses «der effektiveren Anwendung von Feuer und Maschinerie» verstanden haben wollte. Sein Verfahren bezeichneten im 19. Jahrhundert Hüttenleute auf dem europäischen Kontinent als «englische Methode der Stabeisenbereitung», die Bezeichnung Puddeln (*puddling*, was deutsch Buddeln und nicht Rühren bedeutet) für das Flammofenfrischen stammt aus dem

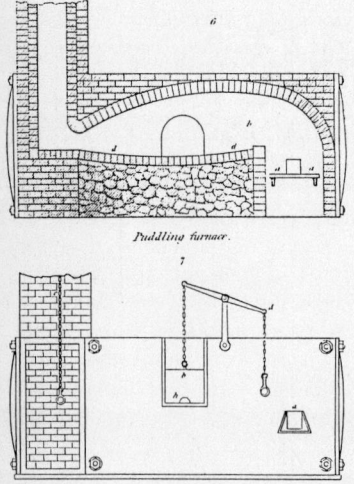

58: Puddelofen. Abgesehen von der Ummantelung mit Gußeisenplatten zeigt die Zeichnung aus dem Jahr 1836 die voll gemauerte Bauweise eines Flammofens, wie ihn auch Henry Cort benützte. Der Herd (d d) nur aus feuerfesten Ziegeln, ohne Herdplatte; die Rostfeuerung mit Schürloch (a); die gußeiserne Einsatztür (b) mit der Arbeitsöffnung (h), durch die gepuddelt wurde; die Esse (c) bzw. die Kette, mit der der Puddler durch Öffnen bzw. Schließen der auf dem Kamin sitzenden Klappe die Temperatur im Ofen regulierte.

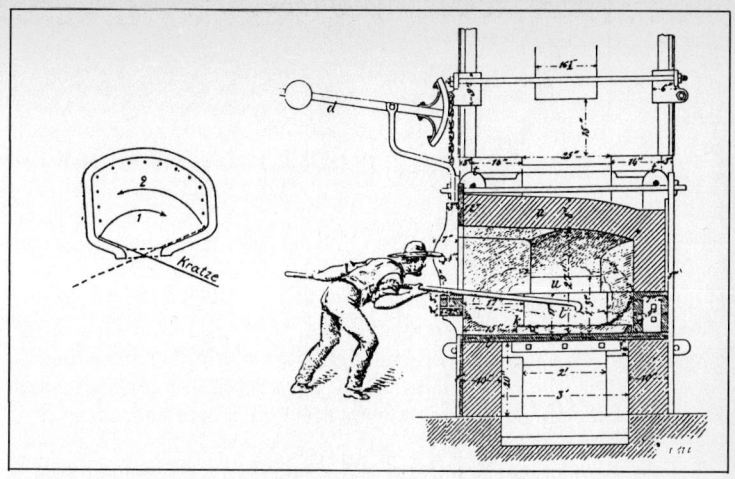

59: Puddler beim Rühren. Die Skizze verdeutlicht die Bewegungen, die der Puddler beim Rühren 20 bis 50 Minuten ausführen mußte. Die Kratze (Rührhaken) war ca. 2,7 Meter lang und wog 18–20 kg. Das Bild zeigt die Technik des Haltens und Führens der Kratze, die dabei notwendige Körperhaltung, die die Wirbelsäule äußerst belastet, und läßt die physische Anstrengung ahnen.

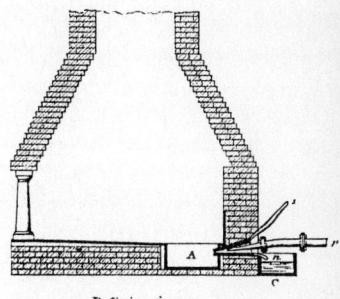

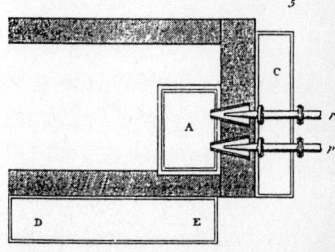

60: Weißofen, *running-out fire*, um 1836. Rundum wassergekühlter gußeiserner Herd (A), Kühlwasserbehälter (C), Behälter für das gefeinte Roheisen (D–E), Gebläseluftleitungen (p) mit wassergekühlten Formen. Wie bei den Weißherden mit Holzkohlefeuerung wird das Roheisen in die Glut des Kokses gebettet, mit Koks zugeschüttet und eingeschmolzen. Der Weißprozeß, bei dem das Silizium ausgeschieden wird, dauerte mindestens zwei Stunden; das flüssige Roheisen wurde in den Behälter abgelassen.

Sprachgebrauch der Hüttenarbeiter aus Shropshire und wurde allmählich zum Fachausdruck.

Cort und seine Facharbeiter legten in Shropshire und in Südwales bis 1790 den Grundstein für die Einführung des neuen Verfahrens. Nach seinen Plänen wurden insgesamt sechs Puddel- und Walzwerke gebaut, seine Facharbeiter wirkten als Experten beim Anlernen der wichtigsten Kniffe des Puddelns (Abb. 59). Das direkte Puddeln des siliziumreichen Roheisens auf dem mit Sand ausgekleideten Boden bereitete jedoch große Schwierigkeiten. Deshalb griff man in Südwales auf den zweistufigen Frischprozeß zurück, bei dem das Roheisen zuerst im Weißofen mit Koks geschweißt und dann im Puddelofen gepuddelt wurde (Abb. 60). Später, etwa in den 1820er Jahren, ist man dann auf einem mit Schlacken ausgekleideten Boden zum direkten Puddeln des grauen Roheisens unter Zugabe von Garschlacken zurückgekehrt. Diese Methode des *pig-boiling*, Kochfrischen oder Schlackenpuddeln, war in England hauptsächlich in Staffordshire beheimatet.

Seit den 1790er Jahren setzte sich das Puddeln vor allem in Südwales, aber allmählich auch in anderen Hüttenregionen durch. Trotzdem hat Cort daraus keinen Nutzen ziehen können: 1789 wurde bekannt, daß Cort von seinem Geldgeber A. Jellicoe £ 27500 aus veruntreutem Geld geliehen hatte. Um der Schuldhaft zu entgehen, mußte der zahlungsunfähige Cort Bankrott anmelden, die Patentrechte beschlagnahmte die Marineverwaltung und der Traum vom großen Unternehmer war ausgeträumt (Mott, R. A. 1983, S. 47–71). Das Puddeln war jedoch für fast hundert Jahre zur vorerst einzigen und noch bis in die 1880er Jahre wichtigsten Methode der Umwandlung von Roheisen in Schmiedeeisen geworden.

Das Puddeln hat die Erzeugung von Schmiedeeisen in Großbritannien vom Gängelband der Holzkohle befreit. Es wurde entwickelt, um mit Steinkohle Roheisen in Schmiedeeisen umwandeln zu können, trotzdem war es kein ausschließliches Steinkohleverfahren: anstatt der Steinkohle konnten bei entsprechender Anpassung des Flammofens auch andere Brennstoffe verwendet werden. Diese Entwicklungsarbeit wurde nicht in Großbritannien, sondern selbstverständlich in Eisenhüttenregionen ohne Steinkohleressourcen, und zwar hauptsächlich in Schweden und in Mitteleuropa geleistet.

Warum der Puddler unersetzbar war

Obwohl die wichtigste Methode, war das Puddeln ansonsten ein Stoffumwandlungsverfahren vom Typ der alten Hand-Werkzeug-Technik. Das Ziel war wie bei allen Frischverfahren, durch Oxydation die Anteile einzelner Legierungselemente des Roheisens und insbesondere des Kohlenstoffes herabzusetzen. Das Ausscheiden der einzelnen Eisenbegleiter durch Abführung in die Schlacke oder durch gasförmige Bindungen setzt gleichzeitig ein, die Reihenfolge, in der die Oxydation einzelner Elemente endet, ist unveränderlich (Silizium, Mangan, Phosphor, Schwefel, Kohlenstoff). Die Oxydation findet nicht direkt über den Sauerstoff der Luft bzw. der brennenden Kohlengase, sondern überwiegend indirekt über die in der Schlacke gelösten Eisen-Sauerstoff-Verbindungen statt. Angesichts der im Puddelofen herrschenden Temperaturen unterhalb des Schmelzpunktes von Eisen und des folglich nur strengflüssigen bis teigigen Zustandes der Eisenmasse konnten die chemischen Reaktionen nur dann ablaufen, wenn die sauerstoffreiche Schlacke mit allen Teilen des Eisens in Berührung gebracht wurde. Deshalb mußte der Puddler mit seinen Werkzeugen Kratze, Brechstange oder Spitz «buddeln»: zuerst Furchen ziehen oder wie es im deutschen Fachjargon hieß schummeln, später umsetzen, d. h. die Eisenteile auf dem Herd umverteilen, und schließlich aus den schon entkohlten Eisenbrocken mehrere Laibe, die sogenannten Luppen, bilden. Allerdings mußte der Puddler wissen, wann was, mit welcher Intensität, Geschwindigkeit und wie lange gemacht werden mußte. Für den Erfolg des Puddelns reichte es nicht, einen guten Ofen zu bauen, die «Zutaten» im richtigen Verhältnis einzusetzen und den Ablauf der chemischen Reaktionen abzuwarten. Der Puddler mußte auf Grund von visuell, auditiv und sensitiv über das Werkzeug wahrnehmbare Erscheinungen feststellen können, in welcher Phase der Frischprozeß war, und danach handeln. Dieses Handeln war körperliche Schwerstarbeit, bei der der Puddler sein Wissen nur mit enormem physischen Aufwand umsetzen konnte. Von der Chemie hatte er ebenso wie der Herdfrischer keine Ahnung. Welchen Zustand das Eisen beim Frischen im Ofen oder im Frischherd erreicht hatte und was zu tun war, konnte nur in der Praxis gelernt werden. Dieses Wissen über den jeweiligen Zustand des Frischprozesses konnte der gute Herdfrischer mitbringen, die Technik des Schummelns und der weiteren Arbeitsschritte konnte jedoch auch er nur beim Puddeln lernen.

Aus dieser kurzen Charakteristik des Puddelverfahrens geht hervor, und nur deshalb war sie hier notwendig, daß die Erhöhung der Produktion durch größere Öfen und höhere Einsätze an Roheisen ihre Grenzen in der physischen Leistungsfähigkeit des Menschen fand. Der Roheiseneinsatz konnte nur so groß sein, daß der Puddler in der Lage blieb, den Zustand der Masse auf dem Herd beurteilen zu können und sie mit seinen Werkzeugen ständig unter Kontrolle zu haben. Diese Grenze war mit einem Einsatz von 200 bis 250 kg erreicht, ja eigentlich schon überschritten. Eine Steigerung der Frischeisenproduktion war deshalb nur über die Vermehrung der Zahl der Öfen und Puddler möglich. Um 1810 dürfte es in Großbritannien an die 150 bis 200 Puddelöfen gegeben haben, um 1860 waren es ca. 3600 und den Höchststand erreichten sie 1873, als es in 287 Hüttenwerken 7264 Puddelöfen gab. Für die schnelle Anpassung der Frischeisenproduktion an eine plötzlich steigende Nachfrage war dieses Verfahren jedoch denkbar ungeeignet: sie scheiterte meistens, weil es an qualifizierten Puddlern mangelte.

Diesen Engpaß zu überwinden, war das Ziel vieler, insgesamt erfolgloser Experimente mit verschiedenen Maschinenkratzen und Rotationsöfen, die schon in den 1830er Jahren begannen und dann hauptsächlich in den 1850er und 1860er Jahren stattfanden. Die Maschinenkratzen, von denen die erste der spätere Münchner Professor K. E. Schafhäutl 1836 hat patentieren lassen (GB, Patent Nr. 7117), sollten die, wie man meinte, sehr einfache, aber kräftezehrende Bewegung der Kratze bzw. des Spitzes durch den Puddler mit einer von einer Kraftmaschine angetriebenen «mechanischen Kratze» ausführen. Letzten Endes sollten dadurch die hochqualifizierten und angeblich übertriebene Lohnforderungen stellenden, «aufmüpfigen» Puddler durch angelernte Arbeiter ersetzt werden. Aber genau dies erwies sich als Wunschtraum: Die Maschinenkratzen – die, wie es ein Fachmann ausdrückte, kein Hirn hatten – funktionierten nämlich nur dann, wenn sie von erfahrenen, den Frischprozeß durchblickenden Puddlern gesteuert wurden. Sie ersparten dem Puddler einen Teil der ihm abverlangten körperlichen Anstrengung, ohne ihn ersetzen zu können. Insgesamt brachten die zusätzlichen Investitionen weder eine höhere Produktion noch Lohneinsparungen, und deshalb überlebten die Maschinenkratzen in kaum einem Betrieb die Versuchsperiode.

Neben der schnell erreichten Grenze der Produktivitätssteigerung hatte die Puddeltechnik eine äußerst komplizierte Arbeitsorganisation im Puddel- und Walzwerk zur Folge. Im wesentlichen ging es darum, daß die durch das Verfahren bedingte Qualität und Größe der Luppe für die Qualität und Größe der aus dem Puddeleisen erzeugten Walzprodukte nicht ausreichend war. Aus einem Einsatz von ca. 250 kg Roheisen bildete der Puddler vier bis fünf Luppen von je maximal 40 bis 50 kg. Sie wurden mit dem Hammerwerk oder einer Quetsche gezängt und zur Rohschiene ausgewalzt. Dieses schon umgeformte Endprodukt des Puddelverfahrens hatte nie genau dieselbe Qualität. Auch wenn es aus Chargen qualitativ gleichen Roheisens und von demselben Puddler stammte, waren der Grad der Verschweißung und der Schlackengehalt verschieden. Deshalb waren im Regelfall weder die Rohschiene und schon gar nicht die Luppe dazu geeignet, aus ihren diverse Walzprodukte direkt zu erzeugen. Dazu kam, daß mit dem Fortschreiten der Industrialisierung zunehmend größere Walzprodukte verlangt wurden. So mußte für das Walzen eines Kesselbleches von etwa 300 kg Gewicht eine Bramme von ca. 320–330 kg vorhanden sein, eine Eisenbahnschiene von 5,5 Meter Länge und ca. 190 kg Gewicht brauchte eine Bramme von 220 kg Gewicht usw. Diese dem Endprodukt entsprechende Qualität und für die gewünschte Größenordnung des Walzproduktes ausreichende Masse an Schweißeisen mußte also aus verschiedenen Rohschienen hergestellt werden.

Die Aufbereitung der sorgfältig nach Qualität und Bruchgefüge sortierten Rohschienen für verschiedene Walzprodukte geschah durch ein eventuell mehrmals wiederholtes Zerschneiden, Paketieren, Schweißen und Umformen. Das Paketieren bestand aus dem Aufeinanderschichten von kalten, zugeschnittenen Rohschienen. Die Pakete wurden im Schweißofen auf Schweißhitze gebracht und entweder zum Endprodukt, meistens jedoch zu einem Zwischenprodukt höherer Qualität, zur Deckschiene, ausgewalzt. Da die meisten Walzprodukte aus Paketen mit Stäben verschiedener Qualität gewalzt wurden, mußte immer ein Vorrat sowohl von Roh- wie auch von Deckschienen vorhanden sein. Das aus Roh- und Deckschienen nach einer bestimmten Ordnung zusammengesetzte Paket wurde dann nochmals ausgeschweißt und zum gewünschten Walzprodukt umgeformt. Bei hochwertigen, stark beanspruchten Produkten wie Kesselblechen, bei denen die Standardfehler von Eisenbahnschienen wie kleine Risse oder grobe Schlackenreste nicht vorkommen durften, war der Vorgang noch viel komplizierter.

Dieser arbeits- und materialintensive Produktionsprozeß war durch das Puddelverfahren bedingt (Paulinyi, A. 1987, Kapitel 1, 4 und 5). Eine Vereinfachung war nur durch das Ersetzen des Puddelns durch ein der Kapazität der Hochöfen und der Walzwerke entsprechendes, ebenfalls großindustrielles Stoffumwandlungsverfahren der Stahlerzeugung möglich. Diesen Weg betrat die Stahlerzeugung mit dem Luftfrischen oder Bessemerverfahren. Es wurde von Henry Bessemer schon in den 1850er Jahren entwickelt, setzte sich jedoch erst in den 1860er Jahren und auch dann nur dort durch, wo phosphorfreies Roheisen zur Verfügung stand. Das Puddelverfahren wurde erst verdrängt, als das Bessemerverfahren durch Sidney Gilchrist Thomas (1850–1885) auch für die Umwandlung von phosphorhaltigem Eisen adaptiert wurde. Damit war auch die Stahlerzeugung zu einer dem Hochofenprozeß und dem Walzverfahren ebenbürtigen Massenproduktion geworden.

Walzen verdrängt das Schmieden

Der Engpaß des Puddelns trat um so deutlicher hervor, als auf der einen Seite das Hochofenverfahren ständig produktiver gestaltet werden konnte und sich auf der anderen Seite das Umformen durch Walzen als ebenfalls ungemein steigerungsfähig erweisen sollte. Das Walzen war weder neu noch von Henry Cort erfunden. Für die Umformung von Schmiedeeisen finden wir die Walztechnik schon viel früher in deutschen und französischen Schneidwerken, wo man zuerst mit glatten Walzen Stabeisen zu Flachstäben umgeformt und diese dann, hauptsächlich für die

Nagelproduktion, mit Schneidewalzen in Streifen geschnitten hat. Das zweite, in Sachsen seit dem 17. Jahrhundert und in England seit den 1720er Jahren belegte Einsatzgebiet des Walzens war die Umformung von Eisen zu Blech, zu glatten und dünnen Platten. Für die Umformung des Schmiedeeisens zu verschiedenen Vierkant- und Rundquerschnitten benutzte man das Walzen seit dem 18. Jahrhundert. Die dafür notwendigen Kaliberwalzen – oder, wie sie ursprünglich hießen, «Walzen mit geeigneten Kerben und Furchen» – wurden zwar in Großbritannien schon vor Cort zweimal patentiert, der Verdrängungsprozeß des traditionellen Umformens mit dem Wasserhammer begann jedoch offensichtlich Hand in Hand mit der Verbreitung des Puddelns (Abb. 61).

Die sehr oft verkannte, dennoch zentrale Bedeutung der Walztechnik liegt darin, daß sie eine Maschinen-Werkzeug-Technik ist. Wie beim Schmieden soll auch beim Walzen das Werkstück, der Knüppel oder die Bramme, eine andere, vorausbestimmte geometrische Form erhalten. In beiden Fällen geht es um ein Druckumformen, aber im Gegensatz zum Schmieden mit dem Hammerwerk wird beim Walzen die Relativbewegung zwischen Werkstück (Knüppel) und Werkzeug (Walzen) ohne die direkte Einwirkung des Menschen ausgeführt. Die Aufgabe der Walzer bestand lediglich in der sachgerechten Zuführung des Werkstückes vor und der Abnahme des Walzgutes nach jedem Walzvorgang. Somit wurde das Ergebnis des Umformens – die Möglichkeiten, welche Formen mit welcher Präzision gewalzt werden können – nicht von den persönlichen Fähigkeiten der Walzarbeiter, sondern vorrangig von der Konstruktion und von dem fehlerfreien Funktionieren der Walzeinrichtungen bestimmt. Das bedeutet, daß auch die Menge des in einem Walzdurchgang umformbaren Stoffes und die Geschwindigkeit des Umformprozesses im wesentlichen von der Fähigkeit abhängig war, konstruktive Gedanken fertigungstechnisch in eine Walzstrecke umzusetzen. Und da Eisenwalzwerke in Eisen und Stahl gebaut werden mußten, war die Weiterentwicklung der Walzwerke außer von neuen Ideen hauptsächlich abhängig von der verbesserten Technik erstens des Gießens von Walzen und Ständern und zweitens der spanenden Formveränderung für das Abdrehen von Walzen und anderer Teile. Folglich siedelte sich der Schwermaschinenbau in Hüttenwerken an. Abgesehen davon, daß es in der industriellen

61: Kaliberwalzen für das Walzen von Rundstäben, (a) aus der Patentschrift von J. Purnell, 1766. (b) Funktionsskizze des Duo- und Triowalzwerkes. Die Walzwerke in der ersten Hälfte des 19. Jahrhunderts hatten keine Umkehrbewegung. Deshalb mußte beim Duowalzwerk das Walzgut nach jedem Einstich auf die Vorderseite von Hand mit Hilfe von Zangen oder auch Hebezeugen zurückgebracht werden. Beim Triowalzwerk reduzierte sich diese mühevolle Arbeit: das Walzgut wurde abwechselnd in den Einstich zwischen der unteren und mittleren bzw. der mittleren und oberen Walze eingegeben.

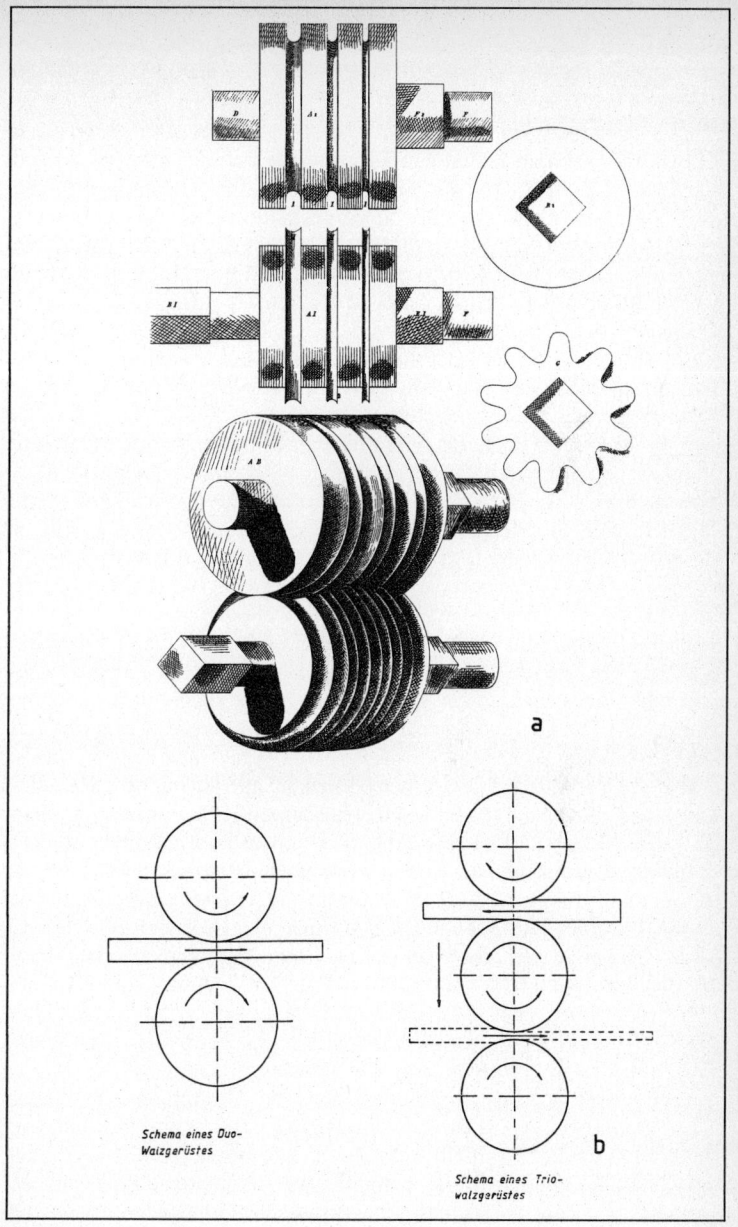

Schema eines Duo-Walzgerüstes

Schema eines Triowalzgerüstes

Revolution vorerst keinen Anlagenbau gegeben hat und Eisenhütten ihre Walzstrecken selbst herstellen mußten, war auch der Betrieb eines Walzwerkes ohne eine mechanische Werkstatt mit Dreherei für die Instandhaltung wie auch Umrüstung der Walzstrecken nicht möglich.

Schon die ersten Walzwerke der 1790er Jahre, holprig und grobschlächtig, wie sie waren, erhöhten den Tagesausstoß beim Umformen mit acht bis fünfzehn Tonnen Walzgut um ein Vielfaches der Hammerwerke, deren Tagesleistung auf etwa eine Tonne geschätzt wurde. Sie wurden vorerst überwiegend mit Wasserrädern angetrieben, die erste Dampfmaschine für ein Walzwerk setzte 1792 John Wilkinson ein. Leistungsfähigere Kraftmaschinen, neue Lösungen der Kraftübertragung und der Getriebeteile, besseres Material wie zum Beispiel Hartgußwalzen und Fortschritte in der spanenden Bearbeitung, alle diese Entwicklungen ermöglichten allmählich den Bau von Walzstrecken mit größeren Walzen und höheren Umlaufgeschwindigkeiten. Neben der Einführung des sogenannten Triowalzwerkes für dünnere Walzprodukte, bei dem das beim Duowalzwerk notwendige Zurücktragen des Walzgutes nach jedem Einstich wegfiel, verbesserten sich die Methoden der Berechnung von Walzkalibern sowie die Möglichkeiten ihrer Fertigung. Besonders wichtig für die weitere Entwicklung des Eisenbahnbaus und die Erweiterung der Produktion von Walzwerken um ein Massenprodukt war 1820 das Patent von Birkinshaw für das Walzen von Eisenbahnschienen (Abb. 62). In demselben Jahrzehnt gelang es dann auch, das für Baukonstruktionen wichtige Winkeleisen zu walzen. Alles in allem hat sich bis in die 1850er Jahre die Tagesleistung von Walzwerken auf vierzig bis sechzig Tonnen Walzgut erhöht. Das entsprach der Tagesproduktion von zwanzig bis dreißig Puddelöfen.

Die alte Technik des Umformens durch Schmieden mit dem Hammerwerk blieb selbstverständlich auch in modernen Hüttenwerken erhalten. Sie überlebte im Puddel- und Walzwerk neben der Luppenquetsche als Zänghammer, mit dem aus den Puddelluppen die gröbsten Schlackenreste herausgepreßt und der Luppe die für das Walzen notwendige Form gegeben wurde. Das Schmieden blieb unabdingbar beim Fertigen von hochwertigen Schweißeisenblöcken, wie zum Beispiel der Brammen für die Blecherzeugung oder von Kurbelwellen für Schiffsantriebe. Auf diesem Gebiet wurde dann auch das alte Hammerwerk seit den 1840er Jahren von seinem modernen Abkömmling, dem berühmten Dampfhammer, zunehmend verdrängt. Für die Massenproduktion von Profileisen war jedoch die wichtigste führende Technik des Umformens das Walzen.

Die gesamtwirtschaftliche Bedeutung des Eisenhüttenwesens mit einer ständig steigenden Produktion sowie den enormen Kapitalinvestitionen, mit denen die neue Technik verbunden war, ist kaum zu überschätzen. Der Anteil dieses Sektors an dem britischen Bruttosozialprodukt bewegte sich zwischen 1790 und 1840 um die 6% und erreichte 1871 mit 11,6% einen Höhepunkt. Seit Anfang des 19. Jahrhunderts bis 1890 war Großbritannien der größte Eisenproduzent der Welt, und noch 1871 produzierte es mehr als die Hälfte der Weltproduktion an Roheisen. In den Hüttenwerken waren über 40% aller männlichen Arbeitskräfte beschäftigt und etwa 25% der nominellen Leistung von Dampfmaschinen installiert. Das Eisenhüttenwesen war zusammen mit der Eisenverarbeitung einer der wichtigsten Exportzweige der britischen Wirtschaft. Der Exportanteil lag in der ersten Hälfte des 19. Jahrhunderts bei 24% des Gesamtwertes der Produktion und kletterte bis 1871 auf 40%. Außer dem technischen Vorsprung basierte die unangefochtene Führungsposition Großbritanniens auch darauf, daß in allen wichtigen Regionen Eisenerz und Kohle gemeinsam vorkamen – ein von der Natur gegebener Vorteil, der sich in barer Münze niederschlug. Die führende Region war Süd-

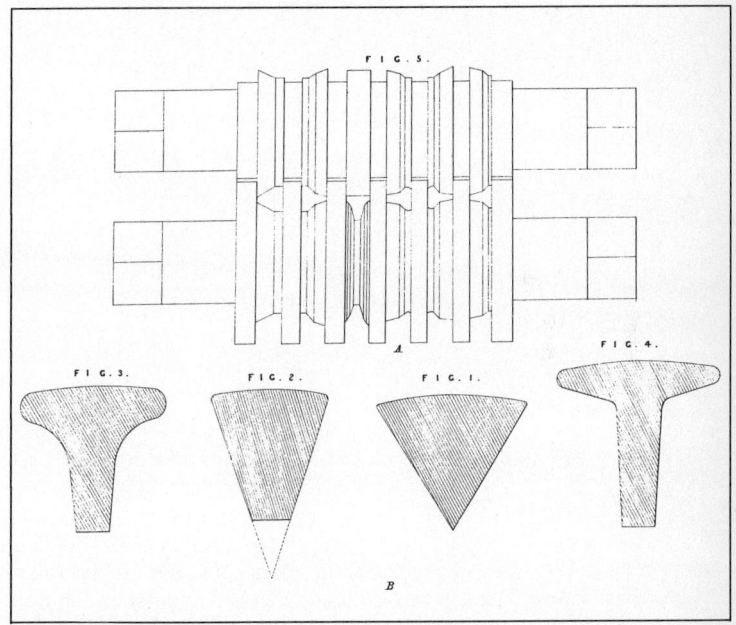

62: Die ersten Kaliberwalzen für Eisenbahnschienen, 1820. Bis 1820 konnte man nur einfaches Flach- oder Rundeisen walzen. J. Birkinshaw war der erste, der die Kalibrierung von Walzen für die Erzeugung eines komplizierten geometrischen Querschnittes gelöst hat. Mit seiner mit sechs Einstichen gewalzten Pilzkopfschiene aus Puddeleisen stellte er den Eisenbahnkonstrukteuren eine Schiene zur Verfügung, die den Anforderungen der Dampflokomotiven gewachsen war.

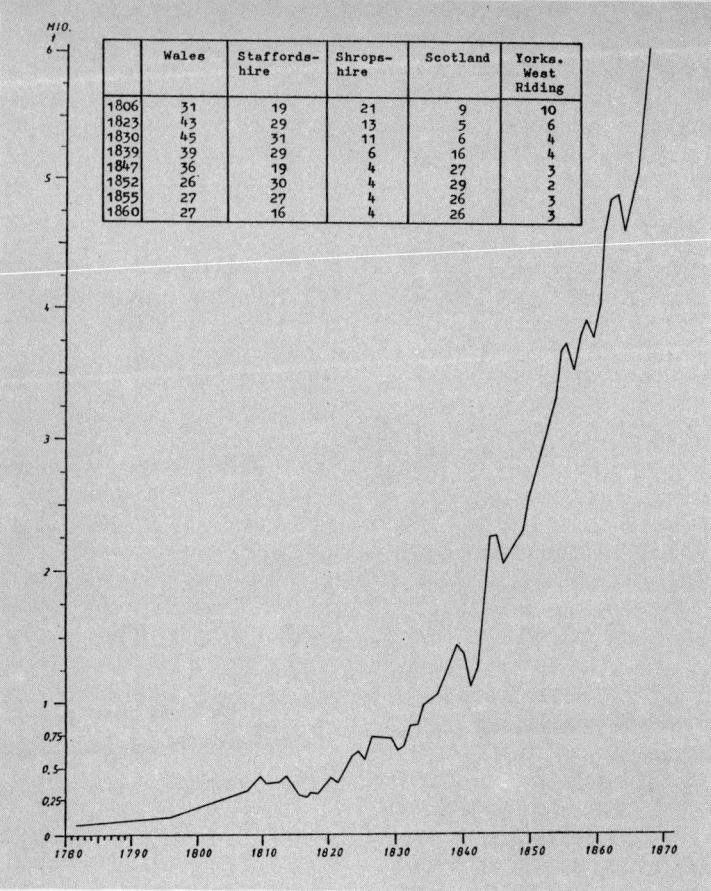

Tab. 7: Anteile der wichtigsten Hüttenregionen an der Roheisenproduktion zwischen 1806 und 1860 sowie die Roheisenproduktion Großbritanniens zwischen 1780 und 1870.

wales, gefolgt bis etwa 1806 vom kleinen Shropshire, der Geburtsstätte des Kokshochofens. Danach war bis in die 1850er Jahre der zweitgrößte Roheisenproduzent die Black County und hier hauptsächlich Staffordshire, die Heimat der berühmtesten Puddelwerke. Auf die dritte Stelle kam nach dem Einführen des Heißluftblasens Schottland, das 1862 als erste Region die magische Marke von mehr als einer Million Tonnen Jahresproduktion überschritten hat (Tab. 7).

Der größte Kohlenpott Europas

Im Unterschied zu den meisten europäischen Ländern war in Großbritannien der Kohlebergbau keine Neuschöpfung der industriellen Revolution. In keinem anderen Land der Welt wurden schon seit dem 17. Jahrhundert so viele Menschen im Abbau und Transport der Kohle beschäftigt wie dort. Um 1530 förderten die Kohlebergwerke in Großbritannien ca. 200 000 Tonnen, ein Jahrhundert später waren es schon 1,5 Millionen und um 1750 dann fünf Millionen Tonnen (Nef, J. U. 1964, S. 169f), in

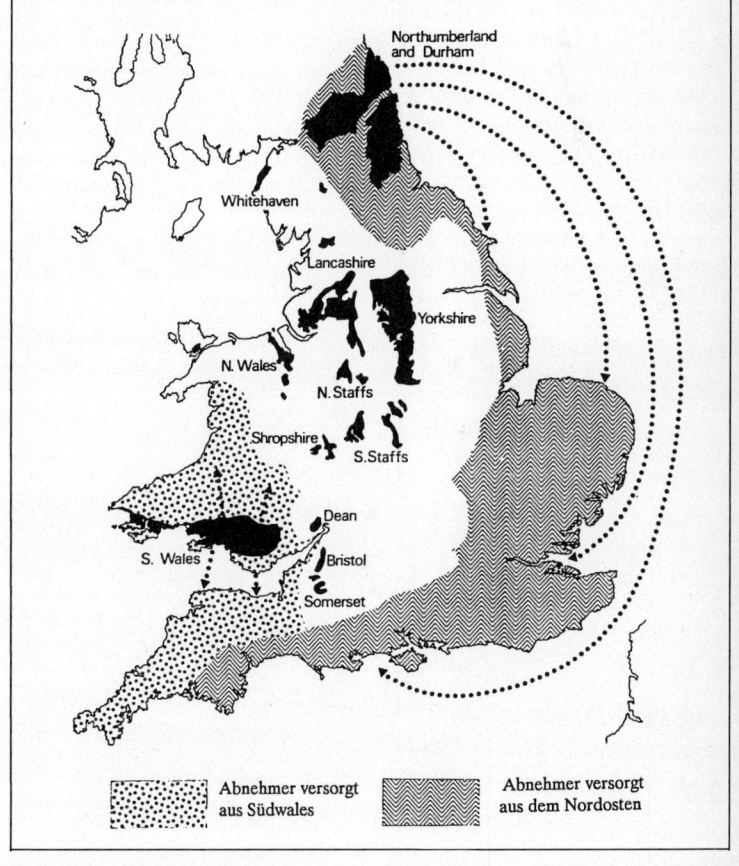

63: Die Karte verdeutlicht die Bedeutung der Küstenschiffahrt für den Absatz der Kohle aus dem Nordosten und aus Südwales.

etwa so viel, wie das Ruhrgebiet hundert Jahre später lieferte. Fast alle im 19. Jahrhundert genutzten Lagerstätten waren schon im 17. Jahrhundert bekannt und wurden je nach örtlichem Bedarf abgebaut. Die wichtigste Region waren damals die Kohlenfelder in Durham und Northumberland mit der Metropole Newcastle, und an zweiter Stelle rangierte schon seit dem 17. Jahrhundert Südwales.

Der Transport über größere Entfernungen rentierte sich ausschließlich auf Wasserwegen. Nur so konnte das mit der Küstenschiffahrt über die Themsemündung erreichbare London zu einem der wichtigsten Abnehmer werden (Abb. 63). Außer für den Hausbrand wurde Kohle seit dem 17. Jahrhundert unter dem Druck der steigenden Holzpreise in zunehmendem Maße auch für Produktionszwecke vorrangig dort verwendet, wo es nur um das Heizen von Anlagen ging. So in der Salzsiederei, Glasmacherei und Töpferei, Rohrzuckerraffinerie, Ziegelei, Färberei, Seifensiederei, Bierbrauerei, später in der Tiegelstahlerzeugung usw. Die wichtigsten Anreize für die technische Entwicklung, die schon längst vor der industriellen Revolution von dem im Tiefbau betriebenen Kohlebergbau ausgingen, waren zum einen die Bemühungen um eine Dampfpumpe, die das Problem der Wasserhaltung lösen sollte, zum anderen der Ausbau von vorerst hölzernen und später auch eisernen Schienenwegen zur Bewältigung des Transportaufkommens zwischen Gruben und Verladestationen für den Wassertransport (Abb. 64).

64: Kohleverladehafen in Northumberland. Die Waggons wurden meistens auf Schienenwegen direkt in eine Ausladevorrichtung gefahren, die die Waggons über die Kähne senkte und die Kohle auskippte.

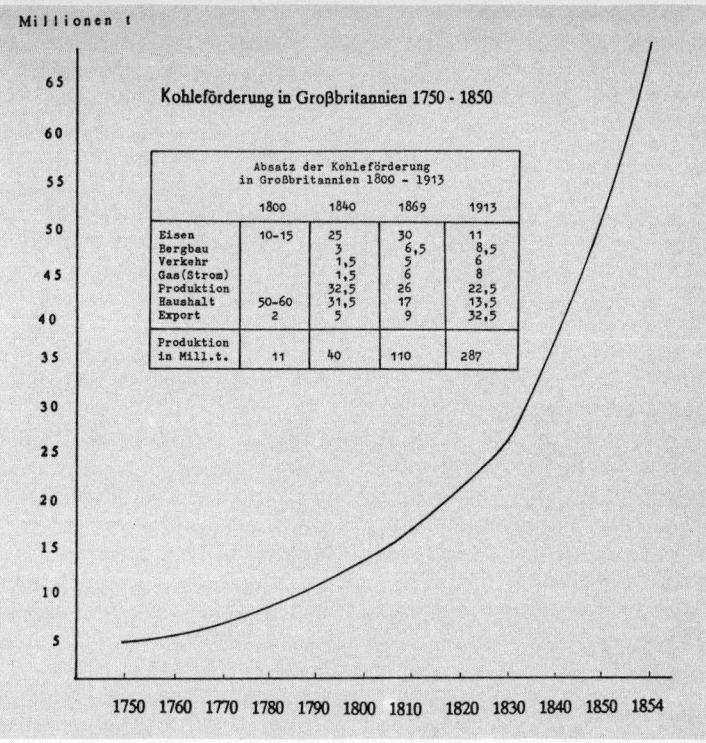

Tab. 8: Die Kohleförderung Großbritanniens zwischen 1750 und 1850 sowie die wichtigsten Abnehmer.

Während der industriellen Revolution wuchs die Inlandsnachfrage nach Steinkohle hauptsächlich durch die technischen Neuerungen auf drei Gebieten: durch den Einsatz von Steinkohle in den Stoffumwandlungsverfahren der Eisenerzeugung; durch neue chemisch-technologische Verfahren auf Steinkohlenbasis, die die neue chemische Großindustrie begründeten; durch den massenhaften Einsatz der Dampfmaschine als Kraftmaschine sowohl in der Produktion wie auch im Verkehrswesen. Dazu kam eine kontinuierlich steigende Nachfrage auf den Auslandsmärkten, die im wesentlichen die Folge der Industrialisierung war. Die Kohleproduktion Großbritanniens stieg von 1760 bis 1805 von etwa fünf auf dreizehn Millionen und bis 1854, mit einer deutlichen Beschleunigung seit den 1830er Jahren, auf 65 Millionen Tonnen (Tab. 8). Der etwa fünffachen Steigerung der Produktion zwischen 1800 und 1864 steht eine etwas mehr als vierfache Steigerung der Arbeiterzahl gegenüber, was zwar gemessen am Ausstoß pro Arbeiter einen Anstieg der Produktivität von 260 auf 304 bedeutet, gleichwohl aber anzeigt, daß die enorme Steigerung der Kohleproduktion in der industriellen Revolution hauptsächlich von der Erhöhung der Zahl der Bergarbeiter getragen worden ist. Das bedeutet nicht, daß im Kohlebergbau keine technischen Neuerungen Eingang gefunden hätten. An erster Stelle ist der Einsatz der Dampfmaschine für die Wasserhaltung zu nennen, ohne die man dieses Problem nicht hätte lösen können. Das zweite Einsatzgebiet der Dampfmaschine war die Schachtförderung, das dritte das Abteufen von Schächten. Der Einsatz von Dampfmaschinen ermöglichte das Vordringen in immer größere Tiefen: Anfang des 19. Jahrhunderts war man im Nordosten bei etwa 300 Meter und in den 1830er Jahren in North-Staffordshire bei etwa 640 Meter angekommen.

Im Gegensatz zur Wasserhaltung, dem ersten und breitesten Anwendungsgebiet sowohl der Newcomenschen wie auch der Wattschen Dampfmaschinen, herrschte in der Schachtförderung bis zur Jahrhundertwende noch fast uneingeschränkt der Pferdegöpel und bei kleinen Gruben die Handwinde. In einigen Gruben des Nordostens benützte man als Übergangslösung eine Kombination der alten und neuen Energietechnik: Kehrräder mit Wasserantrieb und Dampfmaschinen, die das Antriebs-

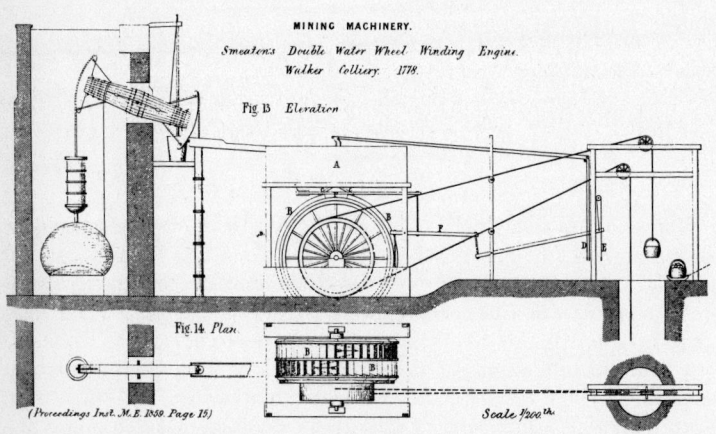

65: Wasserkraftanlage mit Dampfmaschine, 1778. Von John Smeaton entworfene und gebaute Förderanlage für die Zeche Walker Colliery in Northumberland. Das oberschlächtige Kehrrad (B) mit der Seiltrommel wird aus dem Behälter (A) mit Antriebswasser versorgt. Die Newcomensche Dampfmaschine links pumpt das abgeflossene Antriebswasser aus einem Auffangbecken zurück in den Behälter.

wasser hochpumpten (Abb. 65). Die erste Wattsche Dampfmaschine wurde als Fördermaschine im Nordosten, in der Walker Colliery 1784 und in den Midlands (in Oakthorpe) 1787 eingesetzt, die erste Fördermaschine mit einer Hochdruckdampfmaschine von Threvithick folgte 1800 in Cornwall im Erzbergbau. Der von vielen Pannen begleitete frühe Einsatz der Dampfmaschinen von Watt hat jedoch dazu beigetragen, daß viele Grubenbesitzer die verbesserte Version der Newcomenschen Dampfmaschinen als Fördermaschinen bevorzugt haben. So waren in Nottinghamshire und Derbyshire 1811 von etwa fünfzig Dampffördermaschinen fast alle von diesem Typ. Sie fraßen zwar Unmengen an Kohle, waren jedoch einfacher, weniger pannenanfällig und mindestens bis 1800 billiger. Hauptsächlich in den großen Zechen verbreiteten sich dann ab

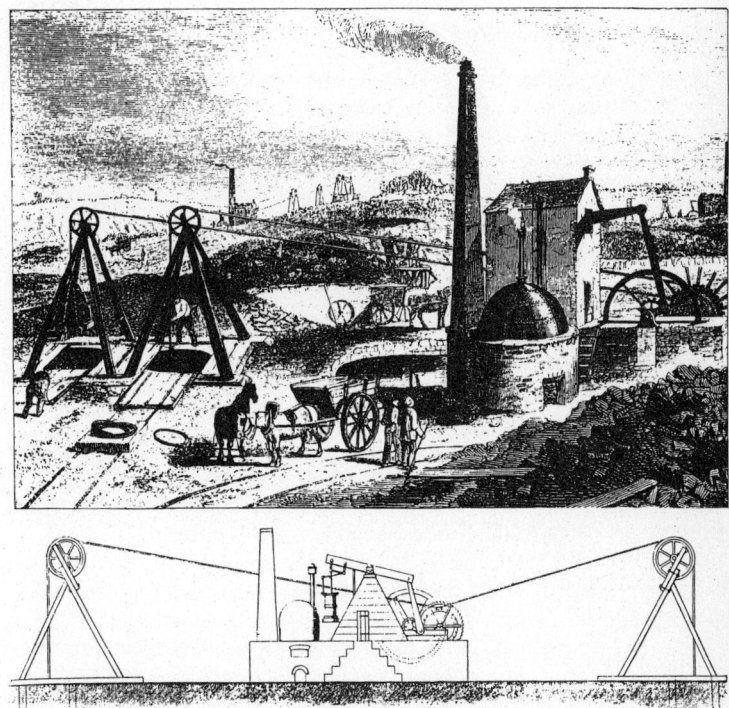

66: Förderanlage einer Kohlenzeche. Das Bild dürfte aus dem zweiten Jahrzehnt des 19. Jahrhunderts stammen. Die Kraftanlage hat noch einen typischen alten «Heuschoberkessel»; die Dampfmaschine treibt über eine Kurbel die Seilrolle für die Förderschächte. Die 1836 veröffentlichte Strichzeichnung zeigt eine mit der in dem Bild identische Förderanlage.

den 1820er Jahren moderne Dampfmaschinen Wattscher und anderer Bauart (Abb. 66). Für die Leistungssteigerung der Schachtförderung, die entweder mit Hanfseilen oder mit Ketten als Tonnenförderung durchgeführt wurde, war die Einführung von Fördergestellen sowie der Einsatz von Drahtseilen von besonderer Bedeutung. Fördergestelle (Schachtaufzüge) wurden schon 1834 im Nordosten eingeführt, konnten jedoch erst in den 1840er Jahren zusammen mit der Umstellung auf Drahtseile – eine zuerst im deutschen Bergbau eingeführte Neuerung – eine größere Verbreitung finden (Griffin, A. R. 1971, S. 26–46). Durch den Einsatz von Dampfmaschinen in der Schachtförderung stieg die Förderkapazität zum Beispiel in der Zeche Walker von täglich 108 Tonnen im Jahre 1750 (Göpel mit acht Pferden) auf 300 Tonnen im Jahre 1835. Nach Einführung von Fördergestellen und Drahtseilen stieg sie bis 1850 auf etwa 600 bis 800 Tonnen täglich (Griffin, A. R. 1977, S. 107).

Der Tiefbau und seine Gefahren

Bei der Bewetterung, d. h. bei der Abführung der verbrauchten und Zuführung von frischer Luft in den Gruben, einem der wichtigsten Faktoren zur Vermeidung von Schlagwetterexplosionen und für einigermaßen verträgliche Arbeitsbedingungen im Tiefbergbau, wurden die von der Technik gebotenen Möglichkeiten nur geringfügig genutzt (Abb. 67). Obwohl in Durham schon 1807 mit Erfolg Luftpumpen zur Unterstützung der Luftzirkulation eingesetzt und in den 1830er Jahren wesentliche Fortschritte in der Entwicklung von Grubenventilatoren gemacht worden waren, blieben Bewetterungsschächte mit Öfen zur Unterstützung der Luftzirkulation die verbreitetste Technik. 1858 schrieb Nicholas Wood, einer der angesehensten Fachleute in Großbritannien:

«Binnen der letzten fünfzig Jahre wurden in Northumberland und Durham so gut wie gar keine Verbesserungen in der Bewetterung von Kohlegruben gemacht» (Wood, N. 1858, S. 202).

Im Gegenteil, um die Kosten des Abteufens der Schächte beim Tiefbau zu senken, wurde es im Nordosten üblich, nicht getrennte Förder- und Lüftungsschächte anzulegen, sondern nur einen Schacht, den man mit einer Bretterwand hinterteilte. Um noch mehr zu sparen, verzichtete man sehr oft auf das Ausmauern des Schachtes und begnügte sich mit einer hölzernen Verschalung. Diese knausrige Bauweise verschlechterte nicht nur die Luftversorgung, sondern barg auch eine riesige Gefahr in sich: Wenn der Schacht einstürzte, gab es weder eine Luftversorgung noch einen Fluchtweg. 1862 kostete dies 204 Bergleute der Zeche Hartley das Leben, als bei vollem Betrieb der 42 Tonnen schwere Balancier der Dampfmaschine brach, ein Teil in den gemeinsamen Förder- und Lüf-

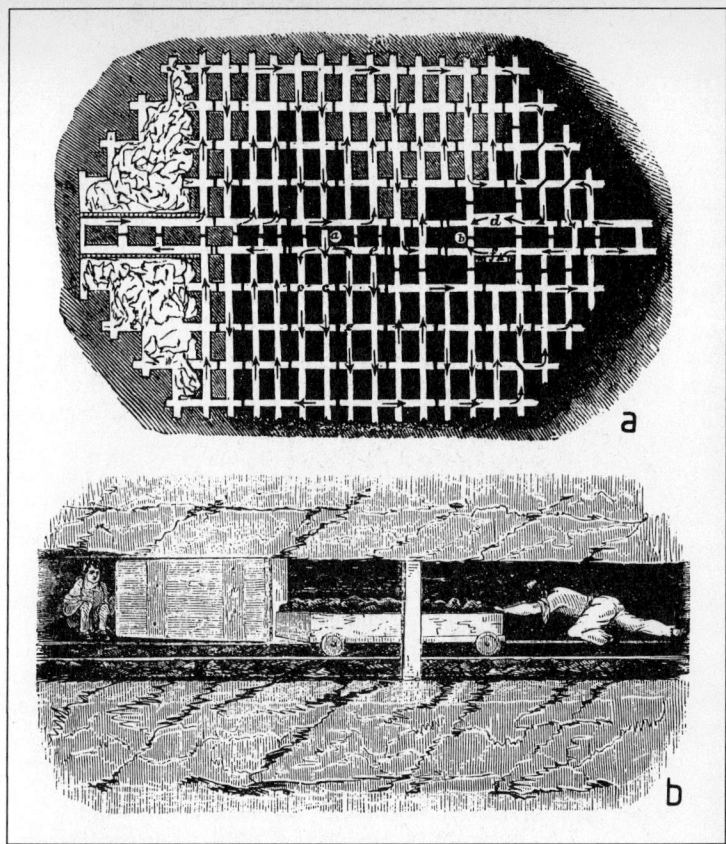

67: Bewetterung beim Pfeilerbau. (a) Grundriß des Bewetterungssystems; Zufuhr frischer (a), Abzug verbrauchter (b) Luft. Die Pfeile zeigen die Luftzirkulation, die Doppelstriche sind *trapdoors* (Falltüren) in den Förderstrecken. (b) Die *trapdoors* wurden von einem Kind, das die ganze Schicht im Dunkeln hockte, bewacht und nur für den Durchgang der Kohlenschlepper geöffnet.

tungsschacht stürzte und alles, was ihm im Wege stand, zertrümmerte. Der Schutt versperrte nicht nur den Zugang zu den ansonsten unversehrten Förderstrecken, sondern verhinderte auch jegliche Luftzufuhr. Erst nach dieser Katastrophe, die keineswegs eine Folge der nicht voll berechenbaren Risiken des Kohlebergbaus war, sah sich der Gesetzgeber genötigt, zwei Schächte für jede Grube vorzuschreiben.

68: Sicherheitsgeleucht. (a) zeigt das vom Bergmann getragene Gestellt mit der *steel mill*, einem Funkenwerfer mit Handantrieb. Er wurde nur beim Erschließen neuer Flöze benützt. (b) Die Sicherheitslampe von Henry Davy, um 1815.

Eine mit erschreckender Regelmäßigkeit vorkommende Begleiterscheinung des Vordringens zu tieferen Flözen waren Schlagwetterexplosionen, hauptsächlich im Nordosten. Die Bildung von explosiven Gasen ist zwar nicht zu verhindern, die häufigen Schlagwetterexplosionen waren jedoch Folge der vernachlässigten Bewetterung der Gruben und des offenen Geleuchts (Kerzen, Funzeln, Öllampen). Das einzige Sicherheitsgeleucht war die im Nordosten erfundene *steel-mill*, eine Art Funkenwerfer (Abb. 68), der hauptsächlich beim Erschließen neuer Flöze eingesetzt wurde (Hardwick, F. W. 1915/16, S. 552–4). Die Initiative zur Bekämpfung der Grubengasexplosionen ergriff ein von dem Pfarrer J. Hodgson in Sunderland gegründeter Verein zur Vermeidung von Bergbauunfällen. Auf Anregung dieses Vereins entwickelten Dr. Clanny und der berühmte Naturwissenschaftler Sir Humphrey Davy (1778–1829) auf Grund vieler Analysen der chemischen Zusammensetzung von Grubengasen in der Zeit von 1813 bis 1815 eine Sicherheitslampe. Ebenfalls 1815 trat auch

George Stephenson, der zukünftige Konstrukteur von Lokomotiven, mit einem solchen Gerät vor die Öffentlichkeit. Alle drei gingen nach demselben Prinzip vor: Sie suchten eine explosionsverhindernde Luftzufuhr für die Lampe und eine Reduzierung ihrer Wärmeausstrahlung. Die beste Lösung des Problems fand offensichtlich Davy mit seiner Ummantelung durch ein hauchdünnes Drahtgeflecht. Davys Sicherheitslampe wurde zwar im Detail von vielen anderen verbessert, wegen des schwachen Lichtes hat sie sich aber nur sehr langsam durchsetzen können. Allerdings war nun die Chance gegeben, das Risiko von Schlagwetterkatastrophen zu senken. Es kam jedoch anders:

«Die 1815 erfundene Sicherheitslampe senkte das Risiko von Explosionen, aber tat wenig für die Rettung von Leben» (Griffin, A. R. 1971, S. 65f).

Für viele Grubenherren, klagte ein Bergbauinspektor 1851, war sie ein Ersatz für ausreichende Bewetterung. Sich in Sicherheit wiegend, begannen die Grubenbesitzer Kohle auch dort abzubauen, wo sie es mit offenem Geleucht nicht gewagt hätten. Die Sicherheitslampe schien Garantie genug zu sein, in erschlossenen, aber verlassenen Gruben jene Kohlemassen abzubauen, die man bei dem im Nordosten üblichen Pfeilerbau nicht nur als Stützen hat stehen lassen müssen, sondern auch deshalb, um die Bewetterung der Gruben nicht zu gefährden. Trotzdem war die Sicherheitslampe angesichts der Vernachlässigung der Bewetterungstechnik die wirksamste Sicherheitsvorkehrung.

Insgesamt blieb jedoch der Kohlebergbau mit einer vier- bis fünffachen Todesunfallrate bei Männern über achtzehn Jahren die Sparte mit dem höchsten Berufsrisiko.

Tödliche Unfälle im Kohlebergbau Großbritanniens 1851

	Arbeiterzahl	auf 1000 Arbeiter tödliche Unfälle
Schottland	33 000	2,9
Northumberland/Durham	42 500	3,5
Yorkshire, Derbyhire, Nottinghamshire, Warwickshire, Leistershire	33 000	3,4
Lancashire, Cheshire, New Wales	36 000	6,0
Staffordshire, Shropshire, Worcestershire	32 500	7,1
Südwales, Gloustershire, Sommersetshire	39 000	4,3

nach: Hair 1968, S. 546.

Die nicht zu verbergenden Grubenkatastrophen waren viel zu häufig, um sie nur auf die «unberechenbaren Naturkräfte» zurückführen zu können. Dies gilt auch für die großen Schlagwetterexplosionen, die im Nordosten die häufigste Ursache von Bergkatastrophen darstellten.

Todesopfer von Grubenunfällen in den Kohlezechen von Northumberland und Durham zwischen 1799 und 1842

	Todesopfer insgesamt:	1480	
	infolge Schlagwetterexplosionen:	1157	
1812	Felling colliery	92	Explosion
1815	Heaton colliery	75	Wassereinbruch
	Success colliery	57	Explosion
1823	Plain Pit	59	Explosion
1833	Springwell	47	Explosion
1835	Wallsend	102	Explosion
1839	St. Hilda	51	Explosion

nach: Parlamentary Papers 1842, Bd. 16, S. 548 ff.

Trotzdem lag die Todesunfallrate im Nordosten und in Schottland, den Regionen mit den höchstqualifizierten Fachkräften im Management, beträchtlich unter jener in den beiden anderen wichtigen Kohlezentren, Südwales und Staffordshire. Mit 8,1 Todesfällen auf 1000 Bergleute war Staffordshire der Spitzenreiter dieser traurigen Statistik. Die häufigste Ursache waren aber nicht Schlagwetterexplosionen, sondern Einbrüche der Decke, also eine sträfliche Vernachlässigung des Grubenausbaus (Hair, P. E. 1968, S. 547, 556f). Erst in den 1850er und 1860er Jahren sah sich der Gesetzgeber auf Grund der haarsträubenden Nachlässigkeiten, die bei Untersuchungen von Bergkatastrophen zu Tage kamen, veranlaßt, den Freiheiten der zum Teil fachlich völlig inkompetenten Zechenherren und ihrer Manager mit verbindlichen Vorschriften ein Ende zu setzen.

Der Häuer und seine Schlepper

Der Abbau vor Ort, die eigentliche Gewinnung der Kohle aus dem Flöz sowie, mit wenigen Ausnahmen, der Transport der Kohle auf den Förderstrecken bis zum Förderschacht und der Ausbau der Förderstrecken blieben fast vollständig im Bereich der Hand-Werkzeug-Technik. Die Abbaumethode richtete sich nach den geologischen Gegebenheiten und der

69: Arbeitsbedingungen im Kohlebergbau, um 1840. (a) Eine komprimierte Darstellung der Situation in der Hauptstrecke eines Zehnyardflözes in Staffordshire. Die Hauer arbeiten vor Ort mit der Spitzhacke im Stehen und mit offenem Geleucht. Die große Stückkohle wird von den Schleppern auf dem Förderwagen aufgestapelt und mit Pferden zum Förderschacht, rechts, gefahren. (b) In niedrigen Flözen mußten die Hauer im Liegen mit der Spitzhacke die Kohle abbauen.

Lage und Mächtigkeit des Flözes. Im Nordosten überwog der Strecken- und Pfeilerbau, in den Midlands der Strebbau, in Südwales der Stollenbau (Abb. 69). Gleich welche Methode angewendet wurde, die Gewinnung der Kohle blieb Schwerstarbeit des Häuers mit seinen Hand-Werkzeugen: Spitzhacke, Keile, Hammer und Schaufel. Sprengstoff zum Abbau der Kohle wurde erst seit den 1830er Jahren eingesetzt. Obwohl das Trennen mit Sprengen leichter und schneller verlief, besonders beliebt und verbreitet war es nicht, teils aus Sicherheitsgründen und teils, weil dabei sehr viel minderwertige und niedriger entlohnte Kleinkohle anfiel.

Der Transport der vor Ort in Gefäße, meistens in Körbe, Hunde oder Schlepptröge geladenen Kohle wurde bis zu der Hauptstrecke, dem Förderstollen, ausschließlich und auf der Hauptstrecke zum Förderschacht überwiegend mit der Muskelkraft von Menschen unter unmenschlichen Bedingungen durchgeführt. Nur dort, wo eine gewisse Höhe der Förderstrecke ohne größere Investitionen erreicht werden konnte, wie in den berühmten Zehnyard-Flözen Staffordshires, kam es zum Bau von Grubenbahnen mit Pferdetraktion; schiefe Ebenen und ähnliches waren selten. Als minimale Höhe für Pferdetraktion wurden sechs englische Fuß (183 cm) und für Ponys oder Esel 4,5 Fuß (137 cm) angenommen. In den niedrigen, meistens nur 60 bis 76 cm, manchmal auch nur 46 cm hohen Nebenstrecken wurden zum großen Teil Kinder beiden Geschlechts und Frauen als *putter* eingesetzt. Sie mußten die Hunde oder Körbe stoßen und/oder aufgeschirrt ziehen und dabei nicht selten auf allen vieren kriechen (Abb. 70). Es braucht nicht viel Phantasie, um sich vorzustellen, wie sich ein 130–150 cm hohes Geschöpf in einem 70 cm hohen Gang bewegen muß, um auch noch Karren mit 150 bis 250 kg Kohle schleppen und stoßen zu können. Einem Häuer waren meistens mehrere Schlepper zugeteilt. Ihre Arbeitszeit war länger als die bei Häuern übliche acht Stunden, weil sie von dessen Arbeitsplatz vor Ort in einer meistens Zwölf-Stunden-Schicht nicht nur die Kohle – pro Schicht zwischen fünf bis sieben Tonnen – wegschaffen, sondern auch beim Aufladen und Sieben helfen mußten. Die Laufleistung der Schlepper und Schlepperinnen belief sich – je nach Länge der Förderstrecke, die zwischen 50 und 130 Meter variierte – auf drei, fünf ja manchmal auch sieben Kilometer pro Schicht.

70: Kohlenschlepper, um 1840. Die Kohleladung wog zwischen 100 und 240 kg. In den niedrigen Förderstrecken konnten die Schlepper, meistens acht- bis zwölfjährige Jungen, manchmal aber auch Mädchen oder junge Frauen, nur auf allen vieren kriechen. Sie trugen um die Hüfte einen breiten Riemen, in den die Schleppkette des Wagens, die zwischen den Schenkeln durchgeführt wurde, eingehängt wurde.

Die Höhe der Förderstrecke wäre mit der zur Verfügung stehenden Technik zu verändern gewesen. Dies war jedoch mit Kosten verbunden und geschah so lange nicht, wie Kinder eingesetzt werden durften. Es war kein technisches, sondern ein ökonomisches Problem: Wieviel in eine Grube, mithin auch in den Ausbau der Förderstrecke investiert wurde, hing davon ab, wie hoch der Ertrag von dem dadurch zu erschließenden Flöz eingeschätzt wurde. Wenn die Tagesleistung der Kinder höher war als jene von Tieren, gab der Manager auch dort Kindern den Vorzug, wo es Tiere auch getan hätten. So wurden in der Zeche Killingworth die an steilen Stellen der Strecke zur Unterstützung der Kinder eingesetzten Esel durch Kinder-Anschieber ersetzt, weil die Esel zu langsam schienen. Der Anteil von Kindern und Minderjährigen im Kohlebergbau war hoch: 1840 waren im Nordosten in den Gruben in der Region Tyneside 41 % aller unter Tage Beschäftigten (8500) Kinder und Jugendliche, der Anteil von Kindern unter dreizehn Jahren wird auf 14–20 % geschätzt (Parlamentary Papers, 1842, Bd. 15 und 16). Das auf Grund der Berichte der parlamentarischen Untersuchungskommission 1842 erlassene Berggesetz verbot zwar generell die Beschäftigung unter Tage von Frauen und Kindern unter 10 Jahren (!), bis die Buchstaben des Gesetzes zur Realität wurden, verstrich jedoch noch geraume Zeit.

Insgesamt wurde also die neue Technik für die Erschließung der Gruben und hierbei hauptsächlich für die Wasserhaltung und Schachtförderung eingesetzt. Unter Tage, beim Stollen- und beim Streckenbau, bei der Streckenförderung und beim Abbau der Kohle vor Ort herrschte die alte Technik. Es ist jedoch kennzeichnend für diese Epoche, daß die Idee, den Abbau der Kohle mit einer Maschine durchzuführen, schon sehr früh auftauchte und ab den 1850er Jahren immer wieder aufgegriffen wurde. Das erste Patent auf eine «Maschinenspitzhacke», die das Schrämen ausführen sollte, hat ein gewisser M. Meinzies aus Newcastle schon 1761 bekommen. Die in ein Rad fixierte Spitzhacke sollte nicht von Hand, sondern über eine Transmission von einer Kraftmaschine angetrieben werden. 1830 hat dann Nicholas Wood, einer der sachkundigsten Grubentechniker, eine in einem Gestell montierte Maschinenramme auf Handantrieb patentiert. In den 1850er Jahren folgte eine echte Flut von patentierten Schrämmaschinen, bei denen alle konstruktiven Lösungen vorkamen, die sich später bei stoßenden bzw. schneidenden Schrämmaschinen bewährt haben, wie Schneideketten, Schneidescheiben usw. (Bunning, T. W. 1867/68, S. 48–60; Walker, S. F. 1902, S. 1–36). Wenn sich diese *iron men,* wie man in Großbritannien die den Menschen ersetzenden Arbeitsmaschinen gern nannte, dennoch nicht durchgesetzt haben, so lag dies zu jener Zeit nicht an sozialen Widerständen, sondern hauptsächlich daran, daß die ersten Schrämmaschinen, ähnlich wie die Maschinenkratzen für das Puddeln, im besten Fall eine Erleichterung für den Häuer, keinesfalls jedoch einen Kostenvorteil für den Unternehmer versprachen. Dies wiederum hatte technische und arbeitsorganisatorische Gründe. Abgesehen von fertigungstechnischen Problemen, die man jedoch spätestens seit 1830 immer fester in den Griff bekam, war das zentrale Problem die Energieversorgung unter Tage, die mit der Dampfmaschine nicht zu gewährleisten war. Die Energieübertragung von Dampfmaschinen über Tag war unwirtschaftlich, ihr Einsatz unter Tage aus Sicherheitsgründen so gut wie unmöglich. Der erste Schritt zur Lösung dieses Problems war der Druckluftantrieb, der erstmals unter Tage 1853 bei Glasgow verwendet wurde und der zweite Schritt der Elektroantrieb. Aus der Sicht der Arbeitsorganisation verlangte der Einsatz von Schrämmaschinen eine Anpassung des Arbeitsplatzes vor Ort. War dies gelöst und die Schrämmaschine produktiver als der Häuer, zeigte sich alsbald der nächste Engpaß in der unzureichenden Kapazität der Förderstrecken und der Fördertechnik. Aber dies war um 1860 noch nicht einmal zu erkennen. Vor Ort herrschte unangefochten der Häuer mit seiner Spitzhacke.

Bevor wir diesen Überblick der zwei wichtigsten Grundstoffindustrien schließen, sei noch kurz auf einen schon erwähnten Aspekt der Entwicklung des Kohlebergbaus eingegangen. Die enorme Steigerung der Produktion stellte die Grubenbesitzer schon im 18. Jahrhundert vor das Problem des Transportes der Kohle von den Zechen zu den Wasserwegen: zu Flüssen und Kanälen oder zur See. Zur Bewältigung dieses Transportaufkommens entstand in den zwei wichtigsten Regionen, im Nordosten und in Südwales, ein Netz von Schienenwegen, eine an sich alte Transporttechnik, die schon im frühneuzeitlichen Erzbergbau Mitteleuropas bekannt war. Neu war das Ausmaß, in dem diese Technik im britischen Kohlebergbau für den Überlandtransport eingesetzt wurde. Hier im Kohlentransport mit Pferdetraktion wurden zuerst gußeiserne Schienen eingesetzt, die verschiedenen Techniken der Führung der Räder wie zum Beispiel Rillenschienen bzw. Flachschienen mit Spurkranzrädern ausprobiert und schließlich, überwiegend von Grubenmechanikern, auch die «Dampfrösser» entwickelt.

Die Chemie – Von der Apotheke zur Großindustrie

Die Massenproduktion von Stoffen unter zunehmender Nutzung der Steinkohle nicht nur als Energieträger, sondern auch als Grundstoff verschiedener Stoffumwandlungsverfahren entstand überwiegend auf Grund der Nachfrage, die die enorm gestiegene Verarbeitung von Baumwolle und anderer Faserstoffe hervorgerufen hat. Die Reinigungsvorgänge der Fasern und Gewebe in allen Sparten der Textilindustrie und hauptsächlich das unumgängliche Bleichen der Leinen- und Baumwollgarne oder der Gewebe verlangten nach so großen Mengen an Säuren und

Alkalien, daß die herkömmliche, überwiegend pflanzliche Basis (Holz, Seetang, Barilla, Buttermilch usw.) und die alten Methoden der Stoffumwandlung wie bei der Schwefelsäure, diesen Bedarf allmählich nicht mehr decken konnten. Beim Bleichen ergab sich aus der alten Technik der Vorbehandlung mit schwachen Säuren und Sonneneinwirkung schon vor dem Baumwollboom ein weiteres Problem. Das Verfahren dauerte mehrere Monate, und außerdem brauchte man dazu große Bodenflächen, die Bleichwiesen.

Die Großproduktion der drei Grundstoffe Schwefelsäure, Soda und Chlor begründete die moderne chemische Industrie. Ihre Verfügbarkeit in großen Mengen und zu niedrigen Preisen ermöglichte die Massenproduktion und Preissenkung von Textilien, Glas und Seife. Von grundlegender Bedeutung war die Herstellung von Schwefelsäure, dem berüchtigten Vitriol, wie es einst auch im deutschen Sprachraum hieß. Sie wurde nicht nur in der Textilindustrie und anderen Produktionssparten für die chemische Behandlung von Stoffen in größerer Menge gebraucht, sondern war auch ein wichtiger Grundstoff in anderen Stoffumwandlungsverfahren, so bei der Erzeugung von Soda und Chlor.

Die höchst aggressive Schwefelsäure war bis ins 18. Jahrhundert ein im Apothekermaßstab produziertes und zu entsprechend hohen Preisen verkauftes Produkt. Der erste Nachfrageschub für Schwefelsäure kam im 18. Jahrhundert längst vor dem Entstehen der Baumwollindustrie aus traditionellen Gewerbezweigen, in denen sie als Reinigungs- oder Beizmittel verwendet wurde. In der Metallverarbeitung benötigten Messinggießer, Metallknopfmacher, Vergolder, Weißblechmacher sie, aber auch viele andere wie Gerber, Papier- und Hutmacher kamen ohne sie nicht aus. Auf diesen Markt rechnend, gründeten 1746 in Birmingham Dr. John Roebuck, der künftige erste Finanzier von James Watt, und S. Garbett, ein Geschäftsmann aus Birmingham, ihre erste Fabrik. 1749 folgte die zweite Gründung, diesmal in Prestonpans bei Edingburgh. Roebuck baute auf dem herkömmlichen Verfahren der Schwefelsäuregewinnung aus Schwefel und Salpeter auf. Als zukunftsweisend erwies es sich, daß er für die Gefäße des Umwandlungsprozesses Blei an Stelle von Glas verwendet hat. Die Bleigefäße waren nicht nur säureresistent, sondern auch bruchfest und konnten in größeren Ausmaßen hergestellt werden (Abb. 71). Das Bleikammerverfahren ermöglichte eine Steigerung der Produktion bei gleichzeitigem Senken von Produktionskosten und Preis. Diese Entwicklung haben schon Ward und White eingeleitet, die Vitriol ab 1736 industriell, aber noch in Glasgefäßen herstellten. Ihre Schwefelsäure kostete pro britisches Pfund (453 gr) anstatt des Apothekerpreises von £ 1,2 bis 2,0 nur mehr ein Sechzehntel davon, nämlich £ 0,075 bis £ 0,125. Dank dem Bleikammerverfahren sank dieser Preis nochmals um 80% auf £ 0,0146, das heißt auf etwa £ 30 pro Tonne. Die große Bedeutung der

71: Erzeugung von Schwefelsäure. Oben die traditionelle Produktion in Glasgefäßen, vor 1740; in der Mitte der erste, 1815 veröffentlichte Grundriß einer Schwefelsäurefabrik mit Bleikammern; unten eine Bleikammeranlage, um 1840.

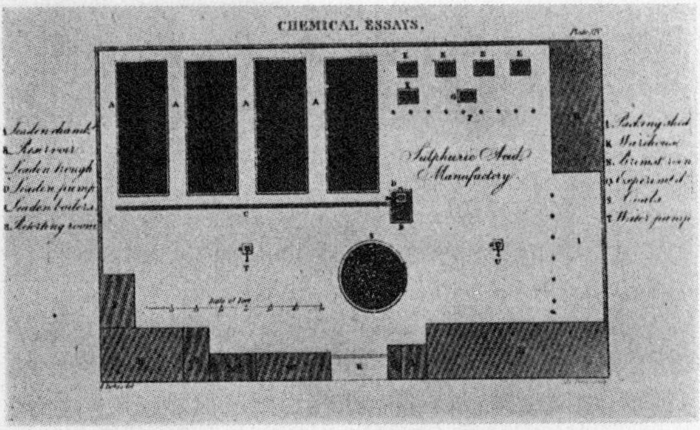

Preissenkung für Schwefelsäure für die Baumwollindustrie kann man sich leicht vorstellen, wenn man bedenkt, daß für das Bleichen von einer Tonne Baumwollprodukte einschließlich der für die Produktion von Chlorkalk und Soda notwendigen Menge ca. 91 kg Schwefelsäure sowie 47 kg Soda und 4,7 kg Chlorkalk verbraucht wurden (Binz, A. 1912, S. 338).

Der erste Boom der Schwefelsäureproduktion in den 1770er Jahren war jedoch noch nicht von der steigenden Baumwollverarbeitung, sondern von dem Bedarf an Bleichmitteln in der hauptsächlich in Schottland expandierenden Leinenerzeugung getragen. Die schnellere Bleichwirkung der Schwefelsäure war im Leinengewerbe in Schottland schon um 1750 bekannt und im Schrifttum 1756 festgehalten. Deshalb konnten weder die von Roebuck praktizierte Geheimhaltungstaktik noch das von ihm erst 1771 erlangte und 1774 definitiv wieder aberkannte Patent – und schon gar nicht die Proteste der Anwohner gegen die Luftverpestung – die Verbreitung des Verfahrens aufhalten. Sowohl in Schottland wie auch in England schossen Schwefelsäurefabriken wie Pilze aus der Erde, zum Teil auch mit der Hilfe von Arbeitern, die aus den Unternehmen Roebucks abgeworben wurden (Clow, A. 1977, S. 165–176).

Der sprunghafte Anstieg der Baumwollverarbeitung nach 1775 sowie die Einführung zuerst der Chlorkalk- und dann der Sodaerzeugung, machten die Schwefelsäureerzeugung zum Grundpfeiler der chemischen Industrie. Nach der Jahrhundertwende lockerte sich allmählich die Geheimnistuerei um das Bleikammerverfahren und 1815 erschien zum erstenmal der Grundriß einer Schwefelsäurefabrik. Das Verfahren wurde mit zunehmender Größe der Bleikammern kontinuierlich betrieben, und für die ergiebigere Verwertung der Grundstoffe war das in Frankreich entwickelte Gay-Lussac-Verfahren (1826) und der Glover-Turm (1859) von großer Bedeutung. Der wichtigste Wandel vollzog sich in den 1830er Jahren bei der Beschaffung der Grundstoffe für die Schwefelsäureerzeugung. Der überwiegend aus Indien eingeführte und in der Schießpulverproduktion stark nachgefragte Salpeter wurde allmählich durch Chile-Salpeter ersetzt. Nach 1838, als das neapolitanisch-sizilianische Königreich versuchte, den Handel mit sizilianischem Schwefel zu monopolisieren und der Schwefelpreis in Großbritannien innerhalb eines Jahres von ca. £ 7 auf £ 15 hochschnellte, suchte man nach Ersatz durch die Schwefelgewinnung aus schwefelhaltigen Metallerzen, den Pyriten. Obwohl Großbritannien die Monopolisierungspolitik mit politischen, ökonomischen und militärischen Druckmitteln innerhalb von zwei Jahren zu Fall brachte, hatte sich ein Großteil der chemischen Industrie allmählich auf Pyrite, importiert überwiegend aus Spanien und Norwegen, umgestellt.

Die Soda war der wichtigste Grundstoff für die Seifensiederei und somit auch für die Textilindustrie und für die Erzeugung von Glas. Die Erzeugung von Soda aus den Substanzen Salz, Schwefelsäure, Kalk und Kohle mit dem in Frankreich 1791 von Nicolas Leblanc (1742–1806) patentierten Verfahren wurde in Großbritannien sehr langsam übernommen. Das lag an den Wechselwirkungen zwischen den Produktionsbedingungen in Großbritannien einerseits und dem Angebot an Soda auf pflanzlicher Basis andererseits. Zwar war das Leblanc-Verfahren in Großbritannien bekannt und zwei der Grundstoffe, nämlich Kohle und Schwefelsäure, waren dort viel billiger als in Frankreich. Um so schwerer belastete die künstliche Sodaproduktion die mit £10 pro Tonne enorm hohe Salzsteuer, die erst 1825 aufgehoben wurde. Auf der anderen Seite bestand bis zum Ausbruch der antifranzösischen Kriege die Möglichkeit, den Sodabedarf der britischen Industrie durch Importe von Pottasche bzw. durch Eigenproduktion auf pflanzlicher Basis zu decken. Angesichts der Verknappung der aus Nordeuropa importierten echten Pottasche aus Holz wurden in der zweiten Hälfte des 18. Jahrhunderts als Ersatz Pottasche aus Seetang importiert, beispielsweise Barilla aus Spanien, und in Großbritannien, hauptsächlich in Schottland, der sogenannte Kelp produziert. Die infolge der Kriege verminderten Importmöglichkeiten verknappten das Angebot, die Preise schnellten hoch, so hoch, daß sogar die durch die hohe Salzsteuer belastete Erzeugung künstlicher Soda gewinnbringend wurde. Nach 1815 stand jedoch die künstliche Soda wieder im Preiswettbewerb zu den bis 1830 steigenden Importen von Soda auf pflanzlicher Basis. Angesichts der Tatsache, daß für den Leblanc-Prozeß Schwefelsäure und Salz im Verhältnis 100:133 eingesetzt wurde, dürfte die hohe Salzsteuer ein großes Hindernis für die Verbreitung der Sodaindustrie gewesen sein. Andererseits dürften die wesentlich gesenkten Schwefelsäurepreise ein Anreiz gewesen sein, die Leblanc-Methode trotzdem im großen Maßstab aufzunehmen.

Der erste, der sich – drei Jahre vor der über ein Vierteljahrhundert diskutierten Aufhebung der Salzsteuer – zu diesem Schritt entschloß, war James Muspratt (1793–1886). 1823 eröffnete er in Liverpool seine Fabrik, deren Standort er mit Blick auf den guten Zugang zu dem Grundstoff Salz (in Lancashire und Cheshire) und zu einem der Hauptabnehmer, der Baumwollindustrie in Lancashire, wählte. Als das Großunternehmen Tennant in St. Rollox bei Glasgow 1825 die Großproduktion von Soda in Schottland einführte, waren in Großbritannien die Grundlagen einer Sodaerzeugung auf mineralischer Basis geschaffen, die den Bedarf anderer Industriezweige decken konnte. In der weiteren Entwicklung der Sodaindustrie entstand neben Lancashire und der Umgebung von Glasgow ein drittes Zentrum im Nordosten Englands, im Tyneside. Um 1850 entfielen dann auf diese Region etwa 50% sowohl der Kapitalinvestitionen wie auch der Arbeiter der britischen Sodaindustrie (Haber, L. F. 1969, S. 18).

Im Alltag der Bürger machte sich die Sodaindustrie nicht nur in den Preisen der Baumwollwaren bemerkbar. Die Preise der nach dem Leblanc-Verfahren großindustriell erzeugten Soda fielen zwischen 1820 und 1850 von £36,5 auf £5,5. Dies ermöglichte nicht nur die Verdoppelung des Seifenverbrauchs in demselben Zeitraum, sondern auch die Entfaltung einer Massenproduktion von Glas zu Preisen, die es allmählich für breitere Schichten zugänglich machten. In der Umgebung der Sodafabriken waren die Bürger weniger erfreut: Von der Musprattschen Fabrik ist bekannt, und bei anderen dürfte es nicht anders gewesen sein, daß die Säuredämpfe den Pflanzenwuchs kilometerweit verwüsteten. Die Stadtverwaltung von Liverpool zwang deshalb Muspratt zur Umsiedlung der Fabrik nach St. Helens, wodurch das Übel nicht beseitigt, sondern nur verlagert wurde. Die wichtigste Methode des «Umweltschutzes» waren auch in dieser Sparte hohe Schornsteine; sie verdünnten durch weiträumige Verteilung die giftigen Abgase und erschwerten in Ballungsräumen der chemischen Industrie die Identifizierung der Verursacher.

Der dritte Stoff, dessen Erzeugung ein wichtiges Standbein der chemischen Großindustrie wurde, war der Chlorkalk. Die Bleicheigenschaften des erst 1774 von Carl Wilhelm Scheele (1742–1786) entdeckten Chlors hat der französische Chemiker Claude Louis Berthollet (1748–1822) schon um 1785 nachgewiesen, und im letzten Jahrzehnt des 18. Jahrhunderts wurde die Chlorbleiche sowohl in Schottland wie auch in Lancashire eingeführt. Ein großes Hindernis bei der Verbreitung des Chlors war jedoch seine Gasform: Er konnte nicht transportiert werden und mußte am Ort der Verwendung, in den Bleichereien, hergestellt werden. Die industrielle Großproduktion des Bleichmittels ermöglichte erst ein von dem Schotten Charles Macintosh (1766–1843), dem späteren Erfinder des gummierten, wasserdichten Baumwollstoffes, entwickeltes Verfahren der Absorption von Chlorgas in gelöschtem Kalk (Abb. 72), «der ersten technisch angewandten Reaktion zwischen einem Gas und einem Feststoff» (Hardie, D. W. F. 1977, S. 198f). Weil das Patent (GB, Nr. 2312, 1799) sein Geschäftspartner Charles Tennant (1768–1838), der Begründer der Fabrik in St. Rollox, genommen hat, hielt man lange Zeit und

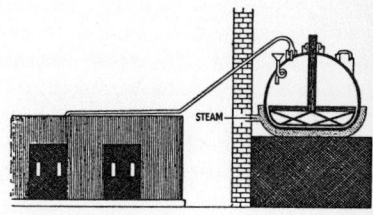

72: Erzeugung von Bleichpulver. In den Kammern, links, wird gelöschter Kalk ausgebreitet. Das in Bleikammern produzierte Chlorgas wird durch eine mit Wasser gefüllte Bleikammer (nicht im Bild) in die Kalkkammern geleitet. Nach zwei Tagen wird der Kalk durchgerührt und nach weiteren zwei Tagen ist der Chlorkalk, das Bleichpulver, fertig und wird für den Versand in Holzfässer abgefüllt.

gelegentlich auch noch heute (Osteroth, D. 1985, S. 45) Tennant für den Erfinder. Jedenfalls stand die Produktion des Bleichpulvers, für dessen Herstellung die Rollox-Werke die notwendige Schwefelsäure vorerst kaufen mußten, am Anfang des steilen Aufstieges des kleinen Unternehmens in St. Rollox zur größten chemischen Fabrik Großbritanniens. Im Gesamtgefüge chemischer Produkte stand der Chlorkalk mengenmäßig weit hinter der Schwefelsäure und Soda. So wurden in Großbritannien um 1850 an Soda etwa 139 000 Tonnen und an Bleichpulver nur 13 000 Tonnen produziert. Trotzdem war der Chlorkalk, dessen Preis von 1800 bis 1830 von £ 130 auf £ 80 (Haber, L. F. 1969, S. 12, 18) fiel, einer der wichtigsten Chemikalien nicht nur für die Textilindustrie, sondern in zunehmendem Maße auch für die Papiererzeugung und später der Grundstoff für eines der wirksamsten Desinfektionsmittel.

Die Anfänge der Gasbeleuchtung

Eine weitere Sparte der chemischen Industrie, die ebenfalls in den ersten Jahrzehnten der industriellen Revolution entstand, war die kommerzielle Erzeugung von Leuchtgas aus Steinkohle. Bei der Verkokung von Steinkohle ist zwar von jeher Leuchtgas als Nebenprodukt angefallen, es verflüchtigte sich jedoch ungenutzt. Die gezielte Leuchtgaserzeugung begann erst am Ende des 18. Jahrhunderts. In Frankreich experimentierte Phillippe Lebon (1769–1864) mit Holz, während sich in England der in Diensten von Boulton & Watt stehende schottische Techniker William Murdoch (1754–1839) seit 1792 mit der Leuchtgaserzeugung aus Steinkohle beschäftigte. Nach vielen erfolgreichen Versuchen auf dem Gelände der Maschinenbauanstalt in Soho bei Birmingham installierte die Firma Boulton & Watt 1805/6 dann die erste Gasbeleuchtung für eine Baumwollspinnerei, für die Firma Philipps & Lee in Salford, in einem der modernsten Fabrikgebäude mit gußeisernen Stützen und Trägern. Die Pläne der Anlage stammten von Murdoch, die Ausführung von Samuel Clegg (1781–1861), dem führenden Gastechniker, der später viele Patente, u. a. für das Filtern des Gases mit Kalk und für das Symbol der Gaswerke, den als Gasometer bezeichneten Gasbehälter, genommen hat (Abb. 73). In dieser ersten Stunde der Gasbeleuchtung waren die Abnehmer überwiegend Textilfabriken und der häufigste Ausstatter Boulton & Watt. Für die Beleuchtung kleiner Räume war diese Leuchtgastechnik wegen des hohen Sauerstoffverbrauchs aber noch nicht geeignet.

Gleichzeitig lief die Werbung für die Verbreitung der Gasbeleuchtung durch Installationen in öffentlichen und privaten Gebäuden. Es dauerte allerdings bis 1812, bevor es dem von der Idee der Gasbeleuchtung besessenen deutschstämmigen Kaufmann A. F. Winzler-Winsor gelang, die Bewilligung des Parlaments für die Gründung eines öffentlichen Gaswer-

73: Gasbehälter (Gasometer) für die öffentliche Gasversorgung, um 1840. Der Gasbehälter besteht aus einer aus Eisenblech gefertigten Glocke, die über einem mit Wasser gefüllten Behälter aus Eisenblech vertikal beweglich aufgehängt ist, um sich der Gasmenge anpassen zu können. Auf dem Bild sind die gußeisernen Tragkonstruktionen und die Gegengewichte der Glocken deutlich erkennbar.

kes in London zur Versorgung privater und öffentlicher Abnehmer zu bekommen. Die Gas Light and Coke Company, zustande gekommen gegen den Willen der Firma Boulton & Watt, die die Gasbeleuchtung gern für sich monopolisiert hätte, steht somit am Anfang der öffentlichen Gasbeleuchtung. Ihr technischer Experte für die Entwicklung der Verfahren und Geräte war Clegg. In kurzer Folge entstanden öffentliche Gasgesellschaften in Glasgow und Edinburgh, in Manchester, Liverpool, Dublin usw. In den 1820er Jahren, als schon in gut fünfzig britischen Städten die Einwohner der besseren Viertel die Gasbeleuchtung genießen durften, verbreitete sich diese Technik auch auf dem europäischen Kontinent. In Deutschland verlief dieser Prozeß unter wesentlicher Einflußnahme der britischen Firma Imperial Continental Gas Association.

Die hier skizzierte Entstehung der industriellen Produktion von Schwefelsäure, Soda und Chlor sowie die Anfänge der kommerziellen Leuchtgaserzeugung waren nur der erste Akt bei der Entstehung der Großchemie. Ihre weitere Entwicklung war von dem Bemühen bestimmt, die nicht nur nutzlosen, sondern auch kostenverursachenden Rückstände der chemischen Industrie in verwertbare chemische Produkte zu verwandeln – zum Beispiel bei der Leuchtgaserzeugung anfallenden Teer. So entstand in einigen Jahrzehnten die Teerkohlen- und Ammoniakindustrie. Die chemische Industrie war von allen führenden Sparten dieser Zeit diejenige mit der engsten Rückkoppelung zur wissenschaftlichen Forschung, und gleichzeitig gingen von ihr, ebenso wie von der Hüttenindustrie von Anfang an auch die größten Umweltbelastungen aus. Ihre Anbindung an andere Industriezweige bestand nicht nur in der Lieferung von wichtigen Grundstoffen, sie war auch eine weniger auffallende, aber wichtige Abnehmerin von Kohle, von Blei und Gußeisen bzw. Gießereiprodukten, von Profilstählen und Blechen, von Werkzeugmaschinen für die Blechbearbeitung, von Dampfkesseln und Dampfmaschinen.

IV. Energieversorgung – Wasserrad und Dampfmaschine

Die in der industriellen Revolution massenhaft eingeführten Maschinen für die Formveränderung von Stoffen und die steigende Zahl an Maschinen der Ortsveränderung im Bergbau (Pumpen, Fördermaschinen) bedeuteten einen erhöhten Bedarf an Antriebsenergie. Die Bereitstellung dieser Energie in der entsprechenden Form und am entsprechenden Ort war eine Grundvoraussetzung der Verbreitung technischer Neuerungen in den führenden Sparten der Industrie. Als die explosive Entwicklung der Baumwollspinnerei begann, standen als Energieträger außer der biologischen Energie, also der Muskelkraft von Menschen und Tieren, die Naturkräfte Wind und Wasser sowie Holz und die nicht regenerierbare Kohle zur Verfügung. Auch wenn der Anteil von Mensch und Tier an der Energieversorgung quantitativ schwer zu erfassen ist, blieben sie, wenn auch mit rückläufiger Tendenz, ein wichtiger Faktor. Zunächst wurde der Muskelkraft des Menschen bei der Gewinnung von Stoffen und ihrem Transport, beim Handhaben von Werkzeugen, beim Antrieb und bei der Steuerung von Maschinen sowie bei der Ortsveränderung von Werkstücken im Produktionsprozeß und von Waren im Verteilungsprozeß eher mehr als weniger abverlangt. Der Wind als Energieträger mit dem Windrad (Windmühle) als Energieumformer wurde weitgehend in den traditionellen Bereichen und hier hauptsächlich beim Mahlen genutzt.

Die Modernisierung des Wasserrades

Die wichtigste Kraftmaschine der vorindustriellen Zeit war das Wasserrad als Energieumformer des Energieträgers Wasser. Die Grundvoraussetzung für den Einsatz dieser Kraftmaschine war das Vorhandensein einer entsprechenden Menge des Energieträgers, also von fließenden Gewässern. Insofern war die Nutzung des Wasserrades von geographischen sowie klimatisch-meteorologischen Gegebenheiten abhängig. Mit technischen Mitteln, wie etwa mit dem Bau eines Systems von Wasserspeichern, konnte diese Abhängigkeit nicht abgeschafft, sondern nur eine optimale Nutzung des Energieträgers erreicht werden. Das zentrale Problem war deshalb die Standortgebundenheit der Wasserkraftanlagen und nicht ihre Leistung oder der Wirkungsgrad der Wasserräder. Im 18. Jahrhundert erreichten die aus Holz gefertigten Wasserräder eine Leistung von etwa 10 PS (7,35 kW) und der Wirkungsgrad lag je nach Bauweise (unter-, mittel- oder oberschlächtige Wasserräder) zwischen 33 und 66%. Diese Leistungen waren für die erste Generation der Arbeitsmaschinen vorerst ausreichend, was schon dadurch bewiesen ist, daß die ersten Fabriken in der Spinnerei, aber auch die meisten Zylindergebläse und Walzwerke in Hüttenwerken auf Wasserradantrieb eingerichtet waren. Insofern ist es widersinnig, davon zu sprechen, daß die Fabrik von der Dampfmaschine ins Leben gerufen worden sei. Fabriken entstanden sehr oft an alten Standorten von Mühlen, weil es kostensparend war, die alte Wasserkraftanlage zu übernehmen oder zu überholen. Die neuere Forschung ist sich darin einig, daß bis etwa 1815 im Gesamtgefüge der Energieversorgung von alten und neuen Arbeitsmaschinen für die Formveränderung von Stoffen in Spinnereien, Walzwerken, Mühlen, Stampfen usw.

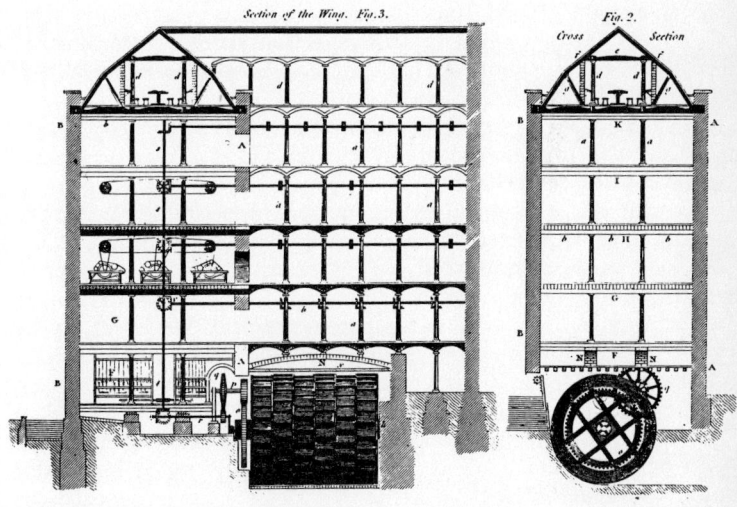

74: Wasserradantrieb für Baumwollspinnereien. Das 1803 gebaute mittelschlächtige Wasserrad betrieb in der North Mill in Belper ca. siebzig Spinnmaschinen mit insgesamt 4240 Spindeln, 136 Kardier-, 16 Streck-, 4 *Mule*-Maschinen und mehrere Doublier- und Zwirnmaschinen.

der Wasserradantrieb vorherrschte und auch später, als die Dampfmaschine die Führungsrolle übernahm, blieb er ein wichtiger Faktor in der Energieversorung. Dies hatte sowohl technische als auch betriebswirtschaftliche Gründe.

Der wohl wichtigste technische Grund war der Entwicklungsstand der Dampfmaschine. Vorerst gab es nur die Dampfmaschine von Thomas Newcomen: ihr Kohleverbrauch war entsprechend dem niedrigen Wirkungsgrad zu hoch, an Zuverlässigkeit im Dauerbetrieb mangelte es noch, für eine Kreisbewegung wurde sie erst 1779 adaptiert, und nicht zuletzt war sie in der Anschaffung alles andere als preiswert. Die Dampfmaschine von James Watt befand sich bis in die 1780er Jahre noch im Entwicklungsstadium. In derselben Zeit wurde sowohl die Leistung wie auch die Funktionstüchtigkeit der Wasserräder durch Verbesserungen der Bauart, durch die Verwendung von Eisen für einige Bauteile und durch größere Ausmaße optimiert (Abb. 74). Diese Entwicklung setzte schon um 1750 ein, als John Smeaton genaue experimentelle Messungen des Wirkungsgrades von Wasserrädern durchführte, mit denen er auch die Irrlehre einiger Mathematiker widerlegte, nach denen unterschlächtige Wasserräder den höchsten Wirkungsgrad haben sollten. Als die Dampfmaschine nach 1800 allmählich preiswerter und zuverlässiger wurde, kamen die Fortschritte in der Eisenerzeugung und Metallbearbeitung auch dem Wasserrad zugute. In England und Schottland spezialisierten sich einige führende Konstrukteure, wie William Fairbairn in Manchester, auf den Bau von «Hochleistungswasserrädern», die nicht nur in Großbritannien, sondern auch nach Frankreich und in die Schweiz überwiegend für den Antrieb von Spinnereien verkauft wurden.

Der Hang vieler Unternehmer, beim Wasserrad zu bleiben, war kein Ausdruck von Innovationsfeindlichkeit, sondern die Folge der Abwägung von Kosten und Nutzen. Für den Bau und die Instandhaltung einer Wasserkraftanlage waren an jedem Standort Fachkräfte zu finden. Die Baukosten der kompletten Anlage waren hoch, wobei der niedrigste Kostenpunkt das Wasserrad selbst war. Solche Investitionen amortisierten sich nur während eines längeren Zeitraumes über die relativ niedrigen Betriebskosten. Bei einem Standort mit ausreichender Wasserversorgung konnte es deshalb kostengünstiger sein, die alte Anlage zu modernisieren, als auf eine Dampfmaschine umzusteigen. In Ausnahmefällen haben auf diese Weise auch Großbetriebe das 19. Jahrhundert mit Wasserradantrieb überstanden. Als Beispiel sei hier die große Baumwollspinnerei von S. Greg in Styal genannt, die bis 1904 mit einem 120 PS (88,3 kW) Wasserrad von 9,75 Meter Durchmesser und 6,4 Meter Breite und nachher bis 1958 mit einer 200 PS (147,2 kW) Wasserturbine betrieben wurde (Hills, R. L. 1970, S. 108–110).

Eine weitere Verlängerung der Nutzung von Wasserradantrieben ermöglichten die mit Dampfmaschinen angetriebenen Kolbenpumpen. Mit ihnen wurde das Antriebswasser aus einem Auffangbecken unterhalb des Wasserrades in den Antriebsspeicher hochgepumpt (vgl. Abb. 65). Um 1800 wurden 150 bis 200 Dampfmaschinen, also etwa 7 bis 10 % der Gesamtzahl, zu diesem Zweck eingesetzt (Kanefsy, J.; Robey, J. 1980, S. 180f). Diese Kombination von Dampfmaschine ohne Kreisbewegung mit Wasserrädern versorgte noch in den 1830er Jahren das Eisenwerk in Cyfarthfa bei Merthyr Tydfil in Südwales, eines der größten der Welt, mit der notwendigen Antriebsenergie (Mechanics Magazine, Vol. 31, 1839, S. 350). Andere Formen der Nutzung der Wasserkraft, wie Gezeitenmühlen – Wasserräder, die die Bewegung der Wassermassen des Meeres durch Ebbe und Flut nutzten – spielten für die Energieversorgung in Großbritannien eine ebenso zu vernachlässigende Rolle wie die im mitteleuropäischen Bergbau entwickelten Wassersäulenmaschinen. Den Weg zur effektiveren Nutzung der Wasserkraft mit der Wasserturbine haben die Briten nicht verfolgt; darüber zerbrachen sich Konstrukteure auf dem europäischen Kontinent in solchen Regionen die Köpfe, wo es weder Steinkohle noch preiswerte Dampfmaschinen gab. Die ersten Konstrukteure waren die Franzosen Fourneyron und Jonval (1827 bzw. 1841) und der Deutsche Henschel (1837) (Braun, H.-J. 1979, S. 285ff).

Dieser lange Aufenthalt bei der Wasserkraft soll keineswegs in Frage stellen, daß in der industriellen Revolution der wichtigste Energieträger die Steinkohle und der wichtigste Energieumwandler die Dampfmaschine gewesen sind. Ihre Ursprünge, auf die wir hier nicht ausführlich einzugehen brauchen, liegen in den Bedürfnissen des britischen Kohlebergbaus, der dort, wo er schon im 17. Jahrhundert im Tiefbau betrieben wurde, die Probleme der Wasserhaltung mit der alten Technik der Kehrräder bzw. Pferdegöpel kaum noch bewältigen konnte. Die ersten Dampfmaschinen, die kolbenlose Dampfpumpe von Thomas Savery (1650–1715) und die atmosphärische Kolbendampfmaschine von Thomas Newcomen (1663–1729), die zum erstenmal 1712 in einem Kohlebergwerk in Coneygree bei Dudley eingesetzt wurde, sollten dieses Problem lösen. Letztere hat eine für Kohlebergwerke akzeptable Lösung gebracht. Sie verbrauchte Unmengen von Kohle – ein Verbrauch, der durch das Konstruktionsprinzip und zum Teil durch fertigungstechnische Mängel begründet war. Dies interessierte jedoch die Grubenbesitzer ebensowenig wie ihr geradezu astronomischer Preis, angeblich £ 1700 im Jahre 1745. Sie verbreitete sich sehr schnell, hauptsächlich in den Kohlerevieren des Nordostens und Schottlands, aber ebenfalls in der Umgebung von Birmingham. Schon 1720 waren etwa vierzig «Feuermaschinen» in Betrieb, um 1740 zählte man dann 150 und um 1780 waren es ca. 800 (Kanefsky, J.; Robey, J. 1980, S. 169). Bei einer gewissen Größenordnung der Zeche und der erreichten Tiefe gab es keine kostengünstigere Technik der Wasserhaltung: 12 bis 24 Pferde für Göpel ähnlicher Leistung waren in der Anschaffung sicher billiger, wegen der Futter- und Pflegekosten war der Betrieb jedoch um so teurer.

Der hohe Kohleverbrauch der Dampfmaschine von Newcomen lag hauptsächlich daran, daß der Zylinder sowohl als Dampfaufnehmer wie auch als Kondensator diente. Dasselbe Gefäß mußte also abwechselnd aufgewärmt und abgekühlt werden. Zu dieser wichtigsten Ursache des Wärmeverlustes kamen andere, wie unrunde Zylinder und die Probleme mit der Dichtung zwischen Kolben und Zylinder. In den 1750er Jahren hat John Smeaton, einer der begabtesten Techniker dieser Zeit, die Newcomen-Dampfmaschine wesentlich verbessert. Mit exakten Messungen an einem Modell und an verschiedenen Dampfmaschinen wies er nach, daß der Wirkungsgrad mit Vergrößerung der Zylinder nur bis zu einem gewissen Grad steigt, darüber hinaus aber sinkt. Auf Grund vornehmlich fertigungstechnischer Verbesserungen einzelner Teile gelang es ihm, den Wirkungsgrad zu verdoppeln, also mit derselben Menge Kohle die doppelte Leistung zu erreichen. Im Jahre 1779 wurde dann auch die erste Newcomen-Dampfmaschine mit Drehbewegung installiert und um 1800 gab es von diesem Typ ca. 86 Maschinen. Insgesamt hatte nach Smeatons Verbesserungen die Newcomen-Dampfmaschine, auch dank der Verbilligung des Gußeisens und der besseren Gußtechnik, an Attraktivität gewonnen. Um 1800 waren über tausend in Betrieb, etwa doppelt so viele wie von den Wattschen Maschinen. Sie war nicht nur in der Anschaffung, sondern – da keine Lizenzgebühren anfielen – trotz des höheren Kohleverbrauchs auch im Betrieb billiger. Sie war einfacher in der Handhabung und weniger störanfällig als die Wattsche in ihren Kinderjahren. Sie paßte sehr gut in eine Welt der Technik, die vorläufig noch ohne Maschinenbauer auskommen mußte. Die wenigen, die sie bauen konnten, waren die ersten, die im gewerblichen Bereich *engineers* genannt wurden. So hieß es in einem Verzeichnis der Londoner Gewerbe aus dem Jahre 1747:

«Der Ingenieur macht Maschinen für die Hebung des Wassers mit Feuer, entweder für die Versorgung von Reservoiren oder für die Wasserhaltung der Bergwerke» (Campbell, R. 1747, S. 248).

Der Universalmotor entsteht

Als sich die Zahl der Newcomen-Dampfmaschinen zwischen 1750 und 1780 mehr als verdreifacht hatte, war ihre Konstruktion vorerst nur theoretisch, ab 1776 aber auch praktisch überholt. Die Entwicklungsarbeit für die neue Dampfmaschine leistete der gebürtige Schotte James Watt (1736–1819) in Schottland – in dem Teil Großbritanniens also, dessen Beitrag zu den technischen Entwicklungen in der industriellen Revolution so gern mit der Bezeichnung «britisch» oder gar «englisch» übergangen wird. Watt, gelernter Feinmechaniker und Angestellter der Universität Glasgow, der die Modellsammlung zu betreuen hatte, bekam im Winter 1763/64 den Auftrag, das funktionsuntüchtige Modell einer Newcomen-Dampfmaschine zu reparieren. Aus diesem Anlaß versuchte er herauszufinden, warum der Brennstoffverbrauch so hoch war. Er kam zu dem Schluß, daß der große Wärmeverlust nur dann zu vermindern wäre, wenn der Zylinder in etwa auf der Temperatur gehalten werden konnte wie die Eintrittstemperatur des Dampfes (Vermeiden der Eintrittskondensation) und die Temperatur des für die Kondensation des Dampfes eingespritzten Wassers 38 °Celsius nicht überschritt. Dies war natürlich mit der Newcomschen Konstruktion nicht zu erreichen. 1765 fand Watt die theoretische Lösung: Die Kondensation mußte in einem vom Zylinder getrennten Gefäß, in dem Kondensator, stattfinden. Die Idee war genial und einfach, die Umsetzung jedoch kompliziert, weil bei dieser Lösung das Problem der Entfernung des Kondenswassers und der Luft aus dem Kondensator auftauchte. Watt löste diese Probleme bis 1767 im Labormaßstab mit selbst gebauten und finanzierten Modellen. Sie bestätigten ihm alle Erwartungen, haben ihn jedoch auch etwa £ 1000 gekostet und an den Rand des finanziellen Ruins gebracht. Schließlich fand er 1768 seinen ersten Geldgeber, den schon genannten Dr. John Roebuck, der außer in der Schwefelsäurefabrikation auch im schottischen Kohlebergbau und Eisenhüttenwesen seine Geschäftsinteressen hatte. Mit dessen Unterstützung baute Watt eine Versuchsmaschine im Industriemaßstab mit einem Zylinderdurchmesser von 0,46 Meter. Zusammen mit Roebuck, der sich zwei Drittel der künftigen Einnahmen sicherte, nahm er 1769 sein erstes Patent auf

«die Verminderung des Verbrauches von Dampf, folglich auch an Brennstoff bei Feuermaschinen» (GB, Nr. 913).

Die wichtigsten Punkte waren der mit einem Dampfmantel umschlossene Zylinder, der getrennte Kondensator und die Luftpumpe. Mit diesem Patent hatte Watt seine Erfindung zwar rechtlich abgesichert, doch dabei blieb es vorerst. Es verstrichen noch viele Jahre, bis aus Watts Ideen der Newcomen-Dampfmaschine und dem Wasserrad in der Praxis ein Konkurrent erwuchs. Etliche Jahre mußte sich der durch seine Experimente verschuldete Watt dem Geldverdienen bei gut bezahlten Landvermessungsarbeiten widmen. 1773 ging sein Finanzier und Gönner in Konkurs. Sozusagen mit der Konkursmasse übernahm Matthew Boulton (1728–1809), ein Unternehmer in der Metallwarenbranche aus Birmingham, James Watt und sein Dampfmaschinenprojekt. Da das ganze Projekt schon etwa £ 3000 verschluckt und keinen Penny eingebracht hatte, war Boultons erste Sorge die Verlängerung des nur bis 1784 gültigen Patentes. Als es ihm 1775 gelang, die Lauffrist des Patentes bis zum Jahr 1800 zu verlängern, nahm er Watt mit einem Jahresgehalt von £ 330 und einer Reingewinnbeteiligung von 33% bis 1800 unter Vertrag.

Der Wechsel zu Boulton hatte drei Vorteile für die künftige Entwicklung der Dampfmaschine: Erstens konnte sich Watt ohne finanzielle Sorgen dieser Aufgabe widmen, zweitens befand er sich in Birmingham mitten im Zentrum der fachkundigsten Handwerker für die Metallbearbeitung. Drittens saß ihm mit Boulton ein Unternehmer im Nacken, der zwar seinen Hang zum Patentieren aller Möglichkeiten der Nutzung des Dampfes respektierte, der aber endlich auch auf der Einnahmenseite seiner Geschäftsbücher etwas eintragen wollte und deshalb Watt ständig zur praktischen Umsetzung seiner Gedanken drängte. Nachdem 1776 Watts erste Dampfmaschine unweit von Birmingham in Bloomfield bei Tipton im Kohlebergbau eingesetzt worden war und ab 1777 das große Geschäft mit den Grubenbesitzern in Cornwall anlief, widmete sich Watt dem Problem, eine Lösung für die Umsetzung der Geradebewegung der Kolbenstange in eine Kreisbewegung zu finden und damit den Anwendungsbereich seiner Dampfmaschine zu erweitern. Als im Jahr 1781 sein Partner Boulton erneut betonte,

«die Leute in London, Manchester und Birmingham sind verrückt auf eine Dampffabrik» (Dickinson, H. W.; Jenkins, R. 1927, S. 55),

nahm er sein zweites Dampfmaschinen-Patent (GB, Nr. 1306) auf fünf verschiedene Lösungen, von denen er bis 1795 nur das Planetenradgetriebe anwendete. Damit war der erste Schritt zur universal anwendbaren Kraftmaschine getan.

Der zweite folgte mit den Patenten von 1782 und 1784 (GB, Nr. 1321 und 1432), die die 1765 begonnene konstruktive Entwicklung abgeschlossen haben. Watt war sich wohl bewußt, daß eine regelmäßig sanfte Kreisbewegung, wie sie gut gebaute Wasserräder hervorbrachten, mit der einfach wirkenden Dampfmaschine, bei der die Abwärtsbewegung des Kolbens durch den Dampf, die Aufwärtsbewegung jedoch durch ein Gegengewicht, den Balancier und das Pumpengestänge, bewirkt wurde, nicht zu erreichen war. 1782 patentierte er seine doppelt wirkende Dampfmaschine, in der der Dampf, abwechselnd ober- und unterhalb des Kolbens eingelassen, sowohl die Ab- als auch die Aufwärtsbewegung des Kolbens bewirkte (Abb. 75).

Bei diesem Verfahren wurde die Kolbenstange nicht nur auf Zug, sondern auch auf Druck beansprucht. Sollte das Ziel, eine gleichmäßigere Kreisbewegung erreicht werden, so mußte die Geradeführung der Kolbenstange gewährleistet sein. Dies löste Watt mit seinem 1784 patentierten Parallelogramm, einer sehr komplizierten konstruktiven Lösung, die jedoch mit den damaligen Techniken der Metallbearbeitung leichter um-

75: Modernisierte Kraftanlage einer Bierbrauerei, um 1810. Eine doppeltwirkende Dampfmaschine von James Watt, mit Parallelprogramm und Planetenradgetriebe (A A) versorgt mit Antriebsenergie über die Hauptwelle (p) verschiedene Mahl- und Rührwerke, die Pumpe (H) und die Seilrolle. Direkt vom Querbalken der Dampfmaschine wird über das Gestänge (b) eine Pumpe für das Quellwasser angetrieben. Die alte Kraftanlage (B), ein klassischer Göpel, von dem das Transmissionssystem übernommen worden ist, dient als Reserve.

zusetzen war als die Watt nicht unbekannte Kreuzkopfführung. Mit Watts doppelt wirkender Dampfmaschine war

«ein erster Motor gefunden, ... dessen Kraftpotenz ganz unter menschlicher Kontrolle steht, der ... die Konzentration der Produktion in Städten erlaubt, statt sie wie das Wasserrad über das Land zu zerstreuen, universell in seiner technologischen Anwendung ...» (Marx, K., Kapital; MEW Bd. 23).

Schon ein Jahr nach der Patentnahme, 1785, wurden die ersten doppelt wirkenden Dampfmaschinen von Boulton & Watt geliefert, die zu dieser Zeit längst keine finanziellen Sorgen mehr hatten.

Watts Lizenzgebühren und ihre Folgen

Wenn 1800 die von Boulton & Watt konzessionierten «nur» etwa fünfhundert Dampfmaschinen kaum 22% der Dampfmaschinen in Großbritannien ausmachten, so lag das zum einen an technischen Problemen und zum anderen an der Geschäftspolitik von Boulton & Watt. Die Wattschen Konstruktionen waren von Anfang an komplizierter als die Newcomensche. Sie stellten höhere Anforderungen an die Präzision der Bearbeitung von Metall- und Eisenteilen. Die Probleme sind bekannt, sie begannen schon mit den Dampfkesseln, traten bei der Rundbohrung der Zylinder auf, setzten sich fort bei den Dichtungen zwischen Kolben und Zylinder, Stopfbüchse und Kolbenstange und schließlich bei der Präzisionsarbeit für die Steuerung, für den Ventilkasten. Wegen dieser Schwierigkeiten hat sich Watt nicht darauf eingelassen, den Bau der ebenfalls patentierten Hochdruckdampfmaschine zuzulassen. Boulton & Watt haben bis 1795, als sie angesichts der in Kürze ablaufenden Patentrechte begannen, in Soho bei Birmingham eine große Maschinenbaufabrik aufzubauen, keine kompletten Dampfmaschinen zum Verkauf angeboten. Bei den damaligen Verkehrsverhältnissen war das eine kluge Entscheidung, auch wenn man an einer kompletten Dampfmaschine vielleicht noch mehr hätte verdienen können als mit dem bis 1795 fast ausschließlich praktizierten Lizenzverfahren. Gegen die Verpflichtung der Kunden, die Prämie ab Instandsetzung der Dampfmaschine zu bezahlen, wurden ihnen von Boulton & Watt die Konstruktionspläne mit Anleitung für die Montage zur Verfügung gestellt. Die Kunden ließen die meisten Teile selbst fertigen und Boulton & Watt übernahmen die Montage und Instandsetzung, alles selbstverständlich auf Rechnung des Kunden. Sie bestanden jedoch darauf, daß sie den Ventilkasten sowie die Kolbenstange lieferten. Zylinder, Luftpumpen, Kolben und andere Gießereiprodukte kamen meistens von Wilkinson. Somit stammten die Gewinne der Firma bis in die 1780er Jahre fast ausschließlich aus dem ausgeklügelten Prämiensystem. Bei Dampfpumpen war es ein Drittel der im Vergleich mit Newcomen-Dampfmaschinen erzielten Kostenreduktion für Brennstoff. Für Rotationsdampfmaschinen konnte man dieses System nicht anwenden, hier galten feste Sätze: pro Jahr und PS in London £ 6, überall anderswo £ 5. Da diese Sätze ohne Rücksicht auf die Nutzungszeit zu bezahlen waren, kamen für die meisten Unternehmer diese Dampfmaschinen als Reserve bis 1800 kaum in Frage. Das größte Geschäft machten Boulton & Watt im Zinn- und Kupferbergbau Cornwalls, wo die Kohle mangels eigener Ressourcen ein wichtiger Kostenfaktor war. In den ersten vier Jahren (1777 bis 1780) wurden in Cornwall zehn und von 1781 bis 1800 weitere fünfzig Wattsche Dampfmaschinen aufgestellt; allein zwischen 1781 und 1800 sollen sie rund £ 140000 an Prämien eingebracht haben (Dickinson, H. W.; Jenkins, R. 1927, S. 334, 344–7).

Die Patentpolitik von Boulton und Watt, die Patentierung aller nur möglichen Varianten der Konstruktion einer Dampfmaschine, des Dampfdruckes usw. sowie die strikte gerichtliche Verfolgung aller «Piraten», für deren Aufspüren die Firma keine Kosten scheute, sollten der Firma bis 1800 eine Monopolstellung auf dem britischen Markt sichern. Insbesondere nach 1780 konnte sie dann aber der Nachfrage aus den Baumwollspinnereien in Manchester und ganz Lancashire nicht entsprechen, da ihre Lieferzeiten zu lang und die Preise einschließlich der Prämien zu hoch waren. Zwar gingen alle angestrebten Prozesse zugunsten der Kläger Boulton und Watt aus, dennoch gab es zwischen etwa 1780 und 1800, insbesondere in Lancashire, etliche Mechaniker, die das Risiko der gerichtlichen Verfolgung in Kauf nahmen und entweder Watt-Dampfmaschinen nachbauten oder Newcomen-Dampfmaschinen durch den Einbau eines Kondensators und der Luftpumpe modernisierten. Zu ihnen gehörten Bateman & Sheratt in Manchester, F. Thompson in Ashover (Derbyshire) sowie der gute Geschäftsfreund von Boulton & Watt, John Wilkinson. Obwohl fast jeder von ihnen von den Fahndern aus Soho entdeckt und – wie beispielsweise Bateman & Sheratt 1797 – gerichtlich zu hohen Strafen verurteilt wurde, brachte diese Politik Boulton & Watt wegen der hohen Gerichtskosten keinen großen finanziellen Gewinn. Viele Mechaniker ließen sich zwar von der Patentpolitik einschüchtern, aber auch sie nutzten die Zeit bis 1800, um Kondensatoren, Luftpumpen und andere Teile auf Lager zu fertigen. Nach Ablaufen der Wattschen Patente bauten sie dann Newcomen-Dampfmaschinen in Wattsche um (Musson, A. E.; Robinson, E. 1969, S. 406–26).

Von den insgesamt etwa 2200 Dampfmaschinen im Jahre 1800 in Großbritannien waren 541, also etwa 25%, Wattschen Typs, davon 63 Stück illegal nachgebaute. Die PS-Leistung ist nur von 607 Dampfmaschinen bekannt, die daraus hochgerechnete Gesamtleistung aller Dampfmaschinen lag bei etwa 57000 PS nominal. Zum Pumpen wurden annähernd 54% und zum Antrieb anderer Maschinen, einschließlich von Fördermaschinen im Bergbau, etwa 25% aller Dampfmaschinen eingesetzt. Diesem Einsatzzweck entsprechend standen die meisten Dampfmaschinen im Kohlebergbau und in der Textilindustrie (38 bzw. 21% aller Maschinen) (Kanefsky, J.; Robey, J. 1980, Tabellen 3, 4, 6, 7, 9). Grob geschätzt dürften die Dampfmaschinen maximal 30% der PS-Leistung aller Kraftmaschinen in der Textilindustrie geliefert haben, die restlichen 70% gingen überwiegend auf Rechnung der Wasserräder. Insgesamt beweisen jedoch die neuesten Forschungen, daß der Anteil der Dampfmaschinen an der Energieversorgung gegen 1800 insgesamt höher war, als man dies auf Grund der einseitigen Konzentration der Nachforschungen auf die Zahl der von Boulton & Watt gelieferten Maschinen angenommen hat. Gleichsam beweisen diese Forschungen, daß ein mächtiger Antrieb für die sprunghafte Verbreitung verschiedener Dampfmaschinen seit etwa 1780 der Boom der Maschinenspinnerei gewesen ist. Sie hat die Nachfrage nach einer neuen Kraftmaschine angeheizt und nicht umgekehrt, wie man auf Grund von Losungen, wonach die Dampfmaschine die Fabrik ermöglicht hätte, vermuten könnte. Was nicht bedeutet, daß der im 19. Jahrhundert alle Maßstäbe sprengende Aufstieg der Textilindustrie, des Eisenhüttenwesens, des Kohlebergbaus und des Maschinenbaus selbst die

Konzentration der Produktion in Fabrikvierteln der Städte sowie die Entstehung industrieller Ballungsräume ohne die Dampfmaschine, ohne diesen von Watt in knapp zwei Jahrzehnten entwickelten universalen und im wesentlichen standortunabhängigen Motor hätte stattfinden können.

Nach dem Auslaufen von Watts Patenten ging die Weiterentwicklung der Dampfmaschine beschleunigt voran. Abgesehen von der Perfektionierung der Wattschen Niederdruckmaschine, die in verschiedenen Variationen, wie die berühmte *Cornish Engine* (Barton, D. B. 1965), auch künftig zu den wichtigsten Pump- und Antriebsmaschinen zählte, war die Entwicklung der Expansions-, der Hochdruck- und der Verbunddampfmaschinen von größter Bedeutung. In diesem Zusammenhang sollen mindestens einige Pioniere der Hochdruck- und der Verbunddampfmaschinen genannt werden: der Amerikaner Oliver Evans (1755–1819), die Engländer Richard Trevithick (1771–1833) und Jonathan Hornblower (1753–1815), der schon 1781 eine Verbundmaschine gebaut hat, und Arthur Woolf (1776–1837), der diesen Typ mit seinen Mehrfach-Expansionsmaschinen perfektionierte.

Alle technischen Neuerungen, die zum Teil schon längst in den Schubladen lagen, aus denen sie erst 1800, nach dem Ablaufen der Patente von Watt, herausgeholt werden konnten, erhöhten die Wirtschaftlichkeit und weiteten den Anwendungsbereich der Dampfmaschine aus. Die neuen Nutzungsformen des Dampfes, wie Dampfdruck über 1 atü, die Ausnützung der Expansionsfähigkeit des Dampfes und seiner Arbeitsleistung in mehreren Zylindern bei den Verbundmaschinen sowie neue konstruktive Lösungen wie Dampfmaschinen ohne Kondensator und Luftpumpe, die Kraftübertragung ohne Balancier und neue Kesselkonstruktionen ermöglichten viele Kombinationen. Das wichtigste Ergebnis, hauptsächlich für den künftigen Einsatz der Dampfmaschine im Verkehrswesen, war jedoch, daß es allmählich gelang, aus einem kleineren Hubraum und bei kleinerem Eigengewicht der Dampfmaschinen höhere Leistungen sowie bessere Wirkungsgrade zu erreichen. Aus mancher Sicht hatten es Watts Nachfolger im 19. Jahrhundert wesentlich leichter. Es standen ihnen bessere Werkstoffe wie Kesselbleche, Gußprodukte und Stahl und bessere Fertigungsmittel in den Werkzeugmaschinen zur Verfügung. Nur dadurch wurde es möglich, konstruktive Lösungen zu realisieren, die Watt teils auch kannte, aber nicht fertigen konnte. Die für jeden Kunden maßgeschneiderten Dampfmaschinen konnten zu solchen Preisen geliefert werden, daß die Dampfmaschine binnen weiterer dreißig Jahre unangefochten den ersten Platz unter allen Kraftmaschinen eingenommen hat. Genaue Statistiken sind rar, aber immerhin wissen wir, daß in der führenden Sparte der Industrialisierung, in der Textilindustrie, 1838 schon über 3000 Dampfmaschinen mit etwa 74000 PS und nur mehr 2330 Wasserräder mit etwa 28000 PS in Betrieb waren.

V. Die Transporttechnik –
Vom Zugpferd zum Dampfroß

Die Expansion der Rohstoffgewinnung und Güterproduktion während der industriellen Revolution bedeutete selbstverständlich auch ein enorm ansteigendes Transportaufkommen sowohl im regionalen als auch im überregionalen Inlands- und Auslandsverkehr. Diese Transportprobleme wurden in der industriellen Revolution bis in die 1820er Jahre mit hohen Kapitalinvestitionen zuerst fast ausschließlich mit der Verdichtung und Optimierung der alten Techniken des Land- und Wassertransportes (Straßen, natürliche und künstliche Wasserstraßen, Küsten- und Hochseeschiffahrt) gelöst. Für die Optimierung dieser alten Techniken konnten schon einige Errungenschaften der industriellen Revolution, zum Beispiel stationäre Dampfmaschinen, Guß- und Schmiedeeisen als Baustoff usw. verwendet werden. Erst in der zweiten Etappe setzte sich auch im Transportwesen die neue Maschinentechnik durch: der Einsatz der Dampfmaschine als Motor des Land- und Wasserverkehrs, die Dampflokomotive und die Eisenbahnen sowie das Dampfschiff. Im Unterschied zu anderen Ländern, in denen Dampfschiffe und -eisenbahnen als Import noch vor der technischen Umwälzung der Produktion eingesetzt wurden, waren sie in Großbritannien ein Produkt der grundlegenden technischen Neuerungen der industriellen Revolution.

Abgesehen von der für den britischen Binnentransport sehr wichtigen Küstenschiffahrt trug im 18. Jahrhundert das Pferd die Hauptlast bei allen anderen Verkehrstechniken. Es war jedoch nicht gleichgültig, mit welcher Technik die Muskelkraft des Pferdes für die Ortsveränderung von Lasten eingesetzt wurde. Packpferde oder Maultiere konnten auf Pfaden höchstens 200 kg befördern. Die höchste Nutzlast eines schweren Lastwagens, des Waggons mit breiten Radreifen und einem Vorspann von vier bis sechs Zugpferden lag auf nichtbefestigten Straßen bei etwa 1,5 Tonnen, auf befestigten Straßen konnte sie dagegen bis auf 4 Tonnen erhöht werden. Auf den Holz-Schienenwegen der Kohlenzechen im Nordosten bewältigte ein Pferd eine Nutzlast von etwa drei Tonnen, mit Waggons auf Eisenrädern und -schienen schaffte es bis zu acht Tonnen. Seine Höchstleistung erreiche das Zugpferd auf Kanälen mit gut ausgebauten Treidelpfaden: In den 1820er Jahren rechneten die ersten Experten des Eisenbahntransportes mit einer Nutzlast bis zu dreißig Tonnen pro Lastkahn.

Unter den geographischen Bedingungen Großbritanniens war vor dem Einsatz der Dampfeisenbahn der Ausbau von Wasserstraßen der effektivste Weg zur Steigerung der Transportkapazität. Gleichzeitig kam mit dem steigenden Transportaufkommen dem Zubringer- bzw. Schnellverkehr von Gütern und Personen auf den Straßen eine nicht zu vernachlässigende Bedeutung zu. Bis zum Eisenbahnbau waren also die wichtigsten Mittel der Erhöhung der Transportkapazität die Verdichtung und Verbesserung der Wasser- und Landstraßen.

Die Wasserstraßen – Flüsse und Kanäle

Der erste Schritt auf dem Weg zur Erhöhung der Transportkapazität auf Wasserstraßen war im 17. und 18. Jahrhundert die Erweiterung des Schiffsverkehrs durch Regulierung der wichtigsten Flüsse für den überregionalen Transport (Severn, Trent, Themse) und ihrer Zuflüsse. Ohne diese Verbesserungen wäre das durch die steigende landwirtschaftliche Produktion, durch das Wollgewerbe, die Kohleförderung usw. erhöhte Transportaufkommen nicht mehr zu bewältigen gewesen. Auch wenn diese Wasserstraßen sowohl dem Transport von landwirtschaftlichen Produkten als auch von Industrierohstoffen und -produkten dienten, war das Interesse vieler Gewerbezweige am Zugang zur Kohle ein ebenfalls entscheidender Faktor für viele Flußregulierungen, wie beispielsweise des Aire, Calder, Don, Weaver und Mersey.

Als zweiter Schritt folgte, hauptsächlich in der zweiten Hälfte des 18. Jahrhunderts, neben weiteren Flußregulierungen die Verdichtung des von Flüssen gebildeten Grundnetzes durch Kanäle. Die große Kanalbauära in Großbritannien hängt wiederum mit dem Kohlebergbau zusammen. Ihre Vorboten waren der von T. Steer 1730 bis 1742 gebaute Newry-Kanal in Irland und der 1757 eröffnete Sankey-Kanal. Aber richtig eingeläutet wurde sie durch den nach dem Bauherrn benannten Bridgewater-Kanal. Alle drei dienten dem Transport von Kohle, wobei der nur etwa zwölf Meilen lange Sankey-Kanal die Kohlengruben bei St. Helens über die Mersey-Mündung nicht nur mit Liverpool, sondern über den Fluß Weaver auch mit den großen Salzlagerstätten in Cheshire verband. Das große Wunderwerk dieser Aufbruchzeit des Kanalbaus war jedoch der insgesamt vierzig Meilen lange Bridgewater-Kanal, der erste Kanal Großbritanniens, der als eine eigenständige, mit der Flußschiffahrt auf dem Irwell und Mersey konkurrierende Transportroute von den Kohlenzechen in Worsley nach Manchester und von dort zur Merseymündung gebaut wurde. Die Baukosten des von dem Mühlenbauer James Brindley (1716–1772) geplanten Kanals beliefen sich auf ca. £280000. Nachdem 1761 die Teilstrecke bis Manchester eröffnet worden war, folgte zwischen 1766 und 1772 das erste «Kanalfieber» (Dyos, H.J.; Aldcroft, D.H. 1974, S. 43ff, 85–116). Von den in dieser Zeit begonnenen Kanalbauten soll nur der Grand Trunk-Canal (1766–1779) erwähnt werden, der durch die Verbindung der Mersey-Mündung mit dem Fluß Trent einen Wasserweg zwischen der Irischen See und der Nordsee geschaffen hat.

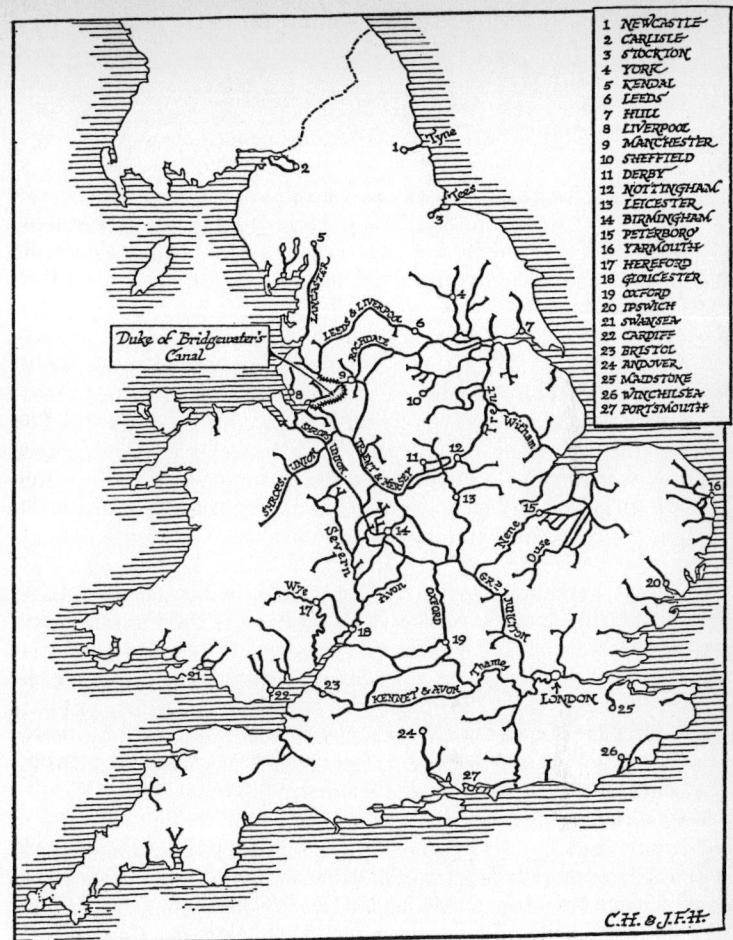

76: Die wichtigsten schiffbaren Flüsse und Kanäle in England und Wales, um 1858.

Um 1760 verfügte Großbritannien über etwa tausend Meilen schiffbarer Wasserwege. Bis zum ersten Aufschwung des Eisenbahnbaus um 1830 wurden diese Wasserstraßen fast ausschließlich von privaten Aktiengesellschaften zu einem dichten Verkehrsnetz von ca. viertausend Meilen Länge mit einem Kostenaufwand von schätzungsweise über £17 Millionen ausgebaut (Abb. 76). Ungefähr ein Drittel dieser Investitionen wurden zur Zeit der großen *canal mania* zwischen 1791 und 1794 aufgebracht, als 42 Kanalbaugesellschaften gegründet worden sind. Dieses zweite «Kanalfieber» brachte schon zum Vorschein, was sich später beim Eisenbahnbau wiederholen sollte: eine Reihe von Fehlinvestitionen, Spekulationsgründungen und Baukostenvoranschlägen, die wie beim 1794 bis 1804 gebauten Rochdale-Kanal (£ 291000) am Ende nicht einmal die Hälfte der tatsächlichen Kosten (£ 600000) abdecken konnten (Bagwell, Ph. S. 1974, S. 17ff). Staatlich subventioniert wurden nur jene wenigen Kanalbauten, denen man besondere militärische Bedeutung zumaß, wie der in Schottland zur Vermeidung der gefährlichen Seeroute um die Nordküste gebaute, für Kriegsschiffe geeignete Caledonian-Kanal.

Was die Technik des Kanalbaus betrifft, haben die Briten diese auf dem europäischen Kontinent kennengelernt. Im Gegensatz zu den Kanalbauten im niederländischen Flachland stellte das britische Terrain Kanalbauer vor schwierige Aufgaben. Es ging hauptsächlich um die Vermeidung von Höhenunterschieden bei der Trassenführung durch den Bau von Dämmen, Einschnitten und, wenn es anders nicht möglich war, durch den Bau von Tunnels; in England und Wales wurden etwa zwanzig Tunnels mit einer Gesamtlänge von ca. 42 Meilen gebaut. Die für den Betrachter spektakulärste Lösung waren Aquädukte, die den Kanal mit einem gemauerten oder später gußeisernen Fahrwassertrog über Täler oder andere Verkehrswege führten. Den ersten, vielbewunderten Aquädukt baute Brindley 1760/61 über den Irwell, die 1805 vollendete gewaltige Talüberbrückung mit dem Pontcysylte-Aquädukt für den Ellesmere-Kanal in Wales war das Werk von Thomas Telford (Abb. 77). Die trotzdem unvermeidlichen Höhenunterschiede wurden mit Serien einzelner Schleusen oder mit Stufenschleusen überwunden. Insgesamt wurden in Großbritannien etwa 20000 gebaut. Der Grand Trunk-Kanal brauchte für den Durchbruch vom Weaver- zum Trenttal 35 Schleusen für den Aufstieg von 96 Metern, einen Tunnel von 2700 Meter und für den Abstieg von 88 Metern weitere vierzig Schleusen. Die größten Höhenunterschiede waren aber bei der Überquerung der Pennines zu bewältigen. So brauchte der Rochdale-Kanal auf 33 Meilen (53 km) 92 Schleusen. Der Leeds-Liverpool-Kanal, dessen Baukosten mit £ 1,25 Millionen den Kostenvoranschlag um das Fünffache überstiegen, überwand den Höhenunterschied von etwa achtzehn Meter mit der Fünfstufenschleuse in Bingley (Abb. 78) und auf der Trasse in Lancashire mußten mehrere Serien mit insgesamt 23

77: Aquädukte. (a) Der von Brindley 1760/61 gebaute, voll gemauerte Aquädukt führte den Bridgewater-Kanal über den für die Binnenschiffahrt wichtigen Fluß Irwell. Dieses jahrzehntelang bewunderte Bauwerk wurde von dem von Thomas Telford entworfenen und 1805 fertiggestellten Pontcysylte-Aquädukt (b), einer Talüberbrückung, in den Schatten gestellt. Auf gemauerten Pfeilern und gußeisernen Bögen führt er in 86 Meter Höhe das Fahrwasser des Ellesmere Kanals in einem Trog, der aus gußeisernen Platten zusammengesetzt ist.

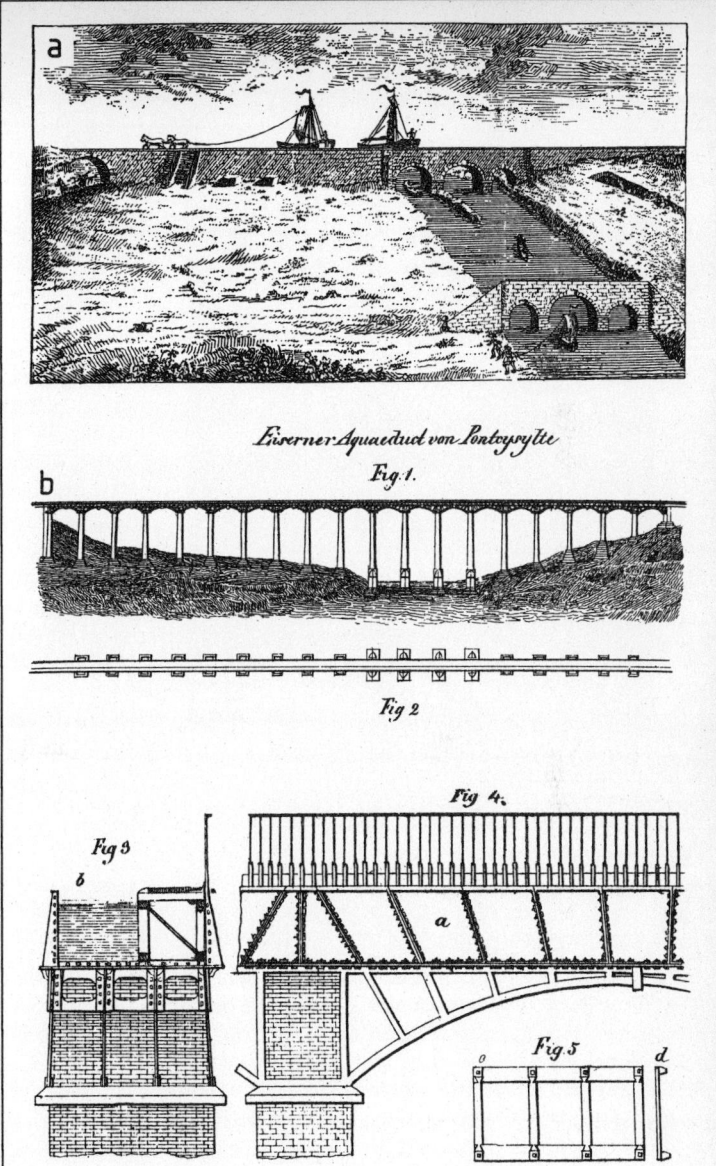

Eiserner Aquaeduct von Pontcysyllte

Fig. 1.

Fig. 2

Fig. 3

Fig. 4.

Fig. 5

78: Kanalschleusen. Stufenschleusen, bei denen das obere Tor der Schleuse zugleich das untere der nächsten ist, waren ein wichtiges Mittel zur Überwindung von Höhenunterschieden.
(a) Zeichnung einer Vierstufenschleuse des militärisch wichtigen, 1822 vollendeten Caledonian-Kanals in Schottland.
(b) Die 1777 gebaute Fünfstufenschleuse war das größte von acht Schleusensystemen zur Überwindung der Pennines.

Schleusen gebaut werden, um den Kanal auf einer Strecke von zwei Meilen um ca. sechzig Meter abzusenken. Außerdem benützte man zur Überwindung von Höhenunterschieden zwischen zwei Teilstrecken Schrägrampen, über die die Lastkähne auf Schienen hochgezogen bzw. runtergelassen wurden. Als Kraftmaschinen dienten Wasserräder, Pferdegöpel und auch stationäre Dampfmaschinen, die je nach geographischer Lage des Kanals auch zur notwendigen Wasserversorgung der Kanäle über Wasserreservoirs und zur Wasserschöpfung beim Schleusenbau verwendet wurden.

Die größte Schwäche des britischen Kanalsystems war die uneinheitliche Breite und Tiefe der Fahrrinnen und die dementsprechend unterschiedlichen Maße der Lastkähne. Auch bei vorhandener Verbindung zwischen Kanälen mußte deshalb entweder das Frachtgut von einem in einen anderen Kahn umgeladen werden oder man verzichtete auf die volle Ausnutzung der Förderkapazität der größeren Kanäle, indem man nur kleinere Lastkähne, die auch die schmäleren Kanäle befahren konnten, verwendete. Ein weiterer Nachteil des britischen Kanalsystems war, daß man im 19. Jahrhundert nur auf wenigen Kanälen Dampfboote einsetzen konnte. Die Fahrrinnentiefe der überwiegend vor dem Aufkommen der Dampfschiffahrt gebauten Kanäle war für den Tiefgang von Lastkähnen auf Pferdetraktion berechnet, weshalb sie in vielen Fällen für die schweren Dampfschlepper ungeeignet war. Trotz aller Mängel kann der Stellenwert der Kanäle für die britische Wirtschaft nicht hoch genug eingeschätzt werden. Sie verdichteten das Wasserstraßennetz im Binnenland und ermöglichten vielen Gewerbezentren, von Landstraßen auf Wasserwege auszuweichen. Insgesamt gewährleisteten die Kanäle wesentliche Senkungen der Transportkosten nicht nur im Vergleich mit dem Straßentransport, sondern auch mit dem Wassertransport auf Flüssen.

79: Der Navvy. Die Karikatur zeigt den Eisenbahnbauarbeiter in vollständiger Ausstattung: Werkzeuge, Schubkarren und Whiskyflasche.

Abgesehen vom direkten Beitrag der Kanäle zu der Bewältigung des Verkehrsaufkommens in der industriellen Revolution hatte der Kanalbau wie auch der Straßenbau eine darüber hinausreichende allgemeine Bedeutung. Er war eine Bewährungsprobe für den Hoch- und Tiefbau und trug sehr wesentlich zur Herausbildung der immer mehr geforderten Berufsgruppen der Zivilingenieure einerseits und der Kanalbauarbeiter andererseits bei. Auch wenn die Planung für einige Kanäle sozusagen über den Daumen gepeilt geschah, so stellten die Berechnungen der Streckenführung, der Wasserversorgung, der Schleusensysteme sowie die Projektion der technischen Einrichtungen in der Regel wachsende Anforderungen an Fachkenntnisse auf dem Gebiet des Vermessungswesens, der Berechnung von Strömungen usw. Als Folge entstand mit dem Kanal- und Straßenbau die erste Generation von Zivilingenieuren – Autodidakten, deren hervorragendste Vertreter James Brindley, John Smeaton, Thomas Telford, John Rennie, William Jessopp waren. Wie später bei den Eisenbahnbauten lastete die Ausführung der Bauten auf einer Masse von Arbeitern mit Spitzhacke, Schaufel und Schubkarren. Sie wurden als *navvy* (von navigation) bezeichnet, ebenso wie später die Eisenbahn-Bauarbeiter: ein Hinweis auch darauf, daß zwischen der Bautechnik des Kanalbaus und des frühen Eisenbahnbaus kein großer Unterschied bestand (Abb. 79).

Mautstraßen und McAdam

Der Zustand der Straßen in Großbritannien war bis ins 18. Jahrhundert nicht viel anders als im übrigen Europa. Von einigen Ausnahmen abgesehen waren es unbefestigte Straßen, deren Befahrbarkeit hauptsächlich von der Witterung abhängig war. Gleichzeitig mit dem Kanalbau, etwa zwischen 1750 und 1830, erfolgte die Optimierung des Landverkehrs durch die Verdichtung des Straßennetzes mit neuen, befestigten Straßen und durch die Verbesserung der alten Straßen. Private Aktiengesellschaften, die *turnpike-trusts* (Mautstraßen-Kompanien), spielten dabei eine zentrale Rolle. Der große Boom des Straßenbaus herrschte etwa zwischen 1750 und 1780, als das Parlament, dem die Bewilligung von Aktiengesellschaften zustand, 870 *turnpike-acts* erließ. Die den Bedürfnissen der Wirtschaft folgenden und auf entsprechende Gewinne rechnenden Mautstraßen-Kompanien bauten zwischen 1750 und 1800 ein etwa 22000 Meilen umfassendes Netz privater, gebührenpflichtiger Straßen (Abb. 80). Dies entsprach in etwa einem Fünftel des britischen Straßennetzes, der Rest war in den Händen der Gemeinden.

Neben der Verdichtung des Straßennetzes war der Bau von befestigten Straßen das wichtigste Mittel zur Erhöhung der Transportleistungen des Landverkehrs. Die dabei angewendete Technik, die Packlage-Bauweise,

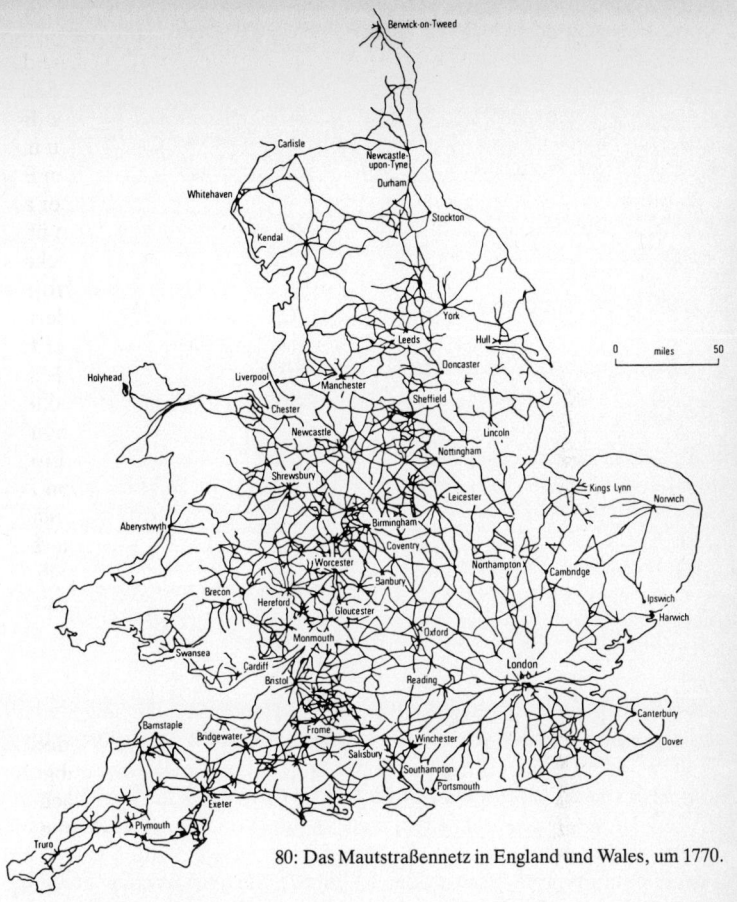

80: Das Mautstraßennetz in England und Wales, um 1770.

war keine britische Erfindung. Sie war im 18. Jahrhundert sowohl in Deutschland wie auch in Frankreich bekannt. Wenn trotzdem solche Straßen bis ins 20. Jahrhundert im deutschen und auch slawischen Sprachraum mit verschiedenen Verballhornungen als «makadamisierte» oder «Makadam»-Straßen bezeichnet wurden, so nur deshalb, weil diese Bauweise in verschiedenen Ausführungen zuerst massenhaft in Großbritannien von John Metcalf, Thomas Telford und eben von John McAdam (1756–1836) angewendet wurde.

Im wesentlichen ging es darum, daß auf eine feste, aber wasserdurchlässige Grundschicht von Steinen eine oder zwei Deckschichten kamen. Die besten und teuersten Straßen baute Telford, die meisten Straßen wurden jedoch nach einem preiswerteren System von John McAdam gebaut

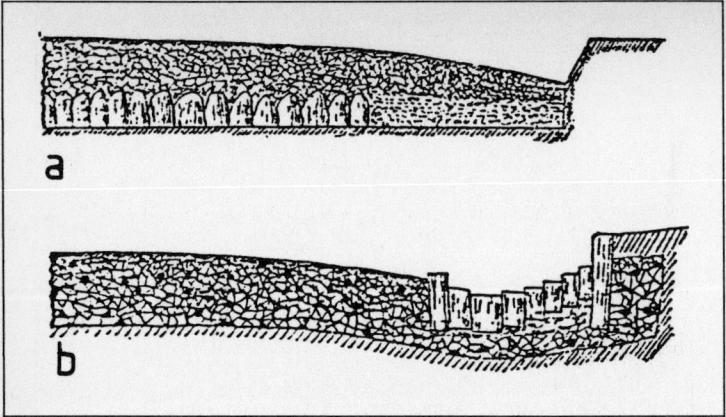

81: Befestigte Straßen. (a) Telfords Packlage. Auf die Grundschicht aus großen Steinen kam eine etwa 18 cm starke Schicht von Basaltkleinschlag, die in die Mitte der Fahrbahn von Pferden festgetreten wurde. Darüber kam grober Sand. (b) MacAdams Bauweise. Keine Grundschicht, auf den gut entwässerten Boden des Straßenbettes kamen eine etwa 25 cm dicke Schicht von kleinen Steinen (Maximalgewicht 170 g, Korngröße 6–7 cm), mit Stößeln fest eingearbeitet und ohne Bindeschicht. Vom technischen Prinzip her ist es also keine echte Packlage.

(Abb. 81). Ansonsten blieb der Straßenbau Handarbeit. Errungenschaften der neuen Technik, wie die Verwendung von Eisen, kamen beim Straßenbau nur bei Brückenkonstruktionen zur Geltung. Zwei der berühmtesten Brücken Großbritanniens, die 1779 in Coalbrookdale errichtete erste gußeiserne Bogenbrücke der Welt und die von Telford 1826 gebaute Hänge-(Ketten-)brücke über die Menai-Meeresenge dienten beide dem Verkehr auf privaten Mautstraßen (Abb. 82). Sie markieren nicht nur die Entwicklung der Baukunst, sondern auch den Fortschritt in der Eisenindustrie. Mit der Brücke in Coalbrookdale begann die Verwendung von Gußeisen für Tragkonstruktionen von Brücken. Die Menai-Brücke war nicht die erste, bei der aus Puddeleisen gewalzte und geschmiedete Teile die Tragkonstruktion bildeten, sie war jedoch ein Meilenstein für die immer häufigere Anwendung dieses Grundstoffes insbesondere beim künftigen Bau von Eisenbahnbrücken. Ohne die technischen Neuerungen in der Eisenhüttenindustrie, vor allem in der Puddel- und Walztechnik, wäre dies nicht möglich gewesen. Auf der anderen Seite mußten Konstrukteure berücksichtigen, in welchen Ausmaßen, mit welcher Qualität und zu welchem Preis die Eisenhütten Walzprofile herstellen konnten. Weil damals noch keine Trägerprofile gewalzt werden konnten, mußten die Tragkonstruktionen aus einer großen Anzahl kleiner Einzelteile, aus

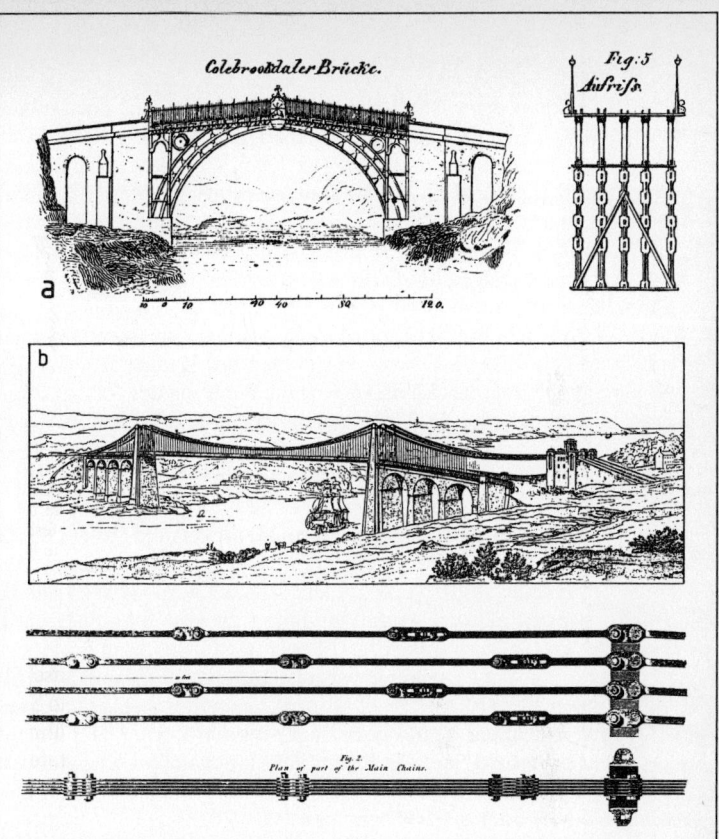

82: Straßenbrücken aus Eisen. (a) Mit der von den Darbys 1779 für eine Privatstraße gebaute gußeisernen Bogenbrücke über den Severn, Spannweite der fünf Rundbögen 32 Meter, wurde die Ära der gußeisernen Bogenbrücken eingeläutet. Die 1826 gebaute Kettenhängebrücke von Telford über die Meeresenge Menai bei Bangor in Wales mit einer Spannweite von 180 Meter war aus hochwertigem Puddeleisen gebaut und eröffnete die Ära der Hängebrücken.

Winkel- und Flacheisen, zusammengefügt werden. Die Konstruktion der Menai-Brücke bestand aus fast 2200 Tonnen Eisen, davon waren etwa zweitausend Tonnen hochwertiges, mehrmals geschweißtes Puddeleisen für die sechzehn je 521 Meter langen Ketten, jede aus 2538 Teilen zusammengesetzt. Für eine solche Menge und Vielfalt von Produkten hätte um 1790 ein Walzwerk mindestens zwölf bis achtzehn Monate gebraucht, ihr Preis wäre kaum zu bezahlen gewesen.

Das wichtigste Ergebnis der Verdichtung und Verbesserung des Straßennetzes war eine für damalige Zeitgenossen fast bedrohlich erscheinende Beschleunigung des Personentransportes sowie die Erhöhung der Nutzlast im Güterverkehr. Auf den neuen Straßen entstand ein fahrplanmäßiger Linienverkehr mit Schnellkutschen, deren Reisegeschwindigkeit um 1830 zwischen dreizehn und sechzehn Kilometer in der Stunde lag. Damit verkürzte sich zum Beispiel die Reisezeit von Oxford nach London von zwei Tagen um 1750 auf sechs Stunden im Jahr 1829. Die Reisezeit von London nach Manchester, eine der schnellsten Verbindungen um 1750, betrug etwa vier Tage – um 1784 waren es höchstens noch zwei Tage. Die Schnellkutschen blieben bis zum Ausbau des Eisenbahnnetzes das wichtigste Mittel nicht nur der Beförderung von Personen, sondern auch von hochwertigen Gütern. Sowohl in der Ära der Kanäle als auch der Eisenbahnen behielt der Straßentransport die Funktion des Nahverkehrs und der Zubringerdienste.

Auf Schienenwegen

Den größten Anteil an der Beförderung von Menschen und Gütern nahm der Wasser- und Straßenverkehr auf. Daneben gab es eine regional beschränkte Technik des Bodenverkehrs, die Schienenwege. Diese Technik sollte sich – gepaart mit der Dampfmaschine – als sehr zukunftsträchtig erweisen. Die größte Verbreitung fand der Gütertransport auf Schienenwegen mit von Pferden gezogenen *waggons* im Kohlebergbau des Nordostens um Newcastle. Die hier *waggon-ways* genannten Strecken dienten dem Bodentransport der Kohle über Tage von den Zechen zu Flüssen, Kanälen oder direkt zur See. Die zweitältesten Schienenwege befanden sich in Shropshire und dort, in der Heimat des Kokshochofens, wurden sie auch als *railway* oder *railroad* bzw. als *tramway* bezeichnet. Aus diesen beiden Zentren verbreiteten sich Schienenwege als Mittel des Nahtransportes auch in andere Kohlenreviere, zum Beispiel nach Südwales und nach Yorkshire. Dort, im West Riding, wurde 1758 von Ch. Brandling, dem Grundherrn von Middleton, der Bau eines *waggon-way* als Verbindung zwischen den Kohlezechen in Middleton zum Fluß Aire in der Nähe von Leeds bewilligt. Erwähnenswert ist diese Strecke aus zwei Gründen: zum einen wurde hier um 1800 anstatt der Pferde eine stationäre Dampfmaschine für die Bergauf-Traktion eingesetzt, zum anderen experimentierte auf dieser Strecke ab 1811 John Blenkinsop (1783–1831) mit einer Dampflokomotive (Singleton, F. 1970, S. 67ff).

Die etwas dreihundert Meilen (ca. 480 km) Schienenwege um 1800, davon ungefähr die Hälfte im Nordosten, konnten angesichts der Länge und Dichte des Wasser- und Straßenverkehrsnetzes quantitativ nicht stark ins Gewicht fallen. Die enorme Bedeutung dieses Schienennetzes

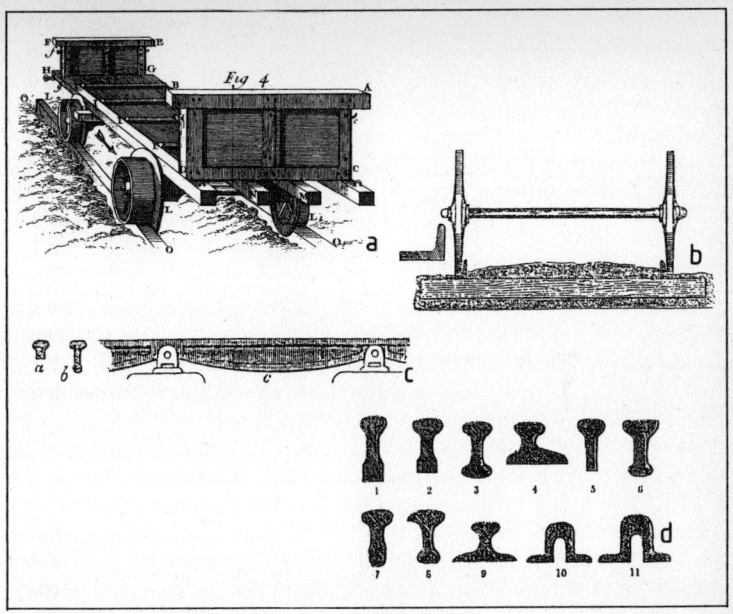

83: Schienenwege: Räder und Schienen. (a) Hölzerne Flachschienen und Waggon mit Spurkranzrädern, um 1730. (b) Gußeiserne Winkelschiene aus Shropshire, um 1780. (c) Gußeiserne Fischbauchschiene, verbreitet nach 1800 auf den Kohlebahnen des Nordostens. (d) Querschnitte aus Puddeleisen gewalzter Eisenbahnschienen, um 1850. Die Nummer (5) ist eine spätere Variante der Pilzkopfschiene von Birkinshaw (vgl. Abb. 62).

liegt auf einem ganz anderen Gebiet: Es war das Experimentierfeld für die technische Entwicklung des Schienentransportes bis zu einer Reife, die den Übergang zur Dampfeisenbahn wesentlich erleichtert, ja sogar direkt eingeleitet hat. Im Nordosten und in Shropshire war die Führung der Räder mit Spurkränzen auf hölzernen Flachschienen allgemein verbreitet (Abb. 83). In Shropshire wurden ab den 1720er Jahren auch zuerst hölzerne Räder durch gußeiserne ersetzt. Im Jahre 1767 verlegte Reynolds in Coalbrookdale in Shropshire die ersten gußeisernen Schienen, die sich allmählich auch im Nordosten durchsetzten. Gußeiserne Winkelschienen, die die Führung der Räder ohne Spurkranz ermöglichten, sollen zum erstenmal 1775 in Sheffield eingesetzt worden sein, eine Technik, die sich dann hauptsächlich in Südwales verbreitete. Mit solchen Schienen wurde 1803 auch die erste öffentliche Pferdeeisenbahn der Welt, die von J. und J. Jessop gebaute und ausgestattete «Surrey Iron Railway», auf einer durchgehend zweigleisigen Teilstrecke von zehn Meilen zwischen

Wandsworth und Croydon in Surrey (heute London) eröffnet (Marshall, C. F. D., Bd. 1, S. 12ff). So wurden bereits im Kohlebergbau des 18. Jahrhunderts alle technischen Möglichkeiten des Schienenweges und der Radführung, allerdings nur mit Gußeisen, erprobt. Die Eisenbahn und die *waggons* waren schon vorhanden – was fehlte, war die dritte sachtechnische Komponente: das Dampfroß als Ersatz für das lebendige Pferd – die Dampflokomotive.

Das Dampfroß wird gezüchtet

Ob das 1769/70 durchgeführte Experiment des Franzosen Nicolas Joseph Cugnot (1725–1804) mit seinem Dreirad-Dampfwagen, der als Zugwagen für die Artillerie dienen sollte, auf die britische Entwicklung einen Einfluß gehabt hat, ist nicht nachzuweisen. Die «Stallungen», in denen das Dampfroß gezüchtet wurde, befanden sich jedenfalls in den Kohlerevieren in Südwales und im Nordosten, die Versuchsstrecken waren die Eisenbahnen der Kohlezechen und bis auf den «Vater» der Dampflokomotive, Richard Trevithick, waren alle Konstrukteure, einschließlich George Stephenson, Grubenmechaniker und aus diesem Grund auch vertraut mit stationären Dampfmaschinen, die sie zu betreuen hatten.

In der großen James-Watt-Euphorie, die noch viele Darstellungen der technischen Entwicklung in der industriellen Revolution beherrscht, wird gern übersehen, daß die Entwicklung der Dampflokomotive nicht von der Wattschen Niederdruckdampfmaschine, sondern von der Hochdruck-Dampfmaschine ausging. Deshalb scheint es kein Zufall zu sein, daß in Großbritannien Richard Trevithick (1771–1833), einer der Pioniere der Hochdruck-Dampfmaschinen, der erste war, der 1801 einen Dampfwagen baute, allerdings für den Straßenverkehr. Im Auftrag eines Eisenhüttenbesitzers in Südwales baute er dann die erste Schienenlokomotive, die 1804 auf einer achtzehn Kilometer langen Strecke aus gußeisernen Winkelschienen mit etwa neun Kilometern in der Stunde fünf Waggons, beladen mit zehn Tonnen Roheisen und siebzig Schaulustigen, ziemlich mühsam durch die Gegend schleppte. Im Dauerbetrieb behagte den gußeisernen Schienen das Eigengewicht der Lokomotive mit ca. fünf Tonnen nicht, und die häufigen Schienenbrüche sollen der Anlaß gewesen sein, sie nach fünf Monaten aus dem Verkehr zu ziehen. Schienenbrüche verfolgten Trevithick auch bei einer Schauvorstellung seiner Lokomotive *Catch me who can* in London 1808. Kurz zuvor vermittelte Trevithick den Gedanken der Dampflokomotive auch in den Nordosten: 1805 belieferte er den Zechenbesitzer Bennet für den Betrieb seiner Zechenbahn in Wylam mit einer Lokomotive, der ersten mit Spurkranzrädern. Aus dem Betrieb wurde vorerst nichts, weil die Grubenbahn aus hölzernen Schienen bestand – die Lokomotive wurde als Gebläse für einen

Kupolofen benützt. Obwohl sich Trevithick nach 1808 aus dem Lokomotivgeschäft zurückgezogen hat, besteht kein Zweifel, daß – wie es einer der besten Kenner der britischen Technik des 19. Jahrhunderts hervorgehoben hat,

«wenn irgend jemand als Erfinder der Dampflokomotive bezeichnet werden kann, so war es der große Cornwaller Richard Trevithick» (Rolt, L. T. C. 1978, S. 38).

Die Dampfeisenbahn

Obwohl der Versuch in Südwales bewiesen hatte, daß die Reibung zwischen dem Eisenrad und zwischen der Eisenschiene für den benötigten Schub ausreichend war, bezweifelten Techniker diese Lösung und versuchten die Traktion mit anderen Mitteln zu lösen (Abb. 84). So entstanden, diesmal in Yorkshire, die Lokomotive von John Blenkinsop (GB, Patent Nr. 3431; 1811) und eine noch viel eigenartigere von W. Brunton (GB, Patent Nr. 3700; 1813). Blenkinsop entwarf 1811 für den Umbau der schon genannten Zechenbahn von Middleton bis Leeds auf Dampftraktion den Prototyp der Zahnradbahn. Die vom berühmten Maschinenbauer Mathew Murray in Leeds gebaute Lokomotive bewegte sich mittels eines Zahnrades, das in eine an die Außenseite des Schienenstranges angegossene Zahnstange griff. Für den vorgesehenen Zweck des Kohletransportes hat sie sich offensichtlich bewährt, denn sie war bis in die 1830er Jahre in Betrieb. Die Lokomotive von W. Brunton ist aus zweierlei Gründen erwähnenswert. Sie war ein echtes Dampfroß, das sich auf den Schienen mit zwei von der Dampfmaschine betriebenen «Hinterbeinen» fortbewegen sollte. Zum anderen verursachte sie das erste Eisenbahnunglück mit Todesfolge, als 1815 bei der Vorführung in Durham ihr Kessel explodierte (Rolt, L. T. C. 1978, S. 46).

Nach diesem kurzen Zwischenspiel in Yorkshire fand die weitere Entwicklungsarbeit an der Dampflokomotive bis hin zu ihrem Einsatz in der Praxis nur mehr in den Kohlenzechen des Nordostens statt. Nachdem 1812 W. Hedley mit einem Meßwagen die für die Traktion ausreichende Reibung zwischen Rad und Schiene nachgewiesen hatte (Abb. 85), baute er 1813 in Anlehnung an Trevithicks Lokomotive seine *Wylam Dilly* (GB, Patent Nr. 3666; 1813) und 1814 als Nachfolger die später so berühmt gewordene *Puffing Billy*. Im selben Jahr trat George Stephenson (1781–1848) mit der Lokomotive *Blücher* auf die Szene des Lokomotivbaus. Die Probefahrt fand auf einer Strecke der Zeche Killingworth in der engeren Heimat Stephensons statt. Er war dort im Kohlenrevier aufgewachsen und hatte in Killingworth zuerst als Bremser, später als Dampfmaschinenwärter und schließlich als Aufseher gearbeitet. Es besteht kein Zweifel, daß Stephenson alle bis dahin entwickelten Dampflokomotiven

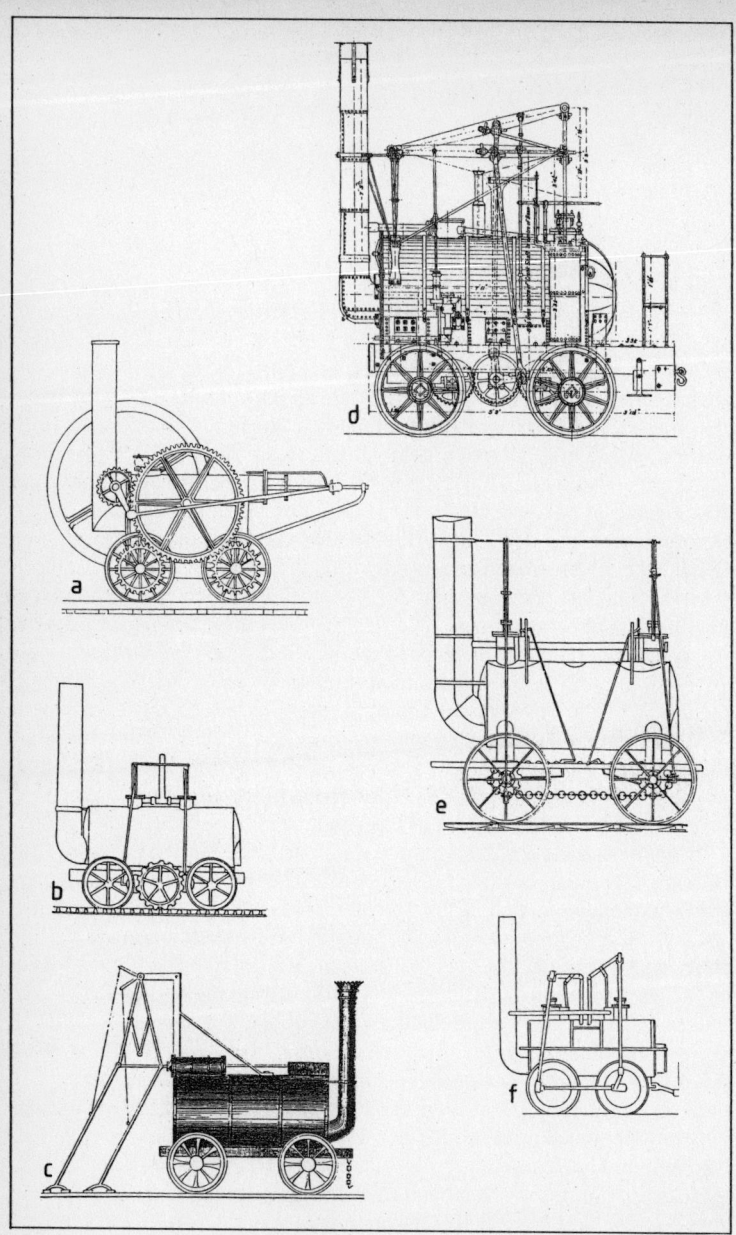

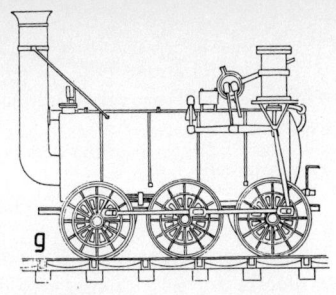
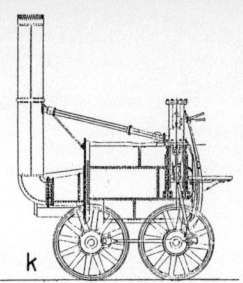
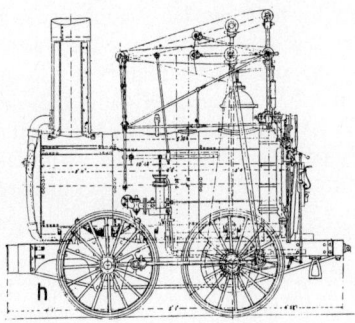

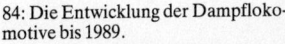
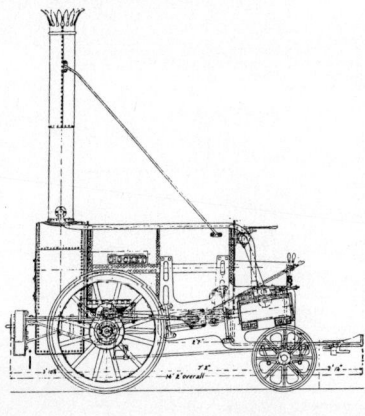

84: Die Entwicklung der Dampflokomotive bis 1989.

(a) Die «Gateshead» oder «Newcastle Locomotive» von Threvithick, 1805.
(b) Die Lokomotive mit Zahnradantrieb von Blenkinsop, 1812. (c) Das Dampfross von Brunton, 1813. (d) Die «Puffing Billy» von Hedley, 1814.
(e) Die zweite «Killingworth Locomotive» von G. Stephenson, 1816. (f) Die «Locomotion» von G. Stephenson, 1825. Mit ihr wurde der Verkehr auf der Eisenbahnlinie Stockton–Darlington eröffnet. (g) Die «Royal George» von T. Hackworth, eingesetzt für den Kohletransport auf der Eisenbahnlinie Stockton–Darlington, 1827. (h) Die «Agenoria» von Foster & Rastrick, 1828. (i) Die «Rocket» von R. Stephenson, Newcastle, 1829. (k) Die «Sanspareil» von T. Hackworth, Darlington, 1829. (l) Die «Novelty» von Braithwaite & Ericsson, London, 1829. (i, k und l) Teilnehmer des Lokomotiv-Wettbewerbes der Eisenbahngesellschaft Liverpool–Manchester in Rainhill im Oktober 1829.

85: Meßwagen von W. Hedley, 1812. Mit diesem von Hand angetriebenen Meßwagen berechnete der Grubentechniker und Lokomotivenkonstrukteur Hedley die Belastung der Achsen, die notwendig ist, um ein Durchdrehen der Räder zu verhindern.

aus eigener Anschauung kannte und auf diesen Erfahrungen aufbauen konnte. Das schmälert nicht seine Verdienste um die Durchsetzung der Dampfeisenbahn. Er hat nach 1814 die Weiterentwicklung der Dampflokomotive vorangetrieben, setzte die Radführung mittels Spurkränzen durch und erkannte, daß mit gußeisernen Schienen die Dampfeisenbahn keine Chance hatte. Dieses Problem ließ sich erst in den 1820er Jahren mit dem patentierten Walzverfahren von Schienen aus Puddeleisen lösen. Er und sein Sohn Robert schufen in der Zeit zwischen 1814 und 1829 den Typ der modernen Dampflokomotive, die sie schließlich mit der berühmten *Rocket* bei dem gleichfalls berühmten Rain-Hill-Wettbewerb im Oktober 1829 der Öffentlichkeit präsentierten (Abb. 86). Zu diesem Zeit-

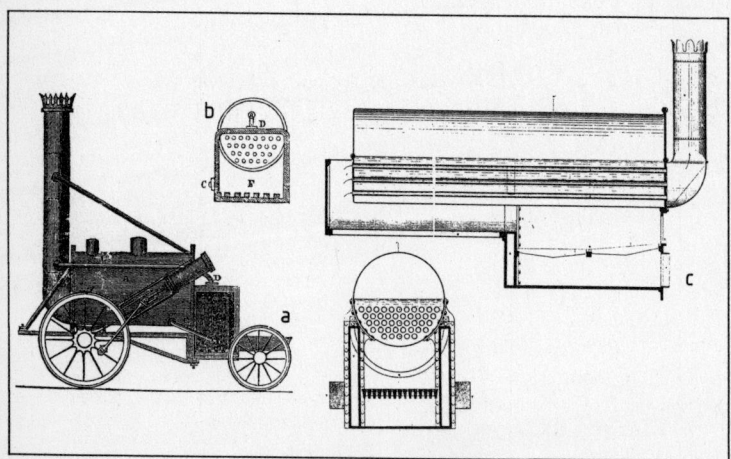

86: Für den Sieg der *Rocket* von R. Stephenson (a) beim Wettlauf der Lokomotiven 1829 war der Röhrenkessel (b) mit ausschlaggebend. Ebenso wie der kurz davor in Frankreich patentierte Röhrenkessel von Seguin (c) gewährleistete er auf kleinstem Raum eine ausreichende Dampferzeugung.

punkt hatten die Stephensons fünfzehn Jahre Erfahrungen mit dem Lokomotivbau und dem Lokomotivbetrieb mit anderen Typen hinter sich. Die *Rocket* hatte Robert Stephenson mit seinem neukonstruierten Röhrenkessel mit Feuerbüchse ausgestattet, damit eine große Heizfläche auf kleinem Raum geschaffen und eine höhere und konstante Leistung der Dampfzylinder erreicht. Ob er von dem 1827 in Frankreich von M. Seguin patentierten Röhrenkessel wußte, ist bei der Häufigkeit gleichzeitiger und voneinander trotzdem unabhängiger Entwicklungen kaum anzunehmen.

Mit der Eröffnung der Strecke zwischen Liverpool und Manchester am 15. September 1830 endet die Frühgeschichte der Dampfeisenbahn. Keine der vorher gebauten öffentlichen Eisenbahnen war nur mit Lokomotivtraktion ausgekommen. Auf der bekannten Kohlenbahn Stockton–Darlington, 1825 mit Stephensons Lokomotive *Locomotion* eröffnet, herrschte Mischbetrieb. Größere Steigungen konnten nur mit stehenden Dampfmaschinen per Seilzug überwunden werden, der Personenverkehr wurde bis 1833 aus Sicherheitsgründen nur mit Pferdetraktion betrieben. Der erste regelmäßige Personenverkehr mit Dampflokomotiven fand auf der am 3. Mai 1830 eröffneten, sechs Meilen langen Strecke Canterbury–Whitstable mit R. Stephensons Lokomotive *Invicta* statt; aber auch auf dieser kurzen Strecke mußten zusätzlich an drei Steigungen stationäre Dampfmaschinen eingesetzt werden.

Die «Kinderkrankheiten» der Dampflokomotive und des rollenden Materials, des Unter- und Oberbaus, wurden in den ersten zwei Jahrzehnten des Eisenbahnbaus und -betriebs in den 1830er und 1840er Jahren allmählich überwunden. Der Eröffnung der Strecke Liverpool–Manchester, der Verbindung des größten Importhafens für Baumwolle und der damaligen *Cottonopolis* Manchester folgte, gemessen an der Länge der bewilligten Eisenbahnstrecken, zwischen 1834 und 1837 das erste und zwischen 1844 und 1847 das zweite «Eisenbahnfieber». Bis 1840 wurden 1400 Meilen gebaut, 1850 war die Gesamtlänge der Strecken schon 6500 Meilen und weitere 12 500 waren schon bewilligt. Die aus fünfzigjähriger Bautätigkeit berechneten Durchschnittskosten für eine Meile beliefen sich auf etwa £ 42 000, das war ungefähr das Zwei- bis Dreifache der Kosten in Frankreich und in Deutschland bzw. in den USA. Davon entfielen 10 bis 20 % auf Landabtretungen, während ein weiterer kostentreibender Faktor die zum Teil sehr schweren geographischen Bedingungen in Wales und im Norden waren (Abb. 87) und nicht zuletzt ein gewisser Größenwahnsinn der Bauherrn und Ingenieure, die sich in den Kunstbauten, Brücken und Bahnhöfen ein Denkmal ihres Reichtums und ihres Könnens setzen wollten.

Die Nachteile des britischen Eisenbahnsystems waren zum einen Folge des Bewilligungsverfahrens und zum anderen des Fehlens jeglicher Normung oder Standardisierung der wichtigsten technischen Komponenten

87: Crumlin-Viadukt, 1857. Die von T. W. Kennard entworfene und 1853 bis 1857 gebaute Talüberbrückung in Südwales hat eine Länge von etwa 540 Meter und eine Höhe von 61 Meter. Die gesamte Tragkonstruktion bestand aus Guß- und Puddeleisen. Der Viadukt galt als einer der Höhepunkte des Eisenbahnbrückenbaus in der Epoche des Puddeleisens.

88: Güterbahnhof der Great Western in Bristol, um 1846. Die Holzkonstruktion des Dachwerkes der Halle mit einem Grundriß von 99 × 42 Meter steht auf gußeisernen Stützen. Zwischen den Stützen befinden sich die Drehkräne für das Be- und Entladen der Waggons. Weil der Güterbahnhof etwa drei Meter unterhalb des Bahndammes lag, wurden die Waggons mit Hilfe einer hydraulischen Hebevorrichtung heruntergelassen bzw. hochgehoben und über Dreh- und Schiebeplattformen auf die Schienenstränge verteilt.

zwischen den einzelnen Eisenbahngesellschaften. Die Spurweite war uneinheitlich, und sie variierte von 1,435 Meter, wie sie Stephenson benutzte, bis zu 2,1366 Meter auf der Brunelschen Great Western von London über Bristol nach Plymouth. Eine noch viel größere Vielfalt herrschte bei den Schienen, Lokomotiven und allem rollenden Material. Die Praxis der Bewilligung aller Eisenbahngesellschaften und ihrer Strecken durch das Parlament war das einzige Mittel für die Koordinierung der Streckenführungen. Auf Anschlüsse zwischen einzelnen Eisenbahnlinien in den größeren Knotenpunkten legten weder das Parlament noch die Gesellschaften Wert. Wozu das führte, kann man noch heute in London sowie in anderen europäischen Hauptstädten nachvollziehen: Die große Entfernung zwischen den Kopfbahnhöfen verschiedener Eisenbahnlinien gab dem Straßenverkehr als Zubringer und Nahverkehrsmittel in den Städten großen Auftrieb.

Im Höhepunkt des zweiten «Eisenbahnfiebers», 1847, betrugen die Investitionen in den Eisenbahnbau mit ca. £56 Millionen etwa 10% des Nationaleinkommens und mit 250000 Beschäftigten im Eisenbahnbau und etwa 50000 im Betrieb fanden in diesem Sektor annähernd 2,5% aller erwachsenen Arbeitskräfte ihren Lebensunterhalt. Bis zu diesem Zeitpunkt war im Eisenbahngeschäft die wichtigste Einnahmequelle der Personenverkehr, die Einnahmen aus dem Gütertransport überrundeten jene des Personenverkehrs erst um 1850. Dies lag teils an der Leistungsfähigkeit des Kanaltranportes, teils an organisatorischen Problemen des Gütertransportes, die die Eisenbahngesellschaften erst allmählich lösen konnten (Abb. 88).

Von den ökonomischen Auswirkungen des Eisenbahnbaus war die wichtigste ein immenser Nachfragesog nach Produkten des Eisenhüttenwesens (Schienen und Gußeisen sowie Walzprodukte für den Maschinenbau, für Ingenieurbauten wie Brücken, Viadukte usw.) und des Maschinenbaus, nach Kohle, nach Baustoffen für Gebäude, Dämme, Brücken und anderem. Die Eisenbahnen beschleunigten die Urbanisierung, trugen zum Ausgleich der Agrarpreise auf dem Binnenmarkt bei und erhöhten die Mobilität der Arbeitskräfte. Was die Produktionskapazität und die technische Entwicklung betrifft, bedeuteten die Eisenbahnbauten die wohl größte Herausforderung für die Eisenhütten und für den Maschinenbau. So gingen 1847, im Spitzenjahr des Eisenbahnbaus, etwa 29% des Inlandabsatzes oder ca. 18% der totalen Roheisenproduktion und etwa 20% der Maschinenbauprodukte an die Eisenbahnen. Dabei ging es nicht nur um Lokomotiven, sondern auch um Lieferungen von Werkzeugmaschinen, die sowohl für den Lokomotivbau wie auch für die Instandhaltung des rollenden Materials unverzichtbar wurden.

Die Herausforderung an die Maschinenbauer

Der Lokomotivbau forderte im Vergleich zum Dampfmaschinenbau eine erhöhte Präzision in der Metallbearbeitung und eine verbesserte Qualität der Werkstoffe. Die – aus einer Kraftmaschine und einem Übertragungssystem der Kraft auf die Räder bestehende – Dampflokomotive war ein sehr komplexes technisches System. Die Zahl und Geschwindigkeit der voneinander abhängigen, ineinandergreifenden beweglichen Teile sowie die in Relation zu der verwendbaren Stoffmenge aufkommenden Belastungen waren weitaus größer als bei stationären Dampfmaschinen, der Raum dagegen, auf dem man konstruktive Ideen umsetzen mußte, wesentlich kleiner. Konstruktive Fehler, schlechte Werkstoffe oder auch nur fertigungstechnische Nachlässigkeiten konnten sehr schnell zu Radbrüchen, Festfressen von Achsen und anderem führen. Was in anderen Sparten des Maschineneinsatzes nur eine Panne oder höchstens einen internen und vertuschbaren Betriebsunfall herbeiführte, konnte im Eisenbahnbetrieb Massenkatastrophen verursachen. Um diesen letzten Endes geschäftsschädigenden Unfällen vorzubeugen, führte die Praxis des Eisenbahntransportes zur intensiven Beschäftigung mit Problemen der Belastbarkeit von Stoffen, zu Untersuchungen über die beste Schienenform (vgl. Abb. 83) und ihrer Befestigung sowie über die Einwirkung der Temperaturschwankungen auf die Schienenstränge. Eines der allgemeinen Probleme jeder Maschine, die Reibung und das Schmieren, wurde angesichts der von festgefressenen Achsen verursachten Pannen oder auch Unfällen jahrzehntelang fast ausschließlich von Eisenbahntechnikern untersucht.

Die durch den Lokomotivbau gestellten quantitativen und qualitativen Anforderungen hätten die britischen Maschinenbauer nur mit der alten Hand-Werkzeug-Technik, ohne die breite Anwendung schon vorhandener Werkzeugmaschinen und ohne die Entwicklung von Spezialmaschinen der spanenden Bearbeitung (Spezialdrehmaschinen für Radsätze, Nutmaschinen, Abrichten von Zugspindeldrehmaschinen für das Abdrehen von Wellen und Achsen usw.) nicht erfüllen können (Abb. 89). Die weiterentwickelte Maschinen-Werkzeug-Technik ermöglichte das Umsetzen neuer Lösungen, die sowohl zur Sicherheit wie auch zur Wirtschaftlichkeit des Betriebes beitrugen. So gelang es zum Beispiel, den spezifischen Kohleverbrauch der Lokomotiven der Liverpool-Manchester-Bahn von 1839 bis 1843 durch neue Ventile, Feuerungstechniken und höhere Präzision in der Fertigung von 49 Pfund pro Meile auf 15 bis 21 Pfund pro Meile zu senken.

Der Eisenbahnbetrieb schuf Arbeitsplätze mit verschiedensten, auch sehr hohen Qualifikationsanforderungen. Dagegen blieb der Bau von Eisenbahnstrecken (Abb. 90) überwiegend schwerste körperliche Arbeit

89: Lokomotivbau, um 1840. Dreherei und Montage in der Lokomotivfabrik Robert Stephenson & Co, gegründet 1823 in Newcastle. Erkennbar ist der Transport der Werkstücke auf fahrbaren Gestellen. Die bis zur Decke hochgezogenen Fenster, links, sorgen für gute Lichtverhältnisse bei den Werkzeugmaschinen.

90: Bau des Bahndammes Box Moor auf der Eisenbahnlinie London–Birmingham, 1837. Die vom Arbeiter gehaltenen und geführten Schubkarren werden über einen von Pferden angetriebenen Seilzug über die Plankenbahn hochgezogen. Es war eine gefährliche Arbeit; denn blieb das Pferd stehen oder beschleunigte es unerwartet, verlor der Arbeiter die Balance und es blieb ihm nur die Chance, durch einen geschickten Sprung von der Plankenbahn dem herabstürzenden Schubkarren auszuweichen.

91: Kraftmaschinen beim Eisenbahnbau, 1837. Die Wahl der Kraftmaschinen richtete sich nach ökonomischen und technischen Gesichtspunkten. Beim Bau des Kilby-Tunnels auf der Strecke London–Birmingham wurden neben zwei Dampfmaschinen, die über eine moderne «Stangenkunst» Pumpen für die Wasserschöpfung antreiben, zwei Pferdegöpel für den Antrieb der Förderanlage eingesetzt. Bei wechselnden Arbeitsplätzen wie beim Eisenbahnbau kamen Dampfmaschinen wegen der hohen Installationskosten nur selten zum Einsatz.

der mit Spitzhacke, Schaufel und Schubkarren ausgerüsteten *navvies* – im Norden Englands und in Schottland größtenteils Iren. Von der modernen Technik kamen nur Dampfmaschinen zum Einsatz, und zwar überwiegend für die Wasserhaltung bei den großen Ingenieurbauten wie Tunnels (Abb. 91). Die Arbeitsbedingungen waren hart bis unmenschlich; sie wurden zusätzlich verschlechtert durch Möglichkeiten des Mißbrauches, die das vorwiegend praktizierte System der Bauorganisation mit Subkontraktoren eröffnete. Gute Unterkünfte waren selten, bei der Versorgung wucherte das *truck-system*: über die in eigener Regie geführten *tommy-shops* (Werkläden) zogen die Subunternehmer den Bauarbeitern einen Teil ihres Lohnes durch überhöhte Preise sofort wieder aus der Tasche. Sicherheitsvorkehrungen wurden allgemein und insbesondere bei Sprengarbeiten und beim Tunnelbau sträflich vernachlässigt, auch wenn nicht immer und überall in dem Maße wie 1839–1845 bei dem Bau des Woodhead-Tunnels durch die Pennines von Cheshire nach Yorkshire, bei dem 3% der Arbeiter einen tödlichen Unfall erlitten und weiter 14% verletzt wurden (Bagwell, Ph. S. 1974, S. 104f; Coleman, T. 1968, Kapitel 5, 7).

Der Einzug der Dampfmaschine in die Schiffahrt

Obwohl das Dampfschiff einige Jahre früher als die Dampflokomotive entstanden ist, spielten Dampfschiffe im Gesamtgefüge des Transportes bis in die 1860er Jahre eine geringere Rolle als Segelschiffe. Die ersten Schritte zur Entwicklung eines Dampfschiffes fanden auf Binnengewässern statt. 1788 gelang es den Schotten Patrick Miller und William Symington, ein Vergnügungsboot mit einer Newcomen-Dampfmaschine und Schaufelrädern in Bewegung zu setzen (Abb. 92). Im Jahre 1802 baute Symington ein Schleppschiff für den Clyde-Kanal, die *Charlottee Dundas*, das jedoch nach der erfolgreichen Versuchsfahrt für den Dauerbetrieb nicht zugelassen wurde, weil man die Beschädigung der Böschung durch die Wellen befürchtete.

Den nächsten Meilenstein auf dem Weg zur Dampfschiffahrt hat dann in den USA Robert Fulton gesetzt. Sein *North River Steamboat*, die spätere *Clermont*, ausgestattet mit einer Wattschen doppelt wirkenden Niederdruckdampfmaschine, eröffnete im Jahre 1807 auf dem Hudson

92: Dampfboot von Paul Miller, 1788. Die auf Grund eines Aquarells von Alexander Nasmyth, dem Vater von James Nasmyth, gefertigte Lithographie zeigt die Probefahrt auf dem Dalswinton Lake bei Dumphries in Schottland. Das Dampfboot hatte einen Doppelrumpf, die von einer Newcomen-Dampfmaschine mit getrenntem Kondensator über Ketten angetriebenen Schaufelräder befanden sich zwischen den Rümpfen.

den Dauerbetrieb auf der 150 Meilen langen Strecke zwischen New York und Albany. Damit begann in den USA eine im doppelten Sinne explosive Entwicklung der Schiffahrt mit Raddampfern. 1812 verkehrten schon fünfzig und 1823 etwa dreihundert Raddampfer, davon siebzig auf dem Mississippi. Infolge fertigungstechnischer Mängel sowie der Benutzung von ungefiltertem Flußwasser für die Kesselanlagen stiegen mit ähnlichem Tempo auch die Unfallzahlen: binnen fünfzehn Jahren kam es zu 35 Kesselexplosionen mit 250 Toten und unzähligen Verletzten.

Die Weiterentwicklung des Dampfschiffbaus in Großbritannien wurde wieder in Schottland fortgesetzt, als 1812 mit dem von einer 4-PS-Dampfmaschine angetriebenen Dampfboot *Comet* der Personenverkehr auf dem Clyde zwischen Glasgow und Helensburgh aufgenommen wurde. Nach diesem ersten kommerziell genutzten Raddampfer in Europa ging die Entwicklung in Großbritannien schnell voran. Im zweiten Jahrzehnt des 19. Jahrhunderts wurden Raddampfer überwiegend für den Personentransport sowohl in der Flußschiffahrt als auch in der Küstenschiffahrt eingesetzt.

Von besonderer Bedeutung waren die Dampfboote für die Küstenschiffahrt, die bis in die 1850er Jahre etwa 70% des Transportaufkommens in britischen Häfen bewältigte. 1815 begann die Dampfschiffahrt auf der Themse, und in den folgenden zehn Jahren wurden regelmäßige Dampfbootverbindungen entlang der britischen Küste und zwischen England, Schottland und Irland eingerichtet; 1822 wurde der Verkehr zwischen Dover und Calais aufgenommen. 1821 fuhren in der Küstenschiffahrt 188 Dampfboote, und 1853 waren schon 639 in Betrieb. Trotz dieser rasanten Entwicklung erreichten die Dampfschiffe einen höheren Tonnageanteil als die inzwischen ebenfalls wesentlich verbesserten Segelschiffe in der Küstenschiffahrt nach 1866 und in der Hochseeschiffahrt ab 1873. Obwohl auch der Frachtverkehr mit Dampfbooten zunahm, blieb bis zum Ausbau des Eisenbahnnetzes in den 1840er Jahren der Personenverkehr die größte Einnahmequelle in der Küstenschiffahrt: Der Transport mit Dampfbooten war billiger als mit Kutschen und schneller als mit Segelschiffen (Bagwell, Ph. S. 1974, S. 63–70). Die Bedeutung der Küstenschiffahrt mit Dampfbooten ist jedoch nicht ausschließlich an ihren Transportleistungen oder ihrem Tonnageanteil zu messen. Die Nachfrage nach Dampfbooten für die kommerzielle Küstenschiffahrt und für die Kriegsmarine spielte eine wichtige Rolle für die weitere Entwicklung der Schiffahrtstechnik. Sie war groß genug, um in Maschinenbaubetrieben die Kosten für die Verbesserung von Schiffsmotoren nicht zu scheuen und die Produktion auf deren Bau zu spezialisieren.

Schiffsschraube und Eisenschiff

Um Dampfschiffe für Langstrecken hochseetüchtig zu machen, mußten drei Probleme gelöst werden: die Verbesserung der Leistung und des Wirkungsgrades der Schiffsdampfmaschinen sowie die Entwicklung eines hochseetüchtigen Antriebselementes und eines diesem Antriebssystem entsprechenden Schiffskörpers aus Eisen. Flankiert von den Errungenschaften der Eisenindustrie und der Technik der Metallbearbeitung ist es den Konstrukteuren solcher Unternehmen wie zum Beispiel Maudslay, Son & Field in London, Fawcett & Preston in Liverpool oder Robert Napier & Sons in Glasgow gelungen, nicht nur die Leistung der Dampfmaschinen, sondern hauptsächlich ihren Wirkungsgrad zu steigern (Abb. 93). Dies senkte den Kohleverbrauch, und dadurch rückten Langstreckentransporte auf hoher See mit ausschließlichem Dampfantrieb in den Bereich des Möglichen. Bis dahin mußten nämlich die Dampfer soviel Kohle bunkern, daß für Lagerräume und Passagiere kaum Raum übrigblieb. Trotzdem reichte der Brennstoff nicht aus, um ohne Hilfe von Segeln anzukommen. Ein rentabler Einsatz der Schiffe konnte also kaum gewährleistet werden. Die ersten transatlantischen Fahrten nur mit Dampfantrieb und noch mit Schaufelrädern gelangen 1838 der *Sirius* und der *Great Western*. Die andere Voraussetzung für die Verbreitung der Dampfschiffe in der Hochseeschiffahrt war die Erhöhung der Schubleistung durch ein anderes Antriebssystem als mit dem Schaufelrad. Wie auch immer die Kraftübertragung auf die Schaufelräder gelöst worden

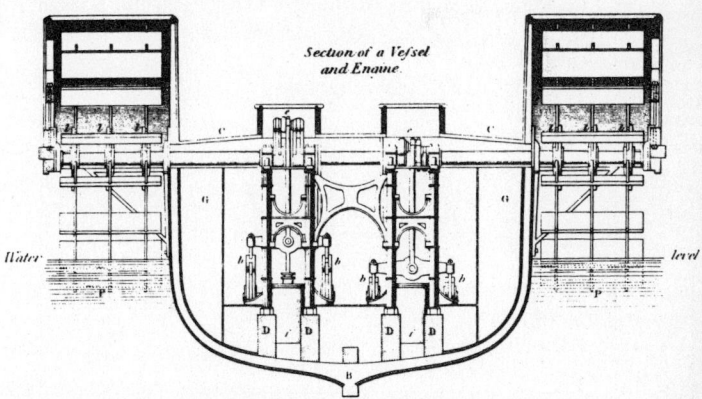

93: Schaufelradantrieb der HMS Phoenix, 1832. Das von der Royal Navy gebaute Dampfschiff (820 t) wurde von Maudslay & Co. mit zwei 110-PS-Dampfmaschinen ausgestattet. Der Querschnitt zeigt die Niederdruckdampfmaschinen mit Kreuzkopfführung und den Kurbelantrieb auf die Antriebswellen der Schaufelräder.

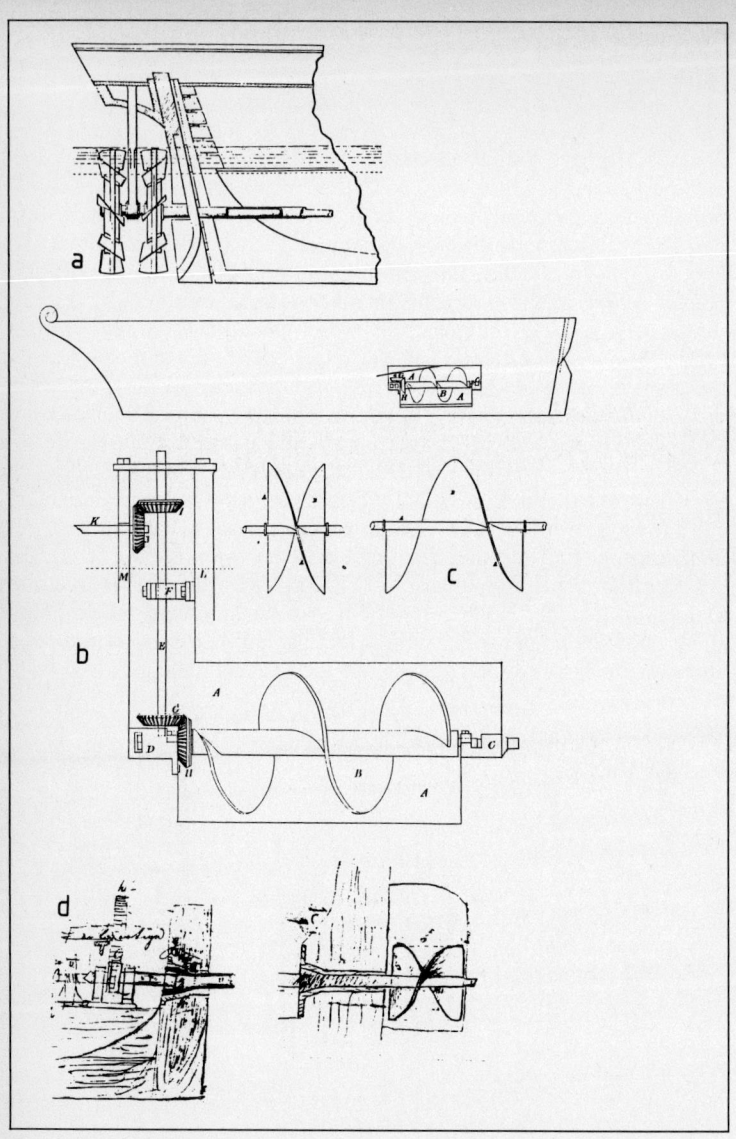

94: Schiffsschrauben. Ericssons Doppelschraube (a) zeigt noch eine starke Anlehnung an die Schaufelräder; Smiths Schiffsschraube aus der Patentschrift 1836, eine verbesserte Version (b); die in der Praxis angewendete Konstruktion (c). Diese kommt der Konstruktion von Ressel aus dem Jahr 1829 gleich (d).

95: Stapellauf der Great Britain, 1843. Der Hochseeedampfer mit eisernem Rumpf und Schraubenantrieb wurde nach dem Entwurf von Brunel in der Werft von Patterson & Sons in Bristol gebaut: Anordnung der vier Dampfmaschinen im sogenannten Brunelschen Dreieck, Zylinderdurchmesser 2,24 Meter, Hub 1,83 Meter mit nominal 1500 PS, Antrieb der Schraubenwelle (53 U/min) über Ketten, Schiffsschraube mit sechs Flügeln, Durchmesser 4,7 Meter, Baustoff: überwiegend Puddeleisen. Länge 88 Meter, Breite 15 Meter, Gewicht 3270 Brt, Verdrängung 3618 t, Höchstgeschwindigkeit elf Knoten.

war, bei höherem Seegang griffen sie sehr oft ins Leere, wodurch ein Teil der Leistung der Dampfmaschine verlorenging. Die Lösung des Problems brachte die Schiffsschraube, die der in Triest stationierte Forstbeamte Johann Ressel schon 1829 für den Antrieb eines kleinen Dampfschiffes eingesetzt hat (Ressel, J. 1893, S. 157 ff). Ob dies in Großbritannien zur Kenntnis genommen wurde, ist nicht nachweisbar. Jedenfalls wurden die ersten Schraubenantriebe erst auf Grund der 1836 genommenen Patente von F. Pettit Smith (GB, Patent Nr. 7104) und J. Ericsson (GB, Patent Nr. 7149) angewendet (Abb. 94; Pratt, H. P., o. J., S. f). Gleichzeitig gelang es nach vielen Versuchen der Anwendung von Eisen für den Bau des Schiffkörpers bei kleineren Dampfern, diesen neuen Werkstoff auch für den Bau eines großen Ozeandampfers zu nutzen. Es war die von Isambard Kingdom Brunel (1806–1859) für die Reederei Great Western Steam Ship Co. entworfene und 1843 vom Stapel gelassene *Great Britain*, das erste Hochseeschiff mit eisernem Rumpf (Abb. 95; Corlett, E. 1975, S. 2, S. 29–110).

Diese Innovationen im Schiffbau und der Ausbau eines Netzes von Kohlelagern auf den wichtigsten Transportrouten öffneten dem Dampfschiff den Weg zum transozeanischen Langstreckenverkehr. Der Traum vom Eisenschiff konnte nur in dem Maße zur Realität werden, in dem die mannigfaltigen konstruktiven und fertigungstechnischen Probleme wie die Kaftübertragung auf die Schiffsschrauben, das Schmieden von Kurbelwellen, das Biegen von Schiffsblechen, das Nieten einzelner Bestandteile usw. gelöst wurden (Abb. 96). Dabei konnten die Werften zum großen Teil auf das technische Rüstzeug und Wissen zurückgreifen, das sich während der industriellen Revolution in verschiedenen Sparten des Maschinenbaus und der Metallbearbeitung angesammelt hat.

Im Gesamtgefüge des Transportsystems fiel dem Wassertransport auf schiffbaren Flüssen, Kanälen und im Küstenbereich in der industriellen Revolution bei der Beförderung von Rohstoffen, Agrarprodukten, aber auch von hochwertigen Industrieprodukten die größte Rolle zu. Die Dampfeisenbahn und das Dampfschiff, diese Produkte der technischen Umwälzung in der industriellen Revolution, setzten sich im Transportsystem nicht schlagartig durch. Es dauerte Jahrzehnte, bis sie technisch so ausgereift waren, daß sie die führende Rolle unter den nebeneinander und miteinander funktionierenden Transporttechniken übernehmen konnten. Bis zur Verdichtung des Eisenbahnnetzes, bis etwa in die 1850er Jahre, war der Wassertransport über Kanäle und über die Küstenschiffahrt für Produzenten im Binnenland auch dann billiger, wenn große Umwege in Kauf genommen werden mußten. So lieferten viele Unternehmen aus Birmingham und Umgebung ihre Waren nach Schottland nicht über den Hafen von Hull, sondern über Kanäle nach London und von dort über die Themsemündung mit Küstenschiffen an schottischen See-

96: Eisenschiffbau, um 1860. Mit dem Übergang zum Baustoff Eisen zog die moderne Technik der Metallbearbeitung in die Schiffswerften ein. Das Blatt zeigt die Arbeiter an den wichtigsten Arbeitsmaschinen beim Blechbiegen, Bohren, Stanzen, Schmieden, Schneiden und das in Handarbeit ausgeführte Biegen der Rippen.

häfen mit Kanalverbindung. Der Straßenverkehr war als Zubringer komplementär für alle anderen Transporttechniken.

Bis zum Ausbau der Eisenbahnen waren in der Personenbeförderung die regelmäßig verkehrenden Schnellkutschen das schnellste Verkehrsmittel auch für größere Entfernungen, und auch danach blieb der Nah- und Ortsverkehr die Domäne von Pferd und Wagen. Versuche, den Dampfwagen als Verkehrsmittel einzusetzen, führten zu keinem dauerhaften Erfolg, denn ihrem großen Eigengewicht waren die Straßen nicht gewachsen. Ab den 1840er Jahren war die Steigerung der Kapazität des britischen Transportwesens jedoch von der Dampfeisenbahn und dem Dampfschiff bestimmt, mit denen in den 1850er bzw. 1860er Jahren über die Hälfte der Güterbeförderung auf dem Land und in Küstengewässern bewältigt wurde. Die neue Maschinentechnik für die Ortsveränderung von Menschen und Gütern konnte jedoch im Gütertransport auf die Arbeitskraft des Menschen nicht verzichten. Im Gegenteil, angesichts des enorm gestiegenen Rohstoff- und Warenumsatzes wurde sie mehr gebraucht als vorher. Zwar standen in Hafenanlagen und Bahnhöfen als Hilfsmittel Kräne modernster Konstruktion und Laderampen zur Verfügung, das mehrmalige Auf- und Abladen der Güter bei jedem Transportvorgang und die Zustellung der Waren blieben jedoch überwiegend der bis an die Grenzen der Leistungsfähigkeit strapazierten Muskelkraft des Menschen überlassen.

C. Zum Entstehen des Fabriksystems

Die wichtigste Folge der massenhaften Einführung von Arbeitsmaschinen der Formveränderung für die Produktion von Konsum- und Investitionsgütern war eine neue Organisationsform der Verarbeitung von Stoffen in zentralisierten Produktionsstätten, das Fabriksystem. Der Prototyp der modernen Fabrik waren die *cotton mills*, die Maschinenspinnereien Arkwrightschen Typs. Schon in dieser klassischen Form ist die Fabrik gekennzeichnet erstens durch die Konzentration der Produktionsabläufe in funktionalen Gebäuden und zweitens durch die Ausführung der technischen Handlungen (der Produktion) überwiegend mit verschiedenen Arbeitsmaschinen der Formveränderung, die durch Kraftmaschinen welcher Art auch immer mit der notwendigen Antriebsenergie versorgt werden. Das prägende technische Element des Fabriksystems ist der auf der Arbeitszerlegung aufbauende Einsatz von Arbeitsmaschinen der Formveränderung. Dies ist der entscheidende technische Unterschied zwischen der Fabrik auf der einen und dem traditionellen Handwerksbetrieb, dem Verlagssystem und der zentralisierten Manufaktur auf der anderen Seite. Der zentrale ökonomische Unterschied ist zum einen ein erhöhter, in Produktionsanlagen gebundener Kapitalbedarf und zum anderen eine höhere Arbeitsproduktivität.

Es hat in der industriellen Revolution keinen anderen Zweig der Industrie gegeben, in dem die Maschinen-Werkzeug-Technik in dem Ausmaß und so schnell die alte Technik verdrängt hat wie in der Spinnerei. Auch wenn die Zuverlässigkeit der Daten über die Zahl von Textilfabriken, der Spindeln oder der Arbeiter viel zu wünschen übrig läßt, lassen sie keinen Zweifel daran, daß der Durchbruch zur Maschinenspinnerei und zum Fabriksystem in den letzten zwei Jahrzehnten des 18. Jahrhunderts erfolgte. In England und Schottland soll es um 1780 etwa zwanzig Arkwrightsche Fabriken gegeben haben und um 1787 etwa 143 (Abb. 97). Die bislang gründlichste Auswertung von Versicherungspolicen und anderer Quellen ergab für die Zeit um 1795 für den Norden Englands, hauptsächlich in Lancashire und Yorkshire, an die 110 und für Schottland etwa 55 Baumwollspinnereien mit einem Versicherungswert von je mindestens £ 5000. In den Midlands, hauptsächlich in Nottinghamshire, Derbyshire und Leicestershire, wurden bis 1803 in der Baumwoll- und Wollverarbeitung 121 Fabriken gegründet (Chapman, S. D 1971, S. 92–107). Im West Riding von Yorkshire entstanden jedoch die meisten Fabriken in der Wollverarbeitung, und zwar durch die Einführung des maschinellen Schrub-

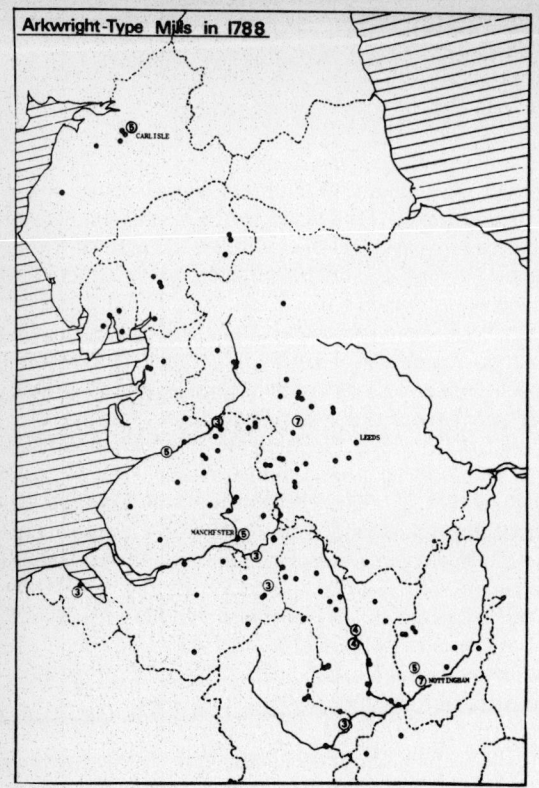

97: Standorte der Spinnereien Arkwrightschen Typs im Norden Englands, um 1788. Die Ziffern in den Kreisen geben die Anzahl der Fabriken an einem Standort an.

belns und Kardierens. Zwischen 1780 und 1800 wurden in diesem Raum um die 140 solcher Fabriken gegründet (Jenkins, D. T. 1973, S. 261, 267–280).

Der Arkwrightsche oder Cromforder Typ der Baumwollspinnerei war ein drei- bis viergeschossiges funktionales Gebäude von etwa 21 bis 24 Meter Länge und 7,5 bis 9 Meter Breite (Abb. 98). Das Gebäude und die Wasserkraftanlage waren für Spinnmaschinen mit etwa tausend Spindeln und für die dazugehörigen Arbeitsmaschinen des Kardierens und Vorspinnens ausgelegt. Der Versicherungswert solcher Fabriken lag bei etwa £ 3000, mit doppelter Spindelzahl bei etwa £ 5000. Die in den 1790er Jahren überwiegend mit Dampfmaschinenantrieb gegründeten Großbetriebe waren mit ca. £ 10000 versichert. Neben diesen gab es jedoch, hauptsächlich in Lancashire, viele kleine *cotton mills* mit einem Versicherungswert von höchstens £ 1000. Oft entstanden sie in Mühlen oder anderen alten gewerblichen Anlagen. Ihre Einrichtung bestand aus mit vom Wasserrad oder vom Pferdegöpel angetriebenen Kardiermaschinen, mit von Hand angetriebenen Spinnmaschinen, *Jenny* oder *Mule*, und einigen Handwebstühlen.

Das bis etwa 1795 in Maschinenspinnereien (Gebäude und Betriebsanlagen) investierte Kapital wird auf ca. £ 2 Millionen geschätzt, die Investitionen pro Arbeitsplatz waren mit etwa £ 10 noch sehr niedrig, und ungefähr zwei Drittel entfielen davon auf die Baukosten der Gebäude und der Kraftanlage. Durch die Perfektionierung der Maschinenausstattung stieg der Kapitalbedarf kontinuierlich, und in den 1830er Jahren mußte man für eine moderne Spinnerei schon etwa £ 70 bis £ 100 pro Arbeitsplatz investieren. Das Anlagekapital für eine kombinierte Spinnerei und Weberei lag je nach Betriebsgröße zwischen £ 20000 und 50000. Die Zahl der Arbeiter und Arbeiterinnen in den Maschinenspinnereien bewegte sich um die drei- bis vierhundert, nach 1800 gab es zwar auch einige mit über tausend Beschäftigten (z. B. New Lanark; in Manchester die Firmen Atkinson, McConnell & Kennedy, A. & G. Murray), aber die vielen kleineren Fabriken mitgerechnet lag auch in Lancashire in den 1830er Jahren die durchschnittliche Arbeiterzahl pro Fabrik in Manchester um die vierhundert und in Lancashire bei zweihundert. In der Wollindustrie betrug die durchschnittliche Betriebsgröße nur etwa hundert Arbeiter (Pollard, S. 1968, S. 111–15; Gatrell, V. A. C. 1977, S. 127).

In der britischen Gesetzgebung bezog sich der Begriff der *factory* bis in die 1860er Jahre ausschließlich auf Betriebe der Textilindustrie, die zwei-

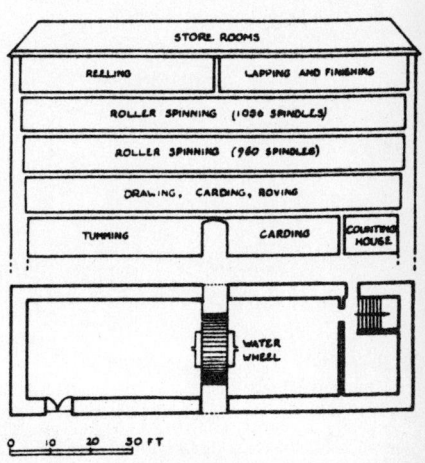

98: Räumliche Gliederung des Produktionsprozesses in Baumwollspinnereien. Die Papplewick Mill war mit sechs Stockwerken und einer Grundfläche von ca. 30 × 9 Meter um 1785 eine der größten Baumwollspinnereien Arkwrightschen Typs. Die 2016 Spindeln und andere Maschinen wurden mit Wasserkraft angetrieben, ab 1785 war eine Dampfmaschine als Reserve vorhanden. Die räumliche Anordnung der Produktion in den einzelnen Stockwerken entspricht, von unten nach oben, der Abfolge einzelner Arbeitsvorgänge: Reinigen, Kardieren, Strecken, Vorspinnen, Feinspinnen und Haspeln.

felsohne das tragende Element des Fabriksystems war (Abb. 99). Die Fabrik als zentrale Stätte der maschinellen Produktion verbreitete sich jedoch seit Anfang des 19. Jahrhunderts auch in anderen Sparten der Produktion. Entsprechend den unterschiedlichen Techniken der Stofformung bzw. der Stoffumwandlung unterscheiden sich jedoch auch die spezifischen Merkmale der Fabrik im Maschinenbau, im Eisenwerk oder in der chemischen Industrie von jenen des Prototyps der Maschinenspinnerei. Ein gemeinsames Merkmal der Fabrikbetriebe außerhalb der Textilindustrie war neben dem die Kapitalinvestitionen steigernden zunehmenden Einsatz von Arbeits- und Kraftmaschinen bzw. von Verfahrenstechniken der Stoffumwandlung ein im Vergleich mit den Textilfabriken hoher Anteil sowohl qualifizierter wie auch nur angelernter Handarbeit direkt im Produktionsprozeß. Trotzdem sind sie dem Typus des Fabrikbetriebes zuzuordnen, weil auch in diesen Sparten der Einsatz der Maschinen-Werkzeug-Technik bzw. in den chemischen Betrieben der Einsatz der Verfahrenstechnik die Menge, Qualität und Preise der Produkte bestimmte.

Der für die gesamte Entwicklung enorm wichtige Maschinenbau war und ist eine Kombination der Formveränderung von Stoffen mit Werkzeugmaschinen und mit Hand-Werkzeugen. Trotzdem sollte auch hier

99: Strutts Baumwollspinnerei in Milford, um 1820. Die Belper (vgl. Abb. 102) und Milford Mill mit unternehmenseigenen Arbeitersiedlungen zählten zu den größten Fabrikanlagen auf Wasserradantrieb. Sie wurden um 1780 gegründet und nach 1800 wesentlich erweitert. Rechts von der Brücke die Stauanlage für die Wasserräder, hinter der Brücke die North Mill, eines der ersten Fabrikgebäude mit gußeisernen Stützen und Trägern (vgl. Abb. 74).

100: Arbeitsszenen aus dem Maschinenbau, um 1840. Bildliche Darstellungen der Arbeit aus den ersten Jahrzehnten des Maschinenbaus sind selten und im Detail meistens ungenau. (a) Arbeiter an einer Portal-Kurzhobelmaschine. Mit der linken Hand drückt er auf einen Hebel, um beim Rücklauf des Werktisches das Werkzeug vom Werkstück abzuheben. Über den Hebel in der rechten Hand steuert er die Bewegung des Werktisches. Die Zeichnung der Hobelmaschine ist falsch: u. a. hat der Künstler den beweglichen Werkzeughalter mit dem Portal fest verbunden. (b) Arbeiter beim Aufbohren von Löchern in einem auf einem Holzblock verkeilten Werkstück mit einer Wandbohrmaschine. Mit der linken Hand steuert er über das Handrad den Vorschub.

zwischen Handwerk, Manufaktur und Fabrik unterschieden werden. Neben den drei Grundtypen der Formveränderung von Metallen durch Urformen, Umformen und Spanen, mit denen nur Maschinenteile erzeugt werden, ist für die Qualität des Endproduktes das Zusammensetzen der Teile zur funktionsfähigen Maschine, die Montage, von entscheidender Bedeutung. In den drei zentralen Werkstätten der klassischen Maschinenbau-Anstalt des 19. Jahrhunderts, in der Formerei und Gießerei, der Dreherei (oder mechanischen Werkstatt) und in der Montage (oder Schlosserei) waren die Anteile der alten und der neuen Technik unterschiedlich. In der Formtischlerei kamen zwar immer mehr Arbeitsmaschinen für die Holzbearbeitung zum Einsatz, das Formen, Gießen und Schmieden blieb jedoch überwiegend die Domäne der Hand-Werkzeug-Technik, und die Paßarbeit und der Zusammenbau der Teile in der Montage waren ausschließlich höchstqualifizierte Handarbeit. Spätestens seit dem zweiten Jahrzehnt des 19. Jahrhunderts wurde jedoch zum zentralen, die Menge und Preise der Maschinen bestimmenden Element die neue Maschinen-Werkzeug-Technik in der mechanischen Werkstatt bei der Herstellung von Maschinenteilen durch Drehen, Bohren, Stoßen, Hobeln, Biegen, Lochen, Stanzen usw. mit Werkzeugmaschinen (Abb. 100). Darin liegt der grundlegende Unterschied zwischen den Werkstätten der «Feuermaschinenbauer» des 18. Jahrhunderts oder der Maschinenbauanstalt von Boulton & Watt in Soho um 1800 und den Maschinenbaubetrieben von Boulton & Watt, Maudslay, Clemens, Roberts oder Nasmyth einige Jahrzehnte später. Die einen waren Handwerksbetriebe bzw. Manufakturen, die anderen, als kleine Werkstätten gegründet, wurden durch den quantitativ ständig zunehmenden Einsatz von Werkzeugmaschinen zu Maschinenbaufabriken, deren grundlegendes Merkmal das Zusammenwirken von Maschinen-Werkzeug und Hand-Werkzeug-Technik und ein hoher Anteil hochqualifizierter Facharbeiter war.

Sowohl für die Grundstoffindustrie (Bergbau, Hüttenwesen, Chemie) wie auch für den Maschinenbau ist der Trend zu immer höheren Investitionen in Betriebseinrichtungen kennzeichnend. So betrugen in den führenden südwalisischen Eisenhüttenwerken die Kapitalinvestitionen um 1820 zwischen £ 100 000 und 400 000 pro Werk (Pollard, S. 1968, S. 97). Im Maschinenbau war, wie wir schon betont haben, der Einstieg bei vorhandenem technischen Wissen und Können auch mit einer minimalen Kapitalausstattung möglich. Der Ausbau der 1795 von Boulton & Watt in Soho gegründeten Maschinenbauanstalt kostete jedoch gut £ 30 000 (vgl. Abb. 50) und in die 1837–39 von Nasmyth gegründete Bridgewater Foundry wurden rund £ 48 000 investiert (Abb. 101; Cantrell, J. A. 1984, S. 257). In demselben Zeitraum erreichten die Kapitalinvestitionen pro Arbeitsplatz in den Ballungsgebieten des Maschinenbaus in Lancashire und im West Riding mit £ 84 ungefähr dieselbe Höhe wie in der Textilindustrie.

Der zuerst in der Textilindustrie vollzogene Übergang zum Fabriksystem stellte sowohl die Unternehmer wie auch die Arbeiter vor eine neue Situation. Die Investitionen in die Betriebsanlagen wie Gebäude, Kraft- und Arbeitsmaschinen waren ebenso wie die für den Betrieb notwendigen Zahlungsmittel für Rohstoffe und Arbeitslöhne für einen Fabrikbetrieb je nach Größenordnung sehr unterschiedlich. Im Schnitt lag jedoch der Kapitalaufwand für eine Spinnerei höher als im Verlagssystem und zwar wegen der höheren Investitionen in Gebäude und technische Einrichtungen. Sollten sie gewinnbringend werden, mußten die Betriebsanlagen ausgelastet sein, jeder Stillstand, jede Unterbrechung der Produktion war im Unterschied zum Verlagssystem wegen den hohen Fixkosten rechnerisch ein Verlust. Die Grundvoraussetzung der Auslastung war eine regelmäßige Arbeitszeit und, dies meinten viele Unternehmer der

XX J.Nº FLAT.
O GLASS CUTTER
R. WREN & BENNET MY LANDLORDS.
Z MY SMITHY IN THE CELLAR.

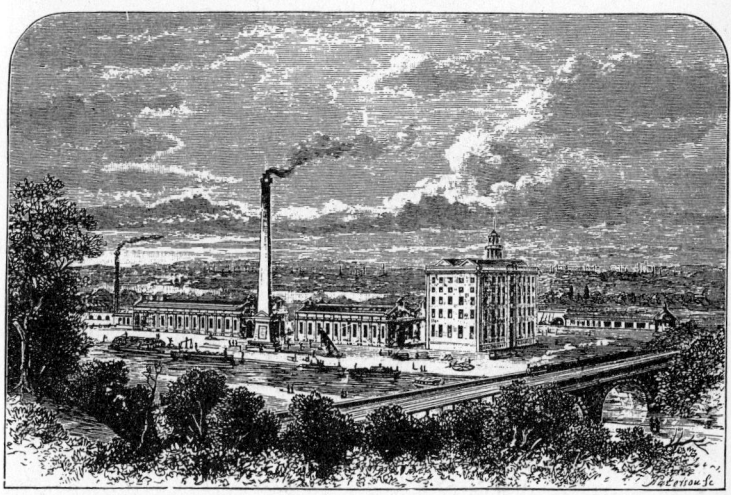

101: Von der Werkstatt zur Fabrik. James Nasmyth gründete 1834 sein Maschinenbauunternehmen in Manchester in angemieteten Räumen einer ehemaligen Baumwollspinnerei (oben). Die Legende in der Zeichnung markiert u. a. seine Werkstatt (xx) und Schmiede (z). Die Jahresmiete einschließlich der Energieversorgung mit einer Dampfmaschine betrug £ 56. Die 1836 in Betrieb genommene Bridgewater Foundry in Patricroft bei Manchester (unten), von Nasmyth «auf der grünen Wiese» gebaut, war eine der größten Maschinenbaufabriken; um 1839 beschäftigte sie ca. 500 Arbeiter. Für die Standortwahl war die ideale Verkehrslage mit ausschlaggebend: das Gelände lag zwischen dem Bridgewater Kanal und der Eisenbahnlinie Liverpool–Manchester.

Textilindustrie, ein möglichst langer Arbeitstag oder gar ein Betrieb rund um die Uhr.

Für die Arbeiter bedeutet die das Fabriksystem auszeichnende Konzentration der Produktion im Vergleich mit dem Verlagssystem oder mit dem Handwerk eine Trennung der Arbeitsstätte von der Wohnstätte. Zweitens bedeutete die Fabrikarbeit, wie jede Arbeit im zentralisierten, arbeitsteiligen Produktionsprozeß im Vergleich mit dem Verlagssystem, in dem der Heimarbeiter nur an dem Produkt kontrolliert wurde, den Verlust der Selbstbestimmung des Arbeitsrhythmus, der Arbeitsintensität und der Gestaltung der Länge sowie des Ablaufes des Arbeitstages und der Arbeitswoche.

Woher kam das Kapital?

Ohne auf die Frage der Kapitalakkumulation und der Investitionen ausführlich eingehen zu können, möchten wir einige der wichtigsten Tatsachen festhalten. Die für die industrielle Revolution verfügbaren Daten über das Wachstum des Sozialproduktes und über die Investitionen belegen, daß es weder an ihrem Anfang noch in ihrem Verlauf an investitionsbereitem Kapital mangelte. Großbritannien war schon vor 1750 ein reiches Land mit einer hochproduktiven und für die Landeigentümer und landwirtschaftlichen Unternehmer-Farmer profitablen Landwirtschaft, mit einigen hochentwickelten Gewerbezweigen, an deren Spitze die Wollverarbeitung stand. Diese florierende landwirtschaftliche und gewerbliche Produktion war die Basis eines regen Binnenhandels und des auch machtpolitisch abgesicherten, im 18. Jahrhundert stetig wachsenden und nicht weniger profitablen Außenhandels sowohl mit anderen Staaten wie auch mit den britischen Kolonien. Er bestand aus Exporten eigener Produkte, der Einfuhr von Rohstoffen, von Kolonialwaren und ihrem Reexport und auch aus dem berüchtigten Sklavenhandel, der in den Außenhandelsstatistiken allerdings nicht erfaßt ist. Dabei gewann der durch die Navigationsakten des 17. Jahrhunderts für britische Schiffe und Häfen monopolisierte Handel mit den eigenen Kolonien zunehmend an Bedeutung sowohl für die britische gewerbliche Produktion wie auch für das Import- und Reexportgeschäft. Bei einem Anstieg des Jahresexportes der Industrieprodukte zwischen 1700 und 1774 von £ 3,9 Millionen auf £ 8,5 Millionen erhöhte sich der Anteil des amerikanischen und afrikanischen Absatzgebietes von 12 auf 43 %. Der Anteil der Reexporte am Gesamtexport, überwiegend Kolonialwaren wie Zucker, Gewürze, Tabak, erhöhte sich in demselben Zeitraum von 31 auf 37 % (Davis, R. 1962/63, S. 293ff). Die Gewinne aus dem Warenhandel und aus der Seeschiffahrt brachten insgesamt in solchen Mengen Geld ins Land, daß es über die Deckung der Ausgaben für den Kauf von Immobilien, Staatspapieren und Luxusgütern hinaus auch für Ersparnisse reichte, die produktiv angelegt werden konnten.

«Das Problem der Kapitalakkumulation in Großbritannien des 18. Jahrhunderts war deshalb hauptsächlich die Schaffung von Kanälen, über die das Kapital von den Gruppen der Bevölkerung, die die Ersparnisse machten, zu jenen gelangte, die Kredite brauchten» (Mathias, P. 1969, S. 145).

Die Ersparnisse aus dem Landbesitz bzw. den landwirtschaftlichen Unternehmen flossen überwiegend in die Melioration des Bodens und den Ausbau des Transportsystems. So stammte das Anlagekapital für den Kanalbau zwischen 1755 und 1815 bzw. für den Eisenbahnbau zwischen 1820 und 1844 zu 22 bzw. 28% vom Adel, der Gentry und den *gentlemen*. Den höchsten Anteil an der Finanzierung sowohl des Transportsystems mit 39 bzw. 45% (Hawke, G. R.; Higgins, J. P. P. 1981, S. 233) als auch der Industrieunternehmen hatte jedoch in der industriellen Revolution das durch den Binnenhandel und das Verlagswesen sowie den Außenhandel und die Seeschiffahrt akkumulierte Kapital. Dieses spielte die entscheidende Rolle sowohl bei direkten Unternehmensgründungen als auch bei der Finanzierung durch Kapitalinvestitionen oder durch Kredite. Das Grundkapital bei Firmengründungen wurde überwiegend durch Zusammenlegen der Ersparnisse des Unternehmers und seiner Freunde oder Verwandten, durch Hypotheken auf Immobilien und durch kurzfristige Kredite von privaten Bankhäusern außerhalb Londons, der *country banks*, und von Geschäftspartnern, meistens den Rohstoffgroßhändlern, aufgebracht. Für die Erweiterung der Anlagen haben die Unternehmer ihre Gewinne reinvestiert und das notwendige Umlaufkapital für Rohstoffe, Löhne, Betriebskosten und Schuldendienste wurde am häufigsten über die Kreditierung der Rohstofflieferungen durch Handelshäuser, durch Kauf auf Pump oder durch kurzfristige Kredite gesichert. Eine zunehmend wichtige Rolle bei der Abwicklung von Krediten mit kurzer Laufzeit, die bei gegebenen Sicherheiten durch mehrfache Verlängerungen de facto zu langfristigen Krediten wurden, spielten die schon erwähnten *country banks*, deren Zahl von 1784 bis 1810 von 120 auf 650 gestiegen ist (Mathias, P. 1969, S. 148 ff, 169 ff). Die Möglichkeit, Industrieunternehmen durch Aktiengesellschaften oder durch andere Unternehmensformen mit beschränkter Haftung zu gründen, gab es in Großbritannien bis in die 1850er Jahre nicht.

Fabrikarbeit und Disziplinierung

Die Fabrikarbeit brachte eine festgelegte und im Schnitt vorerst eine verlängerte Wochen- und Tagesarbeitszeit (sechs Tage in der Woche, täglich mindestens zwölf Stunden reine Arbeitszeit, Wochenarbeitszeit zwischen siebzig und achtzig Stunden). Der Arbeitsrhythmus und die Arbeitsintensität, die einst der Arbeiter in gewissen, von der Notwendigkeit eines Minimaleinkommens gesetzten Grenzen selbst bestimmen konnte, wurden in der Fabrik von den Arbeitsmaschinen vorgegeben; die Arbeitspausen, in denen die Maschinen stillstanden, wurden von der Fabrikordnung verbindlich festgelegt. Die Arbeitsinhalte waren selbstverständlich von den Funktionen der Arbeiter und Arbeiterinnen abhängig. Bei den Maschinenarbeitern erstreckten sich die Arbeitsinhalte von der Versorgung der Maschinen mit Rohstoffen, über die Überwachung der selbsttätigen Fertigungsvorgänge, das Beheben von Pannen und die Abnahme des Produktes bis hin zur Steuerung des Bewegungsablaufes der Maschinen. Der im Normalfall ununterbrochene und regelmäßige Gang der Maschinen verlangte eine ebenso ununterbrochene und regelmäßige Konzentration und Aufmerksamkeit und eine vom Rhythmus der Maschinen bestimmte Wiederholung derselben Handgriffe. Dennoch ist es irreführend zu behaupten, daß die Arbeitsintensität oder sogar die Arbeitszeit von der Technik bestimmt waren. Sie wurden bestimmt von den ökonomischen Zielsetzungen ihres Einsatzes. Zwar gibt es eine minimale Drehzahlgeschwindigkeit der Spindeln, die nicht unterschritten werden darf, wenn ein Garn und nicht ein Knäuel produziert werden soll. Alles was darüber hinaus «optimiert» wurde, war kein technischer Zwang, sondern der Einsatz technischer Mittel zur Optimierung der Kosten-Nutzen-Relation und im Endeffekt zur Gewinnmaximierung. Noch viel weniger gab es einen technischen Zwang zur Verlängerung des Arbeitstages oder zum 24-Stunden-Betrieb mit zwei Schichten. Solche unternehmerischen Entscheidungen basieren nicht auf irgendeiner technischen Notwendigkeit, sondern auf betriebsökonomischen Überlegungen. Nach einem kurzen Boom von Tag- und Nachtschichten in einigen Baumwollspinnereien gegen Ende des 18. Jahrhunderts sind die meisten Unternehmer mit derselben technischen Einrichtung auf den Betrieb mit einer Schicht unter Verlängerung der Schichtzeit auf vierzehn Stunden umgestiegen, weil sie meinten, daß damit die Nutzung der Anlagen im Endeffekt kostengünstiger zu gestalten sei.

Das Bevölkerungswachstum zwischen 1780 und 1850 sicherte für die industrielle Revolution ein im großen und ganzen ausreichendes quantitatives Angebot an Arbeitskräften. Getragen war dieser Bevölkerungszuwachs – und darin ist sich die moderne Forschung einig – durch den Rückgang der Todesrate und hier insbesondere der Kindersterblichkeit. Welchen Anteil an diesem Rückgang die reichhaltigere Ernährung, eine bessere Hygiene oder medizinische Maßnahmen wie die Pockenimpfung gehabt haben, ist bis heute in der Forschung stark umstritten (Tranter, N. L. 1981, S. 209–216). Aus welchen Bereichen auch immer die Arbeiter und Arbeiterinnen in die Fabrik kamen, ob aus dem Handwerk, der

102: Die Round Mill in Belper (vgl. Abb. 50b, 99). Die kreisförmige Anordnung der Arbeitsplätze sollte eine wirksame Kontrolle gewährleisten.

Heimarbeit oder Landwirtschaft, der Eintritt in die Fabrik verlangte von ihnen neue Verhaltensweisen am Arbeitsplatz, und dies bedeutete einen Bruch mit traditionellen Lebensgewohnheiten, Arbeitsgewohnheiten und auch Arbeitsinhalten (Abb. 102). Wie neu und ungewohnt die von der Fabrikarbeit geforderten Verhaltensweisen waren, davon zeugen die Maßnahmen der Unternehmer zwecks Einfügung der Arbeitskräfte in den vorgegebenen Ablauf der Produktion. Ein Problem, das auch vor der Industrialisierung überall dort entstand, wo es um die arbeitsteilige Kooperation einer größeren Anzahl von Arbeitern in einem zentralisierten Betrieb ging. Der übliche Begriff für die im Zusammenhang mit der Gründung von Fabriken ergriffenen Maßnahmen – Disziplinierung – trifft das Wesentliche dieses Prozesses: Gewöhnung an Gehorsam, Fügsamkeit und Unterordnung. Gehorsam und Fügsamkeit gegenüber dem Fabrikherrn bzw. gegenüber den von ihm eingesetzten Vorgesetzten (Aufseher, Meister, Vorarbeiter), Unterordnung allen von ihnen verordneten Verhaltensweisen, die eine maximale Ausnutzung der Produktionskapazität der Arbeitsmaschinen zum Ziel hatten.

Die Disziplinierungsmaßnahmen, die von dem Fabrikherrn schriftlich in den *rules*, den sogenannten Fabrikordnungen, mit gebieterischen Geboten und Verboten niedergelegt wurden, gingen von dem Grundsatz aus, daß sich die Beschäftigten mit dem Verkauf ihrer Arbeitskraft für die gesamte Arbeitszeit bedingungslos dem Willen des *masters* zu unterwerfen hatten. Die Maßnahmen sollten den Arbeitern und Arbeiterinnen, Kindern, Jugendlichen und Erwachsenen ihre «schlampigen Arbeitsgewohnheiten» abgewöhnen, sie sollten ihnen das «Zeit ist Geld»-Prinzip einbläuen, sie gewöhnen, «sich mit der unveränderlichen Regelmäßigkeit des komplexen Mechanismus zu identifizieren» (Pollard, S. 1967, S. 164f). Der Disziplinierungsprozeß begann mit der strengen Kontrolle der Anwesenheit beim Fabriktor, setzte sich am Arbeitsplatz fort und reichte, wenn die Beschäftigten in fabrikeigenen Siedlungen wohnten, bis in die Privatsphäre. Die wichtigsten Erziehungsmittel waren Strafen, Lohnabzüge laut Bußgeldkatalog der Fabrikordnung, Aussperrungen bis Entlassungen und bei Kindern körperliche Züchtigung. Voraussetzung für die Wirksamkeit der Disziplinierungsmaßnahmen war die Überwachung am Arbeitsplatz, die Funktion der Aufsicht wurde zum Bestandteil des Arbeitsinhaltes einiger Arbeiter (Vorarbeiter, Meister) bzw. einer kleineren Anzahl von Aufsehern, die sich am Produktionsprozeß direkt nicht beteiligten. Mit diesen Methoden ist es gelungen, den ersten Generationen der Fabrikarbeiterschaft den «Schlendrian» auszutreiben, ihnen die neue Zeitökonomie einzuprägen, das pünktliche Erscheinen am Arbeitsplatz, das regelmäßige Arbeiten während der gesamten Arbeitszeit, die Unterordnung unter den Rhythmus der maschinellen Produktion in ihrem Bewußtsein als Norm zu verankern.

«Der ersten Generation Fabrikarbeiter wurde die Bedeutung der Zeit von ihren Vorgesetzen eingebleut, die zweite Generation kämpfte in den Komitees der Zehn-Stunden-Bewegung für eine kürzere Arbeitszeit, die dritte schließlich für einen Überstundenzuschlag. Sie hatten die Kategorien ihrer Arbeitgeber akzeptiert und gelernt, innerhalb dieser Kategorien zurückzuschlagen. Sie hatten ihre Lektion – Zeit ist Geld – nur zu gut begriffen (Thompson, E. P. 1980, S. 55).

Industrielle Lohnarbeit von Kindern und Frauen

Obwohl 1851 zwei Drittel der Arbeitskräfte in der britischen Wirtschaft Männer waren, ist die Kinder- und Frauenarbeit in verschiedenen Sparten der Industrie und bis zum gesetzlichen Verbot 1842 auch unter Tage im Kohlebergbau ein signifikantes Merkmal der industriellen Revolution. Das neue war nicht das Arbeiten und die Erwerbstätigkeit von Kindern und Frauen, sondern deren massenhafte Beschäftigung außerhalb des Familienverbandes in einem eigenständigen Lohnverhältnis direkt zum Unternehmer oder, wie bei den *Mule*-Spinnern oder bei den Hauern, zu dem «Akkordmeister». Den höchsten Anteil stellten Kinder und

Frauen selbstverständlich in der Textilindustrie und hier in der Baumwollbranche. Einigermaßen zuverlässige Daten liegen erst für die Zeit nach den ersten Kinderschutzgesetzen vor: demnach waren 1835 nur etwa 26 % aller Beschäftigten Männer über achtzehn, 48 % Frauen über dreizehn und je 13 % Kinder weiblichen und männlichen Geschlechts und männliche Jugendliche zwischen 13 und 18 Jahren. Ab 1838 ist dann der Anteil von Kindern unter 13 Jahren auf etwa 5 % gefallen, dafür erhöhte sich der Frauenanteil (über 13 Jahre) auf 54 % und bewegte sich bis in die 1870er konstant um die 56 % (Mitchell, B. R. 1971, S. 188). Am Anfang der industriellen Revolution dürfte der Kinderanteil eher höher gewesen sein: bis zu dem ersten, mindestens partiell greifenden Kinderschutzgesetz 1802 war es üblich, daß Waisenhäuser zwecks Kosteneinsparung unter dem Deckmantel der Ausbildung ihre Waisen vertragsmäßig «für Unterkunft und Verpflegung» an Baumwollfabrikanten abgaben. Von Ausbildung war jedoch keine Rede, die Kinder arbeiteten, nicht selten in zwei Schichten rund um die Uhr, als Feger und Knüpfer bei den Spinnmaschinen. Diese Kindersklaverei, die den Baumwollfabriken den Ruf von Kerkern und eine empörte Kritik einbrachte, ging nach 1800 allmählich zurück, nicht jedoch der Anteil der Kinderarbeit. Erst auf Grund des Fabrikgesetzes von 1833, das die Arbeitszeit von Jugendlichen zwischen vierzehn und achtzehn Jahren auf zwölf Stunden und jene von Kindern zwischen neun und dreizehn Jahren auf neun Stunden limitierte und auch eine wirksame Kontrolle der Textilfabriken durch unabhängige Fabrikinspektoren einführte, wurde die Kinderarbeit allmählich zurückgedrängt.

Das gemeinsame Merkmal sowohl der industriellen Lohnarbeit von Kindern wie auch von Frauen war, daß sie prinzipiell niedriger entlohnt wurden und schnell anlernbare Hilfstätigkeiten bei den Maschinen oder andere körperlich anstrengende Handarbeit in jenen Produktionsbereichen ausübten, die nicht maschinell ausgeführt wurden. Besonders bemerkenswert ist, daß Frauen sogar in jenem Bereich, der bei der Hand-Werkzeug-Technik fast ausschließlich ihre Domäne war, nämlich beim Spinnen, nur für die Bedienung (Transport des Rohstoffes und Produktes, Aufstecken und Abnehmen von Spulen, Knüpfen, Überwachen) von selbsttätigen Feinspinnmaschinen sowie von Kardier- und Vorspinnmaschinen eingesetzt wurden. In der Maschinenweberei hatten Frauen sehr schnell einen hohen Anteil, angeblich deshalb, weil sie fügsamer waren als Männer. Die «Maschinenführer» bei der halbautomatischen *Mule* waren jedoch fast ausschließlich Männer, ebenso wie bei den späteren Selfactor. Bei der halbautomatischen *Mule* lautete die Begründung, die Arbeit sei zu schwer für Frauen und sie hätten nicht die erforderliche Härte, ja Brutalität, um die Kinder-Hilfsarbeiter zwölf Stunden am Tag auf Trab zu halten. In der Strumpfwirkerei arbeiteten an den Strickmaschinen schon im Verlagswesen überwiegend Männer, dasselbe setzte sich im Fabrikbetrieb fort. Die Funktionen des Meisters oder gar Aufsehers blieben Männern vorbehalten. So gab es 1834 in den Baumwollfabriken Lancashires unter etwa tausend Aufsehern und Meistern keine einzige Frau, nicht einmal in Abteilungen, wo ansonsten an den Maschinen ausschließlich Frauen beschäftigt wurden (Pinchbeck, I. 1977, S. 186). Die Begründungen für dieses Verdrängen von Frauen in Tätigkeitsbereiche mit gar keinen oder nur geringfügigen Aufsichtsaufgaben bzw. Verfügungsrechten sind insgesamt widersprüchlich. Das ausschlaggebende war wohl, daß die Unternehmer Frauen, Kinder und Jugendliche mit der fadenscheinigen Begründung, sie müßten keine Familie ernähren, mit niedrigeren Löhnen abspeisen konnten und die Arbeiter die bestbezahlten Tätigkeiten als ihre eigene Domäne verteidigten.

Zur Debatte über den Lebensstandard der Fabrikarbeiter

Ob in der industriellen Revolution der Lebensstandard der Fabrikarbeiter und der Industriearbeiter insgesamt gestiegen ist, wie die «Optimisten» behaupten, oder aber bis 1850 vorerst gesunken ist, was die «Pessimisten» vertreten, gehört bis heute zu den umstrittensten Problemen der britischen Sozialgeschichte. Was die Anteile am Sozialprodukt betrifft, steht fest, daß die Steigerung der Kapital- und Renteneinkommen weit über und jene der Lohneinkommen weit unter der Steigerung des durchschnittlichen Pro-Kopf-Einkommens lag, mithin die Ungleichheit der Einkommensverteilung durch die industrielle Revolution nicht verringert, sondern vergrößert wurde. Es besteht aber auch kein Zweifel daran, daß durch das Wachstum der Industrie direkt und indirekt neue Arbeitsplätze geschaffen worden sind und die höchsten Lohneinkommen in der modernen Fabrikindustrie und im Bergbau zu erwerben waren. Umstritten bleibt die Frage der Steigerungsrate der Reallöhne in der industriellen Revolution bis 1850, danach ist eine deutliche und unumstrittene Steigerung zu verzeichnen. Je nach dem, welcher Warenpreis- bzw. Lohnindex zugrunde gelegt wird und welche Jahre zwischen 1790 und 1850 verglichen werden, kommt man zu Steigerungen der Reallöhne zwischen etwa 17 und 116%, der Vergleich in zwei relativ gleichwertigen Jahren der Prosperität wie 1790 und 1845 ergibt eine Steigerung zwischen 33 und 73% (Perkin, H. 1969, S. 134–138; O'Brien, P. K., Engermann, S. L. 1981, S. 164–171).

Insgesamt scheint jedoch die Position der Pessimisten realistisch zu sein, wonach für die Mehrheit der Fabrikarbeiter, die mit ihrem Lohniveau nicht nur über dem Agrarproletariat, sondern auch über der Masse der sogenannten «arbeitenden Armen» standen, bis in die 1840er Jahre eine Verschlechterung der Lebensbedingungen kennzeichnend war. Darauf deuten auch die Ergebnisse von punktuellen Untersuchungen über die Reallohnentwicklung in typischen Industriezentren wie Oldham oder Leeds in ebenso wie Untersuchungen über die durch Krisen wie 1816/19, 1826/27, 1830/31 und 1842/43 oder durch kürzere Depressionen wie 1837 und 1847/48 kurzfristig bis zu 50% hochschnellende Arbeitslosigkeit in Textilfabriken. Die Tatsache, daß die von der Hand in den Mund lebenden Arbeiter in einem Arbeitsleben einige Einbrüche im langfristigen Aufwärtstrend der Reallöhne sowie Lohnausfälle infolge von Kurzarbeit, Krankheiten oder Unfällen haben hinnehmen müssen, lassen die Position der Pessimisten weniger realitätsfremd erscheinen als jene der Optimisten, die sich überwiegend auf den langfristigen Trend der Reallöhne stützen. Die Tatsache, daß die Industrialisierung, die neue Arbeitsplätze geschaffen hat, auch durch die Einschränkung des Lebensstandards der ersten drei Generationen von Fabrikarbeitern mitfinanziert worden ist, kann man nicht mit der Feststellung aus der Welt schaffen, daß es ohne die Industrialisierung noch viel schlimmer geworden wäre. Auf eine Verschlechterung des Lebensstandards deuten auch seine durch die Reallohnentwicklung nicht meßbaren materiellen Bestimmungsfaktoren: die bekannten Tatsachen über die Wohnsituation der Fabrikarbeiter, die katastrophalen sanitären Verhältnisse in Arbeitervierteln, die unaufhaltbare Slumbildung in Industriestädten, die wesentlich niedrigere Lebenserwartung in Arbeiterfamilien und nicht zuletzt die langen Arbeitszeiten. Auf allen diesen Gebieten kommt es zu Verbesserungen erst seit den 1840er Jahren, und mit dem «Zehnstundengesetz» von 1847 hat sich die Arbeiterschaft der Textilfabriken durch die von Gewerkschaften, Sozialreformern, weiterdenkenden Industrieunternehmern und Politikern getragene «Zehn-Stunden-Bewegung» die erste allgemeine Verkürzung der Arbeitszeit erkämpft. Mit einer effektiven Arbeitszeit von zehn Stunden (einschließlich der Pausen zwölf Stunden) von Montag bis Freitag und acht Stunden am Samstag wurde damit die Arbeitszeit in den Textilfabriken an die allgemein üblichen Zwölfstunden-Schichten in anderen Industriebetrieben angeglichen.

D. Praxis und Wissenschaft – Über die Schöpfer der neuen Technik

Der Streit um die Frage, ob die neue Technik *science based*, also das Ergebnis der Orientierung der Naturwissenschaften an Problemen der Praxis, oder aber *empirical*, das heißt das Produkt praxisorientierten Bastelns von Praktikern, Handwerkern, Mühlenbauern, Mechanikern oder sonstiger Träger von Erfahrungswissen war, ist so alt wie diese Technik selbst. Sie wurde schon von Zeitgenossen gestellt und wird heutzutage durch generalisierende Aussagen, die als ein wesentliches Merkmal der Industrialisierung «die zunehmende Anwendung der Wissenschaft auf Probleme der ökonomischen Produktion» (Kuznets, S. 1969, S. 9) hervorheben, wieder in den Vordergrund gerückt. Dabei ist mit einer gewissen zeitlichen und gegenständlichen Einschränkung diese Aussage durchaus zutreffend (Mathias, P. 1975, S. 73 ff). Für den Gesamtprozeß der Industrialisierung ist die zunehmende Hinwendung der Wissenschaft auf Probleme der Produktion charakteristisch. Das Problem liegt aber darin, wann und wo dies einsetzte und von wem und auf welche Weise naturwissenschaftliche Erkenntnisse für technische Handlungen angewendet wurde. Die Gegenposition zu der überhöhten Einschätzung der Rolle der Wissenschaft für die Entstehung der Technik des 19. Jahrhunderts ist die Negation jeglichen Einflusses, die Behauptung, es habe sich bei den technischen Neuerungen nicht um «die technische Anwendung naturwissenschaftlicher Forschungsergebnisse» gehandelt (Rapp, F. 1978, S. 100 ff).

Unstrittig ist, daß in der industriellen Revolution, die einen Übergang von der Hand-Werkzeug-Technik zu der Maschinen-Werkzeug-Technik darstellt, eine tiefgreifende Veränderung auch in den wechselseitigen Beziehungen zwischen Praxis und Wissenschaft eingetreten ist. Auch auf diesem Gebiet war die industrielle Revolution eine Übergangsperiode, die gekennzeichnet ist durch:

– den Übergang von technischen Handlungen, die im Einklang mit naturwissenschaftlichen Gesetzmäßigkeiten stehen, zu technischen Handlungen, die auf Grund der Umsetzung wissenschaftlicher Erkenntnisse über diese Gesetzmäßigkeiten entstehen;
– in diesem Übergang sind zwei zentrale Formen der Anwendung wissenschaftlicher Erkenntnisse in der Produktion zu unterscheiden: zum einen die Anwendung wissenschaftlicher Erkenntnis in technischen

Handlungen durch Praktiker «Nichtwissenschaftler» und zum anderen die Anwendung wissenschaftlicher Erkenntnisse, die das Ergebnis einer bewußt praxisorientierten Forschung von hauptberuflichen Wissenschaftlern waren. In der Epoche der industriellen Revolution, dies können wir vorwegnehmen, überwog in Großbritannien die erste Form.

Praktiker entwickeln die neue Technik

Es besteht kein Zweifel daran, daß jede Technik, als «Wozuding» in welcher Form auch immer und zu welchem Zweck auch immer eingesetzt, nur dann die erwarteten Funktionen erfüllt, wenn der technische Gegenstand, seine einfache oder komplizierte Konstruktion und die mit ihm oder durch ihn ausgeführte Handlung im Einklang mit naturwissenschaftlichen Gesetzmäßigkeiten steht. Das bedeutet jedoch nicht, daß der die Technik schaffende und mit ihr handelnde Mensch die optimale Lösung für ein technisches Gebilde, für ein Werkzeug oder auch für eine Maschine nur dann hätte finden können, wenn er diese objektiv existierenden und von der Wissenschaft entdeckten Gesetzmäßigkeiten über ein Studium erkannt und von dieser Rezeption wissenschaftlicher Erkenntnisse ausgehend gehandelt hat. Die Hand-Werkzeug-Technik zeichnet sich eben dadurch aus, daß Technik vom Menschen im Einklang mit, aber ohne Kenntnis der Gesetzmäßigkeiten gemacht und eingesetzt werden konnte. Bis tief in die industrielle Revolution hinein war die Grundlage technischen Schaffens das in Jahrhunderten angesammelte, von Generation zu Generation übermittelte und deshalb im Regelfall nur im Lernprozeß der Praxis anzueignende Erfahrungswissen und handwerkliches Können. Auf der Stufe der Hand-Werkzeug-Technik bestand die Ausbildung des guten Handwerkers darin, daß dem Lehrling im Verlaufe des Produktionsprozesses der Meister beigebracht hat, wie ein Werkzeug, ein Gerät oder eine technische Handlung schon immer gemacht wurden, damit sie funktionieren bzw. damit die technische Handlung ihre Zielsetzung erreicht. Welche Prinzipien der Physik, Mechanik usw. der Fertigung des Artefaktes bzw. der technischen Handlung mit dem Werkzeug zugrunde lagen, davon wußte die überwältigende Mehrheit der Handwerker nichts. Auch dort, wo grundlegende Kenntnisse aus der Mechanik wie beispielsweise im Geräte-, Mühlen-, Uhren- und Instrumentenbau, für die Berechnung von Kamm- und Zahnrädern für verschiedene Umsetzungen notwendig waren, wurden diese in der praktischen Ausbildung angeeignet. Der Prüfstein dessen, ob mit den objektiv vorhandenen Gesetzmäßigkeiten im Einklang gehandelt wurde oder nicht, war die Praxis. Brüche des Werkzeuges, Zusammenbrechen der Tragkonstruktion, das Mißlingen eines Schmelzproduktes und andere Pannen signalisierten dem Handwerker, daß er etwas falsch gemacht hatte. Auch wenn er von Materialkunde, Statik, Hüttenchemie nichts gehört hatte, versuchte er die Fehlerquelle durch Vergleiche auf Grund seines eigenen oder des vorhandenen kollektiven Erfahrungswissens herauszufinden. Die Ausbildung nur in der Praxis, das Vermitteln nur dessen, was schon vorhanden war, der Grundsatz, daß etwas deshalb gut ist, weil es schon immer so gemacht wurde, waren auch ohne die petrifizierende Wirkung von Zunftvorschriften Grund genug, beim Handwerker keine große Zuneigung gegenüber Neuigkeiten aufkommen zu lassen. Dies einerseits und das heute verfügbare Wissen darüber, wie die neue Maschinen-Werkzeug-Technik entstanden ist, wer die Ideen hatte und wie sie in eine funktionierende Technik umgesetzt worden sind, andererseits, lassen keinen

103: Lebensläufe. Richard Roberts (links) war der Sohn eines walisischen Schuhmachers, arbeitete bis 1808 auf Kanalbooten und im Steinbruch, nahm Privatstunden im Zeichnen und war 1809/10 als Modellmacher in einigen berühmten Gießereien beschäftigt. 1814 arbeitete Roberts bei Maudslay und gründete 1815/16 eine eigene Werkstatt in Manchester, aus der sich alsbald die Maschinenbaufabrik Robert, Hill & Co, umfirmiert 1828 in Sharp, Roberts & Co., entwickelte. Er war ein besessener und begabter Konstrukteur, der ebenso wie viele seiner zeitgenössischen Ingenieure für die Wirtschaftlichkeit nicht viel übrig hatte. James Nasmyth (rechts) stammte aus einer wohlhabenden, künstlerisch begabten schottischen Familie, absolvierte 1821–1826 die School of Arts in Edinburgh und betätigte sich daneben als Hobby-Mechaniker. In der Zeit von 1829 bis 1831 arbeitete er als «Privatassistent» von Henry Maudslay in London, kehrte dann nach Edinburgh zurück und eröffnete 1834 eine eigene Maschinenbauwerkstatt in Manchester. Mit Ersparnissen, Krediten und dem Kapital seines Partners Gaskell gründete er 1836 die Bridgewater Foundry (vgl. Abb. 101), die unter dem Firmennamen Nasmyth, Gaskell & Co. zu den größten Maschinenbaufabriken zählte. Nasmyth war hauptsächlich als Konstrukteur tätig; neben seinen Werkzeugmaschinen wurde er durch den Dampfhammer berühmt, den er zwecks Schmieden von Schiffskurbelwellen entwickelt hat.

Zweifel daran, daß die Entstehung der neuen Technik mit der Anwendung naturwissenschaftlicher Forschungsergebnisse wenig zu tun hatte.

Die professionelle Herkunft der meisten «Erfinder» scheint zu belegen, daß es vollausgebildeten, ihren erlernten Beruf ausübenden Handwerkern schwerfiel, die in der Ausbildung eingeprägten Verhaltensweisen abzulegen und in ihrem eigenen Fach neue Wege zu suchen. Bei den bekannten «Erfindern» ist der Anteil der Außenseiter, das heißt jener, die nicht aus dem Gewerbezweig kamen, in dem sie sich als Erfinder hervorgetan haben, sehr hoch. Es geht nicht nur um Lewis Paul, John Wyatt, Richard Arkwright (vgl. Abb. 23), Edmund Cartwright (vgl. Abb. 39), Abraham Darby und Henry Cort. Die erste Generation von Werkzeugmaschinenbauern mußte, da es vorher keinen Werkzeugmaschinenbau gab, aus anderen Berufsgruppen stammen. Es ist jedoch auffallend, daß weder Henry Maudslay (vgl. Abb. 44) noch Richard Roberts (Abb. 103), James Fox oder James Nasmyth (Abb. 103) eine formale Ausbildung abgeschlossen haben, John Smeaton war ein abgesprungener Jurist, Joseph Clement ein Schieferdecker usw.

Die Tatsache, daß die neuen Arbeitsmaschinen der Formveränderung und die neuen Kraftmaschinen vorerst mit der Hand-Werkzeug-Technik verschiedener Berufsgruppen wie Schreiner, Schmiede, Schlosser, Klempner, Mühlenbauer, Uhrmacher etc. gefertigt worden sind, beweist zweierlei. Erstens, daß die Möglichkeiten der alten Technik, mit dem, was bis dahin mit ihr produziert wurde, bei weitem nicht ausgeschöpft waren. Zweitens, daß die durch Träger des kollektiven Fundus von Erfahrungswissen und mit ihrem handwerklichen Können in die Welt gesetzte neue Technik überwiegend empirischen Ursprungs war. Die Einschränkung bezieht sich auf die Dampfmaschine von James Watt. Gegen die im Schrifttum sehr oft strapazierte Legende, daß Watt auf die Idee des getrennten Kondensators dank des Chemikers Joseph Black gekommen sei, der ihm seine Entdeckung der «latenten Wärme» mitgeteilt habe, protestierte Watt noch zu Lebzeiten. Eine solche Kausalität, darin sind sich Wissenschaftshistoriker einig, wäre auch sinnwidrig. Tatsache ist, daß Watt, der ausgebildete Feinmechaniker, sich im Selbsststudium grundlegende Kenntnisse auf dem Gebiet der Wärmelehre und über die Eigenschaften des Dampfes angeeignet hat (Cardwell, D. S. L. 1972, S. 88 ff; Kerker, M. 1975, S. 101 f). Um den Beitrag der Wissenschaft zu dieser Erfindung beurteilen zu können, wäre es zwar gut zu wissen, ob er dies schon vor der Idee des getrennten Kondensators oder nur im Zuge der Realisierung der Idee getan hat. Wie es auch immer gewesen sein mag, es besteht kein Zweifel daran, daß Watt für die Konstruktion einer funktionierenden Dampfmaschine mit getrenntem Kondensator auch wissenschaftliche Erkenntnisse angewendet hat.

Die neue Technik – Herausforderung an die Wissenschaft

Weder die Herkunft der Konstrukteure noch die Tatsache, daß für die Produktion der ersten Arbeitsmaschinen das empirische Wissen und Können von Handwerkern ausgereicht hat, kann als Beweis dafür dienen, daß die Optimierung dieser und die Entwicklung weiterer Maschinen ohne jegliche Anwendung wissenschaftlicher Erkenntnisse vorangetrieben worden ist. Der Weg zur Anwendung wissenschaftlicher Kenntnisse führte jedoch auch hier über Praktiker, die sich für die Ausübung ihres Berufes, für die Lösung hauptsächlich konstruktiver aber auch fertigungstechnischer Probleme im Selbststudium, bei Privatlehrern oder in Abendkursen Grundkenntnisse auf diversen Wissensgebieten aneigneten. Das bedeutet nicht, daß die Konstruktion von Maschinen und das Entwickeln neuer Verfahren ohne «Tüfteln», ohne Versuche und Fehlversuche vonstatten gegangen wäre. Der Fortschritt gegenüber dem Zustand um 1770/80 bestand jedoch darin, daß im 19. Jahrhundert in zunehmendem Maße «Tüftler»-Konstrukteure zu Werke gingen, die außer der praktischen Erfahrung und den handwerklichen Fertigkeiten auch über solide theoretische Kenntnisse verfügten. Es ist kaum vorstellbar, um nur ein Beispiel zu nennen, daß der gelernte Tischler Joseph Bramah zu seiner hydraulischen Presse ohne jegliche theoretischen Kenntnisse über Hydraulik und nur auf Grund seiner Erfahrung mit dem Wasserklosett gekommen wäre.

Die Praxisbezogenheit wissenschaftlicher Erkenntnisse mußten sich die Praktiker vorerst selbst herstellen, denn die Annäherung institutionalisierter wissenschaftlicher Forschung an die Bedürfnisse der Praxis war ein langwieriger Prozeß, der überwiegend erst durch das Vorhandensein der neuen Technik eingeleitet worden ist. 1806 beschrieb ein unbekannter Verfasser die Situation so:

«Der Prozeß der Perfektionierung komplizierter Maschinen ist meistens das Gegenteil dessen, was man erwarten könnte. Wenn die Praxis die Bedeutung einer Maschine bewiesen hat, wendet sich ihr die Wissenschaft zu, untersucht ihre Prinzipien, analysiert ihre Bewegungen und bringt sie mittels mathematischer Exaktheit in Verbindung. Mathematiker sind selten Erfinder, und Arbeiter sind selten Männer der Wissenschaft, aber es bedarf der gegenseitigen Hilfe von Forschung und Praxis, um die Gegenstände, die beide verbessern wollen, zu perfektionieren» (Buchanan, R. 1814, S. 11; Zitat aus «Eclectic Revue», 1806).

Diese Hinwendung der Wissenschaft zu den praktischen Problemen der Produktion fand vornehmlich seit den 1780er Jahren statt; zuerst auf der Basis informeller persönlicher Kommunikation und dann in den neugegründeten privaten Gesellschaften wie der berühmten Lunar Society in Birmingham oder den Philosophical Societies in Derby, Manchester

(Musson, A. E. 1977, S. 153 ff; Musson, A. E.; Robinson, E. 1969, Kapitel 3 und 4).

Zwar beklagte fast ein halbes Jahrhundert später, aus Anlaß der Weltausstellung im Chrystal Palace 1851 ein der Praxis nahestehender Wissenschaftler, Professor Robert Willis aus Cambridge, noch immer «die unglückselige Trennwand oder Separation zwischen Praktikern und Wissenschaftlern», in der Zwischenzeit war es jedoch von beiden Seiten zu einer Annäherung gekommen. Hauptberufliche Forscher und/oder Professoren wie Olynthus Gregory und Peter Barlow an der Militärakademie in Woolwich, Humphrey Davy, Charles Babbage, der Privatgelehrte Eaton Hodgkinson u. a. wendeten sich Problemen der Praxis zu. Die auf Initiative von Dr. John Birkbeck und nach dem Beispiel der Erwachsenenbildung der Andersonian Institution an der Universität in Edinburgh erfolgte Gründung des London Mechanics' Institute im Jahre 1823 war der Auftakt zu der Verbreitung dieser privat organisierten und aus den Kursgebühren finanzierten Bildungsstätten für berufstätige Arbeiter und Techniker in allen bedeutenden Industriezentren.

Die Universitäten in Schottland, an denen die Pflege der Naturwissenschaften schon traditionell auf einem viel höheren Niveau stand als in England, hatten einen wesentlichen Anteil an der Entwicklung chemisch-technologischer Verfahren und waren die ersten in Großbritannien, die die von Justus von Liebig eingeführten Methoden der Chemikerausbildung übernahmen. In England war 1841 die Herausgabe von zwei Lehrbüchern für angewandte Mechanik von zwei Professoren aus Cambridge, von William Whewell (1794–1866), einem berühmten Naturwissenschaftler und Philosophen, und von Robert Willis (1800–1875), selbst ein begabter Konstrukteur und gefragter Berater von Werkzeugmaschinenbauern, ein erstes Zeichen dafür, daß sich allmählich auch die ehrwürdigen Universitäten Cambridge und Oxford bewußt geworden waren, etwas für die wissenschaftliche Ausbildung des Ingenieurs tun zu müssen. Insgesamt blieb jedoch die englische akademische Forschung in der ersten Hälfte des 19. Jahrhunderts auf allen technischen Gebieten weit hinter dem zurück, was in Frankreich und in Deutschland geleistet wurde, und von einer gezielten Ausbildung für die Industrie oder einem höheren technischen Bildungswesen kann man bis in die 1850er Jahre nicht sprechen (Roderick, W. G. 1972; Cardwell, D. S. L. 1974; Sanderson, M. 1972). Der überwiegende Teil der seit den 1830er Jahren ständig zunehmenden Menge von Abhandlungen über die neue Technik, über Probleme, die durch ihren Einsatz in der Praxis auftauchten, stammt von den führenden Ingenieuren, also von Autodidakten-Praktikern ohne formale Ausbildung, sowie von Privatgelehrten. Ihr Forum waren zuerst die Jahrestagungen der Gesellschaft zur Förderung der Wissenschaft, dann die Ingenieurverbände und ihre Zeitschriften (Abb. 104), allen voran die In-

104: Die seit 1836 erscheinende Zeitschrift war keineswegs auf Probleme der zuerst in einem Verband zusammengeschlossenen Zivilingenieure beschränkt. Bis in die Mitte des 19. Jahrhunderts stellte sie das repräsentative Publikationsorgan aller britischen Ingenieure dar.

stitution of Civil Engineers, schon 1818 gegründet, von der sich die Maschinenbauer, die *mechanical engineers,* erst 1847 loslösten, um einen eigenen Verband zu gründen.

Die Verbreitung der neuen Technik – treibende Kräfte und Widerstände

Die Tatsache, daß die neue Technik überwiegend das Produkt des empirischen Wissens und Könnens von Handwerkern war, die neue Wege einschlugen und dadurch eine völlig andere, nämlich die Maschinen-Werkzeug-Technik schufen, hat sich gleichermaßen auf die Diffusion, auf die Verbreitung der technischen Neuerungen innerhalb Großbritanniens und auf den Transfer in andere Länder ausgewirkt. Beides war vor allem abhängig von der persönlichen Erfahrung, von dem persönlichen Kennenlernen und dem Umgang mit den neuen Maschinen und Verfahren. Für die Diffusion in Großbritannien ist dies eher eine durch Indizien gestützte Vermutung auf Grund der gut dokumentierten Problematik des Transfers der britischen Technik nach Frankreich und Preußen.

Die Briten hatten die neue Technik und waren jahrzehntelang sehr zurückhaltend mit gedruckten technischen Informationen solcher Qualität, die einen Nachbau der Maschinen ermöglicht hätten. Trotzdem hat sich die neue, einmal in der Praxis bewährte Technik schlagartig verbreitet. Aus diesen zwei Tatsachen kann man nur einen Schluß ziehen: Die Wege der Diffusion waren die Wege der Praxis, und die treibenden Käfte waren die Unternehmer oder solche, die es werden wollten, und die Erfinder selbst.

Von den schriftlichen Informationen über die neue Technik kamen in der entscheidenden Phase bis etwa 1810 als Vehikel der Diffusion nur die der Öffentlichkeit – in London als Original und ansonsten mit einigem Zeitabstand in Zeitschriften – zugänglichen Patentbeschreibungen in Frage. Dies war aber aus verschiedenen Gründen eine sehr beschränkte Informationsquelle. Erstens wurden einige sehr bedeutungsvolle Neuerungen wie Cromptons *Mule* und die meisten Werkzeugmaschinen für die Metallverarbeitung überhaupt nicht patentiert. Zweitens waren viele Patentbeschreibungen, so auch in Arkwrights Patent 1775 über die Textilmaschinen der Faseraufbereitung, entweder ungenau bis konfus oder aber, wie Neilsons Patent über die Lufterhitzung, so genial allgemein gehalten, daß sie nicht als Ausgangspunkt für einen Nachbau dienen konnten. Drittens dürfen wir nicht vergessen, daß der Aussagewert von Patentschriften und auch von anderen exakten, inhaltlich gehaltvolleren Beschreibungen und Zeichnungen ein ganz anderer für den zeitgenössischen Handwerker oder auch Techniker war als für historisch interessierte heutige Techniker, die sie mit ihrem durch die wissenschaftliche Ausbildung erworbenen technischen Fachwissen lesen. Es geht nicht darum, daß ein gut ausgebildeter Handwerker keine Zeichnungen hätte anfertigen und lesen können. Das Problem lag darin, daß beim Lernen des technischen Zeichnens von dem Erfahrbaren, vom Modell oder von der Vorlage, ausgegangen wird. Etwas ganz anderes ist es, nur aus einer Zeichnung, ohne je ein auch nur ähnliches technisches Artefakt gesehen zu haben, die Funktionsprinzipien herauslesen zu können, um dann diese Information in ein Gerät, in eine Maschine umzusetzen. Der «Erfinder» ist hier in einer anderen Ausgangssituation: Er hat die Idee, die Vorstellung der Konstruktion auf Grund seiner Erfahrungen und auch seines Wissensvorsprungs in seinem Kopf und bringt sie dann zu Papier.

Das soeben Gesagte gilt auch für andere gedruckte Informationen, die jedoch als Mittel der Verbreitung des Wissens über die neue Textiltechnik bis etwa 1810 nicht in Frage kamen. Es gab sie einfach nicht – die erste

105: Die von Abraham Rees zwischen 1802 und 1820 in 39 Text- und 6 Tafelbänden herausgegebene Enzyklopädie veröffentlichte die umfassendste Darstellung der Entwicklung der Technik in der ersten Phase der industriellen Revolution. Sie hat für die Technikgeschichte Großbritanniens einen ähnlichen Quellenwert wie die Enzyklopädie von d'Alambert und Diderot für Frankreich.

THE

CYCLOPÆDIA;

OR,

UNIVERSAL DICTIONARY

OF

Arts, Sciences, and Literature.

BY

ABRAHAM REES, D.D. F.R.S. F.L.S. S. *Amer. Soc.*

WITH THE ASSISTANCE OF
EMINENT PROFESSIONAL GENTLEMEN.

ILLUSTRATED WITH NUMEROUS ENGRAVINGS,
BY THE MOST DISTINGUISHED ARTISTS.

PLATES. VOL. I.
AGRICULTURE —— ASTRONOMICAL INSTRUMENTS.

LONDON:
Printed for LONGMAN, HURST, REES, ORME, & BROWN, Paternoster-Row,
F.C. AND J. RIVINGTON, A. STRAHAN, PAYNE AND FOSS, SCATCHERD AND LETTERMAN, J. CUTHELL,
CLARKE AND SONS, LACKINGTON HUGHES HARDING MAVOR AND JONES, J. AND A. ARCH,
CADELL AND DAVIES, S. BAGSTER, J. MAWMAN, BLACK KINGSBURY PARBURY AND ALLEN,
R. SCHOLEY, J. BOOTH, J. BOOKER, SUTTABY EVANCE AND FOX, BALDWIN CRADOCK AND JOY,
SHERWOOD NEELY AND JONES, OGLE DUNCAN AND CO., R. SAUNDERS, HURST ROBINSON AND CO.,
J. DICKINSON, J. PATERSON, E. WHITESIDE. WILSON AND SONS, AND BRODIE AND DOWDING.
1820.

umfassende Beschreibung der in Textilfabriken längst verbreiteten Maschinen erschien erst um 1808 in der Enzyklopädie von Rees (Abb. 105). Noch zäher war der Informationsfluß über die nicht patentierten Werkzeugmaschinen der Metallbearbeitung. Außer über Kanonen- und Zylinderbohrwerke, über die schon erwähnte Tischdrehbank Maudslays und eine Drehbank von Fox war in Großbritannien aus bedrucktem Papier bis in die 1820er Jahre so gut wie nichts zu erfahren. Der Leser des *Mechanics Magazine*, einer der am weitesten verbreiteten, populären Fachblätter, mußte bis Ende der 1820er Jahre den Eindruck haben, auf dem Gebiet der Metallbearbeitung sei nichts geschehen; es wurden immer wieder nur

Verbesserungen der Handdrehbank angeboten. Es gab bis in die 1830er Jahre wohl keine andere Art von Maschinen, über die in Großbritannien so beharrlich geschwiegen wurde, wie die modernen Werkzeugmaschinen.

Angesichts dieses verspäteten und sehr lückenhaften Angebotes an schriftlichen Informationen gewährleistete die persönliche Kommunikation wie persönliche Kontakte, Korrespondenz und Reisen sicherlich den schnelleren Zugang zum Wissen über die neue Technik. Dies war der erste Schritt zu ihrer Verbreitung, die überwiegend durch Kauf der Maschinen und durch Anwerbung der Träger des technischen Wissens und der Fertigkeiten stattfand, also der Arbeiter, die an der Fertigung der Maschinen beteiligt waren oder mindestens mit ihnen umgehen konnten. Ein weiteres, innerhalb Großbritanniens nicht strafbares Mittel war die schlichte Abwerbung von Fachkräften, die auch ohne Kauf der Maschinen fähig waren, diese nachzubauen.

Bei patentierten Erfindungen waren die Patentinhaber eine treibende Kraft für die Verbreitung der neuen Technik, aus der sie ihre Einkünfte bezogen oder mindestens beziehen wollten. Die technischen Einrichtungen, die dazugehörigen Zeichnungen und die entsprechenden Fachleute konnten, wie im Falle von Arkwrights Spinnmaschinen, der Wattschen Dampfmaschinen oder der ersten Verbreitung des Puddelverfahrens von Cort, vom Patenteigentümer legal gegen Zahlung der Patentgebühren erworben werden. Insgesamt wirkten sich jedoch die Patentrechte eher diffusionshemmend als fördernd aus. Lizenzgebühren waren für den Unternehmer eine finanzielle Belastung, und meistens scheuten sie weder das Risiko des gesetzwidrigen Unterlaufens der Patente noch Kosten und Mühe, um angreifbare Patentrechte wie im Falle des zweiten Patentes von Arkwright durch Gerichtsverfahren aus der Welt zu schaffen. Auf der anderen Seite waren sie sehr großzügig, wenn es darum ging, finanziell erfolglose Erfinder wie Cort, Crompton und Cartwright über Petitionen an das Parlament durch die öffentliche Hand entschädigen zu lassen.

Für die Unternehmer, die wirksamste vorantreibende Kraft für die Verbreitung der neuen Technik, war deren Einsatz ein Mittel zum ökonomischen Erfolg, zur Erwirtschaftung eines Gewinnes im eigenen Unternehmen. Die einen wollten zu diesem Erfolg über den Kauf von Maschinen und der Gründung eines Unternehmens für die Produktion von Konsumgütern kommen, die anderen, meistens Erfinder-Unternehmer im Maschinenbau, strebten dasselbe Ziel durch den Verkauf von Produktionseinrichtungen, also von Investitionsgütern an. Als es in den ersten Jahrzehnten der industriellen Revolution noch kein ausreichendes Angebot an Investitionsgütern gab, besorgten sich die meisten Unternehmer der Baumwollspinnerei nur einen Satz aller notwendigen Maschinen und komplettierten dann ihre Maschinenausstattung durch Nachbau mit angeworbenen Fachkräften im eigenen Unternehmen. In dem vorerst durch die Gründung von kleinen Werkstätten entstehenden Maschinenbau fertigten die Unternehmer-Techniker mit ihren Facharbeitern die notwendigen Werkzeug- und Kraftmaschinen selbst. In der Hüttenindustrie, im Bergbau und in der Chemie blieb der Eigenbau von Produktionsanlagen, die Dampfmaschinen und Werkzeugmaschinen ausgenommen, der Regelfall. Ob die Unternehmer in den Besitz der neuen Maschinen und/oder Verfahrenstechniken für die Stoffumwandlung durch Kauf oder durch Abwerben von Fachkräften und Nachbau kamen, im jeden Fall trugen sie zur Verbreitung der neuen Technik bei. In welchem Ausmaß sie dies taten, ob sie sich für Dampfmaschinen oder Wasserräder als Kraftanlagen entschieden, ein Fabrikgebäude mit gußeisernen Stützen oder in der traditionellen Bauweise errichteten, war eine Frage des ökonomischen Kalküls und nur selten des gesellschaftlichen Prestiges. Hatte sich die neue Technik erst einmal in der Praxis bewährt, hatte sie sich im Vergleich zur alten Technik als ein erfolgreicheres Mittel zum Erwirtschaften von Gewinnen erwiesen, dann sorgten alle, die die finanziellen Möglichkeiten und den Willen hatten, Unternehmer zu werden, damit zugleich für ihre Diffusion. Ob die neue Technik die Arbeit des Menschen erleichterte, welche Folgen ihr Einsatz für andere soziale Gruppen oder gar für die Umwelt und die Nation hatte, interessierte zwar einige wenige Erfinder und auch Unternehmer, solche Fragestellungen waren jedoch für die Gesamtheit der Unternehmer kein Entscheidungskriterium für oder gegen den Einsatz der neuen Technik.

Zum größten Widerstand gegen die Einführung und Verbreitung der neuen Technik kam es dort, wo die meisten Menschen von ihr betroffen waren, in der Textilindustrie. Er kam nicht von den Fabrikarbeitern, sondern von Berufsgruppen des Handwerks oder von Heimarbeitern, die von den neuen Techniken, etwa des Spinnens und des Tuchscherens oder von neuen Organisationsformen des Einsatzes längst bekannter Techniken, wie des Wirkstuhles, in ihrer Existenz bedroht waren. Es war ein Kampf für die Erhaltung der eigenen Existenzgrundlage und althergebrachter Rechte, in dem das Zerstören von Produktionsmitteln nicht das Ziel, sondern das letzte Druckmittel zur Durchsetzung eigener Forderungen der Existenzsicherung gewesen ist. Diese Widerstände flackerten schon seit den 1770er Jahren gegen die Maschinenspinnerei auf (Hammond, J. L.; Hammond, B. 1979, S. 43 ff), ihren Höhepunkt erreichten sie jedoch erst im zweiten Jahrzehnt des 19. Jahrhunderts, nachdem das Parlament zwischen 1809 und 1813 im Interesse der Fabrikindustrie alle Reglementierungen des Wollgewerbes aufgehoben hatte. In der Ludditen-Bewegung zwischen 1811 und 1817 spielten die führende Rolle hochqualifizierte Handwerker, wie die Tuchscherer im westenglischen Wolldistrikt und in Yorkshire, die Arbeiter der längst schon maschinellen

Strumpfwirkerei in Nottinghamshire und die Handweber in Lancashire (Thompson, E. P. 1968, Kapitel 14). Das traditionelle Bild von den Ludditen als «Maschinenstürmern» trifft noch am ehesten auf die Tuchscherer zu, deren Existenz von der zunehmenden Zahl von Rauhmaschinen und von dem Aufkommen der Schermaschinen bedroht war. Die Masse der Strumpfwirker, die selbst an Maschinen arbeiteten, kämpfte jedoch nicht gegen Maschinen, sondern gegen die Einstellung von Arbeitern ohne Lehrzeit und gegen die Fertigung von minderwertiger Ware. Das Zerschlagen von Strumpfwirkstühlen war selten ein blindwütiges Zerstören und wurde selektiv und dann gegen solche Unternehmer eingesetzt, die sich ganz im Sinne der neuen Gesetze nicht mehr an die traditionellen Vereinbarungen hielten.

Die mit allen Mitteln der Staatsgewalt einschließlich Hinrichtungen niedergeschlagene Bewegung der Ludditen – seit 1799 galt das Verbot von Koalitionen und ab 1812 wurde das Zerstören von Maschinen zum Kapitalverbrechen mit Todesstrafe erklärt – hat das Verbreiten der neuen Textiltechnik nur unwesentlich verlangsamt, wenn überhaupt. In dem Augenblick, in dem eine Maschinen-Werkzeug-Technik gegenüber der Handarbeit erhebliche Kostenvorteile brachte, ließen sich Unternehmer von ihrer Einführung weder durch soziale Widerstände noch durch die Kritik der in Fabriken herrschenden Zustände abhalten.

Wege und Hindernisse des Transfers der Technik

Der Transfer der neuen Technik nach Europa und in die USA wurde seitens der Empfänger mit denselben Mitteln angestrebt, wie sie bei der Diffusion in Großbritannien verwendet wurden. Die Erstinformationen kamen von Augenzeugen, die Großbritannien besucht hatten (Abb. 106) bzw. dort lebten, oder auch aus der Fachpresse. Dann versuchte man, Maschinen oder ihre Teile zu kaufen und Menschen anzuwerben. Ein auffallendes Merkmal in diesem Transferprozeß, auf den wir hier ausführlicher nicht eingehen können, war die ungemein breite und fachkundige publizistische Tätigkeit in Frankreich und in Preußen, aber auch in anderen deutschen Staaten und in der Habsburger-Monarchie (Abb. 107 und 108). Der größte Teil dieser Berichterstattung, aus der wir über den Stand der britischen Technik auf einigen Gebieten viel mehr erfahren können als aus der britischen Presse, waren Erfolgsmeldungen: Berichte über eine aus England schon importierte Maschine, Baumwollspinnerei usw. Der unmittelbare Transfer fand jedoch über Importe und die Diffusion durch Nachbau statt. Den durch Veröffentlichungen von Beschreibungen und Zeichnungen unterstützten Nachbau konnte Großbritannien nicht verhindern, weil es internationale Abkommen über Patentrechte nicht gab.

106: J. C. Fischer (1773–1854), der um 1802 als erster auf dem europäischen Kontinent die Tiegelgußstahlerzeugung eingeführt hat, war zwischen 1814 und 1851 sechsmal in Großbritannien. Das Tagebuch von seiner zweiten Reise im Jahr 1826 bietet einen detaillierten Einblick in die vielfältigen Probleme der Erkundungsreisen technisch versierter Unternehmer in das Land der industriellen Revolution.

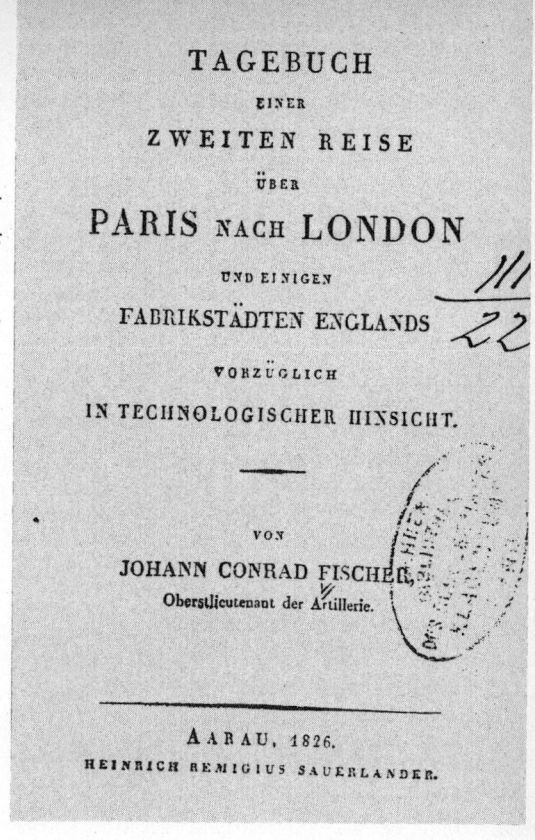

Die auf die britische Technik begierigen Unternehmer und staatlichen Gewerbeförderer hatten jedoch ein großes Hindernis zu überwinden: die britische Handelspolitik der Exportverbote von Produktionsmitteln, ihrer Zeichnungen und Modelle sowie der Auswanderung von Handwerkern. Beginnend mit einem 1696 erlassenen Verbot der Ausfuhr von Strickmaschinen vermehrten sich die Gesetze bis 1782 um fünf weitere. Sie bezogen sich vorrangig auf Werkzeuge, Maschinen, Pläne, Modelle und Handwerker in der Textilproduktion, auf Uhrmacher, Messinggießer und einige andere Berufe. Von 1785 bis 1795 folgten drei weitere Gesetze, die in das Exportverbot alles einbezogen, was für die Erzeugung und Bearbeitung von Eisen und Stahl benutzt wurde, unter anderem auch Walz-

107: Die «Verhandlungen» waren in der 1. Hälfte des 19. Jahrhunderts eine der sachkundigsten deutschsprachigen Zeitschriften für die Verbreitung des Wissens über die neue Technik sowohl durch Originalberichte von Auslandsreisen wie auch durch die Veröffentlichung von Beschreibungen und sehr guten Zeichnungen von Maschinen.

werke und alle «Maschinen», die eine Spindel mit einem Durchmesser von mehr als 1,5 Zoll hatten. Als diese Gesetze erlassen wurden, konnten die meisten Produkte des Maschinenbaus nicht namentlich aufgeführt werden, weil sie einfach noch nicht existierten. Die Bestimmungen bezogen sich jedoch zum einen auf den Verwendungszweck, wie Werkzeuge für die Erzeugung und Bearbeitung von Eisen, zum anderen führten sie technische Daten an, wie den Durchmesser von Spindeln. Die Kombination dieser Merkmale ermöglichte es, so gut wie alle erst später entwickelten Produkte des Werkzeugmaschinenbaus in das Exportverbot einzubeziehen. Von den wichtigsten Produkten des Maschinenbaus waren es nur die Kraftmaschinen, einschließlich der Dampfmaschinen, die nicht von dem Exportverbot betroffen waren. Diese Gesetze galten unverändert bis 1824, als zusammen mit dem seit 1799 bestehenden Koalitionsverbot

108: Die ab 1819 erscheinenden «Jahrbücher» des Vorläufers der Wiener Technischen Hochschule beinhalteten neben der Berichterstattung über technische Neuerungen hauptsächlich wissenschaftliche Abhandlungen und können als die erste deutschsprachige «ingenieurwissenschaftliche» Zeitschrift bezeichnet werden.

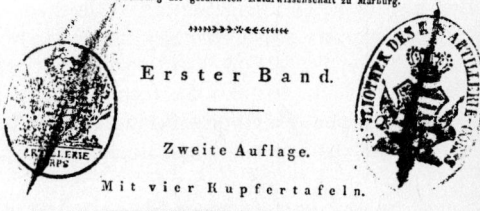

auch das Verbot der Auswanderung von Fachkräften aufgehoben wurde. Der darauf folgende erste Versuch einiger Gruppierungen der Wirtschaft, hauptsächlich der Maschinenbauer, auch die Exportverbote aus der Welt zu schaffen, ist 1825 hauptsächlich an der Lobby der Textilfabrikanten gescheitert. Diese meinten, nur mit Hilfe der Verbote die eigene Vorherrschaft auf dem Weltmarkt halten zu können. Immerhin war es jedoch ab 1825 möglich, für verbotene Produkte, also auch für Textilmaschinen, eine Ausfuhrbewilligung zu beantragen. 1843 wurden dann schließlich alle Exporte freigegeben.

Die Strafen für illegale Exporte beliefen sich neben der Beschlagnahme der Ware auf £ 200 für den Exporteur, £ 100 für den Schiffskapitän und für bestochene Zollbeamten, denen zusätzlich auch der Verlust ihrer Stelle drohte. Dafür durften die gewissenhaften Bediensteten, wenn sie fündig wurden, die Hälfte der Strafen für sich verbuchen. Viel höher waren die Strafen für Abwerber von Fachkräften ins Ausland. Diese mußten bis zu £ 500 pro Kopf und zwölf Monate Gefängnis beim ersten und das doppelte beim zweitenmal in Kauf nehmen. Die Todesstrafe drohte in Friedenszeiten nur für die Fälschung von Siegeln und für den Verkauf illegal importierter Baumwollwaren.

Angesichts dieser Gesetze scheinen Darstellungen, die den Heldenmut von Maschinenschmugglern und das enorme Risiko dieses Geschäftes hervorheben, zutreffend zu sein. Risikoreich war es immer, lebensgefährlich konnte es jedoch nur dann werden, wenn verbotene Ware in ein Land geschmuggelt wurde, das sich mit Großbritannien im Kriegszustand befand. Unter solchen Umständen ging es nämlich nicht mehr nur um Schmuggelgeschäfte, sondern auch um Hochverrat. Insgesamt wirkte sich der zwischen 1792 und 1814 fast ständig andauernde Kriegszustand Großbritanniens mit Frankreich und seinen Verbündeten, die durch die Kriegshandlungen herbeigeführten Verluste an Menschen, die Vernichtung von Gütern und die napoleonische Kontinentalblockade auf den Transfer der neuen Technik bis 1814 stärker hemmend aus als die Exportverbote. Jedenfalls hat sich die technologische Lücke gegenüber etwa 1790 infolge der Weiterentwicklung der Technik in Großbritannien einerseits und der ökonomischen Stagnation auf dem Kontinent andererseits vergrößert (Landes, D. S. 1973, S. 143f).

Nach 1815 wurde der illegale Maschinenexport als ein ganz normaler Geschäftszweig mit erhöhtem Risiko geführt: Die Preise, die Frachtraten und die Versicherungsprämien waren eben höher. Nach 1825, nachdem das Aufheben der Verbote nicht an der Staatsverwaltung oder an der Zollbehörde, sondern an der Textilwirtschaft gescheitert war, boten die Lizenzierungen bei geschickter Mischung von Teilen der zerlegten Maschinen und falscher Deklarierung der Sendungen unendliche Möglichkeiten. Die Zollbehörde war sowohl was die Zahl wie auch den Sachverstand der Zollbeamten betraf zunehmend überfordert. Sie konnten die Deklarierungen sehr oft nicht überprüfen. Als Experten zogen die Behörden in London, Liverpool oder anderswo führende Maschinenbauer heran, die meistens selbst an illegalen Exporten beteiligt waren und deshalb, wenn es nur irgendwie ging, die Teile als identisch mit der Deklaration qualifizierten. Wenn es aber nicht gelang, die Waren «legal» durch den Zoll zu schmuggeln, bot die britische Küstenlandschaft Gelegenheit zur Genüge, um mit erhöhtem Risiko verbotene Exportgüter vor der Küste an Bord eines auslaufenden Schiffes zu bringen. Damit war noch nicht alles gewonnen, weil in den Importhäfen die Beamten der britischen Konsulate ein wachsames Auge auf die von britischen Schiffen ausgeladenen Güter hatten. Die Wirksamkeit der Exportverbote nach 1825 wird auf Grund neuerer Forschungen stark bezweifelt. Es war sicherlich nicht etwas Alltägliches, aber immerhin ist es zum Beispiel der Firma Sharp & Roberts aus Manchester 1826 bis 1828, wenn auch mit vielen Schwierigkeiten, so doch gelungen, eine komplette Ausstattung an Werkzeugmaschinen, Textilmaschinen und ihre Pläne für die Webmaschinenfabrikation von Koechlin im Elsaß teils legal über den Zoll, teils illegal aus Liverpool hinauszuschmuggeln (Chaloner, W. H. 1971, S. 27–44; Jeremy, D. J. 1977, S. 1–34).

Staatliche Gewerbeförderer wie Peter Christian Wilhelm Beuth, Direktor der «Königlichen Technischen Deputation für Handel und Gewerbe» zu Berlin, hatten es als Einkäufer viel leichter (Abb. 109). Ihre Aufträge liefen von Majestät zu Majestät, und es sind keine Fälle bekannt, daß das Handelsministerium in London Empfehlungen von oben je widersprochen hätte (Paulinyi, A. 1982, S. 110–115). Insgesamt hat die Entwicklung nach 1825 gezeigt, daß die Position der Textilwirtschaft, die mit den Exportverboten ihre Vormachtstellung halten wollte, nicht mehr zu vertreten war. Die Exporte nahmen legal und illegal zu, weil dies das ureigenste Interesse der Produzenten von Investitionsgütern war. Die Maschinenbauer verfolgten sehr aufmerksam die in Berlin, in Sachsen, in Paris, im Elsaß sowie in Belgien und in der Schweiz heranwachsenden

109: Peter Christian Wilhelm Beuth (1781–1853). Seit 1801 im preußischen Staatsdienst, 1811 Obersteuerrat im Finanzministerium, von 1818 bis zu seinem Ausscheiden aus dem Staatsdienst 1845 Leiter der Abteilung für Handel und Gewerbe und gleichzeitig Direktor der 1819 gegründeten «Kgl. Technischen Deputation für Handel und Gewerbe». Mitbegründer und Vorsitzender des 1821 entstandenen Vereins zur Förderung des Gewerbefleißes in Preußen. Begründer und Direktor der ertsen preußischen technischen Fachschule in Berlin 1821, die seit 1827 den Namen «Königliches Gewerbe-Institut» trug. Ab 1829 Direktor der 1799 gegründeten Bau-Akademie. Damit hielt Beuth alle Fäden der Gewerbeförderung und der Entwicklung technischer Bildungsanstalten in seiner Hand.

Maschinenbauanstalten, ebenso wie die den Transfer der Technik fördernden staatlichen Aktivitäten in Frankreich und Preußen. Sie sahen mit Besorgnis, daß durch die Exportverbote das Entstehen einer Maschinenbauindustrie im Ausland nicht verhindert, dafür aber die Chance vertan wurde, auch in Deutschland und Frankreich einen noch größeren Absatzmarkt zu haben (Parlamentary Papers, 1841, vol. 7, passim.). Das Aufheben der Exportverbote 1842 war, wenn man so will, der Sieg der Maschinenbauer über die Textilfabrikanten. Insgesamt läßt sich auch in dieser Epoche staatlicher Technologiepolitik, wie man es heute nennen würde, ablesen, daß der Versuch, die Verbreitung technischer Neuerungen durch Verbote zu verhindern, zum Scheitern verurteilt ist, wenn der Export von Investitionsgütern zu einem gewichtigen Faktor für das Wachstum der einschlägigen Sparten der Wirtschaft wird.

E. Technische Revolution oder viele kleine Verbesserungen?

Die Tatsache, daß sich die Technik im Verlauf des 18. und 19. Jahrhunderts grundlegend qualitativ verändert hat, ist allgemein anerkannt. Wie auch immer diese Epoche zeitlich eingegrenzt wird, ob sie in Periodisierungsmodellen als der Übergang von der «Handwerker-Technik» zur «Berufs- oder Techniker-Technik», zur «Technik der Industriezivilisation» oder als Übergang von der «manu-factur zur machino-factur» (Gottl-Ottlilienfeld, F. von 1914, S. 332; Ortega y Gasset, J. 1949, S. 34; Gehlen, A. 1958, S. 22–38; Lilley, S. 1973, S. 187; Sachsse, H. 1978, S. 60, 85–92) bezeichnet wird: gemeint sind immer die zuerst in Großbritannien vollzogenen technischen Neuerungen und die grundlegende Veränderung der gesamten Technik.

Würden wir nur hervorheben, daß eine neue Technik entstanden ist und die Gesamtheit technischer Handlungen in Großbritannien um 1850 von der «Maschinentechnik» geprägt war, so blieben wir im Einklang mit den meisten Technikhistorikern und Technikphilosophen. Woran jedoch viele zweifeln, ist der revolutionäre Charakter dieser technischen Neuerungen. Abgesehen davon, daß viele Autoren implizit von einem unvereinbaren Widerspruch zwischen Evolution und Revolution ausgehen oder der Revolution einen Vernichtungseffekt zuschreiben (Gottl-Ottlilienfeld, F. von 1914, S. 255), ist das häufigste Argument gegen eine technische Revolution die Betonung eines kontinuierlichen Charakters der technischen Entwicklung seit dem Mittelalter bis in unsere Zeit. Manche bemühen sogar Trotzkis Theorie der permanenten Revolution und behaupten, wenn von einer Revolution zu sprechen wäre, dann nur von einer «permanenten technisch-industriellen Revolution» (Rapp, F. 1978, S. 101). Es ist hier nicht der geeignete Platz, alle Aussagen zu dieser Problematik aufzuführen, stellvertretend für viele sind jedoch folgende Positionen:

Insgesamt kennzeichnet die industrielle Revolution die «Perfektionierung schon vorher bekannter Verfahrensweisen und deren wirtschaftliche Nutzung im großen Stil», und der «Übergang von der manuellen Handwerksarbeit zum arbeitsteiligen mechanisierten Großbetrieb» war in technischer Hinsicht «Teil eines relativ kontinuierlichen Entwicklungsprozesses, der bereits in früheren Stadien angelegt ist und sich dann bis in die Gegenwart hinein in beschleunigtem Rhythmus fortsetzt». Insgesamt seien für diese Epoche «weder spontane Neuerfindungen noch die technische Anwendung naturwissenschaftlicher Forschungsergebnisse, sondern systematische Detailverbesserungen und die Weiterentwicklung bereits vorhandener Ansätze (Rapp, F. 1978, S. 100–102) kennzeichnend. Varianten solcher im wesentlichen auf Formulierungen des französischen Technikhistorikers M. Daumas (Daumas, M. 1963, 1968) zurückgreifenden Ansichten werden neuerdings auch in der britischen Wirtschaftsgeschichte vertreten. Demnach sei die industrielle Revolution weder «das Zeitalter der Baumwolle oder der Eisenbahnen oder gar überhaupt des Dampfes; es war ein Zeitalter der Verbesserungen». Was die technischen Neuerungen betrifft, «kam das meiste der technischen Vervollkommnung nicht von einigen großen Erfindungen, die größere Diskontinuitäten markierten, sondern von einer Masse von häufig durchgeführten kleinen Verbesserungen» (Floud, R. 1981, S. 118, 151).

Nun, es ist sicherlich zutreffend, daß die technischen Neuerungen, die in Großbritannien zwischen 1750 und 1850 in die Praxis eingeführt wurden, nicht vom Himmel gefallen sind, daß sie ihre Vorläufer hatten, oder wie wir es formuliert haben, daß sie entwickelt wurden unter Anwendung des in der Epoche der Hand-Werkzeug-Technik angesammelten Wissens und Könnens. Wir haben nicht versucht zu vertuschen, daß es bereits Arbeitsmaschinen der Formveränderung, der Kraftmaschinen und Maschinen der Ortsveränderung gegeben hat, daß die Seidenzwirnereien als Vorläufer der Fabrik zu betrachten sind usw. Die Spinnmaschine war sicherlich nicht die erste Arbeitsmaschine der Formveränderung, sie war eben nur die erste Maschinen-Werkzeug-Technik für das Spinnen. Die technischen Prinzipien der industriellen Drehmaschinen, wie sie Henry Maudslay in die Welt gesetzt hat, waren in den spanenden Werkzeugmaschinen der Uhrmacher, Ornamentendreher und Instrumentenbauer längst vorhanden. Dennoch ergibt eine Analyse der Funktionsprizipien der in der industriellen Revolution massenhaft eingeführten Maschinen für die Formveränderung von Stoffen, daß das zentrale Problem, die Ausführung der Relativbewegungen zwischen Werkstoff und Werkzeug durch die Maschine durch die «Perfektionierung schon vorher bekannten Verfahrensweisen» nicht gelöst werden konnte. Durch die Perfektionierung der Geräte des Handspinnens konnte eine bessere Handspindel und ein besseres Handspinnrad, aber keine Spinnmaschine entstehen, durch die Weiterentwicklung der Handkarden die Stockkarde, also ein produktiveres Hand-Werkzeug, durch die Perfektionierung des Handwebstuhls der *dandy loom*, aber kein Maschinenwebstuhl. Über das simple Kopieren der konstruktiven Lösungen für die Bewegungsabläufe bei der Bandmühle, im Prinzip eine Webmaschine, führte kein direkter Weg zum Maschinenwebstuhl der Tuchweberei (Usher, A. P. 1954, S. 284). Die Bewegungsabläufe sind zwar genau dieselben, aber ihre Ausführung mit mechanischen Vorrichtungen mußte wegen der viel größeren Maßstäbe konstruktiv auf andere Weise gelöst werden. Die technische Lösung der Funktionen der Werkstoff- und Werkzeugführung und -bewegung in einer Drehmaschine des Uhrmachers oder Instrumentenbauers mit einem Spitzenabstand von einigen Zentimetern war zweifelsohne ein «vorhandener Ansatz» für die künftigen Drehmaschinen der Maschinenbauer. Aber diesen Ansatz, dieses Vorbild, im fünfzig-, hundert oder fünfhundertfachen Maßstab zu realisieren, verlangte andere Lösungen für die Aufnahme der Kräfte zu finden. Deshalb scheint es kein Zufall zu sein, daß die Generation der ersten Werkzeugmaschinenkonstrukteure keineswegs aus dem Uhrmachergewerbe hervorgegangen ist, wie dies vielfach behauptet wird. Offensichtlich war es für den Mühlenbauer, Schreiner, Schmied oder Schlosser leichter, den Weg zu der Präzision des Uhrmachers anzutreten, als für den Uhrmacher, auf die vom Maschinenbau des 19. Jahrhunderts geforderten Größenordnungen umzusteigen. Aus diesen Gründen scheint die These vom nur Perfektionieren bekannter Verfahren unhaltbar. Es sei denn, wir verschanzen uns hinter dem Standpunkt, daß eine neue Kombination bekannter Elemente und ihr Einsatz für eine völlig neue Funktion, wie zum Beispiel die Anwendung von Walzen für das Strecken von Faserbündeln, nichts anderes als die Perfektionierung eines bekannten Verfahrens gewesen sei.

Das Argument der Kontinuität gilt insofern, und dies ist nur eine Binsenweisheit, als die Entwicklung der neuen Maschinen-Werkzeug-Technik mit der alten Technik vollzogen worden ist. Die Diskontinuität – das Beenden der *Vorherrschaft* und nicht etwa der Existenz der Hand-Werkzeug-Technik – setzt damit ein, daß das, was noch mit der alten Technik gefertigt, dann punktuell in technischen Handlungen der Formveränderung von Stoffen eingeführt und schließlich mit Hilfe der neuen Technik, zum Beispiel in der Formveränderung von Faserstoffen, massenhaft verbreitet und für andere Bereiche technischer Handlungen entwickelt wurde.

Das Reduzieren der technischen Neuerungen in der industriellen Revolution auf «kleine Verbesserungen» scheint eine Reaktion auf die traditionell personalisierende Technikgeschichte zu sein, die sich an dem Prinzip «Große Männer machen Geschichte» ausrichtete. Das Problem der Fehleinschätzung der Rolle einiger großer Erfindungen und Erfinder ist jedoch dadurch nicht aus der Welt zu schaffen, daß wir das Kind mit dem Bade ausschütten und die Masse von kleinen Verbesserungen zum wesentlichsten Merkmal der technischen Neuerungen deklarieren. Diese Behauptung geht an einem, dafür aber an dem zentralen Problem vorbei. Es gab tatsächlich unzählige kleine Verbesserungen der Technik in der industriellen Revolution. Allerdings wurde *zuerst* eine völlig neue Technik von kleinen oder großen Erfindern in die Welt gesetzt, und die Masse der Verbesserungen hatte zum Ziel, diese neue Maschinen-Werkzeug-

Technik für die Textilindustrie, für die Metall- und Holzbearbeitung, die Hüttenindustrie, die neue Technik der Energieumwandlung und des Transportes zu optimieren. Die kleinen Verbesserungen tauchen eben deshalb so massenhaft auf, weil die neue Maschinen-Werkzeug-Technik in der Phase ihrer Umsetzung in die Praxis weit davon entfernt war, perfekt zu sein, weil sehr häufig nicht die erkannten optimalen konstruktiven Lösungen gewählt worden sind, sondern jene, die mit der vorhandenen Technik zu realisieren waren.

Die Argumente, die technische Umwälzung in der industriellen Revolution sei auch deshalb keine Revolution gewesen, weil es sich nicht um «die technische Anwendung naturwissenschaftlicher Forschungsergebnisse» gehandelt habe, ist etwa ebenso zutreffend wie die Behauptung, die große Französische Revolution sei keine gewesen, weil sie nicht auf Grund der Forschungsergebnisse der Staatswissenschaften vor sich gegangen sei. Wie schon erwähnt, ist diese Aussage insofern stichhaltig, als es sich bei der Entstehung der neuen Techniken im besten Fall um eine bewußte Anwendung wissenschaftlicher Erkenntnisse durch Autodidakten-Praktiker gehandelt hat. Die Tatsache, daß diese neue Technik ein zunehmendes Interesse der Wissenschaft erweckte, das binnen eines halben Jahrhunderts in einer praxisorientierten naturwissenschaftlichen Forschung und in die Entstehung der Ingenieurwissenschaften mündete, spricht aber eher dafür, daß die technischen Neuerungen der industriellen Revolution eine radikale Veränderung, eine technische Revolution waren. Sie beendete das Nebeneinander von Technik und Wissenschaft, von Praxis und theoretischer Erkenntnis, die sich in der Epoche der Hand-Werkzeug-Technik selten und auf sehr wenigen Gebieten der Technik gegenseitig befruchtet haben. In dieselbe Richtung deuten die infolge des massenhaften Einsatzes der Maschinen-Werkzeug-Technik entstandenen, nicht minder radikalen Veränderungen der ökonomischen und sozialen Struktur, der Arbeits- und Lebensformen, die wir gewohnt sind, mit dem Begriff der industriellen Revolution einzufangen. Und wenn es zutrifft, daß «keine Revolution ... je so dramatisch revolutionär wie die ‹Industrielle Revoltuion›» war, wenn sie «einen Bruch im geschichtlichen Ablauf» (Cipolla, M. 1972, S. 7) bewirkte, so gibt es keinen plausiblen Grund, jene die konkrete Erscheinungsform der industriellen Revolution in Großbritannien mitgestaltenden technischen Neuerungen nicht als revolutionär einzustufen.

Wir betrachten also die Veränderungen der Technik in der industriellen Revolution in Großbritannien als eine technische Revolution. Eine technische Revolution, die in einem Zeitraum von etwa hundert Jahren das Jahrtausende bestehende technische System der Hand-Werkzeug-Technik in das bis heute bestehende System der Maschinen-Werkzeug-Technik verwandelt hat. In diesem Umwandlungsprozeß wurden im alten

System vereinzelt und punktuell vorhandene Elemente der Maschinen-Werkzeug-Technik massenhaft in gesamtökonomisch wichtige Sektoren technischer Handlungen für die Formveränderung von Stoffen eingeführt. Die Maschinen-Werkzeug-Technik in ihren verschiedensten Erscheinungsformen wurde dadurch zu jenem Element, das den Charakter des ganzen technischen Systems bestimmte. Es war eine radikale Veränderung, die sich in einem angesichts der Dauer der Epoche der Hand-Werkzeug-Technik sehr kurzen Zeitraum vollzog und eine bedeutende Beschleunigung der technischen Entwicklung einleitete. Sie basierte auf dem in Jahrtausenden angesammelten technischen Wissen und Können, mit dem jedoch die Handwerker und Autodidakten-Ingenieure neue Wege einschlugen zu einer Technik, deren zentrales gemeinsames Merkmal in der Formveränderung von Stoffen die Übertragung der Werkzeuge und/ oder der Werkstoffe aus der Hand des technisch handelnden Menschen auf eine technische Einrichtung gewesen ist. Diese technische Revolution ist nicht aus irgendeiner Eigendynamik der Technik entstanden, ihr lagen ökonomische Zielsetzungen zugrunde, für deren Erfüllung die neue Technik von Menschen zielbewußt entwickelt und eingesetzt worden ist.

Was den revolutionären Charakter dieser technischen Veränderungen und damit den «Bruch im geschichtlichen Ablauf» ausmacht, ist nicht diese oder jene Maschine, sondern der größte allgemeine Nenner der neuen Technik: das Realisieren des Prinzips der Maschinenarbeit oder genauer gesagt, des Prinzips der maschinellen Ausführung der Relativbewegung zwischen Werkzeug und Werkstück in der Formveränderung von Stoffen. Die massenhafte Einführung von Arbeitsmaschinen der Stoffgestaltung in ihren mannigfaltigsten Formen war das auslösende und tragende Element dieser technischen Revolution. Von zentraler, sozusagen strategischer Bedeutung für diesen technischen Umwälzungsprozeß, wie dies Karl Marx als erster «Nichttechniker» in seiner genialen Analyse der technischen Veränderungen herausgestrichen hat, war die Entwicklung und schnelle Diffusion verschiedener Werkzeugmaschinen für die Metallbearbeitung. Nur dadurch wurde es möglich, die massenhaft benötigten Maschinenteile für Arbeits- und Kraftmaschinen, Bauteile für Hochbauten und für Vorrichtungen der Stoffumwandlung usw. schneller, präziser und kostengünstiger herzustellen. Ohne diesen Schritt hätte weder auf dem Gebiet der Stoffformung noch in der Stoffumwandlung, noch in der Energie- und Transporttechnik die Realisierung konstruktiver Ideen mit jener Dichte und Geschwindigkeit vollzogen werden können, die notwendig war, um in knapp hundert Jahren die Maschinen-Werkzeug-Technik zum bestimmenden Element des ganzen technischen Systems zu machen. Denn ohne die Umwälzungen auf den anderen Gebieten technischen Handelns wäre das Vorpreschen der Arbeitsmaschinen der Stoffformung sehr schnell ins Stocken geraten.

Wenn die Kausalkette in der technischen Umwälzung verwechselt und als ihr vorantreibendes Element die neue Energietechnik mit der Dampfmaschine hingestellt wird, was viele tun, so werden zumindest technisch Ursache und Folge verwechselt. Wie wir gesehen haben, wuchs der Bedarf an von menschlicher Muskelkraft unabhängigen Energieformen oder -umwandlern in dem Maße, in dem die nur mit dem Menschen funktionierende Hand-Werkzeug-Technik durch Arbeitsmaschinen ersetzt wurde. Dieses Verwechseln von Ursache und Folge in der Entstehung der neuen Maschinentechnik macht es dann leicht, der Revolution des Dampfes die Revolutionen der Elektrizität und der Atomenergie folgen zu lassen.

Wir haben versucht zu zeigen, daß das wesentlichste, die technische Entwicklung vorantreibende Element die Einführung der Arbeitsmaschinen für die Formveränderung von Stoffen, das heißt die massenhafte Einführung der Maschinen-Werkzeug-Technik gewesen ist. Deshalb haben wir uns vorrangig auf diese Problematik konzentriert. Damit ist nicht gesagt, daß die alte Hand-Werkzeug-Technik in etwa hundert Jahren ausgerottet worden oder auch nur zur Bedeutungslosigkeit abgesunken wäre. Sie beherrschte nicht nur in der Stoffumwandlung, wie zum Beispiel beim Puddeln, in der Gewinnung von Grundstoffen im Bergbau, in dem innerbetrieblichen Transport von Werkstoffen und Produkten, sondern auch in der Formveränderung von Stoffen eine ganze Reihe von technischen Handlungen. Sie blieb, wie im Maschinenbau bis heute, eine unverzichtbare Ergänzung zur Maschinen-Werkzeug-Technik. Wesentlich ist, daß der Anteil der Hand-Werkzeug-Technik an der Gesamtheit technischer Handlungen grundlegend zurückgegangen ist und daß sie den Charakter des gesamten technischen Systems, geschweige denn den Trend seiner Entwicklung nicht mehr bestimmt hat. Beides ist auf die Maschinen-Werkzeug-Technik übergegangen, die um 1850 erst am Anfang ihrer Entfaltung stand.

Im großen und ganzen sind bis zu diesem Zeitpunkt von den für die Ausführung der Relativbewegung notwendigen Funktionen (vgl. S. 22) überwiegend nur das Halten und Führen des Werkstückes und des Werkzeuges sowie die Energieversorgung auf technische Vorrichtungen bzw. auf Kraftmaschinen übertragen worden. Punktuell ist es zwar schon gelungen, auch Steuerungs- und Kontrollfunktionen dem Menschen abzunehmen, und das Verfolgen des Zieles, automatische Maschinen für die Formveränderung von Stoffen zu entwickeln, ist so alt wie diese Maschinen. Meistens reichte es jedoch mit mechanischen Elementen nur bis zu Teilautomatismen. Zu solchen Einrichtungen zählten selbsttätige Vorrichtungen für die Steuerung und für das Abschalten des Vorschubs bei Drehmaschinen, der Schützen- oder Kettenwächter bei Webmaschinen, der Steuerungsblock des Selfactors, bei Kraftmaschinen die Ventilsteuerungen und der Fliehkraftregler der Dampfmaschinen und die Drehzahlregler für Wasserräder. Wenn trotzdem das Wort *self-acting* oft frequentiert wurde, so ist dies nur ein Zeichen dafür, daß die Automatisierung ein langer historischer Prozeß war und der Begriff in verschiedenen Epochen unterschiedliche Inhalte umschreibt. Für den Menschen, der es gewohnt war, den schweißgebadeten Dreher beim Halten und Führen des Drehstahles zu beobachten, war derselbe Fertigungsvorgang auf einer Leit- oder Zugspindeldrehbank selbsttätig.

Die in der Produktionstechnik der industriellen Revolution zum erstenmal massenhaft realisierte Übertragung von Funktionen des Menschen auf technische Einrichtungen ist seitdem das wichtigste Merkmal der Technisierung, durch die der Drang zur Erhöhung der Arbeits- und Kapitalproduktivität seitens der miteinander im Wettbewerb stehenden Unternehmer verwirklicht wird. Der Rückblick auf diesen Prozeß läßt deutlich erkennen, daß das Tempo der Technisierung von den in der Wirtschaft herrschenden Kräften bestimmt wurde. Die Technik war und ist, wie dies ein Wirtschaftshistoriker 1914 formulierte,

«einfach der Arm der Wirtschaft, von der immer nur die Wucht abhängt, mit der die Wirtschaft Segen und Unheil stiftet» (Gottl-Ottlilienfeld, F. von 1914, S. 355).

Eine Eigendynamik der Technik, auf die «Segen und Unheil» gern zurückgeführt wurden und werden, gab und gibt es schon deshalb nicht, weil es keine von menschlichen Interessen unabhängige Technik gibt. Eine neue technische Idee, einen Prototyp einer Maschine konnte jeder anbieten. Die Innovation, also das Umsetzen eines technischen Verfahrens oder Gerätes in die Produktion, konnten nur Individuen vornehmen, die kraft ihrer ökonomischen und gesellschaftlichen Position in der Lage waren, über Investitionen zu entscheiden und sie durchzusetzen. In diesem – durch die industrielle Revolution zunehmend kapitalintensiv werdenden – Innovationsprozeß war der Unternehmer nicht ein passiver Abnehmer der Angebote von Anbietern-Technikern. Von der Masse patentierter Erfindungen, deren Zahl erst seit den 1770er Jahren sprunghaft angestiegen ist (Dutton, H. I. 1984), wurde nur ein Teil in die Praxis eingeführt. Bei diesen Innovationen handelt es sich jedoch zum großen Teil um die Umsetzung von Erfindungen, die in der Produktionspraxis zielbewußt gesucht und entwickelt worden sind. Zwar gab es in der industriellen Revolution keine Abteilungen für Forschung und Entwicklung. Aber trotz eines Cartwright waren es überwiegend die Unternehmen, in denen Techniker oder der Unternehmer selbst im Interesse der Realisierung ökonomischer Zielsetzungen die neue Technik entwickelt bzw. optimiert haben.

Ein weiteres wichtiges Merkmal der massenhaften Einführung von Arbeitsmaschinen war die Unterordnung des Menschen im Arbeitsprozeß unter eine Technik, über deren Gestaltung und Einsatz er überhaupt kein Mitspracherecht hatte. Der Arbeiter hatte sich an die Produktionsbedingungen und damit auch an die Technik anzupassen. Das Wohl des arbeitenden Menschen, die Erleichterung seiner Arbeit, wurde gern als Beweggrund für eine Erfindung oder Innovation hingestellt. So beispielsweise von Schafhäutl beim Erfinden seiner Maschinenkratze für das Puddeln, vom Baumwollfabrikanten J. Kennedy oder dem Propagator der heilen Welt der Fabrik A. Ure in ihren Überlegungen über den Einfluß von Maschinen auf die Arbeiter der Baumwollspinnereien. Wir finden jedoch in der gesamten industriellen Revolution kein einziges Beispiel dafür, daß eine Maschine deshalb eingesetzt, wurde, weil sie die Arbeit erleichterte. Sie durfte dies, wenn sie ihr Hauptziel, die kostengünstigere Fertigung, erfüllte. Eben deshalb haben sich die Maschinenkratzen, die dem Puddler die enorme körperliche Anstrengung teilweise abgenommen hätten, kaum verbreitet. Zum Schruppen der Werkstücke wurden in den meisten Maschinenbaubetrieben Drehbänke mit Handauflage eingesetzt, weil die die Kräfte des Drehers weniger beanspruchenden Zugspindeldrehmaschinen zu teuer waren.

Die Optimierung der Kosten-Nutzen-Relation war das oberste Gebot auch für die Entwicklung neuer Arbeitsmaschinen. Als sich seit den 1820er Jahren die Aktivitäten der Arbeiter nicht mehr gegen die Maschinen richteten, sondern durch Lohnforderungen und -kämpfe einen nach Meinung der Unternehmer nicht gerechtfertigten größeren Anteil am Kuchen verlangten, suchten die Unternehmer nach Techniken, die den Facharbeiter aus den Schlüsselpositionen im Betrieb verdrängen oder mindestens ihre Zahl reduzieren sollten. So entstand, wie wir wissen, der Selfactor von Roberts und aus ähnlichem Anlaß, infolge von Lohnforderungen und Streiks der Kesselschmiede entwickelte Fairbairn seine 1837 patentierte Nietmaschine (Musson, A. E. 1970, XVII). Solche Neuerungen haben, dies soll nicht bestritten werden, auch die Arbeitsplatzsituation des Arbeiters verändert: dem Maschinenführer eines Selfactors drohte nicht mehr, daß er ein «Spinnerknie» bekam. Der Arbeiter, der vier oder acht Maschinenwebstühle zu überwachen hatte, bekam im Unterschied zum Handweber, der mit dem Schnellschützen arbeitete, kein «Weberbrust». Ob durch die Verringerung der physischen Belastung bei gleichzeitiger Erhöhung der psychischen Konzentration die Arbeit «leichter» wurde, sei dahingestellt. Das Hauptziel der Entwicklung des Selfactors war jedoch, die, wie es in solchen Fällen immer hieß, uneinsichtigen Arbeiter loszuwerden, und die Schußfrequenz der Maschinenwebstühle sowie ihre Betriebssicherheit wurden nicht deshalb erhöht, um den Arbeitern die Schicht bequemer zu gestalten. Ein bis heute beklagtes Übel der maschinellen Fertigung, die eintönige, repetitive Tätigkeit an der Maschine und am Montagetisch oder -band ist nicht die Folge irgendwelcher der Technik innewohnenden Eigenschaften, sondern der vom Unternehmer nach ökonomischen Gesichtspunkten gewählten Art ihres Einsatzes.

Es gibt keine Anzeichen dafür, daß sich die Beweggründe für die zielbewußte Entwicklung neuer Techniken und ihres Einsatzes seitens der Unternehmer seit der industriellen Revolution verändert hätten. Die Technisierung wurde nach der industriellen Revolution in zwei Richtungen vorangetrieben. Zum einen erfaßte die Maschinen-Werkzeug-Technik immer mehr Bereiche der Produktion, zum anderen sollten dem Menschen weitere Funktionen wie die Steuerung, Kontrolle, Werkzeug- und/oder Werkstoffhandhabung bei der maschinellen Fertigung abgenommen werden. Wie, wann und in welchem Ausmaß dies durchgeführt wurde, war abhängig von den sozialökonomischen Bedingungen, dem Kräfteverhältnis zwischen Unternehmern und Arbeitern und den technischen Möglichkeiten. Letztere erweiterten sich wesentlich zuerst durch die Elektrotechnik und neuerlich durch die Elektronik und Mikroelektronik. Die dadurch gegebenen technischen Möglichkeiten werden zwar die Maschinen-Werkzeug-Technik nicht beseitigen, sie scheinen jedoch gleichsam der Endpunkt der durch die industrielle Revolution eingeleiteten und der Anfang einer neuen Epoche zu sein. Wir haben heute, nach gut zwei Jahrhunderten der Optimierung der Maschinen-Werkzeug-Technik schon viel zu viele Beweise dafür, daß die Maximierung von Unternehmergewinnen als höchstes Gebot für die Entwicklung und den Einsatz neuer Technik für die Mehrheit der Menschheit langfristig ständig mehr Unheil als Segen stiftet. Halten wir an diesem Gebot auch weiterhin fest, so scheint es sehr zweifelhaft, daß unsere heutigen technischen Möglichkeiten zum Wohle der Menschheit genutzt werden könnten.

Anhang

Literaturhinweise

Ackermann, A. S. E.: Coal-Cutting by Machinery in America: The Colliery Guardian Series of Handbooks, 16. London 1902.

Ashton, T. S.: Iron and Steel in the Industrial Revolution. Manchester 1968, 4. Aufl.

Ashton, T. S.: The Industrial Revolution, 1760–1830. Oxford 1948.

Ashton, T. S./Sykes, J.: The Coal Industry of the 18th Century. Manchester 1929/1967.

Aspin, C.: Lancashire: The First Industrial Society. Helmshore/Rossendale 1969.

Babbage, C.: On the Economy of Machinery and Manufactures. London 1833.

Babbage, Ch.: Über Maschinen- und Fabrikwesen. Berlin 1833.

Bagwell, P. S.: The Transport Revolution from 1770. London 1974.

Baines, E.: History of the Cotton Manufacture in Great Britain. London 1835.

Balkhausen, D.: Die dritte industrielle Revolution. Düsseldorf 1978.

Barlow, P.: A Treatise on the Manufactures and Machinery. Forming a Portion of the Encyclopaedia Metropolitana. London 1836.

Barlow, A.: The History and Principles of Weaving by Hand and by Power. London 1878.

Barton, D. B.: The Cornish Beam Engine. A survey of its history and Development in the Mines of Cornwall and Devon from before 1800 to the present day. Truro, Cornwall 1965.

Battison, E. A.: Eli Whitney and the Milling Machine. Smithsonian Journal of History, Vol. 1. 1966, Nr. 2, S. 9–34.

Berg, M.: The Age of Manufactures, 1720–1820. London 1985.

Binz, A.: Über den Ursprung der chemischen Großindustrie. Zeitschrift für angewandte Chemie, Jg. 25 1912, S. 2337–9.

Birch, A.: The Economic History of the British Iron and Steel Industry. London 1967.

Bohnsack, A.: Spinnen und Weben. Entwicklung von Technik und Arbeit im Textilgewerbe. Reinbek bei Hamburg 1981.

Borchardt, K.: Wirtschaftliches Wachstum und Wechsellagen 1800–1914. In: Zorn, W., Hg.: Handbuch der deutschen Wirtschafts- und Sozialgeschichte, Bd. 2, Stuttgart 1976, S. 198–275.

Braun, H.-J.: Technische Neuerungen um die Mitte des 19. Jh. Das Beispiel der Wasserturbinen. Technikgeschichte, Jg. 46 1979, S. 285–305.

Buchanan, R.: Practical Essays on Millwork and Other Machinery. London 1841, 3. Aufl.

Buchanan, R.: An Essay on the Shafts of Mills. London 1814.

Bulletin de la Société d'encouragement pour l'industrie nationale 29 1830.

Bunning, T. W.: A Description of Patents connected with Mining Operations. Transactions. North of England Institute of Mining Engineers, Vol. 17 1868, S. 3–72, Appendix. 2, Pl. 6–10.

Campbell, R.: The London Tradesman. London 1747.

Cantrell, J. A.: James Nasmyth and the Bridgewater Foundry. Manchester 1984.

Cardwell, D. S. L.: Technology, Science and History. London 1972.

Cardwell, D. S. L. (Hg.): Artisan to graduate. Manchester 1974.

Carus-Wilson, E. M.: An Industrial Revolution of the Thirteenth Century, Economic History Review, Vol. 11, 1941, S. 39–60.

Catling, H.: The Spinning Mule. Newton Abbott 1970.

Chaloner, W. H.: New Light on R. Roberts Textile Engineer 1789–1864. Transactions of the Newcomen Society, Vol. 41 1971, S. 27–44.

Chaloner, W. H. – Marshall, J. D.: Major John Cartwright and the Revolution Mill, East Redford, Nottinghamshire, 1788–1806, In: Harte, N. B. – Ponting, K. G. (Hg.): Textile History and Economic History, Manchester 1973, S. 281–303.

Chambers, J. D.: Nottinghamshire in the Eighteenth Century. 1966, 2. Aufl.

Chapman, S. D.: Fixed Capital Formation in the British Cotton Manufacturing Industrie. In: Higgins, J. P. P. – Pollard, S. (Hg.): Aspects of Capital Investment in Great Britain 1750–1850, London 1971, S. 57–114.

Chapman, S. D.: The Arkwright Mills – Colquhoun's Census of 1788 and Archaeological Evidence. Industrial Archaeology Review, Vol. 6 1981/82, S. 5–27.

Chapman, S. J.: The Lancashire Cotton Industry. A Study in Economic Development. Manchester 1904.

Cipolla, C. M.: Die Industrielle Revolution in der Weltgeschichte. Einführung in: Borchardt, K. Die Industrielle Revolution: In Deutschland, München 1972, S. 7–21.

Cipolla, C./Borchardt, K. (Hg.): Europäische Wirtschaftsgeschichte, Bd. 3, Die industrielle Revolution. Stuttgart 1985.

Clarkson, L. A.: The Pre-Industrial Economy in England, 1500–1750. London 1971.

Clow, A.: Die Schwefelsäure in der industriellen Revolution. In: Musson, A. E. (Hg.): Wissenschaft, Technik und Wirtschaftswachstum im 18. Jh. Frankfurt a. M. 1977, S. 165–183.

Coleman, T.: The Railway Navvies. London 1965.

Corlett, E.: The Iron Ship, the history and significance of Brunel's Great Britain. Bradford on Avon 1975.

Crompton, S.: Samuel Crompton. The Inventor of the Spinning Mule. Bolton 1927.

Daumas, M.: La mythe de la révolution technique. Revue d'histoire des sciences. 1963, S. 291–302.

Daumas, M.: L'expansion du machinisme. In: Daumas, Maurice (Hg.): Histoire générale des techniques, Bd. 3, Paris 1968.

Davis, R.: English Foreign Trade, 1700–1774. Economic History Review, Vol. 15. 1962/63, S. 285–303.

Deane, Ph. – Cole, W. A.: British Economic Growth 1688–1959. Trends and Structure. Cambridge 1969, 2. Aufl.

Dickinson, H. W. – Jenkins, R.: James Watt and the Steam Engine. The Memorial Volume prepared for the Committee of the Watt Centenary Commemoration of Birmingham 1919. Oxford 1927.

Dobb, M.: Entwicklung des Kapitalismus. Vom Spätfeudalismus bis zur Gegenwart. Köln 1970.

Dutton, H. I.: The Patent System and Inventive Activity during the Industrial Revolution, 1750–1852. Manchester 1984.

Dyos, H. J./Aldcroft, D. H.: British Transport. An economic survey from the seventeenth century to the twentieth. London 1974.

Eckoldt, C.: Kraftmaschinen I. München 1986, 2. Aufl.

English, W.: The Textile Industry. An account of the Early Inventions of Spinning, Weaving and Knitting machines. London 1969.

Farnie, D. A.: The English Cotton Industry and the World Market 1815–1896, Oxford 1979.

Feinstein, C.: Capital Accumulation and the Industrial Revolution. In: Floud, R./McCloskey, N. M. (Hg.) The Economic History of Britain since 1700. 1, Cambridge 1981.

Fischer, W./Bajor, G.(Hg.): Die soziale Frage. Stuttgart 1967.

Flinn, M. W.: Origins of the Industrial Revolution. London 1966.

Floud, R./McCloskey, N. M. (Hg.): The Economic History of Britain since 1700. 1, Cambridge 1981.

Foster, J.: Class struggle and the Industrial Revolution. London 1974.

Füssel, M.: Die Begriffe Technik, Technologie, technische Wissenschaften und Polytechnik. Bad Salzdetfurth 1978.

Gale, W. K. V. Ironworking. Shire Album 64, o. O. o. J.

Gehlen, A.: Die Seele im technischen Zeitalter, Hamburg 1958.

Gimpel, J.: Die industrielle Revolution des Mittelalters. Zürich 1980.

Goodman D.: Shipbuilding. In: The Open University. Technology and Change, 1750–1914. Technological Essays 8–11. Milton Keynes 1983, S. 81–104.

Gottl-Ottlilienfeld, F. von: Wirtschaft und Technik. In: Grundriß der Sozialökonomik, Abt. II. Tübingen 1914, S. 191–381.

Greaves, W. F./Carpenter, J. H.: A Short History of Mechanical Engineering, London 1978, 2. Aufl.

Gregory, O.: A Treatise of Mechanics, Theoretical, Practical and Descriptive. London 1806.

Griffin, A. R.: Coalmining. London 1971.

Griffin, A. R.: The British Coalmining Industry. Retrospect and Prospect. Buxton 1977.

Guest, R.: A Compendious History of the Cotton Manufacture with a Disproval of the Claim of Sir Richard Arkwright to the Invention of its Ingenious Machinery. Manchester 1823.

Haber, L. F.: The Chemical Industry during the Nineteenth Century. Oxford 1969.

Hair, P. E. H.: Mortality from violence in British Coal Mining. Economic History Review, Vol. 21. 1968, S. 545–559.

Hammond, J. L. / Hammond, B.: The Skilled Labourer. London 1979.
Hardie, D. W. F.: Die Macintoshs und die Anfänge der chemischen Industrie. In: Musson, A. E. (Hg.): Wissenschaft, Technik und Wirtschaftswachstum im 18. Jh. Frankfurt 1977, S. 184–210.
Hardwick, F. W.: Notes on the History of the Safety-Lamp. Transactions of the Institution of Mining Engineers, Vol. 51. 1915/16, S. 548–724.
Harte, N. B.: The Rise of Protection and the English Linen Trade, 1690–1790, In: Harte, N. B. – Ponting, K. G. (Hg.): Textile History and Economic History. Manchester 1973, S. 74–112.
Hartmann, K.: Vollständiges Handbuch der Metalldreherei. (Neuer Schauplatz der Künste und Handwerke, 168) Weimar 1851.
Hawke, G. R. / Higgins, J. P. P.: Transport and Social Overhead Capital. In: Floud, R. / McCloskey, D. (Hg.): The Economic History of Britain since 1700, 1. Cambridge 1981, S:. 227–252.
Henderson, W.: Britain and Industrial Europe, 1750–1870. Leicester 1972, 3. Aufl.
Hills, R. L.: Power in the Industrial Revolution. Manchester 1970.
Hoskins, W. G.: The Making of the English Landscape, Harmondsworth 1971.
Hyde, Ch. K.: Technological Change and the British Iron Industry. Princeton, N. J. 1977.
James, J.: History of the Worsted Manufacture in England. London 1857.
Jenkins, D. T. / Pontin, K. G.: The British Wool Textile Industry 1770–1914. London 1982.
Jenkins, D. T.: Early Factory Development in the West Riding of Yorkshire, 1770–1800. In: Hart, N. B. – Ponting, K. G. (Hg.): Textile History and Economic History. Manchester 1973, S. 247–280.
Jeremy, D. J.: Damming the Flood: British Government Efforts to Check the Outflow of Technicians and Machinery 1780–1843. Business History Review, Vol. 51. 1977, S. 1–34.
Jeremy, D. J.: Transatlantic Industrial Revolution: The Diffusion of Textile Technologies Between Britain and America 1790–1830. Oxford 1981.
Johannsen, O.: Handbuch der Baumwollspinnerei, 1, Leipzig 1902.
Jonas, W.: Thesen zum Wesen der Industriellen Revolution. In: Jahrbuch für Wirtschaftsgeschichte 1974, Teil 2, 273 ff.
Jonas, W.: Kritische Bemerkungen und Ergänzungen. In: Kuczynski, J.: Vier Revolutionen der Produktivkräfte, Berlin 1975, S. 137–180.
Kanefsky, J. / Robey, J.: Steam Engines in 18th Century Britain. A Quantitative Assessment. Technology and Culture, 21. 1980, S. 161–186.
Karmarsch, K.: Weberei. In: Prechtl, J. J. R. von (Hg.): Technologische Encyklopädie, 20, Stuttgart 1855, S. 170–569.
Karmarsch, K.: Handbuch der Mechanischen Technologie, Bd. 2. Leipzig 1891, 6. Aufl.
Kennedy, J.: On the Rise and Progress of the Cotton Trade. Memoirs of the Manchester Literary and Philosophical Society, 3/2. 1819, S. 115–137.
Kerker, M.: Die Naturwissenschaften und die Dampfmaschine. In: Hausen, K. / Rürup, R. (Hg.): Moderne Technikgeschichte. Köln 1975, S. 96–105.
Klemm, F. (Hg.): Die Technik der Neuzeit. Potsdam 1941.

Kuby, T.: Vom Handwerksinstrument zum Maschinensystem. Berlin 1980.
Kuczynski, J.: Vier Revolutionen der Produktivkräfte. Berlin 1975.
Kuznets, S.: Modern Economic Growth. New Haven 1966.
Lambert, N.: Neue Technologien in der Geschichte der Entstehung der großen Industrie (Materialien zum Unterricht, Sekundarstufe I – Heft 68; Gesellschaftslehre 10). Wiesbaden 1986.
Landes, D. S.: Der entfesselte Prometheus. Köln 1973.
Lee, C. H.: A Cotton Enterprise 1795–1840. A History of M'Connel and Kennedy, Fine Cotton Spinners. Manchester 1972.
Lilley, S.: Technological Progress and the Industrial Revolution. In: Cipolla, C. M. (Hg.): The Fontana Economic History of Europe, 3, London 1973, S. 187–254.
Lipson, E.: The Economic History of England, 2. London 1956, 6. Aufl.
Mann, J. de L.: The Cloth Industry in the West of England from 1640 to 1880. Oxford 1971.
Mantoux, P.: La révolution industrielle au XVIIIe siècle. Paris 1905.
Mantoux, P.: The Industrial Revolution in the Eighteenth Century. London 1964.
Marshall, C. F. D.: A History of the Southern Railway, 1. London 1963, 2. Aufl.
Marx, K.: Das Kapital. Kritik der politischen Ökonomie, 1. Frankfurt 1976.
Mathias, P.: The First Industrial Nation. London 1969.
Mathias, P.: Wer entfesselte Prometheus. Naturwissenschaft und technischer Wandel von 1600 bis 1800. In: Hausen, K./Rürup, R. (Hg.): Moderne Technikgeschichte. Köln 1975, S. 73–95.
Matschoß, C.: Die Entwicklung der Dampfmaschine, 2 Bde. Berlin 1908.
McNeil, I.: Joseph Bramah. A Century of Invention, 1749–1851. Newton Abbot 1969.
Mitchell, B. R.: Abstract of British Historical Statistics. Cambridge 1971.
Mommertz, K. H.: Bohren, Drehen und Fräsen. Geschichte der Werkzeugmaschinen. Deutsches Museum (Hg.): Kulturgeschichte der Naturwissenschaften und der Technik, Reinbek bei Hamburg 1981.
Mott, R. A.: Henry Cort: The Great Finer. Creator of Puddled Iron, ed. by Peter Singer. London 1983.
Musson, A. E./Robinson, E.: Science and Technology in the Industrial Revolution. Manchester 1969.
Musson, A. E.: Introduction to the 1970 Edition. In: Pole W. (Hg.): The Life of Sir William Fairbairn. London 1970, S. V–XXII.
Musson, A. E.: The Growth of British Industry. New York 1978.
Müller, E.: Handbuch der Spinnerei. In: Karmarsch, Karl (Hg.): Handbuch der mechanischen Technologie, 3.1. Berlin 1891, 6. Aufl.
Müller, E.: Handbuch der Weberei. In: Karmarsch, Karl (Hg.): Handbuch der mechanischen Technologie, 3.2. Berlin 1893, 6. Aufl.
Nasmyth, J.: James Nasmyth. Engineer. An Autobiography. London 1883.
Nef, J. U.: Rise of the British Coal Industry. London 1932.
Nef, J. U.: The Conquest of the Material World. Chicago 1964.
O'Brien, P. K./Engermann, S. L.: Changes in Income and its Distribution during the Industrial Revolution. In: Floud, R./McCloskey, D. (Hg.):

The Economic History of Britain since 1700, 1. Cambridge 1981, S. 164–181.

Ortega y Gasset, J.: Betrachtungen über die Technik. Der Intellektuelle und der Andere. Stuttgart 1949.

Osteroth, D.: Soda, Teer und Schwefelsäure. Der Weg zur Großchemie, Deutsches Museum (Hg.): Kulturgeschichte der Naturwissenschaften und der Technik, Reinbek bei Hamburg 1985.

Pantologia: Pantologia, vol 11, Artikel Turning Lathe. London 1813 (keine Paginierung).

Paulinyi, A.: Die industrielle Revolution. In: Troitzsch, U./Weber, W. (Hg.): Die Technik. Von den Anfängen bis zur Gegenwart. Braunschweig 1982, S. 232–281.

Paulinyi, A.: Der Technologietransfer für die Metallbearbeitung und die preußische Gewerbeförderung 1820–1850. In: Blaich, F. (Hg.): Die Rolle des Staates für die wirtschaftliche Entwicklung. Berlin 1982, S. 99–142.

Paulinyi, A.: Die Erfindung des Heißwindblasens in Schottland und seine Einführung in Mitteleuropa. Ein Beitrag zum Problem des Technologietransfers. Technikgeschichte, Jg. 50. 1983, S. 1–34, 129–145.

Paulinyi, A.: Patente, die keine Rendite brachten: Der Fall von John Kay und Edmund Cartwright. In: Les Brevets. Leur utilisation en histoire des techniques et de l'économie. Table Ronde CNRS, 6 et 7 décembre 1984. Paris 1985, S. 87–100.

Paulinyi, A.: John Kays Schnellade, ihre Verbreitung und Folgewirkungen. Zur Problematik «bekannter Tatsachen» in der Technikgeschichte. Technikgeschichte, Jg. 52. 1985, S. 95–112.

Paulinyi, A.: Das Puddeln. Ein Kapitel aus der Geschichte des Eisens in der Industriellen Revolution. Deutsches Museum. Abhandlungen und Berichte, N. F, Bd. 4, München 1987.

Perkin, H.: The Origins of Modern English Society, 1780–1880. London 1969.

Peters, T. F.: Time is Money. Die Entwicklung des modernen Bauwesens. Stuttgart 1981.

Pinchbeck, I.: Women Workers and the Industrial Revolution 1750–1850. London 1977.

Pollard, S.: Die Fabrikdisziplin in der Industriellen Revolution. In: W. Fischer/G. Bajor (Hg.): Die soziale Frage. Neuere Studien zur Lage der Fabrikarbeiter in den Frühphasen der Industrialisierung. Stuttgart 1967, S. 159–185.

Pollard, S.: The Genesis of Modern Management. A Study of the Industrial Revolution in Great Britain. Harmondsworth 1968.

Purs, J.: Prumyslová revoluce. Vyvoj pojmu a koncepce. Praha 1973.

Raistrick, A.: Dynasty of Iron Founders. The Darbys of Coalbrookdale. London 1953.

Rapp, F.: Analytische Technikphilosophie. Freiburg 1978.

Rees, A. (Hg.): The Cyclopaedia; or Universal Dictionary of Arts, Sciences and Literature. London 1819.

Ressel, J.: Josef Ressel. Denkschrift. (Hg.): Comité für die Centenarfeier J. Ressels. Wien 1893.

Roderick, G. W./Stephens, M. D. (Hg.): Scientific and Technical Education in 19th Century England. Newton Abbot 1972.

Roll, E.: An Early Experiment in Industrial Organisation: Being a History of the firm of Boulton and Watt, 1775–1805. London 1986 (Reprint).

Rolt, L. T. C.: George and Robert Stephenson. The Railway Revolution. London 1978.

Rolt, L. T. C.: Tools for the Job. A History of Machine Tools to 1950. London 1986.

Ropohl, G.: Eine Systemtheorie der Technik. München 1979.

Rostow, W. W.: How It All Began. Origins of the Modern Economy. London 1975.

Rostow, W.: Stadien wirtschaftlichen Wachstums. Eine Alternative zur marxistischen Entwicklungstheorie. Göttingen 1960.

Sachsse, H.: Anthropologie der Technik. Braunschweig 1978.

Sanderson, M.: The Universities and British Industry, 1850–1970. London 1972.

Schivelbusch, W.: Geschichte der Eisenbahnreise. München 1977.

Schivelbusch, W.: Lichtblicke. Zur Geschichte der künstlichen Helligkeit im 19. Jh. München 1983.

Schofield, R. E.: Die Orientierung der Wissenschaft auf die Industrie in der Lunar Society von Birmingham. In: Musson A. E. (Hg.): Wissenschaft, Technik und Wirtschaftswachstum im 18. Jh. Frankfurt 1977, S. 153–164.

Scott, D.: The Engineer and Machinist's Assistant. Glasgow 1847.

Seward, D.: The Wool Textile Industry 1750–1960. In: Jenkins, J. G. (Hg.): The Wool Textile Industry in Great Britain. London 1972, S. 34–48.

Singer, Ch./Holmyard, E. J. (Hg.): A History of Technology; vol. IV, The Industrial Revolution, c 1759 to c 1850. Oxford 1975.

Singleton, F. B.: Industrial Revolution in Yorkshire. Lancaster 1971.

Spratt, H. P.: Handbook of the Collections Illustrating Marine Engineering. Descriptive Catalogue. London o. J.

Steinmüller, W.: Die Zweite industrielle Revolution hat eben begonnen. Über die Technisierung der geistigen Arbeit, In: Kursbuch, 66. 1981, S. 152–188.

Strickland, M.: A Memoir of the Life, Writings and Mechanical Inventions of Edmund Cartwright, D.D.F.R.S. Inventor of the Power Loom etc. London 1843.

Strumilin, S. G.: Promyshlennyj perevorot v Rossii. Moskva 1944.

Taylor, T. J.: On the Progressive Application of Machinery to Mining Purposes. Institution of Mechanical Engineers. Proceedings. 1859, S. 15–41.

Thomas, B.: Was there an Energy Crisis in Great Britain in the 17th Century? Explorations in Economic History 23, 1986, S. 124-152.

Thompson, E. P.: The Making of the English Working Class. Harmondsworth 1968 (deutsche Übersetzung: Die Entstehung der englischen Arbeiterklasse. Frankfurt 1987).

Thompson, E. P.: Plebeische Kultur und moralische Ökonomie. Aufsätze zur englischen Sozialgeschichte des 18. und 19. Jahrhunderts. Frankfurt 1980.

Toynbee, A.: Lectures on the Industrial Revolution. London 1984.

Tranter, N. L.: The Labour Supply. In: Floud, R./McCloskey, D. (Hg.): The Economic History of Britain since 1700, 1. Cambridge 1981, S. 204–226.

Tuchel, K.: Herausforderung der Technik. Bremen 1967.

Tunner, P.: Die Stabeisen- und Stahlbereitung in Frischherden oder Der wohlunterrichtete Hammermeister. Freiberg 1858.

Tunzelmann, G. N. von: Technical Progress during the Industrial Revolution. In: Floud, R./McCloskey, D. (Hg.): The Economic History of Britain since 1700, 1. Cambridge 1981, S. 143–163.

Tylecote, R. F.: A History of Metallurgy. London 1976.

Ure, A.: The Philosophy of Manufactures. London 1835.

Ure, A.: Praktisches Handbuch des Baumwollen-Manufacturwesens. Weimar 1837.

Usher, A. P.: A History of Mechanical Inventions. Cambridge, Mass. 1954.

Wadsworth, A. P./Mann, J. de L.: The Cotton Trade and Industrial Lancashire, 1600–1780. Manchester 1931.

Walker, S. F.: Coal-Cutting by Machinery in the United Kingdom. The Colliery Guardian Series of Handbooks, Vol. 15. London 1902.

Weber, A.: Drei Phasen der industriellen Revolution. Bayerische Akademie der Wissenschaften: Sitzungsberichte. Philos.-hist. Klasse, Heft 10. München 1957.

Whewell, W.: The Mechanics of Engineering. London 1841.

White, G.: A Practical Treatise on Weaving by Hand- and Power Looms. Glasgow 1846.

Willis, R.: On Machines and Tools for Working in Metal, Wood and Other Materials. In: Lectures on the Results of the Great Exhibition of 1851, Vol. 2. London 1852, S. 135–148.

Willis, R.: Principles of Mechanism, Designed for the Use of Students in the Universities and for the Engineering Students Generally. London 1841.

Wilson, R. G.: The Supremacy of the Yorkshire Cloth Industry in the Eighteenth Century. In: Hart, N B./Ponting, K. G. (Hg.): The Textile History and Economic History. Manchester 1973, S. 225–246.

Woodbury, R. S.: The Legend of Eli Whitney. Technology and Culture, Vol. 1. 1960, S. 235–253.

Woodbury, R. S.: Studies in the History of Machine Tools. Cambridge, Mass. 1972.

Wood, N.: On the Improvements and Progress in the Working and Ventilation of Coal Mines in the Newcastle on Tyne District within the Last Fifty Years. Proceedings. Institution of Mechanical Engineers. 1858, S. 177–236, Pl. 43–55.

Register

Aktiengesellschaft 209
Artzwright, Richard 48, 54 ff, 59 f, 63 f, 66, 71, 73, 76, 90, 201 f, 220, 224, 226

Babbage, Charles 7
Bandwebstuhl 34
Bentham, Samuel 98
Berthollet, Claude Louis 155
Bessemer, Henry 116, 131
Bessemerverfahren 131
Beuth, Christian Peter Wilhelm 233
Bewetterung 142, 144 f
Birkinshaw 134 f
Black, Joseph 220
Blenkinsop, John 180, 183
Bodmer, J. G. 103 f
Boulton, Matthew 156, 163 f
Boulton & Watt 93, 156 f, 165 ff, 206
Bourn, Daniel 53, 71 f
Bramah, Joseph 28, 94 ff, 103, 221
Bramme 130, 132, 134
Brindley, James 170, 172, 176
Brunel, Marc Isambard 98, 197 f
Brunton, W. 183

Camus, Charles E. L. 105
Cartwright, Dr. Edmund 75, 79 f, 82, 86, 220, 226, 241
Cartwright, John 80, 82
Carus-Wilson, E. M. 13
Clanny, Dr. 144
Clegg, Samuel 156 f
Clement, Joseph 103 f, 220
Cort, Henry 115, 125 ff, 131 f, 220, 226
Cranage, G. 125 f
Cranage, Th. 125 f
Crompton, Samuel 48, 64 ff, 224, 226
Cugnot, Nicolas Joseph 182

Dampflokomotive 19, 108, 169, 180, 182 ff, 190 ff
Dampfschiff 108, 169, 175, 193 ff
Dandy-loom 85
Darby, Abraham 92, 115 ff, 220
Daumas, M. 236
Davy, Henry 144 f
Deckelkarde 71 f
Drahtseil 142
Drei-Sektoren-Modell 8

Eisenbahnfieber 187, 189
Eisenbegleiter 128
Engels, Friedrich 12
Ericsson, J. 198
Erzpochen 30
Euler, Leonhardt 105
Evans, Oliver 168
Exportverbot 229 ff

Fairbairn, William 160
Feinmechanik 33, 91, 94
Flammofen S. 124 ff, 128
Flammofenfrischen s. Puddeln
Flügelspindel 45 ff, 50, 53 ff, 73
Flußregulierung 170
Flyer 74
Fox, James 101 ff, 107, 220, 225
Frischen 113, 115 f, 124 f, 129
Frischherd 115, 124, 129
Fulton, Robert 193

Gay-Lussac-Verfahren 153
Gesenke 24
Gimpel, J. 26
Göpel 36, 57, 92, 161, 203

Häuer 146 ff, 149 f, 212
Hammerwerk 26 f, 130, 132, 134
Hargreaves, James 48, 56, 60, 63, 71
Hedley, W. 183, 186
Heißluftblasen 116, 119 f, 122, 136

253

Highs, Thomas 54
Hochofen 15, 113ff, 131, 136
Hodgson, J. 144
Hornblower, Jonathan 168
Humphrey, Davy 144

Jacguard, Joseph Maria 84
James, Thomas 63
Jellicoe, A. 128
Jenny 60ff, 69
Jessopp, William 176

Kaliberwalzwerk 125, 132
«Kanalfieber» (canal mania) 170ff
Kardieren s. Krempeln
Kardiermaschine 52f, 71ff, 75, 90, 112, 213
Kay, John 42, 54, 78
Kelly, William 69
Kennedy, John 84f, 242
Kinder 148ff, 212ff
Kolbendampfmaschine 36
Kratze 127, 129f
Krempelmaschine s. Kardiermaschine
Krempeln 43ff, 51, 53, 60, 71f, 76, 202
Kuczynski, Jürgen 13

Laternenstuhl 73f
Leblanc, Nicolas 154
Leblanc-Verfahren 154f
Lebon, Phillippe 156
Lee, William 34, 42, 79
Lees, John 71
Legierungselemente 128
Leitspindel-Schraubenschneidmaschine 33f
Leuchtgas 156f
Liebig, Justus von 222
Lombe, Thomas 41
Ludditon 227f
Luppen 126, 129f, 134

Macintosh, Charles 155
Mantoux, Paul 12
Marx, Karl 12, 108, 239
Maschinenkratzen 130, 149

Maschinenwebstuhl 78, 80ff, 236
Mandslay, Henry 94ff, 107ff, 220, 225, 236
Mautstraßen-Kompanien 176
McAdam, John 177f
Mechanics Magazine 225
Meinzies, M. 149
Metcalf, John 177
Miller, Patrick 193
Miller, Robert 82
Mule 48, 60, 64ff, 69f, 76, 203, 212f, 224
Murdoch, William 156
Murray, Matthew 103, 183
Muspratt, James 154f

Nagelproduktion 132
Nasmyth, James 96, 101, 103ff, 107f, 206f, 219
Need, Samuel 57
Neilson, Jean Beaumont 115, 119f, 123
Newcomen, Thomas 36, 140ff, 160ff, 166f

Onions, P. 125f

Paketieren 125, 131
Paul, Lewis 47f, 50ff, 71f, 220
Peel, Robert 71
Perrotine 88
Polhem, Christopher 33
Produktionstechnik 17f, 28f, 37, 39
Puddeln 123, 125f, 128f, 131, 149, 178f, 240, 242
Puddelofen 126, 128f
Puddelwerk 128, 130, 134, 136
Puddler 127, 129f
Purnell, J. 132

Quetsche 130, 134

Radcliffe, William 82, 84f
Railway 180f
Ramsden, Jessie 33f
Rauhmaschine 34f
Rees, Abraham 225
Rennie, John 108f, 176

Ressel, Johann 198
Roberts, Richard 69 f, 82 f, 101 ff, 107, 219 f, 242
Roebuck, Dr. John 151 ff, 163
Rotationsofen 130

Savery, Thomas 36, 161
Schaufelrad 195 f
Scheele, Carl Wilhelm 155
Scherrahmen 77, 80
Schlagwetterexplosion 142, 144, 146
Schlepper 146 ff
Schlichtmaschine 80, 82
Schmelzgrube 15
Schrämmaschine 149 f
Schraubendrehbank 96
Schummeln 129
Schwefelsäure 89, 151 f, 156 f
Scott, David 108 f
Selfactor 69 f, 240, 242
Smeaton, John 92, 118, 160, 162, 176, 220
Smith, F. Pettit 198
Sodaindustrie 154 f
Stabeisen 115, 124 ff, 131
Stephenson, George 145, 182 ff
Stoffgewinnung 17 f
Streckwalze 48 ff, 53 f, 56, 64, 67, 73, 90, 112
Stutt, Jedediale 57
Symington, William 193

Telford, Thomas 172, 176 ff
Tennant, Charles 155 f
Tischdrehbank 99 f
Thomas, Sidney-Gilchrist 131
Thorp, Daniel 59
Throstle 58 f

Toynbee, Arnold 12
Trevithick, Richard 168, 182 f
Tuchel, Kurt 15
Tuchwalken 13

Umweltschutz 155
Ure, Andrew 70, 242

Vitriol s. Schwefelsäure

Waggon 180, 182
Walzenkarde 71 f
Walzwerk 32 f, 38, 126, 128, 130 f, 131 ff, 159
Wasserstraßen 169 ff, 175, 180
Waterframe 57 ff., 64 f, 69, 73, 76, 90
Watt, James 38, 92, 140 ff, 151, 156, 160, 162 ff, 182, 220, 226
Weber, Alfred 13
Weißofen 127
Wendeherz 104
Werkzeugschlitten 94, 96 f
Whewell, William 222
Whitney, Eli 104
Whitworth 101, 103 f
Wilkinson, John 92, 134, 166 f
Willis, Robert 222
Winzler-Winsor, A. F. 156
Wirkprinzip 21 f
Wirkstuhl 34, 40 ff, 79
Wood, Coniah 57
Wood, Nicholas 142, 149
Wood, Thomas 71
Woolf, Arthur 168
Wyatt, John 47 f, 50 f, 54, 220

Zivilingenieur 176
Zuführtisch 71

Bildquellen

1 Zeichnung aus: Secrets of Green-Sand Casting. In: Lost Technology Series. Reprint bei Lindsay Publications, Bradley (Illinois) 1983. Tl.4, Abb. 13, S. 22

2 Stahlstich aus H. Fischer: Die Bearbeitung der Metalle. In: Handbuch der Mechanischen Technologie (Hg. K. Karmarsch u. H. Fischer), Bd. 2 (Aufbereitung der Festkörper), Abt. 1. Berlin 1890. Abb. 22 (Ausschnitt), S. 178

3 Zeichnung aus: DIN 8589, Teil 1 (1982). Abb. 4, S. 4 (a) Zeichnung aus: Fachkunde für metallbearbeitende Berufe. Wuppertal, Verlag Europa-Lehrmittel 1979. Abb. 246/1, S. 246 (b)

4 Zeichnung von V. Benad-Wagenhoff nach: DIN 8589, Teil 4 (1982), Abb. 1, S. 3

5 Zeichnung von J. Nasmyth – 1840. Hier aus B. Buchanan: Practical essays on mill work. London 1841. S. 394

6 Holzschnitt aus J. Amman: Eygentliche Beschreibung aller Stände auff Erden, hoher und nidriger, geistlicher und weltlicher, aller Künsten, Handwercken und Händeln... mit Versen von Hans Sachs. Frankfurt a. M. 1568 (Drucker S. Feyerabend)

7 Holzschnitt aus G. Agricola: De re metallica libri XII... Basel 1556 (Drucker G. Raben). Buch 9, S. 339 (Ausschnitt)

8 Zeichnungen aus: Fachkunde für metallbearbeitende Berufe. Wuppertal, Verlag Europa-Lehrmittel 1979. Abb. 227/3, S. 227

9 Holzschnitt aus G. Agricola: De re metallica libri XII... Basel 1556 (Drucker G. Raben). Buch 8, S. 220

10 Foto (o. J.) und Zeichnung aus der Bildstelle des Deutschen Museums München (a) Foto aus U. E. Paoli: Aspetti di vita romana antica. Florenz 1942. Taf. 24 (bei S. 97) und Zeichnung aus der Bildstelle des Deutschen Museums München (b) Kupferstich von Benard nach Zeichnung von Goussier aus: L'Encyclopèdie – Recueil de planches, sur les sciences, les arts liberaux, et les arts méchaniques, avec leur explication, Bd. 1. Paris 1762. Teil: Agriculture, économie rustique (Detail des moulins), Taf. 5, Fig. 2, 3 u. (c)

11 Kupferstich aus S. de Caus: Les raisons des forces mouvantes. Frankfurt 1615. Buch 3, S. 2 und Zeichnung von A. Paulinyi, Darmstadt

12 Kupferstich nach B. Dir aus M. Ramsden: Description d'une machine pour diviser les instruments de mathématiques. Paris 1790. Taf. 4, Fig. 8

13 Kupferstich von Benard nach Zeichnung von Goussier aus: L'Encyclopédie – Recueil de planches, sur les sciences, les arts libéraux et les arts méchaniques, avec leur explication, Bd. 3. Paris 1763. Teil: Draperie, Taf. 7, Fig. 24

14 Kupferstich aus V. Zonca: Novo teatro di machine et edificii per varie et sicure operationi co'le loro figure tagliate in rame é la dichiaratione, e dimonstratione di ciascuna... Padua 1607 (Drucker Bertelli). S. 96

15 Kupferstich von F. H. van Henna – 17. Jh.

16 Kupferstich von Benard nach Zeichnung von Goussier aus: L'Encyclopédie – Recueil de planches, sur les sciences, les arts libéraux et les arts méchaniques, avec leur explication, Bd. 3. Paris 1763. Teil: Draperie, Taf. 4, Fig. 14 u. 15

17 Zeichnungen nach W. English: The textile industry. An account of the early inventions of spinning, weawing, and knitting machines (in der Reihe: Industrial archaeology – Hg. L. T. C. Rolt, Bd. 4). London u. Harlow, Longmans, Green and Co Ltd. 1969. Abb. 1, S. 2 (a); Abb. 3, S. 3 (b)

18 Zeichnung nach W. English: The textile industry. An account of the early inventions of spinning, weawing, and knitting machines (in der Reihe: Industrial archaeology – Hg. L. T. C. Rolt, Bd. 4). London u. Harlow, Longmans, Green and Co Ltd. 1969. Abb. 5, S. 6

19 Zeichnung aus W. English: The textile industry. An account of the early inventions of spinning, weawing, and knitting machines (in der Reihe: Industrial archaeology – Hg. L. T. C. Rolt, Bd. 4). London u. Harlow, Longmans, Green and Co Ltd. 1969. Abb. 16, S. 36

20 Stahlstich von J. W. Lowry aus E. Baines: A history of the cotton manufacture in Great Britain. London 1835. Bei S. 139, Fig. 4

21 Zeichnung nach W. English: The textile industry. An account of the early inventions of spinning, weawing, and knitting machines (in der Reihe: Industrial archaeology – Hg. L. T. C. Rolt, Bd. 4). London u. Harlow, Longmans, Green and Co Ltd. 1969

22 Kupferstiche aus: English patents of inventions specifications – Old series Nr. 628 – Bourn's specification 1748 (a) Nr. 636 – Paul's specification 1748 (b)

23 Stahlstich von Jenkins nach Gemälde von Wright aus E. Baines: A history of the cotton manufacture in Great Britain. London 1835. Frontispiz

24 Holzstich aus R. Marsden: Cotton spinning: its development, principles and practice (with an appendix on steam engines and boilers). London 1909. Abb. 59, S. 213

25 Kupferstich aus: English patents of inventions specifications – Old series. Nr. 931 – Arkwright's specification 1769

26 Arkwright's water frame – nach 1775. Science Museum London. Foto des Museums

27 Stahlstiche von W. Lowry nach Zeichnungen von J. Farey jun. aus A. Rees: The cyclopaedia; or, universal dictionary of arts, sciences and literature, Tafelband 2. London 1820. Cotton manufacture (Throstle spinning frame), Taf. 10

28 Zeichnung nach G. B. Shipton aus H. Catling: The spinning mule (in der Reihe: David & Charles library of textile history). New Abbot, David & Charles 1970. Abb. 32, S. 186

29 Nachbau der Spinning Jenny nach Hargraves (Patent 17707). Science Museum London. Foto des Museums

30 Nach Zeichnung von G.B. Shipton aus H. Catling: The spinning mule (in der Reihe: David & Charles library of textile history). New Abbot, David & Charles 1970. Abb. 4, S. 26

31 Kupferstich (um 1775)

32 Holzstich aus B.P. Dobson: The story of the evolution of the spinning machine. Manchester o. J. S. 63

33 Nach Zeichnung von G.B. Shipton aus H. Catling: The spinning mule (in der Reihe: David & Charles library of textile history). New Abbot, David & Charles 1970, Abb. 6, S. 33

34 Stahlstich aus A. Ure: The philosophy of manufactures: or, an exposition of the scientific, moral, and commercial economy of the factory system of Great Britain. London 1835. Abb. 55, S. 308 (a) Nach Zeichnung aus einem Brief von McConnell & Kennedy an S. Crompton (1797). Hier aus H. Catling: The spinning mule (in der Reihe: David & Charles library of textile history). New Abbot, David & Charles 1970. S. 45 (b)

35 Stahlstiche aus E. Müller: Handbuch der Spinnerei. In: Handbuch der Mechanischen Technologie (Hg. K. Karmarsch u. H. Fischer), Bd. 3, Abt. 1 (Die Spinnerei). Berlin 1982. Abb. 37, S. 94 (a); Abb. 36, S. 94 (b) Stahlstich von W. Lowry nach Zeichnung von J.D. Herbert aus A. Rees: The cyclopaedia; or, universal dictionary of arts, sciences and literature, Tafelband 4. London 1820. Woolen manufacture (Carding engine), Taf. 4

36 Arkwright's drawing frame (nach 1775). Science Museum London. Foto des Museums (a) Stahlstich aus J. Nicholson: The operative mechanic, and British machinist; being a practical display of the manufactories and mechanical arts of the United Kingdom. London 1825. Taf. 56, Fig. 402 (b)

37 Kupferstich aus J. Montgomery: Theorie und Praxis der Baumwoll-Spinnerei. Ein Hand- und Lehrbuch für Fabrikanten und Kaufleute, Maschinenbauer, Mechaniker, Spinnereidirigenten, Krämpel- und Spinnmeister, Spinner, Techniker und technische Schulen. Chemnitz 1840. Kupfer-Atlas, Taf. 4 – Spuhlmaschine

38 Stahlstich aus E. Müller: Handbuch der Weberei (Weben, Wirken, Flechten) mit Anhang: Nähen, Sticken und zugehörige Zurichtungsarbeiten. In: Handbuch der Mechanischen Technologie (Hg. K. Karmarsch u. H. Fischer), Bd., 3, Abt. 2 (Aufbereitung der Sammelkörper). Leipzig 1896, Abb. 165, S. 526

39 Stich aus der Porträt-Sammlung des Deutschen Museums München

40 Stahlstiche aus A. Barlow: The history and principles of weawing by hand and by power. London 1878. Abb. 19, S. 76 (a); Abb. 259, S. 236 (b); Abb. 262, S. 245 (c); Abb. 263, S. 245 (d); Abb. 261, S. 240 (e); Abb. 266, S. 250 (f)

41 Radierung von J. Joris van Vliet – um 1635. Deutsches Museum München, Plansammlung – Verschiedene Gewerbe (a) Kupferstich von Benard nach Zeichnung von Goussier aus: L'Encyclopèdie – Recueil de planches, sur les sciences, les arts libéraux et les arts méchaniques, avec leur explication, Bd. 3. Paris 1763. Draperie, Taf. 8, Fig. 29 (b) Stahlstich von J. Lowry aus A. Rees: The cyclopaedia; or, universal dictionary of arts, sciences and literature, Tafelband 4. London 1820. Woolen manufacture (Shearing machine), Taf. 3 (c)

42 Stahlstich aus Ch. Tomlinson: Illustrations of useful arts, manufactures, and trades, Teil 1. London 1858. Abb. 129, S. 29 (a) Kupferstich aus: Technologische Encyklopädie oder alphabetisches Handbuch der Technologie, der technischen Chemie und des Maschinenwesens. Zum Gebrauche von Kameralisten, Ökonomen, Künstler, Fabrikanten und Gewerbetreibenden jeder Art (Hg. J. J. Ritter von Prechtl), Kupferband 4. Stuttgart 1855. Tafel 475, Fig. 5 (b)

43 Zeichnung aus B. Buxbaum: Der englische Werkzeugmaschinen- und Werkzeugbau im 18. und 19. Jahrhundert (in: Beiträge zur Geschichte der Technik und Industrie, Bd. 11). Berlin 1921. S. 119 (a) Zeichnung nach W. F. Greaves u. J. H. Carpenter: A short history of mechanical engineering. London, Longmans, Green & Co 1969. Abb. 47, S. 45 (b)

44 Lithographie von H. Grevedon (1827) aus der Porträt-Sammlung des Deutschen Museums München

45 Schraubendrehbank von H. Maudsley – 1797. Science Museum London. Foto des Museums. Funktionsskizze aus W. Bartsch: Fachkunde für Dreher. Braunschweig, Westermann 1977. Abb. 32, 2, S. 32

46 Zeichnung von J. Nasmyth – 1840. Hier aus R. Buchanan: Practical esseys on mill work. London 1841. S. 394

47 Zeichnung aus dem Notizbuch von M. I. Brunel. National maritime museum, Greenwich. Brunel's sketchbook, M. S. 85 (a) Stemmmaschine von H. Maudsley nach Entwurf von M. I. Brunel (gebaut zwischen 1803–1807). Science Museum London. Foto des Museums (b)

48 Stahlstiche aus J. Nicholson: The operative mechanic and british machinist; being a practical display of the manufactories and mechanical arts of the United Kingdom. London 1825. Taf. 43, Fig. 325; Taf. 44, Fig. 331

49 Kupferstich von Mudow u. Russfell nach Zeichnungen von J. Farey aus J. M. Good, O. Gregory u. N. Bosworth: Pantologia. A new cyclopaedia comprehending a complete series of essays, treatises, and systems, alphabetically arranged; with a general dictionary of arts, sciences, and words: the whole presenting a distinct survey of humans genius, learning, and industry, Bd. 11. London 1813. Taf. 172

50 Zeichnungen (um 1800) aus L. T. C. Rolt: Tools for the job. A history of machine tools to 1950. London, Science Museum 1986. Abb. 24 und 25, S. 67

51 Stahlstiche aus: Encyclopaedia Britannica – Supplement to the fourth, fifth and sixth editions of the Encyclopaedia Britannica. With preliminary dissertations on the history of the sciences (by Dugald Steward, J. Playfair, W. T. Brande – Hg. M. Napier), Bd. 3. Edinburgh 1824. Taf. 61, Fig. 1–4

52 Kupferstich nach eigener Zeichnung von Le Blanc aus: L'Industriel. Journal principalement destiné à répandre les connaissances utile à l'industry générale (Hg. M. Christian), Bd. 5. Paris 1827/28. H. 2, Taf. 6

53 Stahlstich aus: Cyclopaedia of useful arts, mechanical and chemical, manufactures, mining and engineering (Hg. Ch. Tomlinson), Bd. 1. With an introductory essay on the Great Exhibition of the works of industry of all nations. London 1851. Taf. nach S. 145

54 Stahlstich aus: Cyclopaedia of useful arts, mechanical and chemical, manufactures, mining and engineering (Hg. Ch. Tomlinson), Bd. 1. With an introductory essay on the Great Exhibition of the works of industry of all nations. London 1851. Abb. 886 u. 887, S. 617

55 Kupferstich von Moisy nach Zeichnung von Dobson aus R. O'Reilly: Annales des arts et manufactures, ou, mémoires technologiques sur les découvertes modernes concernant les arts, les manufactures, l'agriculture et le commerce, Bd. 46. Paris 1812. Taf. 564–565

56 Stahlstich aus: Proceedings – Institution of mechanical enginners. Birmingham, Jg. 1859, Taf. 17

57 Holzstich aus A. Payne: Pits and furnaces – 1869

58 Holzstiche aus P. Barlow: A treatise on the manufactures and machinery of Great Britain (in: Encyclopaedia Metropolitana). London 1936. Taf. 45, Fig. 6 u. 7

59 Kupferstich aus A. Kerpely: A vaskóhaszat gyakorlati és elméleti kézikönyve, Bd. 2. Selmecbànya 1873. Taf. B, Fig. 3 (a) Zeichnung aus B. Osann: Lehrbuch der Eisenhüttenkunde, Bd. 2. Leipzig 1926. S. 40 (b)

60 Holzstiche aus P. Barlow: A treatise on the manufactures and machinery of Great Britain (in: Encyclopaedia Metropolitana). London 1836. Taf. 45, Fig. 4 u. 5

61 Kupferstich aus: English patents of inventions specifications – Old series. Nr. 854 – Purnell's specification 1766 (a) Zeichnungen von A. Paulinyi, Darmstadt (b)

62 Kupferstich aus: English patents of inventions specifications – Old series. Nr. 4503 – Birkinshaw's specification 1820

63 Karte (nach einer Vorlage in Report of the Select committee on the State of the coal trade in the Port of London, 1830) aus: Coal, the basis of nineteenth – century technology (Hg. C. A. Russell). The open university, Science and the Rise of technology since 1800 – Block II Unit 4. Bletchley, The open university 1973, Abb. 2, S. 7

64 Stahlstich (um 1835). Hier aus C. F. D. Marshall: A history of British railways a down to the year 1830. London, New York, Toronto, Oxford University Press 1938. Abb. 11 (bei S. 23)

65 Stahlstich aus: Proceedings – Institution of mechanical engineers. Birmingham, Jg. 1859. Taf. 5, Fig. 13 u. 14

66 Stahlstich aus: Cyclopaedia of useful arts, mechanical and chemical, manufactures, mining and engineering (Hg. Ch. Tomlinson), Bd. 1 – With an introductory Essay on The Great Exhibition of the

works of industry of all nations. London 1852. Bei S. 390 – oben
Stahlstich aus P. Barlow: A treatise of the manufactures and machinery of Great Britain (in Encyclopaedia Metropolitana). London 1836. Taf. 16, Fig. 1 – unten

67 Stahlstich aus Ch. Tomlinson: Illustrations of useful arts, manufactures, and trades. London 1858–1860. Abb. 361, S. 81 (a) Holzstich aus: Children's employment commission. First report of the commissioners. Mines. Presented to both Houses of Parliament by Command of Her Majesty. London 1842. Abb. 5, S. 81. Hier aus Faksimileausgabe – Irish University Press Serie, Shannon, Irland 1968

68 Stahlstich aus: Glückauf. Berg- und Hüttenmännische Zeitschrift, Jg. 45. Essen 1909. Abb. 1, S. 369 (a) Kupferstich von W. Lowry aus A. Rees: The cyclopaedia; or universal dictionary of arts, sciences, and literature, Tafelband 6 (Natural history). London 1852. Kapitel Geology – Taf. 1, Fig. 5 (b)

69 Stahlstich aus: Cyclopaedia of useful arts, mechanical and chemical manufactures, mining and engineering (Hg. Ch. Tomlinson). Bd. 1 (With a introductory essay on the Great Exhibition of the works of industry of all nations. London 1852. B. S. 392 (a) Holzstich aus: Royal commission on the employment... of children in mines, etc. The physical and moral conditions of the children and young persons employment in mines and manufactures. London 1843 (b)

70 Holzstich aus: Children's employment commission. First report of the commissioners. Mines. Presented to both Houses of Parliament ba Command of Her Majesty. London 1842. Abb. 1, S. 78. Hier aus Faksimileausgabe – Irish University Press Serie, Shannon, Irland 1968

71 Kupferstich – 18. Jh. Aus der Sammlng von Ch. Singer, London (a) Holzstich aus S. Parkes: Chemical essays. London 1815. (b) Stahlstich aus Ch. Tomlinson: The useful arts and manufactures of Great Britain, Tl. 2. London 1848. The manufacture of sulphuric acid, S. 16 (c)

72 Zeichnung von E. D. Woodal (nach: Cyclopaedia of useful arts... Hg. Ch. Tomlinson, Bd. 1, London 1852, Abb. 137) aus: History of technology (Hg. Ch. Singer u. a.), Bd. 4. New York u. London, Oxford University Press 1958. Abb. 134, S. 248

73 Stahlstich aus Ch. Tomlinson: Illustrations of useful arts, manufactures, and trades, Teil 1. London 1858. Abb. 537, S. 109

74 Stahlstich aus W. Lowry nach Zeichnung von J. Farrey jun. aus A. Rees: The cyclopaedia; or, universal dictionary of arts, sciences, and literature, Tafelband 2. London 1820. Cotton manufacture (Sections of Mess. Strutt's cotton mills at Belper in Derbyshire). Taf. 14, Fig. 2 u. 3

75 Stahlstich von W. Lowry nach Zeichnung von J. Farrey aus A. Rees: The cyclopaedia; or, universal dictionary of arts, sciences, and literature, Tafelband 4. London 1820. Taf. Porter brewery (Nr. 83) Fig. 1 (Ausschnitt)

76 Karte von C. Hadfield u. J. F. Horrabin aus: History of technology (Hg. Ch. Singer u. a.), Bd. 4. New York u. London, Oxford University Press 1958. Abb. 308, S. 564

77 Kupferstich (um 1766) aus: The history of inland navigation, particularly that of the Duke von Bringwater. London 1779. Frontispiz (a) Stahlstiche aus J. Nicholson: Der practische Mechaniker und Manufacturist, oder gemeinnützige Erläuterungen der mechansichen Künste und Fabriken England's. Supplement, Nachträge aus der zweiten Ausgabe des englischen Originals enthaltend. Weimar 1834. Taf. 101, Fig. 1–5 (b)

78 Kupferstich aus J. Nicholson: Der practische Mechaniker und Manufacturist, oder gemeinnützige Erläuterungen der mechanischen Künste und Fabriken England's, Supplement, Nachträge aus der zweiten Ausgabe des englischen Originals enthaltend, Weimar 1834. Taf. 111–112. Fig. Kette von 4 Schleusen des Caledonischen Kanals (a) Foto aus B. Bracegirdle: The archaeology of the Industrial Revolution. London u. a., Heinemann educational books Ltd 1973. Taf. 8a (b)

79 Zeichnung aus: Punch, or the London Charivary. London 1855

80 Karte aus E. Pawson: Transport and economy: the turnpike roads of eighteenth century Britain. London, New York, San Francisco, Academic Press 1977. Abb. 29, S. 151

81 Holzstiche aus A. T. Byrne: A treatise on highway constructions. London 1908. Abb. 22 u. 23, S. 287

82 Stahlstiche aus J. Nicholson: Der practische Mechaniker und Manufacturist, oder gemeinnützige Erläuterung der mechanischen Künste und Fabriken England's. Supplement, Nachträge aus der zweiten Ausgabe des englischen Originals enthaltend. Weimar 1834. Taf. 102, Fig. 4 u. 5 (a) Stich von Schwechter nach Zeichnung von K. F. Schinkel aus: Verhandlungen des Vereins zur Beförderung des Gewerbefleißes in Preußen, Jg. 7 (Hg. Schubarth). Berlin 1828. Taf. 10 – Ausschnitt (b) Stahlstich aus: Verhandlungen des Vereins zur Beförderung des Gewerbefleißes in Preußen, Jg. 7 (Hg. Schubarth). Berlin 1828. Taf. 73, Fig. 1 u. 2 (c)

83 Kupferstich aus J. T. Desaguliers: Cours de physique expérimentale. Paris 1734. Bd. 1, Taf. 21, Fig. 4 (a) Stahlstiche aus: Encyclopaedia Britannica – Supplement to the fourth, fifth and sixth editions... with preliminary dissertations on the history of the sciences (Beiträge von D. Steward, J. Playfair, W. D. Brande – Hg. M. Napier). Edinburgh 1824. Bd. 2: Abb. 1853 (links) u. Abb. 1852 (rechts), S. 545 (b); Abb. 1857, S. 546 (c); Abb. 1870, S. 555 (d)

84 Holzstiche aus W. F. Pettigrew: A manual of locomotive engineering. With an historical introduction. A practical text-book for the use of engine builders, designers, and draughtsmen, railway engineers, and students. With a section on American and continental engines by A. F. Ravenshear. London 1899. Abb. 3, S. 3 (a); Abb. 4, S. 4 (b); Abb. 5 (Ausschnitt), S. 5 (d); Abb. 6, S. 6 (e); Abb. 7, S. 6 (f); Abb. 8, S. 8 (g); Abb. 9 (Ausschnitt), S. 9 (h); Abb. 10 (Ausschnitt), S. 10 (i); Abb. 11 (Ausschnitt), S. 12 (j); Abb. 12, S. 13 (k) Stahlstich aus: Illustrations of useful arts, manufactures and trades (Hg. Ch. Tomlinson), Teil 2. London 1860. Abb. 528 (seitenverkehrt), S. 67

85 Stahlstich aus: The inventor of railway locomotion – 1882

86 Stahlstiche aus N. Wood: A practical treatise on railroads, and interior communication in general. Philadelphia 1832. Bei S. 333, Nr. 1 (a) u. Nr. 2 (b) Kupferstich aus: Extrait du rapport de MM.A. Schlumberger et É. Koechlin, lu à la séance du 26 octobre 1831, sur un voyage entrepris au nom de la Société, pour examiner le nouveau système de chaudières à vapeur de MM.Séguin et Com. à Saint-Étienne. Bulletin de la Société industrielle de Mulhausen, Bd. 5. Mulhausen 1832. Nr. 22, Taf. 64, Fig. 2 u. 3 (c)

87 Stahlstich (o. J.). Hier aus J. Simmons: Transport. A visual history of Britain. London, Vista Books 1962. Abb. 131

88 Lithographie aus J. C. Bourne: History and description of the Great Western Railway. London 1846

89 Stahlstich aus: The penny magazine of the Society for the diffusion of useful knowledge, Bd. 13. London 1844. S. 377

90 Lithographie nach eigener Zeichnung (1837) von J. C. Bourne aus seinem Buch: Drawings of the London and Birmingham railway (with an historical and descriptive account by J. Britton). London 1839

91 Lithographie nach eigener Zeichnung (1837) von J. C. Bourne aus seinem Buch: Drawings of the London and Birmingham railway (with an historical and descriptive account by J. Britton). London 1839

92 Stahlstich nach Zeichnung von A. Nasmyth aus: James Nasmyth – An autobiography (Hg. S. Smiles). London 1833. S. 30

93 Kupferstich von Glanwin nach Zeichnung von J. Field aus T. Tredgold: Steam engine, its invention and progressive improvement. An investigation of its principles and its application to navigation, manufactures and railways. A new edition, enlarget by the contributions of eminent scientific men, and extended to the science of steam naval architecture (rev. u. hg. von W. S. B. Woodhause). London 1838. Bd. 2 (Atlas), Taf. 39

94 Kupferstiche aus: English patents of inventions specifications – Old series. Nr. 7149 – Ericsson's specification 1836 (a) Nr. 7104 – Smith specification 1836 (b) Zeichnungen von J. Ressel – 1826. Technisches Museum für Industrie und Gewerbe, Wien (c)

95 Holzstich aus: Illustrierte Zeitung, Jg. 1 Leipzig 1843. Bd. 1 S. 332 (a) Zeichnung aus: S. S. Great Britain Project. Bristol 1980 (b)

96 Stahlstich aus: The working man: a weekly record of social and industrial progress, Bd. 1. London 1866, S. 97

97 Karte aus S. D. Chapman: The Arkwright Mills-Colquhoun's Census of 1788 and archaeological evidence. In: Industrial archaeology review, Bd. 6 (Hg. M. Linsley). Oxford, Oxford University Press 1981. Nr. 1, Abb. 1, S. 7

98 Zeichnung aus S. D. Chapman: The Arkwright Mills-Colquhoun's Census of 1788 and archaeological evidence. In: Industrial archaeology review, Bd. 6 (Hg. M. Lindsley. Oxford, Oxford University Press 1981. Nr. 1, Abb. 2, S. 7

99 Postkarte nach altem englischen Stich. Foto A. N. Smith, Belper (Derbyshire)

100 Stahlstich aus: The penny magazine of the Society for the diffusion of useful knowledge. London 1843. S. 383 (a) Stahlstich aus Ch. Tomlinson: The useful arts and manufactures in Great Britain. London 1848. Tl. 2 (Manufactures in iron and steel). S. 33 (b)

101 Stahlstiche aus A. Nasmyth aus: James Nasmyth, Enginner. An autobiography (Hg. S. Smiles). London 1883. Bei S. 216 (oben); bei S. 217 (unten)

102 Postkarte (nach alter Vorlage) von A. N. Smith, Belper (Derbyshire)

103 Stahlstich aus: James Nasmyth. Engineer. An autobiography (Hg. S. Smiles). London 1883. Frontispiz (a) Stahlstich aus J. W. Roe: English and american tool builders. New York 1926. Abb. 19 bei S. 58 (b)

104 Titelblatt aus: Transactions of the Institution of civil engineers, Bd. 1. London 1836

105 Titelblatt aus A. Rees: The Cyclopaedia; or, universal dictionary of arts, sciences, and literature. Tafelband 1. London 1820

106 Titelblatt aus J. C. Fischer: Tagebuch einer zweiten Reise über Paris nach London und einigen Fabrikstädten Englands vorzüglich in technologischer Hinsicht. Aarau 1826

107 Titelblatt aus: Verhandlungen des Vereins zur Beförderung des Gewerbfleißes in Preußen, Jg. 1. Berlin 1822 (a) Titelblatt aus: Jahrbücher des kaiserlichen königlichen polytechnischen Institutes in Wien (Hg. J. J. Prechtl), Bd. 1. Wien 1824 (b)

108 Lithographie aus der Porträt-Sammlung des Deutschen Museums München

Deutsches Museum

Bert Heinrich
Brücken
Vom Balken zum Bogen (7711)

Franz Selmeier
Eisen, Kohle und Dampf
Die Schrittmacher der industriellen
Revolution (7712)

Lothar Suhling
Aufschließen, Gewinnen und Fördern
Geschichte des Bergbaus (7713)

Friedrich Klemm
Geschichte der Technik
Der Mensch und seine Erfindungen (7714)

Rudolf Lindner/Bertram Wohak/
Holger Zeltwanger
Planen, Entscheiden, Herrschen
Vom Rechnen zur elektronischen Daten-
verarbeitung (7715)

Uwe Mämpel
Keramik
Von der Handform zum Industrieguß (7717)

Wolfhard Weber
Arbeitssicherheit
Historische Beispiele – aktuelle Analysen
(7718)

Dieter Osteroth
Soda, Teer und Schwefelsäure
Der Weg zur Großchemie (7720)

Jürgen Teichmann
Wandel des Weltbildes
Astronomie, Physik und Meßtechnik in
in der Kulturgeschichte (7721)

Kultur-
geschichte
der Natur-
wissenschaften
und der Technik

C 2061/8 a

Deutsches Museum

Klaus Herrmann
Pflügen, Säen, Ernten
Landarbeit und Landtechnik in der Geschichte (7722)

Helmut Lindner
Strom
Erzeugung, Verteilung und Anwendung der Elektrizität (7723)

Günter Garbrecht
Wasser
Vorrat, Bedarf und Nutzung in Geschichte und Gegenwart (7724)

Michael Eckert/Helmut Schubert
Kristalle, Elektronen, Transistoren
Von der Gelehrtenstube zur Industrieforschung (7725)

Jörg Meya/Heinz Otto Sibum
Das fünfte Element
Wirkungen und Deutungen der Elektrizität (7726)

Günter Bayerl/Karl Pichol
Papier
Produkt aus Lumpen, Holz und Wasser (7727)

Joachim Radkau/Ingrid Schäfer
Holz
Ein Naturstoff in der Technikgeschichte (7728)

Kulturgeschichte der Naturwissenschaften und der Technik

C 2061/8 b

Naturwissenschaft und Technik

Peter W. Atkins
Schöpfung ohne Schöpfer
Was war vor dem Urknall? (8391)

Hoimar v. Ditfurth
Zusammenhänge
Gedanken zu einem naturwissenschaftlichen Weltbild (7053)

Albert Einstein/Leopold Infeld
Die Evolution der Physik (8342)

Klaus-Henning Georgi
Kreislauf der Gesteine
Eine Einführung in die Geologie.
Mit 265 Abbildungen (7758)

James C. McCullagh
Pedalkraft (7343)

Joachim Radkau
Aufstieg und Krise der deutschen Atomwirtschaft 1945-1975
Verdrängte Alternativen in der Kerntechnik und der Ursprung der nuklearen Kontroverse (7756)

Bertrand Russell
Das ABC der Relativitätstheorie
Neu herausgegeben v. Felix Pirani (6787)

James D. Watson
Die Doppel-Helix
Einführung von Prof. Dr. Heinz Haber
(6803)